XUNWU YEARBOOK 2019

寻乌年鉴

（2019）

寻乌县地方志编纂委员会　编

方志出版社
Publishing House of Local Records

图书在版编目（CIP）数据

寻乌年鉴．2019 / 寻乌县地方志编纂委员会编．--
北京：方志出版社，2021.12

ISBN 978-7-5144-4860-3

Ⅰ.①寻… Ⅱ.①寻… Ⅲ.①寻乌县—2019—年鉴
Ⅳ.① Z525.64

中国版本图书馆 CIP 数据核字（2021）第 252891 号

寻乌年鉴（2019）

编　　者：寻乌县地方志编纂委员会
责任编辑：李　静

出 版 者：方志出版社
地址　北京市朝阳区潘家园东里 9 号（国家方志馆 4 层）
邮编　100021
网址　http://www.zgfzcb.cn
发　　行：方志出版社图书经销中心
电话　（010）67110500
经　　销：各地新华书店
排　　版：北京纺印图文设计制作有限公司
印　　刷：北京中科印刷有限公司

开　　本：889mm × 1194mm　　1/16
印　　张：18.75
字　　数：938 千字
版　　次：2021 年 12 月第 1 版　　2021 年 12 月第 1 次印刷

ISBN 978-7-5144-4860-3　　　　**定价：**260.00 元

序

贫困问题一直是困扰人类社会发展的重大问题。中国作为世界上最大的发展中国家，为解决贫困问题进行了长期不懈的努力。改革开放以来，特别是党的十八大以来，以习近平同志为核心的党中央把脱贫攻坚作为全面建成小康社会的底线任务和标志性指标，纳入“五位一体”总体布局和“四个全面”战略布局，以前所未有的力度推进精准扶贫、精准脱贫，扶贫开发成就举世瞩目，显著改善了贫困地区和贫困群众生产生活条件，具有重大的现实意义和深远的历史意义。身处中华民族几千年发展历史上将首次整体消除绝对贫困现象的伟大时代，如何更好地发挥地方志的存史、育人、资政的作用，是新时代全国地方志系统必须深入研究和着力解决的重大课题。

党的十八大以来，在党中央国务院的正确领导下，全国地方志系统深入学习贯彻习近平新时代中国特色社会主义思想，紧紧围绕党和国家事业发展需要，深入推进地方志改革创新发展，凝心聚力，稳扎稳打，勇于担当，主动作为，全国地方志形势和地方志工作者的精神面貌发生了深刻变化，取得了优异成绩。其中，为贯彻落实《全国地方志事业发展规划纲要（2015—2020年）》，经中国地方志指导小组领导批准，中国地方志指导小组办公室于2015年、2017年先后启动民族地区与贫困地区志书、年鉴出版资助工程（以下简称“志鉴出版资助工程”），对国家级贫困县（区、旗、县级市），中西部地区、少数民族边疆地区面临出版经费困难的志书和综合年鉴给予出版资助。实施志鉴出版资助工程是紧扣时代脉搏、坚持创新发展、传承弘扬中华优秀传统文化的一项创举，不仅有力推动了“两全目标”的实现，而且数十部资助出版的志书、年鉴及时记述了民族地区与贫困地区在全面建成小康社会伟大征程中取得的新成绩和新经验、出现的新情况和新问题、涌现的优秀人物和典型事迹，留住地方文化的“根”和“魂”，为这些地区的经济社会发展、地域文化传播、爱国主义教育、精神文明建设等提供了历史借鉴和智力支持，对全面提升民族地区与贫困地区文化建设水平、确保民族地区与贫困地区和全国其他地区同步全面建成小康社会具有重要意义。

尤为可喜的是，志鉴出版资助工程促成了一批扶贫志书的编纂出版，在文化脱贫攻坚中发挥了独特的作用。例如，《贵州省减贫志》全面系统客观记述了从1978

年至2015年贵州省扶贫、减贫工作的历程及取得的经验，为贵州省实施大扶贫战略提供了有力的资政辅治参考，集中体现了地方志工作因时而动、顺势而为的新作为。前不久，由福建省地方志编委会和人民网共同编纂的《闽宁扶贫协作图志》，是全国首部扶贫协作图志，图文并茂、直观立体、全方位地展现闽宁扶贫协作波澜壮阔的历程，弘扬“闽宁一家亲”“携手奔小康”的深厚情谊和滴水穿石、久久为功的精神，是贯彻落实习近平总书记扶贫工作重要论述精神，服务国家精准扶贫、精准脱贫战略的有力举措。希望各地以此为鉴，编纂出版更多、更好的扶贫志书、年鉴，助力国家精准扶贫、精准脱贫战略的实施，充分展现地方志的独特价值和作用。

当前，我国脱贫攻坚已进入全面决战决胜的关键时期，尚未脱贫的贫困地区集中分布在中西部深山区、极端干旱山区、高寒阴湿地区等，文化建设还比较薄弱，文化产品还不够丰富，文化精品更是少之甚少。同时，这些地区往往是民族文化、历史文化、红色文化、生态文化富集区，具有发展文化旅游、推进文化扶贫的巨大潜在优势，也是繁荣发展地方志事业的巨大文化宝库。要发挥好文化扶贫凝聚人心的优势，善于利用方志文化优势为贫困地区“赋能”，在脱贫攻坚中做出方志人应有的贡献。要发挥好中国名镇志文化工程、中国名村志文化工程的引领作用，大力加强乡镇村志编纂，让百姓记得起乡情、记得住乡愁，凝聚贫困乡镇村庄的强大民心，补齐贫困乡镇村庄的文化短板，以“扶智”的方式“扶志”，践行习近平总书记强调的“扶贫先扶志，扶贫必扶智”的重要理念。

求木之长者，必固其根本；欲流之远者，必浚其泉源。扶贫扶起的是志气骨气，传承的是家国情怀，守护的是绿水青山。扶贫既要富口袋，也要富脑袋。必须坚持文化脱贫和物质脱贫两手抓，筑牢贫困地区文化之基，补足信仰精神之钙，引领脱贫发展之舵。全国地方志系统要围绕中心、服务大局，坚决投入脱贫攻坚这场必须打赢的硬仗，积极参与脱贫攻坚战，发挥优势和特长，深入挖掘文化资源，着力补齐文化短板，努力帮助民族地区与贫困地区的文化建设实现较大的发展提升，在全面建成小康社会、实现中华民族伟大复兴中国梦的征程中贡献方志人的力量。

是为序。

中国社会科学院院长
中国地方志指导小组组长　谢伏瞻

民族地区与贫困地区年鉴出版资助工程领导小组

组　　　长：高　翔

常务副组长：冀祥德

副　组　长：高京斋　邱新立

民族地区与贫困地区年鉴出版资助工程领导小组办公室

主　　　任：冀祥德

副　主　任：邱新立

成　　　员：于伟平　刘永强　冷晓玲　李　静

寻乌县地方志编纂委员会

（2019年1月）

《寻乌年鉴》编辑部

编 辑 说 明

一、《寻乌年鉴》以马克思列宁主义、毛泽东思想、邓小平理论、“三个代表”重要思想、科学发展观、习近平新时代中国特色社会主义思想为指导，坚持辩证唯物主义和历史唯物主义的立场、观点和方法，系统记述寻乌县自然、政治、经济、文化、社会等方面情况，旨在为各级领导提供决策依据，为各行各业提供信息服务，为各方人士提供县情咨询，为编史修志积累历史资料。

二、《寻乌年鉴》是按年度连续出版的地方综合年鉴。寻乌县地方志办公室（《寻乌年鉴》编辑部）具体实施年鉴编纂工作。

三、《寻乌年鉴》采用分类编辑法，按类目、分目、条目三个层次设置，条目为年鉴内容的基本记述单位。2019 卷共设 27 个类目。类目依次为：特载、专记、大事记、寻乌概况、中共寻乌县委员会、寻乌县人民代表大会、寻乌县人民政府、政协寻乌县委员会、纪检监察、群众团体、法治、军事、经济管理、农村经济　农业、工业、交通　邮政　通信、城建　环保、财税　金融、商贸、教育　体育、文化　传媒　科技、卫生、社会保障、乡镇、人物、附录。除内文外，还设置彩页栏目，以形象记录寻乌经济社会发展的新举措、新成就、新风貌。

四、《寻乌年鉴（2019）》内容收编范围以现有行政区划为界，以 2018 年 1 月 1 日至 12 月 31 日为限。但为完整反映某件事物的全貌，在彩页和个别条目中有所突破。

五、《寻乌年鉴（2019）》资料由县直各部门（单位）、各乡（镇）和驻县单位提供，并经各自单位领导审核。年鉴资料撰稿人和编辑审稿人标署于相关条目、分目之后，各单位核稿人列名单于卷首。

六、书中所列数据，除统计部门正式公布的外，均由各有关部门和行业提供。由于统计口径和统计方法的不同，不同部门提供的同项数据可能不尽一致，请读者以统计局提供的统计资料为准。领导班子名录根据各部门（单位）提供的资料编辑，排序不作其他任何参考。

寻乌县政区图

审图号：赣 S〔2019〕047 号

江西省测绘成果资料档案馆编制

领导视察

10 月 11—13 日，中华全国供销合作社总社党组书记、理事会主任王侠（中）到寻乌调研精准扶贫工作

4 月 17—18 日，省委副书记、市委书记李炳军（后中）到寻乌调研贯彻落实习近平总书记在中宣部寻乌扶贫调研报告上的重要批示精神、打好六大攻坚战、推进乡村振兴工作

2月11日，省委常委、宣传部部长赵力平（左二）到寻乌走访慰问贫困户和开展脱贫调研

6月19—21日，省委常委、宣传部部长施小琳（左二）到寻乌调研加强思想文化和传承红色基因等工作

8 月 17 日，扶贫移民搬迁“进城四期”安置点（太湖移民新村）公开摇号，225 户贫困户入住

太湖移民新村

10 月 10 日，寻乌县脱贫摘帽誓师大会召开

9 月 23 日，寻乌县庆祝首届“中国农民丰收节”摄影展在县文化馆举行

9 月 11 日，县中等职业学校迁至新校区

“学习强国”学习平台用户服务中心

寻乌县图书馆

柯树塘废弃稀土矿山山水林田湖草治理项目

现代服务业

2017 年 9 月，占地 100 亩，总投资 3.6 亿元，全国电子商务创新发展百强园区、中国优秀电商产业园区——寻乌电商产业园正式运行

2017 年 8 月，寻乌县广寻物流园建成运营

新区新貌

城区夜景

城区鸟瞰

3 月 27 日，举行 2018 年赣州市中小微型企业融资对接签约活动寻乌分会场

石排工业园区

现代农业建设

文峰乡东团村猕猴桃种植示范园

杨氏果业生产车间一角

南桥镇高排村龙脑樟基地

文峰乡双坪村哈密瓜种植基地

文峰乡东团村百香果基地

目　录

特　载

专　记

大事记

寻乌概况

中共寻乌县委员会

综　述

重要会议

主要活动

重大决策

县委办公室

组织工作

苏区振兴发展工作

政协寻乌县委员会

综 述

重要会议

主要工作

纪检监察

群众团体

总工会

共青团

妇女联合会

科学技术协会

特 载

坚持稳中求进　着力高质量发展
为全面建成小康社会收官打下决定性基础

——在县委十五届七次全体（扩大）会议上的讲话

（2019 年 1 月 20 日）

中共寻乌县委书记　柯岩松

一、明判全局，深刻领会和把握 2019 年工作形势和总体要求

2019 年是新中国成立 70 周年，是全面建成小康社会关键之年。做好 2019 年工作，我们首先要把思想认识统一到中央、省市关于发展形势的准确判断上来，进一步增强忧患意识，提高把握机遇、应对困难的能力。主要需要从以下三个方面着力：

1. 从“稳”的宏观形势中，坚定发展信心。从国际看，和平与发展仍然是当今时代的主题，经济全球化的历史大势不可逆转，全球经济复苏呈现出更多积极因素，我国发展仍处于并将长期处于重要战略机遇期的基本判断是正确的；从国内看，国家宏观调控的能力不断增强，全面深化改革不断释放发展动力，经济发展呈现出“三个没有改变”[1]的特点，继续保持在中高速适当的经济增长区间；从我县看，经济总体保持了平稳增长的发展势头，全县十二大主要经济指标均实现稳步增长，一些指标增长超过预期，随着果业产业的逐渐恢复，工业集聚和服务业发展效应的逐步释放，改革创新效应的逐步显现，我县经济发展“稳”的基础将更加牢固。我们只要认真贯彻好中央、省市的决策部署，就一定能推动经济社会持续健康发展，大家要坚定这个信心。

2. 从“进”的发展态势中，保持发展定力。三年以来，我们坚持以七大攻坚为主抓手，突出抓重点、补短板、强弱项，建成了一批打基础、利长远的重点项目，办成了一批长期想办而没有办成的实事，为我县后发发展打下了坚实的基础。尤其是去年以来，在全县上下的共同努力下，我们的脱贫攻坚、产业发展、基础设施建设等工作都取得了重大的进展，发展活力持续释放、发展后劲不断增强、发展成果共建共享，在全市“六大攻坚战”流动现场会中顺利实现了进位发展。我们只要保持战略定力，坚定不移地打好七大攻坚，就一定能够继续保持“稳中有进”的发展态势。

3. 从“变”的发展趋势中，做好应对准备。在看到好的一面的同时，也应该看到我们面临着百年未有之大变局，经济发展“稳中有变、变中有忧”。从国际看，受国际地缘政治风险、贸易保护主义抬头、中美贸易摩擦等因素影响，世界经济下行风险逐步加大，经济复苏的进程可能再次反复；从国内看，宏观经济发展总体趋缓，经济发展新常态的“三个特点”[2]愈加明显，出现了民营企业增长困难、消费需求增长乏力、固定资产投资回落、国际贸易不确定性增加等问题，尤其是由于国家安全、环保、金融等领域监管力度加大，企业发展约束条件趋紧，民间投资总体在放缓；从我县看，受政府融资渠道变窄、国家去产能政策、项目拉动放缓、消费增速回落、实体经济困难增多、稀土企业注销或停产、首位产业缺乏龙头带动等因素影响，今年经济发展存在不确定性，我们要做好积极应对的准备，采取有力措施做好稳增长促发展工作。

总的来说，做好2019年经济工作，信心比黄金更重要，质量比速度更关键。我们要更加重视在“稳”的基础上强化“进”的措施，在应对“变”的挑战中保持定力、增强信心，以实干战胜困难，用发展解决问题，沿着高质量发展方向坚定前行。

2019年工作的总要求是：以习近平新时代中国特色社会主义思想为指导，深入贯彻党的十九大精神、十九届二中、三中全会和中央经济工作会议精神，以及省委十四届七次全会和市委五届六次全会精神，坚持以稳中求进为工作主基调，以高质量发展为主线，坚决打好中央三大攻坚战，坚定不移推进七大攻坚，统筹抓好稳增长、促改革、调结构、惠民生、优生态、防风险各项工作，全面加强党的建设，为全面建成小康社会收官打下决定性基础，以优异成绩向新中国成立70周年献礼。

按照上述工作要求，县委常委会建议2019年全县主要经济和社会发展计划指标为：地区生产总值增长9%；财政总收入增长10%，其中一般公共预算收入增长1%；规模以上工业增加值增长9.5%；固定资产投资增长10.5%；社会消费品零售总额增长10.5%；出口总额增长2%；实际利用外资增长9%；城镇居民人均可支配收入增长8.8%，农村居民人均可支配收入增长12%。

二、对标对表，把中央三大攻坚战贯穿发展始终

打好三大攻坚战是党中央部署的一项重大政治任务，我们要坚决对标对表中央要求，“针对突出问题，打好重点战役”，把中央三大攻坚战贯穿经济社会发展全过程、各方面。

1.坚持脱贫统揽不动摇，确保实现高质量脱贫。继续坚持以脱贫攻坚统揽经济社会发展全局，让广大群众共享高质量发展成果。攻坚脱贫摘帽。按照“精准、均衡、持续、内生”的思路，瞄准脱贫摘帽目标，精准聚焦收入过线、“两不愁三保障”“三率一度”等核心指标，全面查缺补漏，加快完成各项工作扫尾，确保在2月一次性高质量通过省级第三方评估验收，在5月底6月初顺利通过国家抽检，顺利实现脱贫摘帽；均衡推进贫困户与非贫困户的工作，确保贫困户“两不愁三保障”问题解决，确保非贫困户没有“两不愁三保障”问题；按照贫困户增收可持续的要求，夯实产业基础，提升就业能力，确保脱贫退出高质量，并且在脱贫后其收入仍然能够持续稳定增长；将扶贫与扶志扶智紧密结合，不断提升贫困户的增收能力和致富动力。同时，要严格执行“约法三章”，全面传导压实乡（镇）主体责任、“大村长”“六包”责任、纪委监督责任、行业扶贫责任、村两委直接责任和干部帮扶责任，以责任落实推动工作落实、政策落实。抓好后续巩固提升。按照“脱贫不脱政策”的要求，保持工作机制不变、力度不减、队伍不撤、标准不降，扎实做好脱贫后续巩固提升各项工作，确保贫困群众收入持续增长、脱贫质量持续提升、乡村面貌持续改善。衔接推进乡村振兴。要按照“产业兴旺、生态宜居、乡风文明、治理有效、生活富裕”的总要求，加快推动农业农村现代化，建设农民富裕幸福生活的美好家园。深化农业供给侧改革，稳妥推进农村集体产权制度改革、“两权”抵押贷款等改革事项，探索开展闲置宅基地复垦工作，推进高标准农田建设，鼓励发展多种形式的规模经营。要深入学习浙江“千村示范、万村整治”工程经验，全面推进“整洁美丽、和谐宜居”新农村建设，推动农村人居环境整治三年行动，常态化抓好生活垃圾治理、污水处理、“厕所革命”等工作，全面提升村容村貌和环境卫生水平。要深化乡风文明行动、“赣南新妇女”运动，深入开展移风易俗“六治”行动，用好新时代文明实践中心，深入开展“六星创评”“清洁家庭”“身边好人”等评选活动，培育文明乡风、良好家风、淳朴民风。

2. 坚持生态发展不动摇，铁心硬手抓好污染防治。要始终坚持“生态立县、绿色崛起”战略，持续加强生态环境保护和建设。巩固提升生态优势。严格执行生态保护红线，稳妥优化全县封山育林政策，扎实推进低质低效林改造、县城规划区山体复绿等工程，积极打造柯树塘山水林田湖草生态保护修复样板，推动东江流域第二轮生态补偿尽快落地。全面压实“河长制”“林长制”等工作责任，强化企业的主体责任、督促企业遵守环保法律法规，鼓励社会组织和群众开展环保志愿活动，构建起政府主导、企业主体、社会组织和公众共同参与的生态保护治理体系。持续打好“十大战役”。突出问题导向，综合施策，打好环境保护主动仗，全面落实“十大战役”部署，不折不扣抓好中央环保督察及“回头看”反馈问题整改，集中力量解决好废弃矿山环境治理、畜禽养殖污染治理、采石场和风电场生态修复等突出环境问题，持续提升我县生态质量。打造绿色发展先行区。坚持生态优先、绿色发展的理念，加快推进会寻安生态经济区建设，大力发展光伏、生态旅游、特色种养业等绿色产业，以及通用设备制造首位产业，加大现有工业园区循环化改造力度，推行企业清洁生产，提高资源综合利用率，提前谋划、设计，抓紧实施“一园三区”污水处理，打造绿色生态园区，构筑起具有特色优势，资源消耗低、环境污染少、产出效益高的产业体系。

3. 坚持守住底线不动摇，稳妥防范化解重大风险。要坚持以不发生区域性风险、不引发系统性风险为底线，确保我县风险总体可控。一要严格管控政府债务风险。继续按照“把政府债务率控制在 100% 的警戒线以内，在 5 至 10 年内将存量隐性债务余额基本化解完毕”的要求，着力加强政府隐性债务风险监测和应对，管好政府债务风险，使全口径政府综合债务率逐步降至合理水平。既做到尊重规律、妥善处置，又不能操之过急，避免出现新的问题。规范金融市场运行。前移风险管控关口，加强对银行、融资性担保、小额贷款等金融机构的监管，加大对非法集资、非法放贷、P2P 网络违法借贷等金融活动的打击力度，尤其是重点管控好房地产等资本密集型企业融资工作，防范因资金链断裂而引发风险。落实金融改革措施。把防风险和服务实体经济更好地结合起来，严格执行各项金融改革措施，用好贫困地区企业上市 IPO 政策、“映山红行动”等金融扶持政策，引导创新金融产品和服务，重点支持首位产业发展，解决好企业融资难、融资贵问题，不断提升我县金融机构服务实体经济的能力。同时，强化源头管控，摸清风险底数，统筹做好社会稳定风险、安全生产风险等各类风险的防范工作。

三、久久为功，致力于推动七大攻坚取得新突破

紧扣高质量发展这条主线，持续发力，高质量推进七大攻坚，为经济平稳健康发展奠定坚实基础。前面已经部署了脱贫攻坚和生态建设攻坚，这里着重强调其他几个攻坚：

1. 致力推动工业再翻番。抓住国家推动制造业高质量发展、省级重塑江西制造辉煌的机遇，认真实施“主攻工业、三年再翻番”战略，坚定不移地把通用设备制造首位产业抓下去。推动集群发展。继续按照“首位产业、首位支持、首位服务、首位发展”的思路，大力实施产业集群发展提升行动，围绕数控机床、精密结构件加工、空压机、水泵、电机等细分领域特色发展，用三年时间（2019—2021 年），推动首位产业实现“三个翻番、三个提升”[3]目标。推动园区升级。要按照“一园三区”总体布局，继续完善园区基础设施和功能配套，强化技术研发、检验检测、排污处理及物流配送、电子商务、五金配套等公共服务和市场供给，打造宜业宜人平台，推动满园扩园行动。争取推进深寻产业合作园区建设，促使“一园三区”发展良性滚动。要树立“亩产论英雄”导向，按投入强度和单位产出水平，完成闲置未动工两年以上工业用地的收回，加快处置破产企业、僵尸企业，加快建设标准厂房，提升园区效益。推动招大引强。要按照建链、补链、强链的思路，围绕通用设备制造首位产业，瞄准重点区域、重点企业，扎实开展精准招商行动，年内至少引进 1 个 20 亿元以上、2 个 10 亿元以上的引领性、标杆性、示范性项目，力争首位产业企业超 50 家。

2. 致力做大做强现代农业。坚持“柑橘为主，多元发展”的思路，推广“山上种果、田里种菜”的发展模式，加快农业产业结构调整，大力发展现代农业。持续做大做强脐橙主导产业。继续加强柑橘黄龙病防控，按照“山顶戴帽、山脊隔离、山腰种果、山脚穿鞋、园路绿化”的生态模式建园，推行“假植大苗上山”“沟域建园”“职业果农”等方式，科学有序引导柑橘恢复种植，适度扩大种植规模。大力发展特色产业。坚持“一村一品”的思路，鼓励各村根据资源禀赋的不同，因地制宜发展蔬菜、甜柿、百香果、猕猴桃等农业产业。尤其要落实好蔬菜产业发展规划，发展经济适用钢架大棚，完善我县技术服务体系和市场营销体系，全面推进蔬菜产业发展。培育新型农业经营主体。继续加大现代农业招商力度，着力引进和培育一批现代农业企业、产业基地、专业种养大户等新型经营主体，力争年内引进 1—3 个示范性、引领性的现代农业项目，并通过示范引导型、农户参与发展型、解决务工型、生产托管型、返租倒包型等“五种模式”，与农户（贫困户）进行利益联结，带动扶贫产业发展。

3. 致力加快发展现代服务业。围绕扩大需求市场、激发消费活力，加快推进三产融合发展。加快发展全域旅游。围绕吃、住、行、游、购、娱等旅游“六要素”，加快建设游客集散中心、旅游公路和四星级酒店等配套设施，推动青龙岩创建国家 AAAA 级景区。要利用好挖掘好寻乌调查这块金字招牌，打造独具魅力的寻乌调查品牌，并以此为核心，将客家文化、乡村旅游等资源紧密结合起来，串点成线，打造若干条精品旅游线路，努力把我县建设成为粤港澳大湾区旅游度假的“后花园”。着力发展健康养老产业。利用寻乌对接粤港澳大湾区的便利条件，保护挖掘好寻乌这方好山、好水、好空气、好人文，塑造并提升“东江源”品牌，将健康与养老有机结合，打造大湾区度假、养老、健身、疗养胜地。统筹推进文化等服务业发展。深入挖掘优秀传统文化内涵，繁荣发展特色文化，推动电视剧《毛泽东寻乌调查》上映，赣南采茶剧《寻路》全国巡演，不断提升我县文化产业竞争力，同时统筹抓好电商、金融、物流等服务业发展。

4. 致力提升城市功能品质。围绕建设精致宜居城市，全面推进城市功能与品质提升“八大行动”[4]，提升城市发展质量。深入推进城市“双修”。继续按照城市“双修”的理念改造城区，持续推进山体复绿、水体治理、绿化提升等工程，完善停车场、集贸市场、城市综合体等配套设施，优化城市教育、医疗等公共服务功能布局，打造客家风情园，大力推进智慧城市建设。深入整治城乡环境。继续开展好城乡环境整治三年行动，常态化抓好城乡生活垃圾治理、“两违”整治、市容秩序整治、交通秩序管理、农村建房许可管理、建筑风貌管控、路域环境整治等工作，扎实开展“垃圾不落地、城市更美丽”志愿服务活动，做到干干净净、整整齐齐，提升城市整体形象。坚持“三城同创”。要突出“三城同创”[5]的思路，扎扎实实，有计划、分步骤推进“三城同创”工作。其中，进一步浓厚文明创建氛围，完善公益广告设置，加强城区环境整治和执法力度，在2019年完成市级文明城市创建工作；进一步加强市容环境卫生常态化精细化管理，大力完善环境卫生基础设施，提升医疗卫生服务和全民健康水平，在2020年完成省级卫生城市创建工作；进一步提升城市绿化水平，完善城区公共厕所、小游园等基础设施，推进岳家庄公园建设，在2020年完成国家园林城市创建工作。打造示范镇。选择1—2个基础条件好，交通、区位、人文、产业优势明显，圩镇建设发展空间潜力较大的乡（镇）作为新型城镇化示范镇来打造，发挥示范引领作用，带动其他建制镇建设。同时，统筹推进东江源生态移民小镇、南桥青龙岩小镇、东江源温泉养生小镇等特色小镇建设，其中要在河角布局建设儿童乐园，解决当地就业、发展问题，提升特色小镇优势。

5. 致力完善基础设施体系。加快补齐基础设施短板，全面提升我县基础设施支撑能力和保障水平。坚持交通基础先行。继续加大路网改造提升力度，落实“路长制”，抓好“四好农村路”建设，全面提升农村公路建设、管护和运营水平。要推进重大交通项目建设，在9月底前开工建设寻龙高速，力争瑞梅铁路年内开工，争取渝长厦高铁途经寻乌。统筹推进其他基础设施建设。加快推进西气东输、城乡供水一体化、供电设施扩容、通信网络覆盖等工程建设，确保城乡供水一体化项目正式投入运营，完成部分乡（镇）及小区天然气管网敷设、项山风电场建设等工作，实施好农网改造升级、乡村宽带工程，并紧跟5G建设及应用，强化县域发展支撑。

6. 致力推进攻坚项目建设。把七大攻坚的着力点放在项目建设上来，按照“干一年、看三年”的思路，抓紧谋划推进一批重大项目建设，尤其是要趁早谋划今年的流动现场会项目，避免出现被动。同时，在总结过去三年攻坚经验的基础上，在推进七大攻坚落实的过程中，更加重视推行“四化”：更加注重市场化。牢牢坚持市场化的理念，注重运用市场的方式、借助市场的力量推进七大攻坚。今年要把项目建设重点放在谋划、推进市场化项目上，用好产业引导基金、“五个信贷通”等激励政策，吸引更多的社会资本投入攻坚项目建设。更加注重常态化。坚持把七大攻坚作为锻炼干部的主平台，把干部的时间精力集中到七大攻坚上来，尤其是攻坚项目建设上来，在征地拆迁、项目建设一线培养锻炼使用干部。更加注重制度化。持续完善七大攻坚工作推进机制，坚持“每周一调度一通报半月一小结”“每月一集中调度”等制度，落实重大项目协调推进机制，发挥好考核、督办的作用，推动重点项目落地。更加注重民生化。坚持把群众最关心、最迫切、最期盼的事项作为攻坚的重点，紧贴民生需求来谋划攻坚项目建设，让群众在攻坚中持续增强获得感、幸福感。

四、激发活力，把改革开放不断引向深入

认真贯彻落实习近平总书记在庆祝改革开放40周年大会上的重要讲话精神，将改革开放进行到底。

1. 更加有力地推动改革落地。围绕贯彻“巩固、增强、提升、畅通”八字方针，以供给侧结构性改革为主线，采取改革的办法破解发展中结构性矛盾，提升发展的质量和效益。推进经济体制改革。发挥好经济体制改革的牵引作用，承接好财税、金融等体制改革事项，完善投融资机制，推动投融资公司市场化、实体化改革，更多运用市场化、法治化手段来推动发展。推进机构改革。严格按照《寻乌县机构改革方案》，全面加强党的领导，稳妥有序推进、精心组织实施，确保思想不乱、队伍不散、工作不断，同步完成权责清单，确保 3 月底前完成机构改革任务。

2. 更加积极地实施创新驱动。坚持把创新摆在发展全局的核心位置，发挥创新驱动作用，加快新旧动能转换，2019 年全县 R&D 经费支出占 GDP 的比重要达到 1.5% 以上。鼓励企业创新。坚持以企业为主体，加强政府引导，落实并完善“科技创新 17 条”政策，鼓励企业提高研发投入，改进生产工艺，打造数字车间，推广智能生产线，加强与高等院校、科研院所的合作，建设院士工作站、博士后科研工作站，推动专利产品研发，促进科研成果转化应用，健全产学研一体的创新机制。开展增品种、提品质、创品牌“三品”工作；开展送管理进企业活动，促进企业管理创新。强化招才引智工作。采取错位引进的方式，深入实施人才发展战略，落实并完善“人才聚集 19 条”政策，突出首位产业、现代农业、教育、医疗等重点领域，想方设法引进寻乌发展急需的人才，同时保障人才待遇，让人才引得进、留得住、用得好。

3. 更加深入地融入区域发展。借助深圳市支援合作的机遇，更加深入地融入粤港澳大湾区发展战略，融入区域产业分工和市场体系。全力“掉头向南”。用好苏区振兴发展、沿海地区产业梯次转移等机遇，坚定不移地“南下”，坚持“引进来”与“走出去”并重，主动对接融入粤港澳大湾区建设，主动参与大湾区产业延伸和功能拓展，加大招商引资力度，打造对接融入大湾区的开放高地。提升对外开放水平。抓住我省创建国家级中部内陆（江西）双向开放先行试验区的机遇，借助综合保税区、赣州国际陆港等平台，探索谋划我县的双向开放战略，更好地融入省市区域发展战略布局，促进更高水平的开放合作。

4. 更加有为地优化营商环境。全面优化发展环境，努力打造政策最优、成本最低、服务最好、办事最快的“四最”营商环境。优化政务服务。处理好政府与市场的关系，纵深推进“放管服”改革，深化“降成本、优环境”行动，扎实推进“五型”政府建设。用好政务服务中心平台，深化政务服务“一网一门一次”改革，完善“一次不跑”和“只跑一次”政务服务事项清单，为企业和群众提供更加优质便捷的服务。激发民营经济活力。针对民营经济发展的痛点难点问题，加大改革力度，打破制约民营企业发展的“卷帘门”“玻璃门”“旋转门”，全面落实减税降费措施，为民营企业营造良好的发展环境。认真开展请乡友回家乡、请校友回母校、请战友回驻地“三请三回”活动，吸引更多的外出乡贤返乡创业。

五、以人为本，持续加强保障和改善民生

始终坚持以人民为中心的发展思想，持续增强群众的获得感、幸福感、安全感。

1. 提升就业保障水平。把稳定就业放在更加突出位置，确保就业形势稳定，实现更高质量、更加充分的就业。落实就业保障政策。认真落实国家、省市关于稳就业的政策措施，落实并完善我县已经出台的“劳动力园区务工 17 条”“贫困劳动力务工 15 条”，以及职业技能培训、“雨露计划”等政策，开展好就业援助月、“春风行动”等服务活动，积极引导移民进城劳动力、农村剩余劳动力、贫困劳动力向园区就业，统筹推进高校毕业生、下岗失业人员、农民工、退役军人等就业群体稳定就业。完善就业监测机制。适应就业形势，把握就业特点，重点监测首位产业企业用工情况，以及就业困难群体就业情况，一经发现问题，及时启动稳就业应急措施，统筹帮助解决企业“招工难”和群众“就业难”等问题。同时，重点关注拖欠农民工工资的问题，全面清查农民工工资支付情况，坚决严厉打击恶意欠薪行为，保障农民工的合法权益。

2. 提升公共服务水平。集中力量办好民生实事，深入推动解决群众关心的教育、医疗、住房等问题，不断优化公共服务供给。发展优质教育。继续坚持教育优先战略，在持续巩固提升义务教育均衡发展水平的基础上，大力实施城乡学校建设、普通高中教育质量提升、学前教育普惠发展、职业教育结构优化等行动计划，全面加强教师队伍建设，大力扩充优质教育资源，解决好“大班额”“入园难”“入园贵”等问题。加快社会事业发展。推进健康寻乌建设，持续深化医药卫生体制改革，推进标准化村卫生室建设，不断提升卫生计生服务能力；完善体育公共服务体系，开展全民健身活动，不断提升人民体质；扎实推进公共文化服务均等化，加快推进农村基层综合性文化服务中心建设，满足群众精神文化需求。

3. 提升社会保障水平。按照兜底线、织密网、建机制的要求，不断增强民生保障能力。健全社会保障体系。全面推进人社公共服务体系建设，完善社会保险制度，精准深入实施全民参保计划，用好“暖心基金”，稳步提高基本养老、基本医疗、城乡低保等保障水平。要继续抓好城镇贫困群众脱贫解困工作，确保精准到人、应保尽保。推动房地产市场健康发展。坚持“房住不炒”的定位，精准实施房地产市场调控政策，完成城市棚户区改造任务，大力发展住房租赁市场，满足住房困难群众的基本住房需求。

4. 提升社会治理水平。健全自治、法治、德治相结合的乡村治理体系，总结提升“寻乌经验”，打造共建共治共享的新时代基层社会治理格局。坚持三治结合。旗帜鲜明地坚持党的领导，正确处理好自治、法治、德治三者的关系，全面加强村级自治组织建设，深入推进“法治寻乌”建设，不断加强农村精神文明建设，持续完善“党委领导、政府负责、社会协同、公众参与、法治保障”的现代治理体制。维护社会大局稳定。持续推进综治中心实体化建设，健全立体化社会治安防控体系，认真做好信访和矛盾纠纷排查化解工作，依法打击各类违法犯罪活动。同时，统筹做好安全生产、食品药品安全等工作，遏制重特大安全事故发生。深化扫黑除恶专项斗争。坚持“有黑必扫、有恶必除、有伞必打、有腐必反、有乱必治”的原则，聚焦18类黑恶势力犯罪情形，持续加大黑恶势力打击力度，并深挖彻查“保护伞”“关系网”，坚决打赢打好扫黑除恶人民战争，切实提升公众安全感、政法满意度。

六、从严治党，确保寻乌经济社会发展行稳致远

按照新时代党的建设总要求，围绕坚持和加强党的全面领导，纵深推进全面从严治党，为寻乌事业发展提供坚强保障。

1. 强化党的领导。形势越复杂、任务越繁重，就越是要听从党中央号令，全面加强党对经济社会发展各项工作的领导。加强政治建设。以政治建设为统领，树牢“四个意识”、坚定“四个自信”、做到“两个维护”，在思想上政治上行动上与以习近平同志为核心的党中央保持高度一致，确保各项工作沿着正确方向前进。贯彻“五个必须”[6]。深入贯彻中央经济工作会议精神，深化做好新形势下经济工作的规律性认识，牢牢按照“五个必须”的要求，做好经济社会发展各项工作。凝聚发展合力。积极发挥县委总揽全局、协调各方的核心作用，支持和保证人大、政府、政协、法院、检察院、人民团体等依照法律和章程独立负责、协调一致地开展工作，巩固发展爱国统一战线，进一步做好民主党派、无党派人士、党外知识分子、新社会阶层人士工作，依法管理民族宗教事务，抓好党管武装和双拥工作，营造团结奋进的良好氛围。提升领导水平。推动各级干部学经济、懂经济，加强学习和调查研究，培养造就一支适应社会主义市场经济需要的干部队伍，提高党领导经济工作的能力和水平。

2. 坚持强基固本。充分发挥基层党组织的战斗堡垒作用和党员的先锋模范作用，全面加强基层党的建设。持续抓牢意识形态工作。把意识形态工作摆在首位，严格落实意识形态工作责任制，加强阵地建设和管理，抓好县级融媒体中心建设，强化正面宣传引导，打好网络舆论斗争主动仗，巩固壮大主流思想舆论。用好“学习强国”学习平台。1月1日，中宣部“学习强国”学习平台已经正式上线，并且把客服中心设在了寻乌，这是中宣部对寻乌的关心与支持。用好这一学习平台，将其与学习宣传贯彻习近平新时代中国特色社会主义思想结合起来，与推进“两学一做”学习教育常态化制度化结合起来，与组织实施“不忘初心、牢记使命”主题教育结合起来，加强党员队伍教育。提升基层党组织组织力。认真贯彻落实《中国共产党支部工作条例（试行）》和《中国共产党农村基层组织工作条例》，坚持大抓基层的工作导向，以提升组织力为重点，开展“六好”[7]党支部建设，深入推进农村党员“1893”培养发展和村级后备力量“333”培养工作，加强和规范党内政治生活，整顿软弱涣散党组织，积极发展集体经济，统筹推进机关、学校、企业、社会组织等基层党建工作，全面提高党的基层组织凝聚力战斗力。锻造全面过硬干部队伍。坚持好干部标准，进一步激励广大干部新时代新担当新作为，旗帜鲜明地为担当实干的干部撑腰鼓劲，把担当实干的干部选拔任用起来，建设一支忠诚干净担当的高素质干部队伍。

3. 涵养政治生态。以永远在路上的坚韧执着，持续推进风清气正的政治生态建设。落实全面从严治党政治责任。层层落实主体责任和监督责任，严明党的政治纪律和政治规矩，坚持问题导向，抓住“关键少数”。持续加强作风建设。坚决破除形式主义、官僚主义，持之以恒落实中央八项规定及其实施细则精神，深入整治“怕、慢、假、庸、散”等作风顽疾。认真执行党纪处分条例，严格依法行使监察权，充分发挥巡察的威慑作用，贯通运用监督执纪“四种形态”，使监督常在、形成常态。标本兼治惩治腐败。坚持重遏制、强高压、长震慑，深化标本兼治，加强对重点领域、重要部门、关键岗位的领导干部尤其是“一把手”的监督，严肃整治利用名贵特产类特殊资源牟取私利问题，深入推进扶贫领域腐败和作风问题专项治理，持续整治群众身边腐败和作风问题，推动全面从严治党向基层延伸，巩固发展反腐败斗争压倒性胜利。

注释：

［1］**“三个没有改变”**：我国经济发展健康稳定的基本面没有改变，支持高质量发展的生产要素条件没有改变，长期稳中向好的总体势头没有改变。

［2］**“三个特点”**：从高速增长转为中高速增长；经济结构不断优化升级，第三产业消费需求逐步成为主体，城乡区域差距逐步缩小，居民收入占比上升，发展成果惠及更广大民众；从要素驱动、投资驱动转向创新驱动。

［3］**“三个翻番”**：以2018年指标为基数，确保到2021年，通用设备制造首位产业主营业务收入每年翻一番，税收和高新技术企业实现三年翻番。**“三个提升”**：到2021年通用设备制造首位产业规模以上战略新兴产业占比、工业用地亩均效益和规模以上工业全员劳动生产率等三项指标较2018年显著提升。

［4］**“八大行动”**：“治脏”行动、“治乱”行

动、“治堵”行动、“功能修补”行动、“生态修复”行动、“特色彰显”行动、“亮化美化”行动、“治理创新”行动。

[5]**“三城同创”**：创建市级文明城市、省级卫生城市、国家园林城市。

[6]**“五个必须”**：必须坚持党中央集中统一领导，发挥掌舵领航作用；必须从长期大势认识当前形势，认清我国长期向好发展前景；必须精准把握宏观调控的度，主动预调微调、强化政策协同；必须及时回应社会关切，有针对性主动引导市场预期；必须充分调动各方面积极性，形成全局工作强大合力。

[7]**“六好”**：领导班子好、党员队伍好、发展思路好、制度机制好、工作业绩好、群众反映好。

政府工作报告

——在县十八届人大四次会议上

（2019 年 3 月 11 日）

寻乌县人民政府县长 杨永飞

2018 年工作回顾

过去的一年，面对改革发展稳定的艰巨任务，面对区域激烈竞争的严峻形势，在市委、市政府和县委的坚强领导下，在县人大、县政协的监督支持下，全县上下以脱贫攻坚为统揽，以“七大攻坚”为抓手，担当作为、砥砺奋进，推动经济发展持续提速、质量效益持续向好、各项事业持续进步，我县被省委、省政府，市委、市政府评为“科学发展综合考核评价先进县”“扶贫开发综合考核评价先进县”，已连续四年获此殊荣。

一年来，我们坚持稳中求进，稳预期、稳增长，经济运行保持合理区间。主要指标继续保持总量扩大、排位前移的良好局面，共有 6 个经济指标增幅位居全市前六名。全年实现地区生产总值 78.9 亿元，增长 9.3%；完成财政总收入 9.1 亿元，增长 13.7%，增幅居全市第 3 位；完成一般公共预算收入 5.7 亿元，增长 17%，增幅居全市第 1 位。规模以上工业增加值增长 9.1%；500 万元以上固定资产投资增长 11.3%；出口总额 3.9 亿元，增长 9.1%；实际利用外资 2676 万美元，增长 10.1%；社会消费品零售总额 21.88 亿元，增长 10%；城镇居民人均可支配收入 26237 元，增长 9%，增幅居全市第 6 位；农村居民人均可支配收入 10599 元，增长 12.5%，增幅居全市第 2 位。

一年来，我们全力赶考备战，抓重点、攻难点，各项交账任务顺利完成。投入 7.6 亿元对城乡学校软硬设施进行全面提升，义务教育均衡发展顺利通过国家督导评估。农村垃圾治理实现规范化、常态化、制度化，以优异的成绩通过国家第三方评估验收。公路建设三年任务两年基本完成，升级改造县乡村道工程 32 个 248.2 千米，农村道路通达度、便捷度大幅度提升。“主攻工业、三年翻番”任务超额完成，实现 60 家企业集聚，完成固定资产投资 20 亿元、主营业务收入 53.9 亿元的目标。深入实施河长制升级版，出境断面水质长期稳定在Ⅲ类以上。全市“六大攻坚战”流动现场会评比排第 9 名，实现了进位赶超目标。

一年来，我们紧扣加快发展，出实招、办实事，一些重大节点取得突破。围绕群众急需急盼的大事要事，集中物力财力全力攻坚，加快发展的内外环境得到明显改善。交通出行方面，G236寻乌县城至菖蒲虎石段、S458南桥至吊神排段等公路竣工通车。全县高度关注的寻龙高速投资主体基本确定，寻乌融入粤港澳大湾区2小时经济圈有望实现。安全饮水方面，太湖水库顺利下闸蓄水，新自来水厂和输水管线工程全面完成，进入试运行阶段，沿线22万群众将很快喝上安全、干净的太湖水。能源保障方面，三个风力发电场及光伏扩面工程7.8兆瓦全部并网发电，省天然气管网（会昌—寻乌段）工程开工建设，4G网络覆盖173个行政村。帮扶合作方面，在中宣部的强力推动下，学习强国学习平台用户服务中心在寻乌创立，深圳市支援合作寻乌工作正式落地，并出台了一批操作性强、含金量高的政策措施，寻乌将搭上快速发展的列车。

一年来我们对标对表上级各项要求，积极回应群众关切，主要做了以下六个方面工作：

——脱贫攻坚达到预期目标。紧扣核心指标，聚焦责任落实、工作落实、政策落实，脱贫摘帽一次性、高质量条件已经成熟。摘帽工作取得决定性胜利。全县2593户9876人实现脱贫，贫困发生率下降至0.75%，并顺利通过了国家省际交叉检查和省级贫困县退出专项评估验收。到户政策得到全面性落实，投入6.1亿元，完成易地搬迁3286人，改善农村群众住房条件1.56万户，实施农村饮水提升项目217个，农村住房安全、饮水安全100%达标；全年发放产业奖补资金2646万元、“产业扶贫信贷通”1.28亿元、交通补贴745万元，资助贫困家庭学生18357人（次）1679万元，享受医疗“四道保障线”45605人次、发放补偿金额1.1亿元，各项帮扶政策实现应享尽享。村庄面貌实现根本性改变。对照“9+3”[1]指标实施整村推进，安排扶贫项目2098个，拆除“空心房”61.3万平方米，村集体经济平均收入12.8万元，全县所有村实现基础设施大变样、村庄环境大改观、集体经济大发展。

——产业发展实现多头进进。一年来，我们扭住产业发展不动摇、不松劲，着力补短板、强弱项，产业支撑力显著增强。现代农业富有生机，累计清除柑橘黄龙病树252万株，清理失管半失管果园8432个，发放柑橘苗木230万株，建成标准化生态示范园12个，柑橘黄龙病防控基地16个。新增蔬菜、百香果、甜柿、猕猴桃、蓝莓等特色产业12.5万亩，多元发展的产业结构基本形成。改造低质低效林3.55万亩，完成高标准农田建设1万亩。我县被评为“全省新农村建设工作先进集体”。杨氏果业被评为“农业产业化国家重点龙头企业”。工业发展富有成效。围绕首位产业高端补链、终端延链，签约项目12个金额24.3亿元，新增投产项目20个，新入规企业6家。新增园区面积1740亩，新建标准厂房80万平方米，园区面貌和形象得到极大提升。扎实开展降成本优环境活动，解决企业诉求120个，全年为企业减负5亿元。工业经济运行平稳，主营业务收入53.9亿元，增长13%；利润总额5亿元，增长10%。引进省外资金（5000万元以上）23.34亿元，增长16%。现代服务业富有活力。九江银行、江西银行和中国银行正式开业，全县金融机构期末存款余额123亿元，增长4.9%；贷款余额85亿元，增长20%；“五个信贷通”余额达14.4亿元。广寻现代物流园投入使用，县乡村三级物流配送体系基本建成，物流成本降低18%。全年电商交易总额超9亿元，我县农产品电商销售额排在全国贫困县第五名。青龙岩旅游度假区对外试营业。大型赣南采茶戏《寻路》在首届全国采茶戏汇演中精彩上演，电视连续剧《毛泽东寻乌调查》入围全国百部重点电视剧。

——城乡统筹迈出坚实步伐。按照城市“双修”的理念，持续提品位、强管理、树形象。承载力不断增强，城南出口路延伸段改造二期、向阳大道北段、城东出口路改造等一批快速通道项目和武装部至水角流、果欣大道等2条城市“断头路”实现贯通，城区交通更加畅通有序。城区污水处理厂二期开工建设，新增绿地游园23.3万平方米。吸引力不断提升，东江源生态移民小镇、东江源温泉养生小镇获批，客家风情园成为城市新名片。高标准实施了2660亩县城规划区山体复绿二期项目。新建中山西路、城北新区2个农贸市场，新建老市场、中山西路等停车场12个，新增停车位950余个。全年销售商品房3021套（间），增长68.5%。执行力不断加强，消化批而未用土地3182亩，完成棚户区改造1264户，征收土地1.2万亩、房屋11.2万平方米。拆除屋顶违章搭建619户4.2万平方米，完成26栋超高超大建筑的拆除和4087栋存量农村超高超大建房的分类整治，农民建房行为得到全面管控。完成新农村建设点184个，完成通组路119.9千米、改厕1002户，治理排水沟108千米。

——生态优势不断巩固提升。牢记源头使命，着力打好十大战役，生态环境质量明显好转。整改了一批交办问题，完成中央环保督察及回头看等问题整改7个，整改十大战役10类15个问题。健全了一批环保设施，留车垃圾填埋场、工业园污水处理厂和15个乡（镇）垃圾中转站投入使用。新建7个乡（镇）生活污水处理厂，城镇生活污水处理率达85.6%。治理了一批突出问题，大力实施东江流域上下游横向生态补偿机制，清理8个简易垃圾填埋场陈年垃圾25.5万吨，14家采石场和3家风力发电场生态修复面积3832亩。治理证内外废弃稀土矿山2211亩，寻乌历史遗留生态伤疤得到全面治愈。山水林田湖草项目基本建成，“三同治”治理模式成为全国典型经验。我县被列为“第二批绿色低碳试点县”。查处了一批违法行为，拆除、关停、整治畜禽养殖场（户）401家，清理违法违规小水电19座，查封污染严重企业3家，依法关闭采石场12家，查处餐饮油烟污水乱排放企业117户、非法采砂行为3起。

——民生福祉得到持续改善。高考成绩再创佳绩，一本上线人数237人，二本以上上线人数999人（含体艺生）。职业教育基地如期实现秋季开学。发放创业担保贷款7719万元。全县城乡居民医疗保险参保人数30.9万人，参保率达98%。新建72所标准化村卫生计生服务室，改、扩建3所乡（镇）卫生院。暖心基金共补偿848人次551万元，办理门诊特殊慢性病22065例。新图书馆顺利开馆。新建43个农民健身工程。深入开展“扫黑除恶”专项斗争及整治“黄赌毒”等专项行动，打掉5个涉黑涉恶犯罪团伙。寻乌法院参与乡村治理经验在全国推广，被评为“全国优秀法院”。有望连续三年获得全国信访工作“三无”县。切实抓好国防、双拥和优抚工作。人民防空、民族宗教、外侨、档案、地方志、妇女儿童、老龄、残疾人事业、应急管理等工作取得新成效。

——自身建设取得长足进步。持续推进放管服改革，共取消行政权力事项134项，承接3项，调整219项；取消调整114项“减证便民”证明事项。梳理公布“最多一次办结”政务服务事项413项，“最多一次办结”事项占依申请类政务服务事项的40.71%，行政审批承诺办结期限压缩至平均5个工作日内。完成“双随机、一公开”检查任务47个，上传检查结果1540项，办理执法案件20个。办理人大建议57件、政协提案70件，人大建议和政协提案办结率、满意率均达100%。全面开展忠诚型、创新型、担当型、服务型、过硬型政府建设，坚持不懈整治形式主义、官僚主义，切实解决“怕、慢、假、庸、散”等作风顽疾，政府效能持续提升。

各位代表，一年来的成绩可圈可点、可喜可贺，这些令人欣喜的发展变化，承载着县委的正确领航，凝聚着广大干部群众的心血和汗水，汇集着社会各界人士的智慧和力量。可以自豪地说，经过三年七大攻坚的实践和检验，寻乌发展的基础更加牢固，前进的步伐更加稳健，人民的生活更加殷实！在此，我代表县政府，向各位人大代表、政协委员，向真诚理解和鼎力支持我们的老领导、老同志，向奋斗在全县各条战线上的广大干部群众，向所有关心帮助寻乌发展的各界人士，致以崇高的敬意和衷心的感谢！

在肯定成绩的同时，全县经济社会发展和政府工作还存在一些问题与不足：一是发展的形势更加严峻。经济发展下行压力加大，特别是经济增长由中高速转向高质量发展新阶段，许多新情况、新问题、新矛盾需要应对破解，打好中央三大攻坚战面临着不小的挑战和考验。二是竞争的态势更加激烈。目前全市各县（市、区）都在振兴发展上铆足干劲、大干快上，尤其是在谋项目、引项目、攻项目上大展身手，竞争进入白热化，稍有懈怠就会处于落后位置。三是群众的期盼更加多样化。社会事业欠账较多，发展水平、发展质量与人民日益增长的美好生活需要相比仍有较大差距。一些政府工作人员的思想观念、能力作风与新时代、新要求还不相适应，不敢为、不愿为、不善为的现象还不同程度存在。针对上述问题，我们将强化责任意识、担当意识和落实意识，善学善思，善谋善断，善作善成，努力把政府各项工作做得更好！

2019年工作安排

2019年是新中国成立70周年，是全面建成小康社会关键之年，做好今年的政府工作意义重大。今年政府工作的总体要求是：以习近平新时代中国特色社会主义思想为指导，深入贯彻党的十九大精神、十九届二中、三中全会和中央经济工作会议精神，以及省委十四届七次全会和市委五届六次全会、县委十五届七次全会精神，坚持以稳中求进为工作总基调，以高质量发展为主线，坚决打好中央三大攻坚战，坚定不移推进七大攻坚，全面落实稳增长、促改革、调结构、惠民生、优生态、防风险各项工作，进一步稳就业、稳金融、稳外贸、稳外资、稳投资、稳预期，深入推进“五型”政府建设，为全面建成小康社会收官打下决定性基础、奋力开创“活力、富裕、生态、平安”寻乌建设新局面，以优异成绩向新中国成立70周年献礼。

今年发展的主要预期目标是：实现GDP增长9%，规上工业增加值增长9.5%，财政总收入增长10%，一般公共预算收入增长1%，固定资产投资增长10.5%，社会消费品零售总额增长10.5%，实际利用外资增长9%，出口总额增长2%，城镇、农村居民人均可支配收入分别增长8.8%和12%。实现上述目标，务必把握寻乌振兴发展的机遇期和窗口期，正确处理好稳与进、形与势、危与机、变与不变的关系，着力在“巩固、增强、提升、畅通”上下功夫，确保经济发展方向不偏、动能不减、质量不降。重点抓好以下七个方面的工作：

（一）聚焦高质量、可持续，着力开创脱贫攻坚新篇章

坚持脱贫引领，按照“精准、均衡、持续、内生”的思路，采取超常规举措推进脱贫摘帽，确保高质量、一次性通过贫困县退出考核评估。

决战决胜脱贫摘帽。紧扣核心指标，逐户对照排查、逐项查缺补漏，确保贫困户“一收入两不愁三保障”全部达标，非贫困户不出现“两不愁三保障”问题，并顺利通过脱贫摘帽。举办各类扶贫知识培训，全面提升各级干部扶贫知识应知应会的能力和水平。认真开展“大走访”活动，加大扶贫政策的宣传力度，切实提升非贫困户对脱贫攻坚的认可度。进一步压实乡村主体责任、大村长“六包”责任、纪委监督责任、行业扶贫责任、村两委直接责任和干部帮扶责任，以责任落实推动工作落实、政策落实。

巩固提升脱贫成效。按照脱贫不脱政策的要求，保持机制不变、力度不减、队伍不撤、

标准不降，推动1806个贫困人口、4个贫困村实现脱贫退出。实施“两业”扶贫覆盖面和受益度“双提升”工程，确保贫困农户持续增收。全面落实教育、健康、兜底保障等专项扶贫政策，切实提升政策知晓率和满意度。加大收入水平略高于建档立卡贫困户的群体和城镇贫困群众的帮扶解困力度，健全贫困农户返贫预警、动态管理机制，有效防止非贫困户致贫和已脱贫户返贫。

激发群众内生动力。扎实推进志智双扶，充分利用新时代文明实践中心、学习强国等平台和阵地，采取“1245”模式[2]，深入开展“赣南新妇女运动”“六星创评”“清洁家庭”“身边好人”等评选活动，不断激发贫困户内生动力。积极开展产业就业技术培训，实施定点、订单式培训，进一步提升贫困群众致富能力和创业本领。

（二）坚持引项目、优环境，着力谋求工业发展新突破

围绕实现“三个翻番、三个提升”目标，着力育龙头、强载体、壮集群，乘势而上推动首位产业发展壮大。

提升首位产业聚集力。借助粤港澳大湾区产业转移窗口期以及深圳市支援合作寻乌的机遇，瞄准数控机床、气体压缩机械、泵及真空设备、包装设备、机器人等细分产业方向，积极招大引强，持续推进首位产业强链、补链，力争全年新引进1个以上20亿元项目，至少2个10亿元项目，首位产业企业突破50家。年内净增规模以上工业企业15家，全县规模以上工业企业突破70家，实现规模以上主营业务收入64亿元。

提升产业园区承载力。开展集群式项目满园扩园行动，促进“一园三区”良性发展，争取新增石排园区465亩、杨梅园区793.9亩。整治石排园区铁皮棚，完成华南泵业西侧地块、原中铸项目地块18.4万平方米标准厂房建设，适时启动环球陶瓷南侧31.7万平方米标准厂房建设。强化研发信息、检验检测、物流配送、电子商务、能源集中供应等公共服务和市场供给，打造宜人宜业平台。强力推进工业用地“亩产论英雄”改革，对“低产田”和“高产田”进行差别化的政策扶持。收回闲置未动工两年以上（含两年）工业用地，加快206国道两侧僵尸企业、低效企业的处置步伐，切实提升园区效益。

提升企业技术竞争力。围绕工业企业技术改造三年行动计划，加快新旧动能转换，重点推进万年青水泥、恒源科技等企业技改。促进数字技术与制造技术深度融合应用，支持中气、洛锡、孺子牛等企业搭建“双创平台”，鼓励亿迪生等企业安装智能制造生产线，打造数字化车间。健全产学研深度融合发展的创新机制，加强与高等院校、科研院所的合作，促进科研成果转化应用，力争2019年全县研发经费支出占GDP的比重达1.8%以上。实施龙头企业培育计划，培育主营业务收入超10亿元企业1家。

提升营商环境吸引力。推动放管服改革取得重大突破，与企业和群众日常生活密切相关的办事窗口实行错时延时预约服务，确保依申请类政务服务事项“一次不跑、只跑一次”办理率达70%以上，网上可办率不低于70%，“一窗式”受理率达70%以上，建设并上线运行“一证通办”系统和“赣州通”，实现高频服务事项“掌上办理”。全面推行“证照分离”改革，实现企业开办全程“网上办、零见面”。持续推进降成本优环境专项行动，力争项目审批时限缩短至3个工作日以内，全年为企业减负5亿元以上，全力打造“四最”[3]营商环境。用好企业APP平台，着力解决企业用工难、人才引进难、融资难、物流成本高等问题。认真开展“三请三回”[4]和“三企”[5]入寻活动，吸引更多的外出乡贤返乡创业。落实民营经济健康发展政策措施，重点抓好40家小微企业培育，促进民营经济与其他各类经济一起竞相发展。

（三）立足打基础、美家园，着力开启乡村振兴新征程

按照乡村振兴“二十字”[6]方针，以农业供给侧改革为主线，持续推进农业结构优化、产业提质。

加快现代农业发展。坚持“柑橘为主、多元发展”思路不动摇，有序引导柑橘产业恢复发展，全年新建2个高标准样板示范园、10个市级示范园、20个县级示范园，恢复种植面积3万亩以上。集中发展1—2个农业特色产业，推动蔬菜、百香果、猕猴桃、甜柿等产业规模化、品牌化发展。完成2600亩蔬菜大棚建设任务。积极支持林下经济发展，加强非洲猪瘟、松材线虫病等重大动植物疫病防控。完善农业服务体系建设，建成深圳菜篮子基地，争取启动农产品集散中心项目建设，拓展与今日优鲜、一亩田等大型电商平台的合作关系，拓宽产销对接渠道。持续开展现代农业招商，推进芳香小镇、柑橘小镇、杨氏柑橘标准化种植基地建设，力争年内引进1—3个示范性、引领性的现代农业项目。

整治农村人居环境。深入推进农村人居环境整治三年行动计划，按照“干净整洁、提档升级、美丽宜居”三个档次，借鉴浙江“千村示范、万村整治”工程经验，扎实抓好村容村貌提升、生活垃圾专项治理、“厕所革命”、生活污水治理、村庄规划管理、“五净一规范”等工作，力争今年基本完成全县村庄整治任务。全面清理整治“大棚房”，坚决遏制农地非农化。完成1万亩高标准农田建设，提升农田亩产效益。

激发农业农村活力。积极推进农村承包地“三权分置”[7]改革，完善县、乡、村三级土地流转服务体系，进一步提升农村土地流转率。扎实开展农村“两权”抵押贷款等工作，探索闲置宅基地复垦工作。大力发展村级集体经济，确保村级集体收入再增长20%以上。推进农业经营体制改革，大力培育农民专业合作社、家庭农场等新型经营主体，引导小农户融入现代农业大发展。

（四）围绕抓三产、激活力，着力培育经济发展新动能

加速“引爆”现代服务业，促进三产融合发展，努力激活经济发展动力和潜力。

激活现代旅游业。扎实推进全域旅游建设，完成游客集散中心建设，确保青龙岩旅游度假区、东江源温泉小镇全面投入运营，支持青龙岩丹霞风景区创评国家AAAA级景区。促成金刚山旅游项目落地，开工建设花开了、金龟谷康体等乡村旅游点。力争东江源温泉酒店、青龙岩温泉酒店、广寻国际酒店、维也纳酒店正式开业，培育四星级酒店1家以上。建成1家旅游商品旗舰店、1家客家美食店，推进一桌特色菜，打造具有寻乌特色的名宴、名菜、名小吃等客家美食名片。用好用活“寻乌调查”等红色金字招牌，大力开展“引客入寻”工作，精心策划“寻乌调查纪念馆—项山甑—青龙岩旅游度假区—南桥蔬菜文化主题园—石崆寨旅游景区”2日游精品线路，努力把我县建设成为粤港澳大湾区旅游度假区。

集聚商贸物流业。扎实推进电商产业园二期、脐橙产业电子商务基地等电商服务平台建设，培育1家省级电商服务龙头企业。启动广寻现代物流园二期建设，积极发展第三方物流、农村物流，打造一批城市配送龙头企业和农村物流示范村。优化商业网点布局，建设一批商贸中心区、特色商业区和批发市场。推进居家和社区养老服务改革试点，培育专业化养老服务社会组织2—3家，确保东江源颐养中心投入使用。

壮大现代金融业。通过市场化、企业化等方式，全力化解政府债务。加大“五个信贷通”资金投放力度，推动金融机构信贷资金向实体经济和小微企业倾斜。争取年内恢复设立农发行寻乌支行。加快企业上市步伐，力争1—2家企业在主板上市或“新三板”挂牌。支持城投集团进行市场化运作和投资运营，鼓励开展市场化并购，

力争主体信用评级达到AA-以上，发行企业债券10亿元。

（五）加速补短板、提品质，着力开创城乡建设新局面

大力实施城市功能与品质提升“八大行动”，推动新型城镇化向更高水平迈进，努力建设精致宜居城市。

强化规划引领。精心编制各类专项规划，推进“多规合一”，完成城市总体设计，加快形成科学完备的城市规划体系。启动东江源生态移民小镇和南桥新型城镇示范镇建设。强化规划监督执法，坚决依法打击各类违法违规建设行为，全面完成城区房顶铁皮棚拆违任务，维护城市规划的权威性、整体性和规范性。

提升建管水平。按照城市“双修”的理念改造城区，完成中山西路、城北三路、向阳大道（二期）建设，实施教师村、小水村、桔园新村等片区雨污分流改造以及老城区、城市广场、一河两岸等节点和区域绿化亮化改造提升。完成新区农贸市场建设，规划新建立体停车场2个、新增停车位180个。实施“厕所革命”，新（改、扩）建城区公厕25所。积极创建智慧城市。大力引进社会资本，启动建材、汽修等专业市场建设。

推进“三城同创”。深入开展建筑工地围挡、占道经营、户外广告牌等整治，着力解决街道路面、建筑工地、小区环境、市容秩序、背街小巷等重点区域脏、乱、堵问题。全面启动“三城同创”，争取年内完成市级文明城市创建工作。巩固提升城乡环卫全域一体化成效，实行农村保洁员全职化。推动园林绿化养护、市政设施维护等由政府直接提供服务向市场购买服务转变，力争2020年完成省级卫生城市和国家园林县城创建。

完善基础设施。扎实推进瑞梅铁路、G206县城至牛埃石段升级改造等项目前期工作，确保寻乌至龙川高速、S317县城至长安段PPP升级改造项目年内开工建设。全面落实“路长制”，积极推进“四好农村路”建设，实施镇村公交省级示范县试点工程，争创“四好农村路”省级示范县。新建留车至长宁110千伏线路工程，持续推进农村电网升级改造。完成省天然气管网会昌—寻乌段建设，完善城区天然气管网布局，提升管道天然气覆盖面。启动5G网络信号规划和城区5G示范站点建设，完成11个自然村小组弱覆盖区域4G网络建设。

（六）持续护山水、扬优势，着力打造生态文明新亮点

深入践行绿水青山就是金山银山的理念，坚守阵地、巩固成果，持续加强生态环境保护。

打好污防战役。对标对表抓好中央和省环保督察反馈问题整改，推进施工扬尘、餐饮油烟、畜禽养殖、企业非法排污、非法挖山洗砂等污染专项整治，力争$PM_{2.5}$平均浓度下降8%以上。压实“河长制”责任，完成违规小水电清理整顿，抓好乡镇集中式饮用水水源地保护区划定及规范化建设，确保集中式饮用水水源地水质达标率达100%，出境断面水质稳定达标。

加强系统治理。落实“林长制”职责，开展第七次森林资源二类调查，完成低质低效林改造3.5万亩。巩固提升废弃稀土矿山治理成果。加快工业园区污水管网、县城污水处理厂二期、污泥处理设施建设，完成澄江垃圾填埋场及25个村级污水处理站建设，确保县城污水处理率达到93%、县城污泥无害化处理处置率达到90%以上。

健全保护制度。稳妥优化全县封山育林政策，适度放宽森林采伐指标。严守生态保护红线、基本农田控制线、水资源保护红线，健全天然林管护和森林生态系统生物多样性保护制度，加快东江源国家湿地公园试点工作，全力争取实施第二轮东江流域上下游横向生态补偿政策。完成山水林田湖草项目区林相改造，争取建设成为全国生态保护与修复示范样板。推进会寻安生态经济区建设，大力发展生态扶贫产业、绿色循环产业、生态农业，加快打通绿水青山与金山银山的双向转换通道。

（七）紧扣办实事、惠民生，着力回应人民群众新期待

始终把人民对美好生活的向往作为奋斗目标，加快补短板、强弱项，办好省政府下达的51件民生实事，切实增强人民群众的获得感、幸福感和安全感。

织密扎牢社会保障网。深入实施高校毕业生就业创业促进计划和基层成长计划，开展三年青年见习计划，降低创业担保贷款反担保门槛。提高城乡居民基本养老、基本医保和低保等补助标准，稳步提升特困人员供养水平。积极推进生育保险和职工基本医疗保险合并实施，启动基本医保跨省异地就医住院费用直接结算。强化工资支付源头治理，预防和解决拖欠农民工工资问题。

促进公共服务均等化。加快文峰中小学建设步伐，确保2019年秋季如期开学，完成五所城区中小学改扩建任务，稳步推进职业教育基地四期工程建设，启动城东、城南2所公办幼儿园及5所村级幼儿园建设。深入实施卫生计生服务能力三年提升行动计划，完成项山、丹溪2所乡（镇）卫生院升级改造，力争县妇幼保健计划生育服务中心新院基本建成，确保县人民医院住院大楼、县中医院医技大楼投入使用。深化医疗卫生体制改革，稳步推进常规门诊“先诊疗、后付费”一站式服务。完成棚户区改造230套以上，新建200套人才公寓。启动老年人文体活动中心建设。推动电视剧《毛泽东寻乌调查》在全国播出，赣南采茶戏《寻路》全国巡演，提升我县文化产业竞争力。

加强和创新社会治理。完善社会治安防控体系，加快农村“雪亮工程”建设，扎实做好信访工作和矛盾纠纷排查化解工作，依法打击各类违法犯罪活动。持续抓好禁毒工作，确保“全省禁毒重点关注县”摘帽。深入开展安全生产十大专项整治行动，防止较大以上安全事故发生。健全自治、法治、德治相结合的乡村治理体系，总结提升“寻乌经验”。深化扫黑除恶专项斗争，确保全县社会和谐稳定。

各位代表，新时代呼唤新担当，更要新作为。我们将持续推进“五型”政府建设，努力打造人民满意的政府。我们将着力打造忠诚型政府。牢固树立“四个意识”，始终坚定“四个自信”，坚决做到“两个维护”，自觉把讲政治贯穿于改革发展稳定的全过程。坚持对标对表中央精神和省市有关要求，确保上级各项决策部署在寻乌落地生根。着力打造创新型政府。在政府系统开展大学习、大调研活动，掌握新知识、熟悉新领域、开拓新视野，推进政府工作创新、治理模式创新、社会创新创造，推动全县政府系统思想大解放、观念大更新、能力大提升。着力打造担当型政府。我们将从严整治“怕、慢、假、庸、散”作风顽疾，坚决破除形式主义、官僚主义，大力推进政府系统“三减三强两倡导”[8]，充分调动各方面的积极性，让想干事、干成事的有空间，让怕担当、不作为的没市场。着力打造服务型政府。全面推行“店小二”“保姆式”服务，大力推进“互联网＋政务服务”，实施审批流程优化再造，让企业和群众少跑腿、好办事。全面推进政务和信息公开，不断提升政府工作的透明度和群众的满意度。着力打造过硬型政府。大力压缩一般性支出，严控“三公”经费预算。全面推进法治政府建设，加强“三重一大”事项监督审查，自觉接受人大及其常委会、政协、监察、司法、舆论等各方面监督。严格执行中央八项规定及其实施细则，恪守廉洁从政有关规定，以政府的“紧日子”换取群众的“好日子”。

注释：

[1]**“9+3”**：贫困村退出9大指标，以及

75%以上（含75%）农户入户路硬化，无人居住空心房100%拆除，村级集体经济收入2017年、2018年、2019年、2020年分别达到2万元、3万元、4万元、5万元。

［2］**“1245”模式**：加强组织领导，建好“两个阵地”（村综合文化服务中心、农村文明之家），组织四类活动（创评活动、感恩教育、文化惠民、技能培训），实施“五治行动”（开展乱埋乱葬、赌博之风、大操大办、不赡老孝亲、封建迷信五大治理行动）。

［3］**“四最”**：政策最优、成本最低、服务最好、办事最快。

［4］**“三请三回”**：请乡友回家乡、请校友回母校、请战友回驻地。

［5］**“三企”**：外企、民企、国企。

［6］**“二十字”**：产业兴旺、生态宜居、乡风文明、治理有效、生活富裕。

［7］**“三权分置”**：所有权、承包权、经营权“三权分置”。

［8］**“三减三强两倡导”**：精减文件简报、精减会议活动、精减督查考核，强化问题破解、强化大干项目、强化政务服务，倡导“一线工作法”、倡导“尽职尽责敢担当、不为乱为皆问责”。

专　记

辉煌的四十年

——寻乌县纪念改革开放 40 周年综述

1978 年 12 月 18 日，中国共产党召开的十一届三中全会，实现新中国成立以来党的历史上具有深远意义的伟大转折，开启改革开放和社会主义现代化的伟大征程。

习近平总书记《在庆祝改革开放 40 周年大会上的讲话》中指出："改革开放 40 周年来，从开启新时期到跨入新世纪，从站上新起点到进入新时代，40 年风雨同舟，40 年披荆斩棘，40 年砥砺奋进，我们党引领人民绘就了一幅波澜壮阔、气势恢宏的历史画卷，谱写了一曲感天动地、气壮山河的奋斗赞歌。"

40 年来，寻乌的改革开放与全国同步同向，解放思想，实事求是；跟各地同频共振，同心同德，锐意进取。全县经济社会发生巨大而深刻的变化，取得令人瞩目的伟大成就。人民生活实现由贫穷到温饱，再到整体小康的跨越式转变；社会生活实现由封闭、贫穷、落后和缺乏生机到开放、富裕、文明和充满活力的历史巨变。

——群众生活得到极大改善。1978—2017 年，全县就业人员从 7.34 万人增加到 23.17 万人，年均增加 4059 人。2017 年，城镇居民人均可支配收入 24068 万元，是 2013 年的 1.4 倍；农村居民人均纯收入 9424 元，比 1978 年增长 88.8 倍，年均增长 12.2%。2017 年年末，城乡居民储蓄存款余额 644020 万元，比 1978 年年末增长 12880.4 倍，年均增长 27.5%。2017 年，城镇居民人均消费支出 13097 元，是 2013 年的 1.7 倍；农村居民人均消费支出 7676 元，比 1978 年增长 65.2 倍。城乡居民消费结构明显优化。城镇居民恩格尔系数为 39%，农村居民恩格尔系数为 38.9%，达到小康水平。城乡居民家庭平均每百户移动电话、摩托车和家用汽车拥有量分别为 255.5 部、61.7 辆和 21.5 辆。2017 年年末全县金融机构各项存款余额 117.2 亿元，为 1978 年的 3044.2 倍；全县金融机构储蓄余额 64.4 亿，为 1978 年的 558.2 倍，年均增长 17.6%。

——综合经济实力显著增强。2017 年，全县生产总值 70.82 亿元，是 1978 年的 167.3 倍；社会消费品零售总额 21.73 亿元，是 1978 年的 108.9 倍；实际利用外资 2430 万美元，是 1991 年的 79.7 倍（1978 年无此数据）；工业增加值 19.25 亿元，是 1984 年的 293.4 倍；全社会固定资产投资 48.96 亿元，是 1978 年的 320 倍；财政收入 8 亿元，是 1978 年的 320 倍。2012 年《国务院关于支持赣南等原中央苏区振兴发展的若干意见》出台以来，特别是中共十八大以来，寻乌经济社会发展驶入快车道。2013—2017年五年生产总值总量287.11亿元，占1978年以来40年总量的47.7%；工业增加值的总量为80.5亿元，是1978年以来前34年累计总量的54%；全社会固定资产投资总量达181.33亿元，是1978年以来40年总量的58.8%，是前35年总量的1.4倍；财政收入总量为32.98亿元，是1978年以来40年总量的56%，是前35年的1.3倍。实施“主攻工业，三年翻番”的战略，加大招商引资力度，引进机电机械、电子、风能发电、食品加工等规模以上企业59家，实现规模工业总产值57.38亿元，是1978年全部工业总产值的393.3倍，年均增长16.6%。其中通用设备制造企业28家，初步形成机电机械制造产业链。

——三次产业经济结构不断优化。改革开放40年，寻乌经济结构由单一到多元，从传统向现代迈进。三次产业结构比由1978年的74.3∶12.5∶13.2变为30.0∶30.1∶39.9，呈现出第一产业稳固发展，第二产业主导发展，第三产业快速发展的新格局，经济发展的协调性和可持续性不断增强。农业除粮食外，脐橙、蜜橘、百香果、猕猴桃、甜柿、油茶和大棚蔬菜等多元结构，成为农民增收致富的主导产业。2017年，全县粮食产量120586吨，为1978年的1.86倍；肉类总产量、水产品产量分别为28883吨、9375吨，分别为1978年的9.54倍和54.51倍；油料产量2426吨，为1978年的35.68倍；水果产量328543吨，为1978年的22.61倍；农业机械总动力15265万瓦特，为1978年的3.3倍。

第三产业异军突起，成为经济增长的新引擎。2017年，第三产业增加值28.31亿元，扣除价格因素，1978—2017年年均增长17.3%。金融、房地产、物流和电商等保持良好发展势头，旅游业强劲增长，2017年县内游客72.995万人次，旅游收入29694万元，分别比前一年增长40.2%、41.3%。

——城乡面貌发生翻天覆地变化。县城城区面积由1978年的2平方千米扩展到2018年的11平方千米，人口由1978年的1万余人增加到2018年的11万人。县城高楼林立、设施完善、功能配套、精致宜居，犹如一幅灵秀山水城画卷。农村经过脱贫攻坚、土坯房改造和环境整治，人居环境大为改善，处处展现一派现代田园风光。全县公路通车里程2548千米，是1978年的7.3倍，年均增长5.2%，其中，水泥路1288千米，柏油路201千米。高速公路129.2千米，济广高速、寻全高速沟通南北，横贯东西。全年公路货物运输总量345万吨，是1978年的100.2倍，年均增长12.5%；公路货物运输周转量62602万吨/千米，是1978年的147.4倍，年均增长13.7%；旅客运输总量243万人，是1978年的12.1倍，年均增长6.6%；旅客运输周转量315495万人/千米，是1978年的280.1倍，年均增长15.5%。通讯业突飞猛进，邮政营业网点由1978年的12处增至2017年的143处，增长10.92倍；固定电话用户由1978年的524户增加到2017年的30458户，增长57.1倍；每百人电话普及率由1978年的0.25部提高到2017年的9.2部；移动电话业务从无到有，手机由20世纪90年代的奢侈品变为现在的生活必需品，普及率达到每百人70.5部；互联网普及率由2009年的9.8%提高到2017年的74%。

——各项社会事业取得长足发展。公共文化设施建设全面推进。“三馆一中心”（文化馆、图书馆、博物馆、艺术中心）已建成，每个行政村建有农家书屋和文化广场，80%的村建有综合文化服务中心。在寻乌开拍的电视剧《毛泽东寻乌调查》于2月杀青。广播电视节目人口覆盖率分别为99.78%、100%，其中有线电视用户2.4万户。自2009年以来，共筹集12多亿元资金对全县中小学校舍进行改造升级，彻底消除危房，校园面貌焕然一新。普通小学在校生24816人，是1978年的0.74倍；小学、初中入学率均为100%；学前教育三年毛入学率88%。中小学专任教师3080人，是1978年的1.7倍；公办幼儿园教师732人。科技事业实现新跨越，“十二五”期间，成功申报市级以上科技项目48个，是“十一五”时期的4倍，并且填补寻乌国家级科技项目和工业科技项目的空白。有高科技企业9家。2017年，受理专利496件，授予专利权156件；专利申请量、授权量位居全省前列。卫生事业蓬勃发展。县人民医院整体搬迁，建筑面积28709平方米；县中医院整体搬迁，并进行改造升级；县妇幼保健医院重新选址兴建；县疾控中心已改建。县人民医院升级为“二级甲等”医院。乡（镇）卫生院全部改造重建。共有农村卫生室262个。县乡医院设备和环境大为改观。全县有卫生机构334个，比1978年增长17.6倍；卫生技术人员1108人，比1978年增长3.3倍；医院和卫生院床位1134张，比1978年增长2.99倍。城乡居民参加基本医疗参保率达98%。体育设施不断完善，建有室内体育馆2个，游泳馆1个；健身设施遍布城乡。群众体育赛事丰富，竞技体育成绩喜人。经营性体育场所17家，从业人员200多人，经营项目有健身、游泳、瑜伽等几十项。

40年春风化雨，春华秋实。回顾和总结改革开放40年的伟大成就和宝贵经验，目的是为实现“两个一百年”奋斗目标，实现中华民族伟大复兴的中国梦继续拼搏、敢于斗争。对历史最郑重的纪念，是再创辉煌；对人民最真挚的承诺，是不懈奋斗！

主攻工业

一、主攻工业目标

2015年，针对全市工业比较薄弱现状，市委、市政府提出“主攻工业、三年翻番”目标。对寻乌而言，主攻工业显得更为迫切。2015年末，全县地区生产总值558144万元，其中，第一产业164485万元，第二产业169776万元（其中工业154215万元），第三产业223883万元。全县规模以上工业企业32家，工业增加值11亿元，主营业务收入43.5亿元，利税总额75000万元，分别居列全市第10名、第4名、第6名。

围绕市里提出的主攻工业目标，县委、县政府及时作出从2015年起至2018年止，用三年时间实现工业翻番目标。即到2018年实现“两个翻番、三个提升、四个突破”工作目标。“两个翻番”：工业经济总量翻番。规模以上工业主营业务收入达80亿元，工业园区主营业务收入达50亿元。工业固定资产投资翻番，全县工业固定资产投资额达到20亿元。“三个提升”：园区基础设施投入明显提升。每年建设一批标准厂房；建成园区污水处理设施。园区单位面积产出明显提升。园区投资强度达到300万元/亩，亩均税收达到10万元/亩。园区产业集中度明显提升。园区工业主营业务收入30%以上为特色产业集群。“四个突破”：培育龙头企业取得突破。在培育超10亿元龙头企业上取得突破。技术创新取得突破。规模以上工业企业研发投入占主营业务收入比重较2015年提高1个百分点，科技贡献率达到55%以上，高新技术产业增加值占工业增加值的比重达25%以上，新增1—2个省级及以上的企业技术中心等研发平台。品牌创建取得突破。县财政用于品牌创建的推广费用逐年增加，每年新创建1—2个省级及以上品牌或著名商标。绿色发展取得突破。单位工业增加值能耗下降率达到“十三五”年度考核目标要求，工业企业清洁生产审核通过数每年不少于2个。

明确主攻工业方向。过去，寻乌工业以开采加工稀土、石板材和水泥等资源型工业为主。为改变传统工业结构，实现工业高质量发展，不再走工业发展的老路。寻乌确立以保护东江源生态环境为主，走绿色发展新路。把机电机械制造作为主攻工业的方向，并列入首位产业来抓，对首位产业进行首位扶持、首位发展。

二、主攻工业实施

出台配套性优惠政策。2015年，出台《寻乌县三年主攻工业推进计划（2016—2018）》《关于精准帮扶企业的实施意见》等“1+2+N”系列支持工业发展政策文件25个。2016年陆续制定《寻乌县进一步降低企业成本优化发展环境的若干政策措施》《寻乌县工业园区企业从业人员子女就学、就业、住房、医疗暂行管理办法（试行）》；2017年出台《寻乌县扶持机电机械制造产业发展二十二条》等政策。从用地、减税、信贷、水电、用工和物流等方面全力改善营商环境。

改造提升工业园区。2015—2018年，先后投入30亿元，对原有的石排工业园区进行扩容改造，将400公顷的废弃稀土矿山打造成通用设备制造基地；对黄坳民营创业园新增600亩用地，升级改造成返乡创业园；新开发760亩土地，建成杨梅高科技园区。园区建设初步开成“一园三区”格局。三个园区实现产城融合，分工明确，布局合理，各具特色。园区的水、电、路、网、气和排污等设备进行全面改造，并兴建标准厂房80万平方米，承载功能得到全面提升。

破解融资难、融资贵问题。2015年，依据《寻乌县实体经济还贷周转金管理办法》，采取“征信+信贷+融资”模式，设立3000万元周转资金，为205家企业发放“财园信贷通”1.67亿元；“小微信贷通”1.5亿元。2016年，财政出资2700万元，用于“财园信贷通”“小微信贷通”“创业信贷通”担保金，为348户企业发放贷款4.32亿元。利用还贷周转金3000万元，为96家企业发放还贷周转金3.5亿元，为企业降低融资成本300万元。2017年，设立5亿元的产业发展引导基金，用于扶持通用设备制造企业。为埃尔空压机、莫可精密铸造等15家企业提供4.23亿元产业引导资金，为企业降低融资成本3673万元。三年共为301家企业发放还贷周转资金7.5亿元，减少企业融资成本1.07亿元。

实行全程跟踪服务。组建首位产业招商队，制定《寻乌县工业产业集群建设领导小组成员单位帮扶重点（项目）工作方案》，对企业实行一名县领导、一个责任单位、一个金融机构、一支队伍的帮扶机制，并提供“一站式管理、一次性告知、一条龙审批”的服务。为解决企业用工难问题，与江西环境工程学院、江西应用技术学院等大专院校签署“订单式”技术人才培训计划。2017年为企业引进专业技术人员67名。落实企业社保补贴、重点企业培训补贴和见实补贴政策。同时，为工业园区务工人员建立免费乘车（公交）专线。为降低物流成本，引进外资6亿元，兴建“广寻物流园”。三年累计为企业降低成本2029万元。参照西部大开发政策，本级行政性收费一律免收，服务性收费按最低标准的50%收取，三年来，累计为企业减税2.54亿元。

三、主攻工业成效

2016年，实际利用外资2209万美元，同比增长0.17%；外贸出口4580.45万美元，同比增长24.04%，全市排名第四名；实际利用内资18.07亿元，同比增长12.65%，全市排名第五名。规模以上工业增加值完成12.04亿元，完成任务的100.2%，同比增长10%，增幅列全市第二名；主营业务收入47.16亿元，完成目标任务102.5%，同比增长13.1%，增幅列全市第六名；工业固定资产投资14.74亿元，完成目标122.8%，同比增长37.6%，增幅列全市第八名；实现工业增加值1.16亿元，增幅55.37%，全市排第四名。工业用电量36436万千瓦时，同比增长34.4%，增幅列全市第一名。完成“新三板”挂牌企业2家，认定省级高新技术企业1家。6月，县工业园区被省政府批准为省级产业园区。全年引进投资59.7亿元，其中新增规模以上企业19家，有8家企业列入市级调度项目；当年竣工投资项目7个，其中10亿元项目1个。

2017年，实际引进外资2430.2万美元，完成任务 100.01%；外贸出口 5339.2 万美元，完成任务 116.07%；实际利用内资 20.12 亿元，同比增长 11.34%，其中亿以上项目 10 个。规模以上工业主营业务收入 57.38 亿元，同比增长 18.1%；工业增加值增速 10.2%，列全市第三名；工业固定资产投资 18.98 亿元，同比增长 28.8%，列全市第七名；规模以上企业 59 家，净增 22 家，列全市第一；工业用电量 1433.42 万千瓦时，增幅列全市第二名。全年开工项目 31 个，累计完成投资 50.53 亿元，当年竣工投产企业 24 个，共为企业减负 3.23 亿元。

通过三年主攻工业，主要指标如期实现翻番。工业园区面积达 867 公顷，比 2015 年增加 376 公顷；兴建标准厂房 80 万平方米，比 2015 年增加 50 万平方米；引进企业 55 家，总投资 244 亿元，其中引进首位产业 43 家，总投资 172 亿元，初步形成铸造、空压机、水泵、工业冷水机、工业机器人等通用设备制造产业。培育高新技术企业 11 家，科技型中小企业 24 家。高新技术产业增加值占工业增加值的比重比 2015 年增长 215.9%。有 16 家亿元以上企业列入市级调度项目。引进企业的总量、数量超过 10 年前的总和。2018 年全县工业总产值 53.89 亿元，其中，规模以上工业增加值12.632亿元，利税总额7.09亿元，规模以上工业主营业务收入 53.9 亿元，工业固定资产投资 22 亿元，比 2015 年分别增长 103.92%，105.4%；入园企业 85 家，比 2015 年新增 42 家，其中规模以上企业新增 25 家。在全市综合排名中位列第九名。工业发展基础以及后劲得到进一步夯实和增强，实现跨越式发展。

医疗卫生事业

2016—2018 年，是寻乌医疗卫生事业发展最快的三年。2016 年，被国家卫生计生委授予全国计划生育优质服务先进单位荣誉称号，2016—2018 年，先后被省政府评为全省计划生育工作综合先进县，被市政府评为全市医改综合排名获第三名，县人民医院被市综治委评为第二届赣州市平安医院、被市计生委授予“无烟医院”。

一、主要情况

2018 年，全县共有各级各类医疗卫生机构 333 所，其中，县级医疗卫生计生机构 8 所［县人民医院、中医院、妇幼保健计划生育服务中心、皮肤病医院（皮肤病防治所）、疾病预防控制中心、卫生计生综合监督执法局］；乡镇卫生院 16 所；民营医院 2 所；社区卫生服务中心（站）6 所；门诊部 1 所；个体诊所 36 所；村卫生室 262 所；医务室 4 所。全县医疗机构共开设病床总数 1199 张，其中，县级公立医院 608 张，乡镇卫生院 417 张，民营医院 99 张，社区卫生服务中心 75 张；平均每千人口拥有病床数 3.67 张。卫生计生单位共有人员 1254 人，其中，卫技人员 1130 人（含临时聘用和民营医院人员），执业（助理）医师 392 人，执业护士 475 人；平均每千人口拥有卫技人员、执业（助理）医师、执业护士分别为 3.46 人、1.20 人和 1.45 人。2017 年至 2018 年，全县先后选派 253 名卫生技术业务骨干到上级医院脱产培训一年。

全县基本医疗保险参保缴费人数 326680 人，其中城镇职工参保缴费人数 17250 人，城乡居民参保人数 309430 人，参保率 98%。基本医疗保险基金收入总额 27241.35 万元，其中城镇职工基本医疗保险基金收入 6196.35 万元，城乡居民基本医疗保险基金收入 21045 万元。工伤保险参保人数 11230 人，征缴工伤保险基金 459.86 万元；生育保险参保人数 10972 人，征缴生育保险基金 418.2 万元。

二、发展现状

（一）基础设施建设全面改善。全面落实民生工程，努力改善并全面提升医疗机构基础设施建设水平。为解决人民群众看病难问题，县委、县政府在新东新区划拨土地 113 亩，实施 BT 项目，筹资1.6亿元新建人民医院，建筑面积71700平方米，并于2015年1月建成投入使用；同年，对中山路120号县人民医院旧址进行改造，于11月将县中医院整体迁入，迁入后，中医院占地面积由2亩扩大到28.7亩，建筑面积由2433平方米扩大到24915平方米，业务用房面积由2180平方米扩大到21557平方米。两个医院的整体搬迁，有效解决了面积过于狭小，科室设置不全、就医看病及停车难等一系列问题，改善了市民就医就诊环境。2018年，开始实施提升卫生计生服务能力三年行动计划。其中，投资1.19亿元，续建县人民医院住院大楼26000平方米；投资1.19亿元，启动县妇女保健计划生育服务中心整体搬迁项目，该项目分两期建设，一期投资5380万元，建筑面积2797平方米；南桥镇卫生院整体搬迁项目已动工，总投资1500万元，建筑面积1万平方米；丹溪乡卫生院周转房扩建工程已实施，投资220万元，建筑面积600平方米；项山乡卫生院周转房扩建工程已动工，投资120万元，建筑面积540平方米；罗珊、留车、水源、桂竹帽镇卫生院综合楼项目投入使用；有6个乡（镇）卫生院完成中医馆标准化建设；兴建村卫生计生服务室150所，已竣工99所，在建51所，交付使用78所。

（二）医疗卫生服务体系日益健全。我县紧紧抓住国家实施医药卫生体制改革的有利时机，着力改善医疗卫生条件，不断加强医疗卫生服务体系建设。一是服务网络基本实现了全覆盖。基本形成了以县城为中心，乡镇卫生院为主体，社区卫生服务中心和村级卫生室为基础，民营诊所为补充的基层医疗卫生服务体系，极大地方便和满足了广大群众的就医需求。二是建立与外地大医院结对帮扶及远程医疗网络建设。县人民医院与南昌第三医院、南方医科大学深圳医院开展结对帮扶，重点在心内科、神经内科、肿瘤内科、消化内科、麻醉科、儿科、乳腺科、妇科、放射科、病理科、重症医学科等科室开展帮扶，并指导学科建设；2018年10月，投入105万元建立县级远程医疗中心信息系统，已与赣州市人民医院、南方医科大学深圳医院、一脉阳光医疗平台建立了远程会诊系统。县中医院与广州中医药大学深圳医院（福田）建立对口帮扶，并选派泌尿外科和急科专家到县中医院开展驻点对口支援。县妇幼保健计划生育服务中心与深圳市宝安区妇幼保健院建立长期对口帮扶机制，并派出12名专家到县妇幼保健计划生育服务中心开展妇科、产科、儿保科、乳甲科、超声科中短期帮扶。同时，县人民医院、县中医院、县妇幼保健计划生育服务中心在与省内外六家医院建立对口帮扶协作的基础上，分别与15个乡镇卫生院开展糖尿病分级诊疗县乡医院对口帮扶，加强业务指导，对乡镇卫生院医务人员给予免费进修和培训。三是人才队伍不断扩大。实施“卫生招才引智”工程，县人民医院引进本科及以上学历医技人才32人，大专学历人才16人，执业医师27人；县妇幼保健计划生育服务中心通过参加赣南医学院招聘会和主动争取寻乌籍在外工作、就医的医学专业人才回乡工作等渠道，自主招聘助理医师1人、应届临床毕业生2人、执业护士3人、检验人员2人。四是乡村卫生服务一体化管理日趋规范。积极落实乡村医生承担公共卫生服务等任务的补助政策，保障了乡村医生的合理收入，对村卫生室实行“四有”（看病有登记、开药有处方、收费有发票、公共卫生服务有台账）管理，确保了基层医疗服务质量和农民群众的就医安全。

（三）管理水平和服务质量不断提升。一是全面加强医疗卫生从业人员业务技能培训和职业道德教育。通过开展“平安医院”创建活动和医疗机构安防体系建设，结合“两学一做”学习教育有效学习形式，采用在岗培训、选送进修和开展乡村医生培训等措施，对职工进行了业务水平提升和医德医风方面的教育。二是全面加强医疗质量管理。全县医疗机构不断完善各项管理制度和操作规程，落实各项质量控制措施，制定医疗服务考评标准，严格实行考核奖惩，确保医疗安全，促进了医疗卫生服务质量的进一步提高。三是县级医疗技术向基层医疗机构下沉。2016年，县中医院开展45项中医药适宜技术，并选择10项技术向基层卫生医疗机构推广实施，澄江、南桥2所卫生院建立了集基本诊疗、预防保健、养生康复等一体化中医服务区，不断满足群众对中医药的服务需求，提高了基层医疗卫生服务能力。四是强化管理，业务量逐年上升。通过完善各项内部管理，提高医技水平和服务质量，就诊人员稳步增加，业务收入逐步提升。县人民医院门诊就医数量从2015的205050人次增加到2018年的322751人次，增长57%，住院人次从15518人次增加到21432人次，增长38%，手术人次从4443人次增加到5397人次，增加21%；业务收入从11223万元增加到18084万元，增幅61%。2018年，县妇幼保健计划生育服务中心门诊17262人次，比三年前增长34.7%，住院188人次，比三年前增长17.5%，手术21人次，比三年前增长61.5%，业务收入453.6万元，比三年前增长11.6%。南桥、留车、吉潭、文峰乡（镇）卫生院就诊人数也在逐年增加，业务收入逐年增长。

（四）基本医疗保障水平稳步提高。一是城乡居民医疗保险运作平稳有序，管理逐步规范，补偿水平明显提高。2018年，全县基本医疗保险为参保人员46512人次补偿14538.33万元［其中统筹基金11752.18万元、大病基金（含二次补偿）1281.8万元、疾病补充保险金额1239.51万元、医疗救助249.35万元、医院减免15.48万元］，报销比例67.7%；另有4236人次城镇职工补偿2707.67万元［其中统筹基金2499万元、大病基金（含二次补偿）189.72万元、疾病补充保险14.09万元、民政救助4.85万元］，报销比例68.81%。二是实现了异地就医直接结算。2017年9月，县人民医院和县中医院成功接入全国结算平台，实现在线备案人员跨省异地就医费用直接结算。截至2018年，全县共有4217人次实现跨省异地就医直接结算，结算总额7835.18万元，报销4780.2万元，报销比例61%；有3例外省病人在县人民医院直接结算。异地就医直接结算减轻了患者负担，方便了群众就医。

（五）公共卫生工作扎实推进。坚持预防为主、防治结合的工作方针，认真履行公共卫生职责，扎实推进公共卫生工作。一是建立疫情报告制度。全县各医疗机构对发现的法定传染病病例做到及时报告，传染病防治工作力度不断加大；同时，进一步规范接种门诊制度建设，强化了计划免疫工作。二是开展免费救治患者。2017年，免费救治白内障患者222例、唇腭裂患者3例、重性精神病患者453例、儿童先天性心脏病8例、儿童白血病3例、尿毒症免费血透197例、妇女乳腺癌免费手术治疗1例。三是妇幼保健工作稳步推进。县乡医疗卫生机构把孕产妇和儿童保健工作作为一项重要工作不放松，切实开展产前健康检查和妇科病普查普治工作。2018年，对城区托幼机构的8100名儿童进行体检。做好艾滋病、梅毒、乙肝母婴阻断工作，检测2901人；为2930名新生儿疾病筛查和3033名听力筛查，实施农村妇女“两癌”（宫颈癌、乳腺癌）免费检查项目，共检查3000人；对2421人进行地中海贫血症检测和筛查；为1819人免费提供叶酸服用；发放儿童营养包4715份25481盒；为1413对育龄妇女开展免费孕前优生健康检查，并对722名高风险人群进行一对一优生指导；购置26台药具自取机，发放药具7473盒，月平均发放32盒/台，上线率98%；开展婚姻登记婚检1552对，免费婚检率82.42%。四是开展农村居民健康档案建立工作。建立居民健康档案276903份，建档案93.96%。其中，管理65岁以上老年人19598人，管理率为67.58%；0—6岁儿童22775人，管理率94.48%；孕产妇健康管理2901人；高血压患者管理17493人，规范管理1110人，管理率63.46%；糖尿病患者管理4685人，规范管理3055人，管理率65.21%；对1192名严重精神障碍患者和174名肺结核患者实行规范管理。

三、特色亮点

（一）加强人才队伍建设，医务人员整体业务素质有较大提升。以县人民医院为例，2015年，全院有职工423人，其中，卫生技术人员373人，中高级职称127人，执业医师113人，执业护士191人；2018年，全院有职工649人，其中，卫生技术人员540人，高级职称12人，中级职称178人，执业医师158人，执业护士295人。一是狠抓人才培养。针对卫技人员年轻、经验不足、成长慢的实际情况，医院加大了培训的力度，采取业务讲座、教学查房、“导师制”带教、“手握手”导教、院外跟班学习、以赛促学相结合的学习培训方式，建立起与医院发展相匹配的人才培训管理体系。二是加强与省内外大医院的对接沟通联系。采取“互联互通”模式，多次到上级医院学习考察、沟通联系，得到了南方医科大学深圳医院、赣南医学院第一附属医院、赣州市人民医院、梅州市人民医院、南昌市第三医院在人才培养、学科建设等方面的支持和帮助。三是积极参加各级各类技能竞赛（大赛）。2016年至2018年，全院有32人次获得上级表彰，有23人次在全市各类业务技能竞赛中获奖，其中，一等奖6人次、二等奖11人次、三等奖5人次，选派的药师团队在中国药师职业技能大赛（江西赛区）中获得县级医院第一名，并在全市卫健系统中产生良好反响。四是制定人才激励机制。实施“卫生招才引智”工程，专门制定《寻乌县人民医院人才激励暂行办法》以及人才优惠八项待遇，实行医师专项考核，提高人才工资待遇，调动了医师的工作积极性，较好地稳定和留住了人才。积极拓宽人才引进渠道，除申报招聘计划实施公开招聘外，连续两年三次参加医学院校毕业生招聘会，同时广泛发动全院职工、社会群众参与引才工作并设立引才伯乐奖，引进医生49人。

（二）加强学科体系建设，医疗服务能力和水平有较大提高。自2015年南昌第三医院心内科、神经内科、肿瘤内科、消化内科、神经外科、麻醉科、儿科、乳腺科、妇科、放射科、病理科等24位专家对县人民医院开展对口支援工作以来，短短3年时间，县人民医院取得了长足的进步。一是健全学科体系。建立重症医学科、介入导管室；规范病理科、输血科等弱势学科；做细做精做强内科系统，设置了内分泌、神经、心血管、消化、肾病、肿瘤、血液、风湿等多个专业；危重孕产妇救治中心和新生儿救治中心顺利通过验收，成立了胸痛中心、卒中中心和创伤中心。南方医科大学深圳医院选派3名重症医学科、心血管内科专家到县人民医院开展短期帮扶、指导学科建设。二是提升医疗水平。开展了介入手术治疗、腹腔镜结肠癌根治术、腹腔镜下肝（肾、肺叶、胸腺）切除术、腹腔镜子宫内膜癌切除术、经尿道膀胱肿瘤剜除术、经皮微创粗隆骨折PFNA内固定术、经皮微创椎体成形术、经皮冠状动脉腔内血管成形术（PTCA）、经皮椎骨成形术、股骨粗隆间骨折髓内钉内固定术（PFNA）、白内障超声乳化抽吸术、自体血液回收技术等多例先进技术，达到省内县级先进水平；同时，还开展了无痛分娩，乳腺钼靶、乳腺科等6项新技术。2018年12月，一例突发胸痛病人急诊入院，入院后5分钟出现意识丧失，并反复多次出现心脏骤停、心源性休克，后又出现急性肾衰竭，急诊送入介入导管室行冠状动脉造影+PCI术+IABP+临时起搏器植入术，术后转入ICU病房，10天后转入心血管内科治疗并好转出院。三是增强医疗服务能力。2018年县人民医院比三年前床位增加320张、门诊就医增加117701人次，增长57%、住院增加5914人次，增长38%、住院手术增加954台，增长21%，其中，疑难复杂手术增长1倍，疑难病例增长1倍，危重患者救治成功率95.1%，增长7%，病人转院数量明显降低，居民职工就医外转率从原来的24.93%下降到12.57%，在赣州市29家二级综合医院排名第10位、江西省140家二级综合医院综合排名第17位。县中医院甲状腺肿瘤外科治疗手术，无一例存在术后远期并发症；HCPT痔疮治疗技术，病人痛苦小、出血少、创伤小、疗效好；新增开设急诊科，开辟急诊绿色通道，形成了院前急救、院内急诊、急诊创伤手术、重症监护一体化的急危重抢救联动机制。妇幼保健计划生育服务中心与深圳市宝安区妇幼保健院签订结对帮扶协议，下派12名专家到县妇幼保健计划生育服务中心开展妇科、产科、儿保科、乳甲科、超声科中短期帮扶，举办院内外知识讲座28场次，产科和儿保科业务量明显上升。2017年9月，寻乌县“医共体”建设正式成立，以县人民医院为龙头，县中医院、县妇幼保健计划生育服务中心、15个乡镇卫生院、城北新区卫生服务中心、长宁社区卫生服务中心及寻乌新东方医院等21个医疗机构共同参与，形成服务、责任、利益和管理共同体，建立基层首诊、双向转诊、上下联动的分级诊疗模式，打通了基层医疗机构与县级龙头医院“双向转诊”的快速路，方便群众就医。2018年7月，快速救治伤病公安民警“绿色通道”开通。全国社区医疗服务志愿团（中日友好医院、解放军总医院第一附属医院、首都医科大学部分附属医院等）北京多家知名三甲医院的医疗专家前来指导学科建设。10月，通过远程会诊系统，开展首例心脏永久起搏器置入术，填补了县内空白。2016—2018年，县人民医院投入6600万元，加强硬件建设，购置美国GE超高端平台16排螺旋CT、数字减影血管造影X射线系统（DSA）、数字化X线摄影系统（DR）、彩色多普勒超声诊断系统、宫腔电切镜等国产设备41件、进口设备11件，让患者享受到先进医疗设备所带来的便利。

（三）推进医药卫生体制改革，群众有更多的获得感。2016年，制定了《寻乌县县级公立医院综合改革实施方案》，合理引导群众就医及社会预期，积极稳妥推进公立医院综合改革。县财政预算安排公立医院改革补助资金500万元，采取“一事一议”办法进行专项补助，用于公立医院的基本建设，设备购置、重点学科发展、人才培养、政策性亏损、承担公共卫生任务和紧急救治、支边、支农公共服务等；开展糖尿病分级诊疗县乡医院对口帮扶，完善全县医疗服务能力；全面实现城乡居民大病保险，覆盖所有城镇居民基本医疗保险、新农合参保人群；开展医保支付制度改革，推行按病种、按服务单元付费、按床日付费，有效降低了群众就医负担，健全了全民医保体系。三家县级公立医院使用的药品（不含中药饮片）和医用耗材全部通过全省统一的集中采购平台进行采购。2017年，设立县乡两级公立医疗机构改革发展专项资金，主要用于化解符合规定的县级公立医院和乡镇卫生院长期债务；破除以药补医机制，公立医院除中药饮片外已全部取消药品加成，建立以成本和收入结构变化为基础的医疗服务价格动态调整机制，严格控制医疗费用不合理增长，使医疗机构收入更趋合理，群众得到了实惠。建立药品供应保障新机制，制定《寻乌县公立医疗机构药品采购“两票制”实施方案（试行）》，从10月31日起，全县所有公立医疗机构全面实施药品采购“两票制”，即药品从药厂卖到一级经销商开一次发票，经销商卖到医院开一次发票。做好基本药物、短缺药品配送管理，推进建立分级诊疗制度，较好地解决了患者看病难、用药难问题。

（四）健康扶贫惠及千家万户。2016年，全县参合农民266194人，参合率97.66%，其中，县财政为全县16519名五保、低保、重点优抚对象及48500名建档立卡贫困人口缴交参合个人费用，兑现了相关政策；新农合住院补偿33243人次9679.79万元，补偿比例55%，在获得补偿的参合农民中获得二次补偿0.5万元以上4140人、1万元以上1650人、3万元以上141人、5万元以上35人、10万元封顶补偿6人，新农合大病补偿665人次，补偿金额627.83万元；建档立卡贫困人员疾病医疗商业补充保险补偿208人次252.32万元，贫困人员三项补偿合计占医疗总费用的90.15%；职工大病保险赔付231人次145.1万元；居民大病保险赔付418人次54.41万元，二次补偿58.93万元。2017年，出台《寻乌县健康扶贫“四道医疗保障线”周转金使用管理办法》，设立健康扶贫“四道医疗保障线”周转金，由县财政拨付给医疗机构周转金800万元，用于代付“一卡通”前的大病保险、补充保险资金，待承保保险公司理赔后归还，使“四道医疗保障线”的报销给付实现一次受理、一站式服务、一次性完成。4月28日，率先在全市推出健康扶贫“四道医疗保障线”一卡通即时结算方式，到12月底，全县贫困人口住院22337人次11825.9万元，补偿11160.1万元，补偿比例94.37%。农村贫困人口慢性病门诊13145人次983.46万元，补偿850.01万元，补偿比例86.43%。2018年，全县城乡贫困人口57296人全部纳入基本医疗保险及疾病医疗补充保险，实现100%参保；45754人次贫困人口总费用11014.78万元，“四道医疗保障线”补偿9905.28万元，补偿比例不足90%的363人次补差42.82万元，住院平均补偿比例90.88%。同时，在2017年还出台了《寻乌县非贫困人口疾病“暖心基金”补偿办法（试行）》，从《办法》实施起至2018年，共筹集“暖心基金”690万元，为836人次补偿571.83万元，非贫困户个人自付平均比例由48.32%减少到35.3%，减轻了患者的医疗负担，起到预防返贫效果。2018年11月，赣州市医保局转发了该补偿办法，要求各县（市、区）借鉴寻乌做法。

（五）加强内部建设和管理，群众的就医体验有了较大提升。在缓解群众看病难问题上，县人民医院对住院科室进行改造优化、改建扩建病区，如：改造外科楼原连廊，增加病床8张，优化急诊科，增加病床15张；增设儿科二区、新生儿病区、儿科门诊等，缓解儿科看病难问题；开设伤口造口护理专科门诊，解决病人就医需求。提供共享轮椅、共享充电宝、便民服务箱、自助储物柜等便民服务设施。成立患者服务中心，设立志愿服务岗，解决群众就医堵点难点问题。在缓解看病贵问题上，主要从规范用药、治疗、检查、收费上着手，将这些工作全部纳入质控体系并与绩效挂钩，在用药管理上，根据每个科室实际，制定用药控制比例，对非合理超出比例的科室进行严格处罚、跟踪整改；针对门诊存在滥输液、滥用药问题，推行全面控制门诊输液的做法，药占比控制30%以内，比三年前下降15%，费用指数低于全省、全市同级医院平均水平。在改善群众就医体验方面，推进智慧医院建设和便民惠民举措，开通微信挂号缴费及多种形式的预约挂号、自助挂号缴费、检查检验报告自助打印、叫号等待系统等服务，通过自助机、手机客户端等途径，为百姓提供银联、微信、支付宝、花呗等多种在线结算支付方式，为群众就医提供便利。全面推行“优质护理服务+延伸服务+微笑服务”，启动住院患者“先诊疗、后付费”服务模式，方便群众住院就医；为缓解停车难问题，对停车位进行改造，停车位由原来的240个增加到321个，在门诊楼、住院楼周边搭建了膜结构摩托车停车棚650余平方米，同时，还推广6S管理模式，群众就医体验有了较大提升。

大事记

1月

1日 县长杨永飞到县电商产业园、东江源田园综合体、石排工业园区、城南出口路等重点项目建设现场，调度迎接市“六大攻坚”流动现场会相关工作。

同日 22时37分，寻乌县晨光镇龙图村（北纬24.80度，东经115.60度）发生3.0级地震，震源深度6千米，随后，22时47分（北纬24.80度，东经115.60度）发生2.0级地震，震源深度6千米。无人员伤亡和财产损失报告。

2日 共青团寻乌县第二十一次代表大会召开。

同日 位于南桥镇黄塘村的东江源田园综合体蔬菜主题文化园试营业。该项目总投资1.8亿元，占地1000亩，其中核心区200亩。2月1日正式营业。

上旬 国土资源部通报表彰全国国土资源行政复议工作先进单位和先进个人，其中寻乌县国土资源局获评“全国国土资源行政复议行政应诉成绩突出单位”，是全市国土资源系统唯一获此殊荣的单位。

16日 国家话剧院文艺小分队在县文化艺术中心（原东江源剧院）开展慰问演出，演出话剧《谷文昌》，参与此次演出的有国家一级演员吴若甫、佟凡、潘沙泉，青年演员朱颜曼滋、吴俊达等。

17日 县委、县政府举行招商引资工业攻坚项目签约仪式，分别与四川省爱克威机电设备工程有限公司签订空压机生产基地项目，与四川省爱克威机电设备工程有限公司及成都耐锐特动力设备有限公司签订非标准智能化空压机生产项目。

中旬 省委宣传部、省文明办公布本年度将建设的第四批村史馆名单，南桥镇南龙村入选。

中旬 一亩田集团在寻乌举办电商扶贫培训，全县80余名电商从业人员参加培训。

19日 县十八届人大常委会第八次会议召开。

同日 赣南公益救援支队（寻乌）直属三大队挂牌，这是寻乌第一个社会公益救援组织。

下旬 江西农业大学党委书记黄路生、副校长黄英金到寻乌调研乡村振兴战略。

下旬 “迈向新时代”2018年新年音乐会在县文化艺术中心举行。

23日 寻乌县政府与广州市权智物流有限公司举行权智物流园项目落地签约仪式。

同日 举行通用机械产业招商推介会，220多名国内通用机械行业企业家代表参加推介会。

下旬 寻乌县被江西省生态文明先行示范区建设领导小组列为省第三批生态文明示范县。

24日 县新时代传习所“传习大舞台”首场演出在农村“新时代传习所”示范点项山乡卢屋村上演。

下旬 赣州市直（驻市）单位支持寻乌高质

量脱贫摘帽调度会在寻乌县召开。

28日 副市长张逸到寻乌县调研脱贫攻坚工作。

下旬 全县“新时代传习所”工作布置会在南桥镇南龙村召开，并为33个“新时代传习所”示范点授牌。

29日 县政协十三届常委会召开第八次会议召开。

2月

6日 县监察委员会正式挂牌成立。

同日 县长杨永飞在一亩田农产品电商平台为寻乌脐橙代言。

11日 省委常委、宣传部部长赵力平到寻乌走访慰问困难群众和困难企业并调研南桥镇高排村大夫第和南龙村的“新时代传习所”。

12日 县委、县政府举办外出乡贤返乡创业新春座谈会。

中旬 县委书记柯岩松、县长杨永飞深入太湖水库工程施工现场，看望慰问坚守岗位的一线建设者。

20—21日 在城北广场举行全县2018年就业创业暨外出务工人员返乡招聘大会。为期两天的招聘会共接纳进场咨询、求职群众4万多人次，发放招聘资料1万多份，有1780多人现场与企业签订就业协议，2680多人与企业达成就业意向。

21日 县长杨永飞到县森林防火指挥部、县汽车客运站、高速交警检查站点、南桥交警中队服务站点等地现场督查安全生产专项整治情况。

22日 县长杨永飞到桂竹帽镇上坪中心校、文峰中小学选址现场、城东小学选址现场、城关小学和实验小学等地调度义务教育均衡发展“迎国检”工作。

25日 全县村两委换届选举全面完成。

下旬 县委书记柯岩松到伟德智能电气、洛锡实业、中超泵业、中气机械设备等企业项目建设现场走访调研。

3月

1日 中央纪委委员、中央纪委驻人社部纪检组长、人社部党组成员耿文清一行到寻乌调研人力资源和社会保障工作。

6日 国家标准化委员会农业食品部巡视员徐彦军率调研组到寻乌调研电商精准扶贫大数据标准化工作。

9日 授予中央部委委派到寻乌挂职的吴祖平、侯守国、赵岩三名干部为寻乌县荣誉市民称号。

9—10日 寻乌县创作排演的大型赣南采茶戏《寻路》在赣州演出。省委宣传部副部长、省社联主席吴永明，市领导胡雪梅到场指导。

12日 2018年“七大攻坚”一号项目首批核心工程集中开工。

中旬 县长杨永飞率领县领导及有关部门负责人，到广东惠州、东莞、深圳等地开展招商活动。

14日 在县城区城北广场举行以“品质消费，美好生活”为主题的“3·15”国际消费者权益日宣传咨询服务活动。

16日 正式启动全县“弘扬雷锋精神 共创文明城市”集中志愿服务活动。

17日 县长杨永飞现场调度X544吉潭至油房岗公路A标段农村公路建设和项山乡脱贫攻坚工作。

中旬 县政府面向全县公开购买83名农民果业技术推广员技术服务。

21日 举行首位产业项目集中签约仪式。分别与上海欧式格机械设备有限公司、广东思晨智能科技有限公司、广东安川压缩机有限公司签约新能源装备、机器人智能装备制造、节能压缩机3个项目。

21日至6月30日 开展全县企业离退休人

员（含个体、村居干部及失地农民）人脸识别采模和认证工作。

22 日 全县农村（社区）志愿者服务组织建设暨桂竹帽镇中排社区志愿者协会成立大会召开。

26 日 县委书记柯岩松率领县领导及有关部门负责人，赴广东省龙川县联系对接寻（乌）龙（川）高速公路项目建设工作。

同日 举行 2018 年“七大攻坚”一号项目第二批核心工程集中开工仪式。

同日 纪念寻乌县“三二五”农民武装 90 周年座谈会召开。

同日 寻乌县 8 处文物保护单位列入省政府第六批江西省文物保护单位。全县现有全国重点文物保护单位 1 处，省级文物保护单位 11 处，县级文物保护单位 39 处。

27 日 举行全县中小微型企业融资对接签约仪式。

29 日 省政府投资项目评审中心专家组到寻乌县，就江西寻乌至广东龙川高速公路新建工程及 G206 寻乌县城至牛埃石改建工程进行可行性研究报告评审。

27—30 日 县委书记柯岩松率县领导及相关单位负责人赴珠三角开展招商引资工作。

4月

2 日 县长杨永飞到科技大道 206 绕城公路入口、城南出口路与 206 绕城公路三岔路口、中山西路、中山西路农贸市场、城北三路与向阳大道交路口、客家风情小镇等重点项目建设现场，实地调研城建重点项目建设工作。

2—3 日 省国土资源厅副厅长侯克常率专家组一行对寻乌县石排废弃稀土矿山地质环境治理示范工程（2014 年度）项目开展评审验收。

4 日 国家广播电视总局在浙江省宁波市召开全国电视剧创作规划会议，发布未来 4 年的百部重点电视剧选题。其中，电视剧《毛泽东在寻乌》（后更名为《毛泽东寻乌调查》）榜上有名。

13 日 举行兴科电子集团有限公司精密自动数控机床生产及智能终端精密结构件加工项目签约仪式。

14 日 县长杨永飞深入留车镇调研脱贫攻坚和义务教育均衡发展迎“国检”工作。

中旬 县婚育“一站式”服务中心正式投入使用。

中旬 县长杨永飞深入三标乡调研脱贫攻坚、两个半村移民搬迁、产业发展、环境保护等工作。

中旬 省司法厅、省民政厅联合下发《关于命名表彰第五批“省级民主法治示范村（社区）”的决定》，南桥镇南龙村获评“省级民主法治示范村”称号。

17—18 日 省委副书记、市委书记李炳军到寻乌调研贯彻落实习近平总书记在中宣部寻乌扶贫调研报告上的重要批示精神和打好六大攻坚战、推进乡村振兴工作，推动寻乌实现高质量脱贫、高质量发展。

18 日 “闽粤赣”武平、平远、寻乌三县司法行政大合作启动仪式在福建省武平县举行。

19 日 县第六届庆“五一”职工文化艺术节开幕。

20 日 武汉市政协副主席陈光菊到寻乌县调研考察全域旅游产业规划和文化旅游资源融合、实现中部地区文化旅游资源共享等工作。

20 日起 凡寻乌县 65 周岁（含）以上老年人、现役军人、重度残疾人、残疾退役人员和享受抚恤补助的优抚对象免费乘坐城区公交车。

22 日 赣州市召开见面会，欢迎中央国家机关对口支援赣州市第三批挂职干部前来赣州市接力对口支援。此次挂职干部一行 42 人抵达赣州市，开始为期 2 年的挂职。中央国家机关对口支援寻乌的挂职干部分别是：中央宣传部机关服务中心技术保障处处长张海，拟挂寻乌县委副书记、副县长（正处级）；国家统计局农村社会经济调查司平衡分析处处长汪传敬，拟挂寻乌县委副书记、副县长（正处级）。

下旬 江西省委农工部、省委宣传部、省旅发委联合发布《关于对评选为“江西省百个最具乡愁村庄”的通报》，赣州市有13个村庄被评为“江西省最具乡愁村庄”。寻乌县南桥镇南龙村、留车镇雁洋村、澄江镇汶口村仙人桥等三个村入选。

下旬 赣州市2018年定向培养农村教师岗位需求计划确定，全市共有18个县（市、区）报送定向需求，计划定向培养农村教师943名。其中，寻乌县计划定向培养农村小学教师共30人。

下旬 寻乌县评选表彰留车镇族坑村陈先漫、澄江镇大墩村祖二组凌华茂等92户“六星文明家庭”。

5月

上旬 赣州市峰山开发投资有限公司总经理敖军到吉潭镇圳下村开展结对共建帮扶活动，并向该村捐赠帮扶资金30万元。

7日 为纪念“5·12”国际护士节，市护理学会联合市中心血站等单位在寻乌县城北广场开展“奉献天使爱·传递热血情”主题下基层送温暖系列活动。

8日 全县道路升级改造PPP项目与江西赣粤高速公路工程有限责任公司暨江西省公路桥梁工程有限公司联合体签约。

同日 省高级人民法院党组成员、执行局局长赵九重到寻乌县督查县人民法院开展“基本解决执行难”工作。

10日 寻乌县与广东省源大水利水电集团有限公司举行签约仪式，回购寻乌县水厂全部股权、收回寻乌县城市供水经营权。

15日 县长杨永飞深入晨光镇，调度脱贫攻坚夏季整改、环境整治、产业发展及项目建设等工作。

同日 国家统计局机关党委机关工作部部长顾忠臣、教育培训中心综合处处长熊士银率调研组到寻乌县调研县统计基层基础建设、脱贫攻坚、乡村振兴发展等工作情况。其间，调研组一行还到毛泽东寻乌调查纪念馆参观学习。

14—18日 县委书记柯岩松率队分别在广东省和香港特区开展招商引资活动，拜访香港中旅（集团）党委委员、纪委书记古越仁等寻乌在港优秀乡贤。

27日 县长杨永飞到澄江镇县道升级改造项目罗珊乡竹村段，实地检查督导农村公路建设工作。

31日 寻乌县唯爱健康咨询有限公司法定代表人徐某，通过手机终端的支付宝小程序平台领取寻乌县第一张电子营业执照。

6月

1日 江西富阳生物科技有限公司项目基地暨富阳生物院士专家企业工作站项目基地奠基仪式在杨梅园区举行。

2日 寻乌县以“美丽中国 我是行动者”为主题的环保志愿者低碳出行活动启动仪式举行。

10日 开展“一村一名大学生工程”送科技下乡、送科技入班活动，江西农业大学教授为寻乌县110多名“一村一名大学生工程”学员作农村电子商务专题讲座。

11日 全县“七大攻坚”重大项目集中开工暨兴科自动数控机床生产及精密结构件加工项目开工仪式在杨梅工业园区举行。

12—13日 省交通运输厅党委书记、厅长王爱和到寻乌县调研路域环境整治和寻乌至龙川高速公路项目建设工作，出席寻乌至广东龙川高速公路项目合作建设框架协议签订仪式。

中旬 赣州市第二批特色小镇创建名单揭晓，寻乌县东江源温泉养生小镇成功入围。

19—21日 省委常委、省委宣传部部长施小琳在赣州就加强宣传思想文化工作、传承红色基因、加强融媒体中心建设等工作进行调研。在寻乌县，施小琳考察留车镇飞龙村、石排工业园、寻乌调查纪念馆等地后强调，要大力发扬唯实求真的工作作风，认真做好当前宣传思想文化工作，深入推动乡村文化振兴，着力打好脱贫攻坚战，帮助贫困群众脱贫致富奔小康。

中旬 邀请华中农业大学教授、中国园艺协会柿分会会长罗正荣和江西农业大学教授辜青青，到寻乌举办甜柿技术讲座。

7月

2日 组织开展“七一”走访慰问老党员、困难党员活动，县委书记柯岩松看望慰问长宁镇三二五村困难党员赖亮华和老党员黄厚明，县长杨永飞走访慰问老党员刘孟兆。

同日 举办首期“乡贤讲堂”。邀请晨光镇乡贤、中国农业科学院郑州果树研究所果树瓜类植保中心主任、国家西甜瓜产业技术体系病毒病害防控岗位科学家古勤生传授农业种植技术。

4日 县委书记柯岩松、县长杨永飞率寻乌县党政考察团，赴安远县学习“四好农村路”建设、路域环境整治等方面工作的先进经验和特色做法。

8日 县烹饪餐饮饭店行业协会成立并召开第一次会员大会。

10日 由省民政厅发起的江西省社会组织“百社解千难”助力脱贫攻坚启动仪式在寻乌县举行。省民政厅社会组织管理局局长刘石呈、省社会组织党委办公室副主任支力、省爱心公益协会会长闵志华参加启动仪式。

13日 澄江镇谢屋村发现一座汉代古墓。据初步考证，古墓墓室内空宽180厘米、长370厘米，墓室左右两边平行墙体垂直高120厘米，墙体厚25厘米，墓底与墓拱顶距估计170厘米。墓砖表面呈青褐色，发现有图文、铭文砖块。现场出土了三枚生锈铁钉、四五块方格纹破碎陶片和墓室花纹墙砖若干。市、县两级文物专家依据墓砖的制作风格、厚薄、砖头铭文和铭画等，初步认定该墓地为东汉时期所建。

14日 寻乌县首发《水果（三）》特种邮票。《水果（三）》特种邮票在方寸间展现了赣南脐橙果大形正、橙红鲜艳、光洁美观、皮薄汁多等特点。

中旬 中国科协公布2017年科普中国 · 百城千校万村行动工作总结检查评审结果。寻乌县科协开展的“百千万行动”被评为全国优秀典型案例，并予以推广。

18日 “小桥流水”助学计划发起人、广州黄埔建筑设计院有限公司赣州分公司谢玉桥先生，到寻乌县留车镇看望慰问5名受助学生，并带来“新三好”学生奖学金。

19日 第二期全县“乡贤讲堂”在寻乌中学报告厅举办，邀请寻乌中学杰出校友邱家章教授作主题演讲。

中旬 组织参加由本来生活网在深圳举办的“我为家乡代言——百县百品赋能计划”发布会和产销对接交流会，并与网站签订农特产品供应战略合作协议。

中旬 中宣部捐赠运送第二批2万册图书抵达寻乌县新图书馆，同车运送的还有一台价值近百万元的全彩LED显示屏。全彩LED显示屏安装在县新图书馆的报告厅。中宣部对口支援捐赠图书达10.6万册（其中县图书馆6.33万册、乡镇综合文化站4.27万册）。

20日 寻乌县国家税务局、寻乌县地方税务局正式合并，成立国家税务总局寻乌县税务局。

31日 全县“八一”军地座谈会召开，庆祝建军91周年。

8月

1日 开展“夏送清凉”活动，县总工会为在酷暑中奋战一线的职工送去党和政府的关爱和“清凉”。

13日 G236国道寻乌县城至虎石段二级公路升级改造工程建成通车。

14日 许茂盛任寻乌县人武部部长。

中旬 省发改委正式批复全省第二批绿色低碳试点县（市、区），寻乌县榜上有名。

15日 举行全县乡（镇）政府专职消防队和城区小型消防站车辆器材发放仪式，实现乡镇消防车全覆盖。

17日 全县2018年高考优秀学生表彰大会召开。全县一本上线237人，二本以上上线826人。

同日 举行全县易地扶贫搬迁“进城四期”安置点公开摇号仪式，225户贫困户易地搬迁进城。

18—19日 “寻访小平小道 见证改革巨变 开启新的征程”纪念改革开放40周年网络主题活动采访团走进寻乌采访报道。

27日 与东莞市日康实业有限公司签订总投资1.8亿元的机械制造项目签约仪式举行。

9月

4日 中国科协流动科技馆寻乌巡展活动正式向市民开放，让大家“零距离”体验科学。

11日 爱心企业主来到南桥镇团红村开展“百企帮百村”精准扶贫捐赠活动。

13日 中华志愿者协会全国社区医疗服务志愿团医疗专家到寻乌县开展医疗援助活动，服务百姓健康，助力寻乌县脱贫攻坚。

15—16日 全国社区医疗服务志愿团到寻乌县开展医疗援助活动。

中旬 经全市特色小镇建设工作联席会议评审，寻乌县东江源生态移民小镇列入2018年度市级特色小镇创建名单。

20日 全县农民喜迎首届“中国农民丰收节”。

23日 寻乌县首届“中国农民丰收节”摄影展在县文化馆展出。

28日 “江西佳鼎实业爱心基金”奖励寻乌中学优秀教师颁奖大会在县图书馆学术报告厅举行。

10月

6—7日 县长杨永飞到杨梅工业园、石排工业园区部分在建企业、道路建设项目现场，以及文峰乡柯树塘废弃矿山综合治理与生态修复工程、客家风情小镇、新汽车站等地现场调度项目建设工作。

10日 中国科技馆发展基金会在寻乌县举行捐建5所农村中学科技馆捐赠仪式。

11日 县委、县政府举行集中签约仪式，分别与惠州市德鸿空气压缩机有限公司签约新型节能环保螺杆式空气压缩机及配套滤清器制造，与东莞市未来机械科技有限公司签约综合环保设备、暖通及通风设备制造，与东莞市睿信机电科技有限公司签约智能数控机械手及新能源结构件制造3个首位产业项目。

13—14日 举行全县首届戏剧展演，特邀辰星剧社到寻乌演出《大魔术师》《爆笑零距离》《夏姬罢演》等精彩节目。

16—17日 深圳市龙华区社会组织总会会长、深圳市华基金生态环保基金会秘书长冯晓，本来生活网深圳区总经理丁玲玲率调研组到寻乌县考察调研精准扶贫工作。

17日 举行“扶贫一日捐”集中捐赠暨“扶贫超市”项目认领活动，迎接中国第5个“扶贫日”，社会各界共捐款、捐物价值逾138.4万元。

同日 就植被恢复工作集中约谈国电投寻乌三标基隆嶂风电场、中电建寻乌项山风电场、江西大唐国际寻乌乱罗嶂风电场三个风力电场相关人员。

28—29日 全国供销合作总社新合作商贸连锁集团有限公司副总裁王仁刚携旗下10个子公司到寻乌县开展精准扶贫订货活动。

30日 中华供销总社直属机关党委副调研员、寻乌县高布村第一书记吉志雄获“中央和国家机关脱贫攻坚优秀个人”称号。

11月

6日 寻乌县创排的大型赣南采茶戏《寻路》登上在抚州市汤显祖大剧院“茶香中国”首届全国采茶戏汇演舞台。

同日 上海凌鸿书画院院长凌水根向寻乌县文峰乡长布小学、河岭小学捐赠价值共一万余元的爱心图书。

上旬 桂竹帽镇蕉子坝村刘佛招荣获2018年第三期“赣州好人”。

上旬 约谈全县10月农村生活垃圾专项治理工作考核排名倒数三名的乡（镇）政府主要负责人。

中旬 举行寻乌县“健康饮水、点亮乡村”捐赠仪式，江西省老区建设促进会、成都盛元阳光环保科技有限公司向寻乌县捐赠一批净水机和太阳能路灯。

中旬 中国文联“影像见证新时代聚集扶贫决胜期2018—2020大型影像跨界驻点调研创作工程”项目主创人到寻乌县拍摄创作。

中旬 全县举办“唐宋国学杯”第十二届闽粤赣边围棋精英邀请赛。

10—15日 央视2套财经频道《生财有道》栏目摄制组到寻乌县摄制《秋收特产——走进江西寻乌：电商助推生意忙》，宣传推介寻乌县的脐橙、百香果、龙脑樟、灵芝鸡蛋等特产。

15日 县长杨永飞到黄岗山公园二期西侧建设点、向阳坪大道、中山西路菜市场、城南出口路、杨梅工业园等地实地调研项目推进情况。

中旬 赣州市老年书画协会会长欧阳锋、赣州市美术协会名誉主席刘世群等10余名市知名书画家到寻乌县开展采风、笔会活动。

中旬 全县开展“飓风行动”社会治安大整治集中清查统一行动。

中旬 澄江镇周田村被中国生态文化协会评为2018年度“全国生态文化村”荣誉称号。

月底 全县全年养老保险参保缴费目标任务提前超额完成。全县城镇职工养老保险参保（含离退休人员）37949人，同比增加2785人，完成任务的100.54%；当期基本养老保险费累计征缴27290.54万元，完成全年任务的104.6%。企业养老保险基金结余7.32亿元，机关事业单位养老保险基金结余0.58亿元。

27—29日 华中农业大学园艺林学学院教授罗正荣、李国怀、蔡礼鸿一行到寻乌县指导甜柿、鹰嘴桃和猕猴桃产业发展。

30日 儿童文学作家熊静到县实验小学举办“读奇妙中国童话，铸就美好阳光心灵”主题讲座。

12月

3日 深圳市关爱办、深圳市关爱行动公益基金会、深圳商报社倡议发起的“饮水思源，寻乌扶贫”，义卖“爱心橙”帮扶江西寻乌公益行动，正式启动。

4日 “12·4”国家宪法日集中宣传活动在城北广场举行。

5日 寻乌县首例认罪认罚速裁审理案件宣判。认定被告人齐某某犯危险驾驶罪，判处拘役三个月，缓刑六个月，并处罚金2000元。

10日 澄江镇周田村和项山乡桥头村被住房和城乡建设部村镇建设司列入入围第五批中国传

统村落名录公示名单。江南客家民居建筑代表。周田村位于澄江镇东南部，江西、广东、福建三省交界处，距县城约39千米。该辖区总面积12平方千米，周田处于“Y”字型的盆地，群山环抱，奇石、秀峰、围屋点缀着这片客家乐土。山水秀气簪缨百代。桥头村是项山乡的中心村之一，项山乡政府、项山圩坐落于该村之间东面正靠全县最高的（海拔1529.8米）项山甑主峰，地势自南向西倾斜，属河谷平地的山区，总面积15平方千米。

中旬 G236寻乌县城至虎石段工程获交通部绩效评价优秀项目表彰，在全国8个项目参评中排名第一。

19日 县长杨永飞到科技大道、新汽车站、易地扶贫搬迁进城安置点、综合物流园等地调度重点项目建设工作。

寻乌概况

地　情

【区位状况】 寻乌县位于江西省东南部，地处闽、粤、赣三省交界，东毗福建武平县、广东平远县，南邻广东兴宁市、龙川县，西连安远、定南县，北接会昌县。东西宽61千米，南北长78千米。县域地理坐标北纬24° 30′ 40″—25° 12′ 10″ 、东经115°21′ 22″—115° 54′25″。济（南）广（州）高速，寻（乌）全（南）高速，国道G206、G359、G236互联互通，沟通南北，贯穿东西。距赣州市政府驻地章贡区117千米，距省会南昌市413千米。

【自然资源】 全县总面积2351.55平方千米。其中，耕地面积13931.67公顷，占5.9%；林业用地面积191994.1公顷，占83.1%；水域面积3149.87公顷，占1.36%。境东南连武夷山余脉，西北接九连山支脉。地势呈东北、西北与东南高，向西南倾斜，地形似撮箕状。中山、低山、丘陵、岗地呈阶梯状分布，以山地丘陵为主，沿河两岸呈狭小谷地。从东到西大致分为武夷山、基隆嶂两个隆起带和南部红层盆地的沉降带。是典型的山区县。海拔400米以上的山峰908座，其中1000米以上的山峰有30座。最高峰为东部项山甑，主峰海拔1529.8米。最低标高为南部斗晏村西河谷，海拔180米。县内有大小河流547条，河道总长1901.71千米。全县河流按流域划分为三大水系，即注入珠江流域的东江水系，汇入韩江流域的韩江水系，流入长江流域的赣江水系。发源于三标乡三桐村桠髻钵山的寻乌河，为东江的正源流。国家一级保护动物有云豹、豹、黑麂、蟒蛇，二级保护动物有黑鸢、燕隼等21种，省级保护动物35种。还有国家一级树种南方红豆杉、银杏，二级树种有观光木、樟树等10余种。省级珍稀、濒危树种三尖杉、青钩栲等。已发现的矿种有钨、锡、钼、铜、稀土等，其中稀土金属是县内的主要矿产资源。

【气　候】 2018年，全县年平均气温19.8℃，比历年平均值（19.1℃）高0.7℃，比2017年低0.2℃；年降水量1360.4毫米，比历年平均值（1605.7毫米）偏少245.3毫米，比2017年少201.1毫米，全年降水主要集中在1月、6月、8月3个月，占全年降水量的57.56%，出现6次暴雨日，无大暴雨日；年日照总时数1654小时，比2017年少124.9小时，比历年平均值少32.2小时，年日照百分率37%，比2017年（40%）下降3个百分点。本年度最高气温36.1℃（7月21日），最低气温-3℃（2月7日）。最大风速7.7米/秒（8月8日），风向北北东；极大风速16.2米/秒（8月7日），风向东。任意24小时最大降水量108.9毫米（6月5日），任意1小时最大降水量45.4毫米（9月7日）。无霜期307天。

【建置沿革】 在5000多年前的新石器时代晚期，这里就有人类居住。明万历四年（1576），析安远黄乡、南桥、项山等15堡置县，取长治久安之义，定名长宁县。并择定石溪堡的马蹄岗为县治所在地，属赣州领辖。清沿明制，仍属赣州府所辖。

民国3年（1914），废州府为道，隶属赣南道。是年，因避四川省同名的长宁县，将县名长宁改为寻邬，以寻邬水贯穿全境命名。

民国17年（1928）3月25日，寻邬县共产党组织领导发动5万农民武装暴动，宣布成立寻邬县革命委员会，属赣粤革命根据地之一。民国19年（1930），毛泽东、朱德率领红军占领县城，成立寻邬县苏维埃政府（以下简称"县苏"），隶属江西省苏维埃政府。民国20年（1931）1月，与蕉岭（广东）平远（广东）县合并，成立蕉平寻县苏，属闽粤赣苏区特支东江西北分委。同年11月蕉平寻县苏停止活动，同年冬，恢复寻邬县苏。民国21年（1932），复称寻邬县，属江西省管辖。同年，国民政府把江西划分为13个行政区，寻邬属第十三行政区。民国22年（1933）6月，国民政府军（南路军陈济棠部）攻占寻邬。县苏先后撤离到吉潭、澄江等地，后迁入会昌县。

民国23年（1934）年底，县境被国民党军占领，县苏复回寻邬县。民国24年（1935），江西缩减为8个行政区，寻邬属第四行政区。冬，原属安远的雁门堡（今罗珊乡），划给寻邬管辖。

1949年8月27日，寻邬解放。同日，成立寻邬军事管制委员会。次日，成立中共寻邬县委员会和寻邬县人民政府，属宁都分区。1952年9月6日，撤销宁都分区，并入赣州专员工署。1954年5月24日，撤销赣州专员公署，成立赣南行政公署，寻邬隶之。1957年，经国务院批准，县名由寻邬改为寻乌。1964年5月15日，撤销赣南行政公署，恢复赣州专员公署，寻乌属之。1971年1月，改称赣州地区，寻乌隶之。

1999年7月1日，赣州撤地设市，寻乌隶属赣州市。

【区　划】 2018年，全县有长宁、吉潭、澄江、南桥、留车、晨光、桂竹帽7个镇和文峰、三标、水源、罗珊、项山、丹溪、龙廷、菖蒲8个乡，179个村（居）委会（其中少数民族村2个），2092个村民小组、100个居民小组。县人民政府驻长宁镇。

【人　口】 2018年年末，全县户籍人口33.19万人。

【文化遗存】 寻乌有圳下商周遗址、小布商周遗址、上甲古窑址（五代至北宋）、罗屋地界碑（元代），古建筑有角背围拢屋（省级文物保护单位）、下田塘湾围拢屋（省级文物保护单位）、上车潘氏宗祠（省级文物保护单位）、司城新围屋、五丰龙衣屋、老鸦桥、圳下石拱桥、培风塔、文笔峰塔，古墓有潘任墓（省级文物保护单位）、西竹山寺木塔；革命旧居旧址有寻乌调查旧址（第七批全国重点文物保护单位，含红军医院、红四军大队以上干部会议旧址）、罗塘谈判旧址（省级文物保护单位）、圳下革命旧址群（省级文物保护单位，含圳下战斗旧址、圳下红四军司令部、政治部旧址，罗福嶂会议旧址）、剑溪中国工农红军新编独立第三师师部旧址（省级文物保护单位）、上津列宁师范学校旧址（省级文物保护单位）、古柏故居（省级文物保护单位）、汶口少共寻乌县委旧址（省级文物保护单位）；省级非物质文化遗产有《挑积》《寻乌客家迎故事》。

经济社会概况

【概　况】 初步核算，全年实现地区生产总值（GDP）789081万元，比上年增长9.3%。其中，第一产业增加值211841万元，增长4%；第二产业增加值242363万元，增长8.7%；第三产业增加值334877万元，增长13.1%。第一产业增加值占地区生产总值的比重为26.8%，第二产业增加值比重为30.7%，第三产业增加值比重为42.5%。非公有制经济实现增加值386998万元，增长

9.1%，占 GDP 比重为 49%。全年人均地区生产总值 26566 元，比上年增长 10.8%。

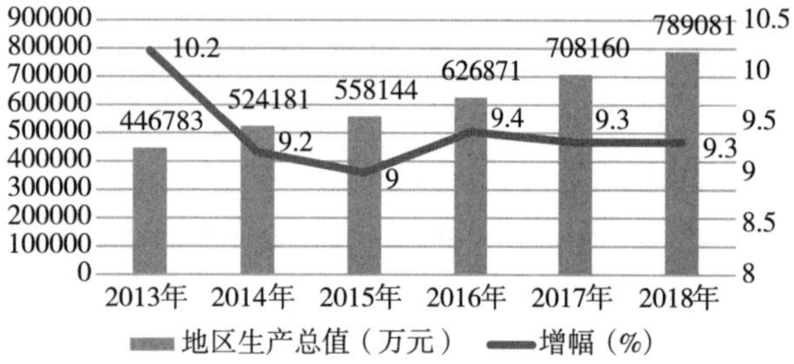

2013—2018 年寻乌县地区生产总值及其增幅

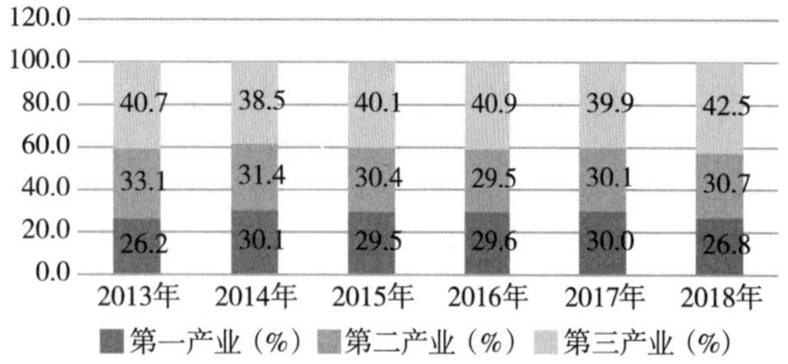

2013—2018 年寻乌县三次产业结构比

年末全县户籍总人口 331934 人，比上年末增加 1333 人。全年出生人口 4390 人，出生率为 13.3‰；死亡人口 882 人，死亡率为 2.7‰；自然增长率为 10.6‰。年末常住人口 297810 人，常住人口城镇化率为 44.3%，比上年末提高 1.62 个百分点。户籍人口城镇化率为 21.35%，比上年末提高 1.18 个百分点。

全年财政总收入 91000 万元，比上年增长 13.7%，其中，一般公共预算收入 57139 万元，比上年增加 8288 万元，增长 17%。财政总收入占 GDP 的比重达 11.5%，比上年提高 0.2 个百分点。全年各项税收收入 76542 万元，增加 10178 万元，增长 15.3%。一般公共预算支出 323000 万元，增长 23.8%，其中，财政八项支出 243600 万元，增长 29.6%，占一般公共预算支出的比重达 75.4%，比上年提高 3.4 个百分点。

2018 年年末寻乌县人口数及其构成情况表

表 1

指标	年末数（人）	比重（%）
全县总人口	331934	100.0
其中：城镇	70734	21.3
乡村	261200	78.7
其中：男性	174472	52.6
女性	157462	47.4
其中：0—17 岁	82033	24.7
18—34 岁	85568	25.8
35—59 岁	118815	35.8
60 岁及以上	45518	13.7

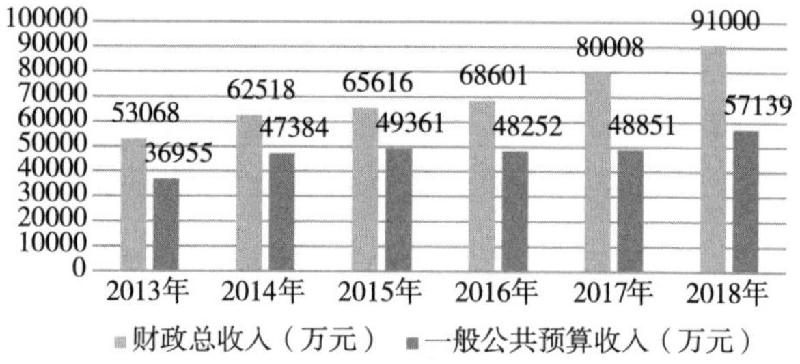

2013—2018 年寻乌财政总收入、一般公共预算收入总量

【农　业】 全年粮食种植面积 38.55 万亩，比上年增加 3.19 万亩。其中，稻谷种植面积 35.35 万亩，增加 1.95 万亩；玉米种植面积 8316 亩，增加 1216 亩。豆类种植面积 1.15 万亩，增加 5793 亩。薯类种植面积 1.21 万亩，增加 5327 亩。油料种植面积 1.39 万亩，增加 1529 亩。蔬菜种植面积 6.89 万亩，增加 2.14 万亩。瓜果类种植面积 1.82 万亩，增加 9195 亩。年末果园面积 33.16 万亩，增加 3.47 万亩，其中，脐橙 17.54 万亩，增加 0.78 万亩。实有茶园面积 2504 亩，增加 125 亩。

全年粮食产量 11.47 万吨，比上年增加 0.96 万吨，增长 9.15%。其中，谷物产量 11.02 万吨，增长 7.38%；玉米产量 1897 吨，增长 78.12%。全年稻谷产量 10.83 万吨，增长 6.64%。其中，早稻产量 4.6 万吨，增长 6.3%；中稻及一季晚稻产量 1.96 万吨，增长 10.2%；二季晚稻产量 4.27 万吨，增长 5.5%。油料产量 2777 吨，增长 14.47%。蔬菜产量 8.36 万吨，增长 33.57%。水果总产量 36.35 万吨，增长 10.65%，其中，脐橙总产量 23.91 万吨，增长 0.21%。茶叶总产量 163 吨，增长 42%。

2017—2018年寻乌县农作物面积和产量情况表

表2

	播种面积（亩）			产量（吨）		
	2018年	2017年	±（%）	2018年	2017年	±（%）
总计	486434	422677	15.08	233292	182425	27.88
一、粮食作物	385472	353600	9.01	114676	105065	9.15
（一）谷物	361852	341100	6.08	110246	102665	7.38
1.稻谷	353536	334000	5.85	108349	101600	6.64
（1）早稻	150409	141600	6.22	46022	43300	6.29
（2）中稻及一晚	63881	62600	2.05	19609	17800	10.16
（3）二季晚稻	139246	129800	7.28	42718	40500	5.48
2.玉米	8316	7100	17.13	1897	1065	78.12
（二）豆类（大豆）	11493	5700	101.63	1737	700	148.14
（三）薯类	12127	6800	78.34	2693	1700	58.41
二、油料（花生）	13947	12418	12.31	2777	2426	14.47
三、烟叶（烤烟）		210	-100	46	—	-100
四、蔬菜（含菜用瓜）	68857	47486	45	62606	83620	33.57
五、瓜果类	18158	8963	102.59	12282	32219	162.33

2017—2018年寻乌县茶叶、水果生产情况表

表3

	单位	2018年	2017年	±（%）
一、茶叶总产量	吨	163	115	42
二、园林水果	吨	363529	328543	10.65
1.柑橘类	吨	344847	323696	6.53
橘	吨	92644	84607	9.5
橙	吨	252115	238585	5.67
#脐橙	吨	239084	238585	0.21
2.梨	吨	108	101	6.93
3.其他园林水果	吨	18574	4746	291.36
三、年末实有茶园面积	亩	2504	2379	5.25
其中：当年采摘面积	亩	2504	1354	84.93
四、年末果园面积	亩	331603	296886	11.69
1.柑橘园	亩	278163	268362	3.65
橘	亩	96120	100528	-4.38
橙	亩	181945	167611	8.55
脐橙	亩	175430	167611	4.66
2.梨园	亩	68	66	3.03
3.桃园	亩	9003	2252	299.78
4.猕猴桃园	亩	14681	14520	1.11
5.葡萄园	亩	3103	1019	204.51
6.其他果园	亩	26585	10667	149.23

全年肉类总产量2.46万吨，比上年下降14.9%。其中，猪肉产量1.77万吨，下降9.8%；牛肉产量1140吨，下降49.7%；羊肉产量147吨，下降59.6%；

2017—2018年寻乌县畜牧业生产情况表

表4

	单位	2018年	2017年	±（%）
一、生猪出栏	头	180000	230769	-22
二、牛出栏	头	9500	16904	-43.8
三、羊出栏	头	11000	18212	-39.6
四、兔出笼	只	335100	282785	18.5
五、家禽出笼	百羽	24320	42892	-43.3
六、禽蛋产量	吨	14000	13566	3.2
七、蜂蜜产量	吨	225	180	25
八、肉类总产	吨	24558	28858	-14.9
九、兔存笼	只	53105	56495	-6
十、养蜂箱数	箱	18000	15126	19
十一、牛存栏	头	37600	44131	-14.8
十二、家禽存笼	百羽	21200	26434	-19.8
十三、生猪存栏	头	112000	139651	-19.8
十四、羊存栏	头	18200	16441	10.7

兔肉产量527吨，增长2.3%；禽肉产量4777吨，下降21.3%。禽蛋产量14000吨，增长3.2%。蜂蜜产量225吨，增长25.0%。生猪、牛、羊分别出栏18万头、0.95万头、1.1万头，分别下降22%、43.8%、39.6%。兔、家禽分别出栏33.51万只、243.2万羽，分别增长18.5%、下降43.3%。年末生猪存栏11.2万头，下降19.8%；牛存栏3.76万头，下降14.8%。全年水产品产量8528吨，比上年下降9%。其中，养

殖水产品产量 8344 吨，下降 8.8%；捕捞水产品产量 184 吨，下降 18.2%。

【工业和建筑业】 全年全部工业增加值 21.82 亿元，比上年增长 8.8%，其中，规模以上工业增加值增长 9.1%。规模以上工业企业实现总产值 53.9 亿元，比上年增长 20.6%；实现主营业务收入 53.89 亿元，增长 19.3%；实现利税总额 7 亿元，比上年增长 6.7%；实现利润 1.39 亿元，比上年下降 23%。

全县规模以上工业企业的主要产品产量基本保持稳定。其中，水力发电量 11122 万千瓦时，风力发电量 38127 万千瓦时，太阳能发电量 2709 万千瓦时；水泥 33.97 万吨，增长 7.6%；商品混凝土 20.6 万立方米，下降 37.9%；纸制品 4.38 万吨，增长 5.4%；砖 15273 万块，增长 28.9%。

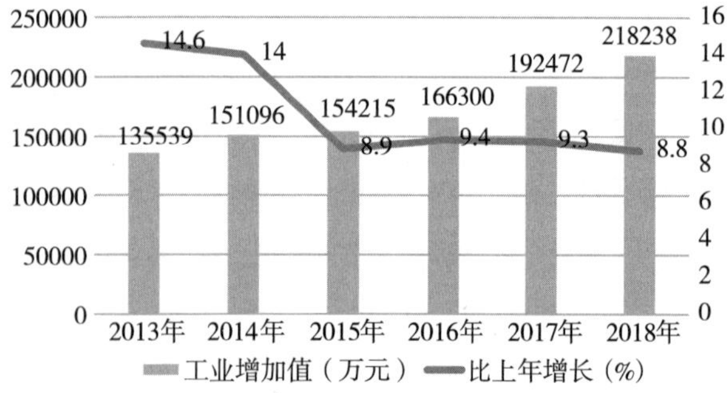

2013—2018 年寻乌县工业增加值总量及其增幅

全年全社会建筑业增加值 24125 万元，比上年增长 8.1%，增幅居全市第 2 位。全县具有资质等级的总承包和专业承包建筑业企业 7 家，其中新增 1 家，为寻乌县万业混凝土有限公司；实现生产总值 102432 万元，增长 29.5%。

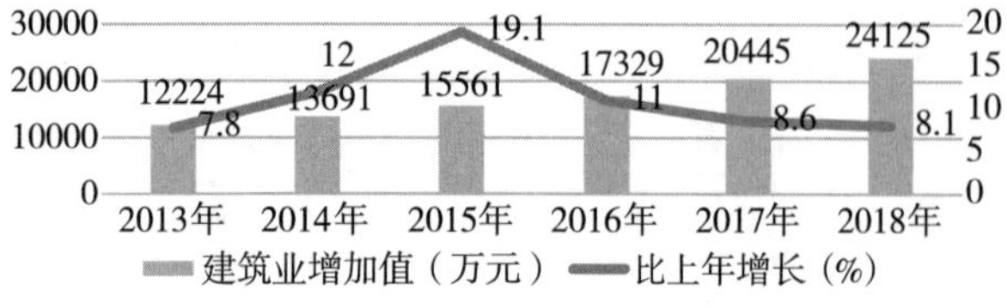

2013—2018 年寻乌县建筑业增加值总量及其增幅

【固定资产投资】 全年 500 万元以上固定资产投资同比增长 11.3%。分产业看，第一产业投资增长 1%；第二产业投资增长 21.5%；第三产业投资增长 20.8%。分所有制来看，全年完成国资企业投资同比增长 10.5%；有限责任公司投资同比增长 11.4%；股份有限公司同比下降 0.9%；私营企业投资同比增长 28.9%。

2018 年寻乌县行业固定资产投资增幅情况表

表 5

指标名称	增长速度（%）
一、固定资产投资完成额	11.3
第一产业	1
第二产业	21.5
第三产业	20.8
# 房地产开发	-1.9
二、按国民经济行业分	
（一）农、林、牧、渔业及其服务业	11.3
（三）制造业	21.5
（六）批发和零售业	12.7
（七）交通运输、仓储和邮政业	1.3
（十一）房地产业	13.9
（十四）水利、环境和公共设施管理业	13.1
（十六）教育	127
（十七）卫生和社会工作	净增
（十八）文化、体育和娱乐业	-19.7
（十九）公共管理、社会保障和社会组织	35.1

全年房地产开发投资 56929 万元，比上年下降 1.9%。全年商品房施工面积 13.16 万平方米，其中，新开工面积 10.32 万平方米。商品住宅销售面积 44.12 万平方米，全部为期房销售面积。商品房销售额 23.05 亿元，同比下降 6.2%。现房平均销售价格 5223 元，同比增长 5.4%。

2018 年寻乌县房地产开发和销售及其增长速度情况表

表 6

指标	单位	绝对数	比上年增长（%）
房地产开发投资	万元	56929	-1.9
房屋施工面积	平方米	131620	-31.96
# 新开工面积	平方米	103230	-21.32
商品房销售面积	平方米	441185	-24.43
# 现房销售面积	平方米	441185	-24.43
商品房销售额	万元	230458	-6.24
现房平均销售价格	元	5223	5.4

【国内贸易】 全年社会消费品零售总额21.88亿元，比上年增长10%。按经营地统计，城镇消费品零售额15.53亿元，增长10%；乡村消费品零售额6.35亿元，增长9.96%。按消费类型统计，商品零售额19.89亿元，增长9.9%；餐饮收入额1.98亿元，增长10.9%。

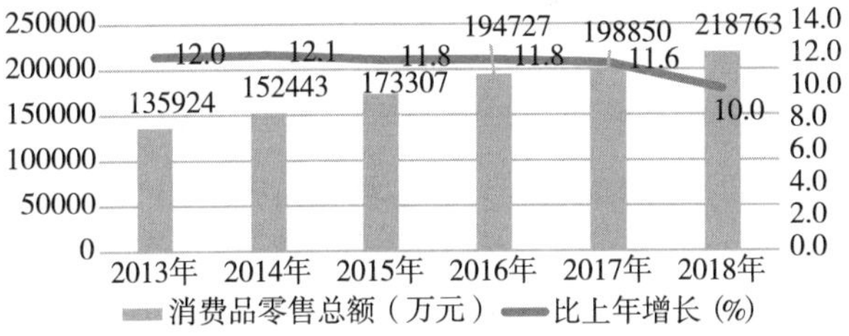

2013—2018年寻乌县社会消费品零售总额及其增幅

2018年年末个体户达14527户，比上年末增加3户，增长0.02%，私营企业3508户，比上年末增加435户，增长14.2%；个体户从业人员达34970人，比上年末增加159人，增长0.46%，私营企业41080人，比上年末增加4278人，增长11.6%；个体户注册资本达175164万元，比上年末增加18936万元，增长12.1%，私营企业1022077万元，比上年末增加134829万元，增长15.2%。

【对外经济】 全年进出口总额40113万元，比上年增长10.9%。其中，出口39495万元，增长9.1%，增幅居全市第9位。

全年引进资金（5000万元以上）23.34亿元，比上年增长16%，其中，亿元以上项目资金20.29亿元，比上年增长4.7%。实际利用外资2676万美元，比上年增长10.1%。

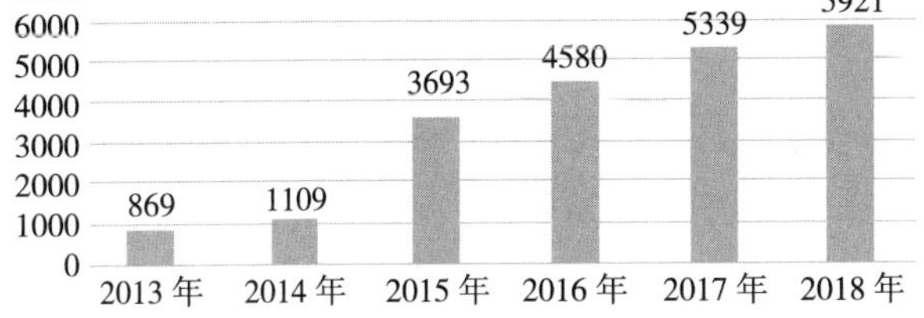

出口总量（万美元）

【交通、邮电和旅游】 全年交通运输、仓储及邮政业增加值49060万元，比上年增长4.8%。全年公路货物运输总量305万吨，比上年下降11.6%。公路货物运输周转量66745万吨千米，比上年增长6.6%。全年公路旅客运输总量241万人次，比上年下降0.8%。旅客运输周转量14062万人千米，比上年下降9.2%。全县通车里程数达2884.6千米，比上年增长13.2%，其中，水泥路面2732.5千米，增长112.1%；柏油路面152千米，下降24.3%（高速公路83千米）。

2018年公路货运、客运情况及其增长速度情况表

表7

指标	单位	绝对数	比上年增长（%）
货物运输总量	万吨	305	-11.6
货物运输周转量	万吨千米	66745	6.6
旅客运输总量	万人次	241	-0.8
旅客运输周转量	万人千米	14062	-9.2

年末全县汽车拥有量28249辆，比上年末增长37.6%，年末摩托车拥有量58373辆，同比下降8.8%。

全年完成邮政业务总量3378.5万元，比上年增长10.2%。邮政业全年完成平信业务0.49万件，快递业务量111.73万件，快递业务收入563.2万元。

全年完成电信业务总量15332万元，比上年增长263%。年末固定电话装机数40142部，比上年增长33.4%；年末手机装机数110213部，比上年末增长130.5%。

全年县内游客106.486万人次，比上年增长45.9%，旅游收入44249万元，增长49%。

【金融和保险业】 年末金融机构人民币存款余额123亿元，比年初增加5.8亿元。其中，住户存款71.49亿元，比年初增加5.94亿元；非金融企业存款13.54亿元，比年初增加2.1亿元。金融机构人民币贷款余额84.85亿元，比年初增加14.18亿元。其中，住户贷款余额61.7亿元，比年初增加8.3亿元；非金融企业及机关团体贷款余额23.15亿元，比年初增加5.88亿元。

2018 年年末全部金融机构人民币存贷款余额及其增长速度情况表

表 8

指标	年末数（万元）	比上年末增长（%）
各项存款	1230040	5.28
其中：住户存款	711488	9.73
非金融企业存款	135378	—
（广义）政府存款	383124	—
各项贷款	848482	20.06
其中：住户贷款	616992	75.13
非金融企业及机关团体贷款	231490	—
非银行业金融机构贷款	0	—

全年保险公司保费收入 15372 万元，比上年增长 10%。其中，寿险业务保费收入 4447 万元，财产险业务保费收入 10925 万元。支付各类赔款及给付 6032 万元。其中，寿险业务给付 921 万元，财产险业务赔付 5111 万元。

【人民生活和社会保障】 全年城镇居民人均可支配收入 26237 元，比上年增长 9%；农村居民人均可支配收入 10599 元，比上年增长 12.5%。

城镇居民人均消费支出 14213 元，比上年增长 8.5%；农村居民人均消费支出 8531 元，比上年增长 11.1%。全县居民恩格尔系数为 32.9%，比上年下降 6.1 个百分点，其中，城镇居民恩格尔系数为 32.7%，农村居民恩格尔系数为 33.1%。

年末，全县城镇职工养老保险参保人数（含离退休人员）达 3.81 万人，比上年末增加 0.24 万人。参加农村居民基本养老保险 15.18 万人，比上年末减少 0.55 万人。参加城乡基本医疗保险 32.73 万人，比上年末增加 0.31 万人。其中，参加职工基本医疗保险 1.79 万人，参加城乡居民基本医疗保险 30.94 万人。年末参加失业保险 10700 人，与上年持平。年末全县领取失业保险金 130 人，共 895240 元。年末参加生育保险 10948 人，比上年末增加 804 人。年末全县享受城市居民最低生活保障 1359 户 1855 人，享受农村居民最低生活保障 7063 户 15743 人，享受农村特困人员救助供养 846 人。按照年人均 2300 元（2010 年不变价）的农村贫困标准计算，2018 年年末农村贫困人口 2052 人，比上年末减少 9876 人。

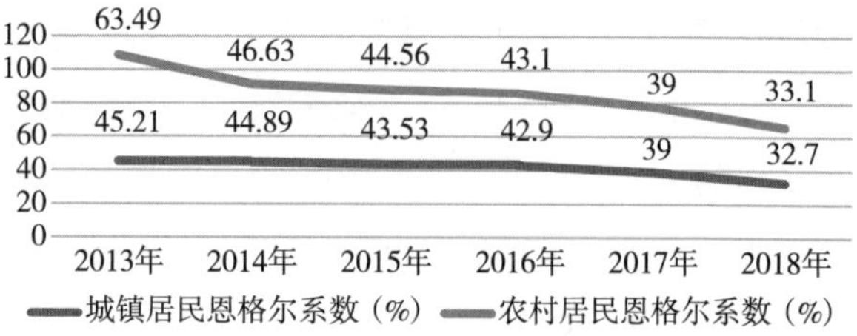

2013—2018 年寻乌县城镇、农村居民恩格尔系数

【教育、科学技术、文化和体育】 全年中等职业教育在校生 922 人，比上年增加 689 人；普通高中在校生 8192 人，比上年增加 66 人；初中在校生 12897 人，比上年增加 432 人；普通小学在校生 24662 人，比上年减少 154 人；特殊教育在校生 31 人，比上年增加 8 人；学前教育在园幼儿 14673 人，比上年增加 3211 人。中小学专任教师 3171 人，比上年增加 91 人，幼儿园教师 838 人，比上年增加 106 人。小学、初中入学率均为 100%，三年毛入学率为 88%。初中辍学率为 0，比上年提高 0.4 个百分点。

全年研究与试验发展（R&D）经费支出

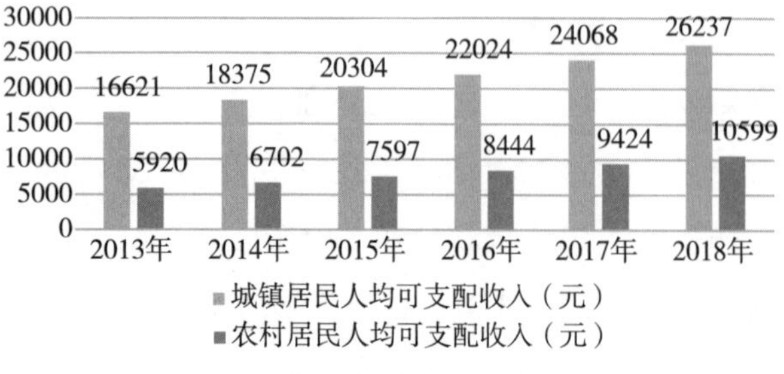

2013—2018 年寻乌县城镇、农村居民人均可支配收入

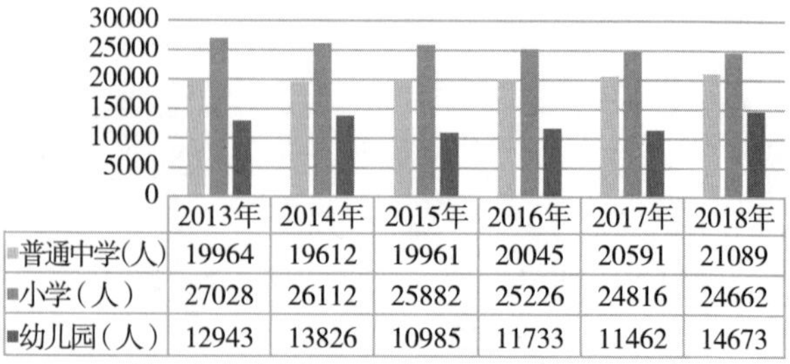

	2013年	2014年	2015年	2016年	2017年	2018年
普通中学(人)	19964	19612	19961	20045	20591	21089
小学(人)	27028	26112	25882	25226	24816	24662
幼儿园(人)	12943	13826	10985	11733	11462	14673

2013—2018 年寻乌县学校在校（在园）人数情况

16245万元（上报数），比上年增长30.38%，与国内生产总值之比为2.06%。全年受理专利696件，授予专利权687件。年末有效专利1373件，其中有效发明专利5件，每万人口发明专利拥有量0.15件。

年末，全县文化系统共有艺术表演团体1个，博物馆（纪念馆）1个，公共图书馆1个，文化馆1个。有线电视实际用户23700户。年末广播节目人口覆盖率为99.8%，电视节目人口覆盖率为99.8%。

在2018年江西省第四届青少年“未来之星”阳光体育大会暨江西省第十五届运动会青少年俱乐部三人制篮球以及拔河比赛，寻乌县的谢程炜同学两项赛事均获得冠军；在2018年江西省第十五届运动会群众比赛项目（社会部）赣州市轮滑男子花式刹停比赛中，寻乌县运动员古滨勇夺全省冠军；在2018年闽粤赣三省九县（区、市）“坎市诚信杯”象棋客家联赛中荣获团体冠军；在2018年赣州市青少年锦标赛系列比赛中，男子篮球获得全市第六名，田径项目取得了第一名2人、第三名2人；在2018年百县运动会中，女子篮球获得全省三等奖，田径比赛中，寻乌县运动员谢铖琳同学分别获得全省200米第一名及100米第二名的好成绩。在2018年7—9月，分别举办了篮球夏季联赛、足球夏季联赛、羽毛球夏季联赛、气排球夏季联赛等比赛，通过举办这些赛事，进一步丰富了寻乌县人民群众的精神生活。

【卫生和社会服务】 年末全县共有医疗卫生机构333个，其中，二级综合医院、二级中医院、妇幼保健计划生育服务中心、皮肤病防治所（皮肤病医院）、疾病预防控制中心、卫生计生综合监督执法局各1个，乡镇卫生院16个，民营医院2个，社区卫生服务中心（站）6个，门诊部1个，个体诊所36个，村卫生室262个，医务室4个。年末卫生技术人员1130人，其中，执业医师和执业助理医师358人，注册护士475人。医疗卫生机构床位1199张，其中，县级公立医院608张，乡镇卫生院417张，民营医院99张，社区卫生服务中心75张。全年总诊疗1295950人次，出院人数41221人。

【资源、环境和安全生产】 全年水资源总量18.46亿立方米。全年平均降水量1251.8毫米。全年总用水量1.62亿立方米，比上年增长9.5%，其中，生活用水0.4亿立方米，工业用水0.08亿立方米，农业用水0.98亿立方米，生态补水0.16亿立方米。万元国内生产总值用水量194万立方米，比上年下降19.6%。万元工业增加值用水量29.3万立方米，下降39%。

全年完成造林面积1086公顷，其中人工造林面积1086公顷，占全部造林面积的100%。森林抚育面积767公顷，新增封山育林面积900公顷。当年苗木产量165003万株，同比增长105.7%。年末实有油茶林面积4013公顷，油茶籽产量768吨。新增水土流失治理面积121.74千公顷。

全年能源消费总量27.50万吨标准煤，比上年增长6.59%，其中，第一产业1.64万吨标准煤，同比下降1.8%；第二产业11.41万吨标准煤，同比增长9.1%；第三产业8.07万吨标准煤，同比增长5.6%。全县万元国内生产总值能耗下降2.5%。

全年寻乌县共受理大小交通事故2881起，死亡31人，同比减少1人；受伤1586人，同比减少2人；直接经济损失137.56万元，同比减少1.1万元。非煤矿山和危险化学品等其他行业领域未发生生产安全事故，同比减少3起。

中共寻乌县委员会

综　述

【概　况】 2018年，寻乌县委团结带领全县广大党员和干部群众，深入学习贯彻中共十九大精神和习近平新时代中国特色社会主义思想，以脱贫攻坚为统领，以“七大攻坚”（脱贫攻坚、现代农业攻坚、工业攻坚、现代服务业攻坚、新型城镇化攻坚、基础设施攻坚、生态建设攻坚）为主抓手，以唯实求真精神，决战决胜脱贫摘帽，突出发展惠民导向，努力推进反腐败斗争，抓好农村基层党组织建设，扎实开展扫黑除恶专项斗争，担当作为、砥砺奋进，各项事业持续进步，寻乌振兴发展迈出坚实步伐。寻乌县被省委、省政府评为高质量发展先进县、科学发展综合考核评价先进县。

重要会议

【县委十五届全体会议】 县委十五届五次全体（扩大）会议1月20日召开，会议听取和审议县委书记柯岩松代表县委常委会作《弘扬唯实求真精神 决战决胜脱贫摘帽 为加快寻乌振兴发展而努力奋斗》的报告，总结部署全县经济工作，通过中共寻乌县委常委会2017年工作报告、关于深入学习贯彻中共十九大精神打造新时代中国特色社会主义红色样板的决定、关于深入贯彻落实中共中央总书记习近平重要批示精神全力打造脱贫攻坚示范县的决定、关于贯彻落实中宣部《寻乌扶贫调研报告》事项和指出问题的整改意见。

县委十五届六次全体（扩大）会议8月17日召开。会议书面传达省委十四届六次全体（扩大）会议、市委五届五次全体（扩大）会议精神，审议表决通过中共寻乌县委第十五届委员会全体会议工作规则、中共寻乌县委关于坚持目标导向压实脱贫攻坚政治责任严明脱贫攻坚工作纪律的规定，总结上半年工作，部署下半年工作任务。

【县委常委会会议】 2018年，寻乌县第十五届县委常委会召开22次会议，即十五届县委常委会第35次会议至第56次会议。

十五届县委常委会第35次会议1月8日召开。会议讨论寻乌县监察委员会副主任、委员人选建议名单。

十五届县委常委会第36次会议1月19日召开。会议传达学习中共中央总书记习近平关于《寻乌扶贫调研报告》重要批示及省委常委、市委书记李炳军、市长曾文明在学习贯彻中共中央总书记习近平重要批示弘扬唯实求真精神大兴调查研究之风深入推进脱贫攻坚座谈会上的讲话精神，审议通过《关于深入学习贯彻中共十九大精神打造新时代中国特色社会主义红色样板的决定（讨论稿）》《关于深入贯彻落实中共中央总书记习近平重要批示精神全力打造脱贫攻坚示范县的决定（讨论稿）》、关于贯彻落实中宣部《寻乌扶贫调研报告》事项和指出问题的整改意见（讨论稿）、《寻乌县创建“新时代传习所”实施方案（讨论稿）》《2017年县委常委会工作报告（讨论稿）》《2017年县委常委会抓党建工作情况报告（讨论稿）》及其他事项。

十五届县委常委会第37次会议2月10日召开。会议传达学习省委原常委、省纪委原书记周泽民对寻乌相关工作的指示精神，书面传达全市新型城镇化攻坚战工作会、城乡规划和城乡建设工作会议以及中央、省、市纪委全会精神，审议2018年寻乌县委巡察工作计划，讨论县纪委全会工作报告及县委主要领导在县纪委全会上的讲话、《关于加强新形势下党外代表人士队伍建设的实施意见》等议题。

十五届县委常委会第38次会议2月28日召开。会议书面通报全省统计工作会和2018年全省环保局长会议精神，书面传达2018年全市房地产市场监管暨棚户区改造工作会议精神，传达学习全国、省、市扫黑除恶专项斗争视频会议主要精神，听取寻乌落实情况汇报；讨论中共寻乌县委常委领导班子对照检查材料、县委常委领导班子民主生活会意见建议整改方案，听取县“七大攻坚”各攻坚领导小组外出学习考察情况汇报。

十五届县委常委会第39次会议3月15日召开。会议传达学习中央、全省全市政法工作会、全省全市组织部部长会、全省全市宣传部部长会、全省全市统战部长会议精神，讨论寻乌县委常委班子2017年度民主生活会整改方案、寻乌县委常委领导班子问题整改清单、寻乌县人大常委会2018年工作要点（讨论稿）、2017年度目标管理考评及表彰有关事项及其他事项。

十五届县委常委会第40次会议3月19日召开。会议讨论有关违纪问题的处理意见。

十五届县委常委会第41次会议5月5日召开。会议书面传达学习省委理论中心组集体学习视频会，省委常委、市委书记李炳军、市长曾文明在全市工业暨开放型经济工作会议和在一季度全市“六大攻坚”战（脱贫攻坚、现代农业攻坚、工业攻坚、现代服务业攻坚、新型城镇化攻坚、基础设施攻坚）工作调度会上的讲话，省委常委、市委书记李炳军在寻乌县四套班子成员座谈会上的讲话，传达学习全省长江经济带“共抓大保护”攻坚行动动员大会和基础教育重点项目建设暨义务教育均衡发展现场推进会，全市现代农业攻坚战工作调度会，全国、全省和全市科协有关会议精神，讨论寻乌县2018年度目标管理综合考评方案、寻乌县鼓励通用设备制造产业科技创新政策17条（试行）、县外寻乌籍行政机关和事业单位工作人员调回寻乌工作“绿色通道”实施办法及其他事项。

十五届县委常委会第42次会议5月25日召开。会议传达学习全省社科界学习中共中央总书记习近平纪念马克思诞辰200周年大会重要讲话座谈会精神、关于2017年市县党委和政府脱贫攻坚工作成效考核情况的通报，听取各县委常委作风建设工作情况及县人大常委会、县政府、县政协党组工作情况汇报；通报2018年4月县“七大攻坚”首要任务一号项目推进情况民主评议结果和县“七大攻坚”资金保障到位项目开工情况，讨论关于发展通用设备制造产业的几点建议、寻乌县精神文明示范县建设实施方案及其他事项。

十五届县委常委会第43次会议6月27日召开。会议传达学习省委常委、宣传部部长施小琳在全省“新时代传习所”现场推进会上的讲话、省市环保大会、中央环保督察问题整改紧急调度视频会、省委扫黑除恶专项斗争督导工作动员视频会、全市2018年预脱贫摘帽贫困县脱贫攻坚工作调度会、市政府办公厅《关于支持寻乌县2018年高质量脱贫摘帽的意见》和《关于进一步做好配合中央环境保护督察“回头看”工作的紧急通知》精神，通报县政府主要领导赴中宣部、国家统计局汇报对口支援有关对接和脱贫攻坚工作督评情况，讨论关于切实加强脱贫攻坚工作的意见及其他事项。

十五届县委常委会第44次会议7月25日召开。会议传达学习省委副书记（6月任）、市委书记李炳军关于寻乌工作的指示、中共赣州市委办公厅关于对宁都县4个乡镇脱贫攻坚推进不力等问题责任追究情况的通报、二季度全市“六大攻坚”战工作调度会议精神，听取县委主要领导赴省扶贫和移民办公室对接工作情况和2018年县“七大攻坚”未开工项目情况汇报，讨论关于全面落实乡村振兴战略实施意见及其他事项。

十五届县委常委会第45次会议8月4日召开。会议传达学习省委十四届六次全体（扩大）会和省委常委会第59次会议、副市长张逸在寻乌县脱贫攻坚工作座谈会上的讲话、全市农业农村重点工作调度会、全市村级集体经济发展工作推进会、全市追逃追赃和防逃工作会、全市安全生产委员会全体（扩大）会和全国、全省安全生产电视电话会议精神，通报2017年度全省农村危房改造工作绩效评价与省级验收情况，听取全县软弱涣散基层党组织整顿工作情况汇报；讨论《关于农村基层党建保障三年行动计划（2018—2020）》、关于进一步加强村（社区）“两委”干部绩效考核工作的意见、《寻乌县全面深化供销合作社综合改革三年行动计划（2018—2020年）》《寻乌县“两违”整治工作问责办法》等议题。

十五届县委常委会第46次会议8月14日召开。会议传达学习省委书记刘奇在省委理论学习中心组2018年第3次集体学习时的讲话和中共赣州市委五届五次全体（扩大）会议精神，审议柯岩松、杨永飞在县委十五届六次全体（扩大）会议上的讲话，讨论《关于进一步严明脱贫攻坚工作纪律的规定》《中共寻乌县委第十五届委员会全体会议工作规则（修订稿）》《寻乌县政府性债务风险化解方案》等议题。

十五届县委常委会第47次会议9月7日召开。会议传达学习省委书记刘奇、省长易炼红在全省工业强省推进大会上的讲话及全省实施乡村振兴战略暨改善农村人居环境工作推进会上的讲话、市委办公厅市政府办公厅《关于进一步加大中央环保督查反馈问题整改力度全面提升整改工作水平的通知》精神，通报赣州市2017年县（市、区）生态文明建设年度评价结果，听取寻乌生态文明建设有关情况汇报，剖析相关数据落后原因，讨论关于将2018年度信访工作实行单列考评的请示、寻乌县2018年从优秀乡（镇）事业编制人员、优秀村（社区）干部和“大学生村官”中选拔乡（镇）机关领导干部工作实施方案、关于全县中小学教职工编制调整的请示、关于寻乌县监察委员会派出乡（镇）监察机构的请示等议题。

十五届县委常委会第48次会议9月18日召开。会议讨论寻乌县委常委班子对照检查材料、关于改设中共国家税务总局寻乌县税务局委员会的请示、关于成立中共寻乌县卫生和计划生育委员会（简称“县卫生和计生委党委”）的请示及其他事项。

十五届县委常委会第49次会议9月29日召开。会议传达学习全省扶贫开发领导小组（扩大）会、全省宣传思想工作会、全省全面深化改革开放工作现场推进会、全省农村义务教育营养改善计划推进会、全市人居环境整治工作推进会议和全市公路路域环境集中整治工作会议精神，书面通报2018年江西省国家重点生态功能区县域生态环境质量评价与考核工作会议精神，讨论关于全面落实高质量推进新农村建设的实施意见、寻乌县2018年财政预算调整方案（草案）、寻乌县2018年上半年国民经济和社会发展计划执行情况报告等议题。

十五届县委常委会第50次会议10月22日召开。会议传达学习中华全国供销合作总社党组书记、主任王侠到寻乌扶贫调研、慰问座谈会上的讲话，省委副书记、市委书记李炳军在深圳市对口帮扶寻乌工作情况汇报座谈会上的讲话及在寻乌调研期间交办的有关事项，全市城镇贫困群众脱贫解困工作推进会议精神，讨论2018年新农村建设资金分配使用方案、寻乌县事业单位公务用车制度改革实施方案等议题。

十五届县委常委会第51次会议10月27日召开。会议研究有关违纪问题的处理意见。

十五届县委常委会第52次会议11月9日召开。会议传达学习中共中央总书记习近平在十九届中央政治局第8次学习时的讲话、省委书记刘奇在中央第十一巡视组《关于推动立行立改工作的建议》上的批示、全省全市扫黑除恶工作推进会、全市组织和宣传工作会议精神，审议关于加强县纪委监委派驻机构建设的实施意见，讨论支持“学习强国”平台建设有关意见及其他事项。

十五届县委常委会第53次会议11月21日召开。会议传达学习中央、省委关于巡视工作及全省开发区改革和创新发展推进大会精神，讨论寻乌县配合省委第八巡视组专项巡视工作方案、关于持续深化落实中央巡视整改工作实施方案（讨论稿）、省纪委督导脱贫攻坚形式主义官僚主义有关问题整改工作清单、关于深入贯彻中央八项规定及其实施细则精神进一步改进作风的实施办法，听取关于不力问题的通报及寻乌县对脱贫攻坚中形式主义官僚主义突出问题立行立改的情况报告，通报十四届省委第三轮巡视发现的倾向性问题。

十五届县委常委会第54次会议11月30日召开。会议讨论研究人事议题及其他事项。

十五届县委常委会第55次会议12月4日召开。会议传达学习《中国共产党支部工作条例（试行）》，讨论关于深化统计管理体制改革提高统计数据真实性实施方案、寻乌县机构改革方案（审议稿）、寻乌县机构改革近期主要工作日程安排及职责分工、寻乌县园林绿地养护管理政府购买服务实施方案、建立健全公路管理养护运营机制的意见，请求明确县城市投资经营集团有限公司发行企业债券相关事项的请示、调减寻乌县文峰乡涵水片区废弃矿山综合治理与生态修复工程部分建设内容及资金的请示、寻乌县斗晏水力发电有限公司股权处置相关事项的请示及有关违纪问题处理等议题。

十五届县委常委会第56次会议12月30日召开。会议传达学习中共中央总书记习近平在中央政治局第10次集体学习时的讲话和省委主要领导批示、省委十四届七次全会、中央纪委《关于贯彻落实中共中央总书记习近平重要讲话精神严肃整治领导干部利用名贵特产类特殊资源谋取私利问题的通知》及省市《关于严肃整治领导干部利用名贵特产特殊资源谋取私利问题的通知》精神，讨论进一步激励广大干部新时代新担当新作为17条措施、有关违纪问题的处理意见及全县重点工作等议题。

【“七大攻坚”总结部署会议】 1月21日，召开县“七大攻坚”总结部署会。会议传达市“六大攻坚战”流动现场会会议精神，总结2017年县“七大攻坚”工作，部署2018年县“七大攻坚”工作。会上，各攻坚领导小组分管常委总结部署所负责攻坚工作。

【县委常委班子民主生活会】 2月6日，召开2017年度县委常委班子民主生活会。会议以认真学习领会中共中央总书记习近平新时代中国特色社会主义思想、坚定维护以中共中央总书记习近平同志为核心的党中央权威和集中统一领导、全面贯彻落实中共十九大各项决策部署为主题，进行党性分析，深入查摆问题，严肃开展批评和自我批评，明确努力方向和整改措施。会上，县委书记柯岩松通报2017年度民主生活会整改方案落实情况和会议准备工作情况，并代表县委常委会领导班子作对照检查，深入分析问题产生的原因，提出整改方向和措施。

【全县三级干部总结表彰大会】 3月23日，召开全县三级干部总结表彰大会。会议表彰2017年度各项重点工作中涌现出的先进单位、先进集体和先进个人。

【县委全面深化改革领导小组会议】 4月24日，召开十五届县委全面深化改革领导小组第九次全体（扩大）会议。会议传达学习中央全面深化改革委员会第一次会议、十四届省委全面深化改革领导小组第十二次会议、全省改革办公室主任会议和五届市委全面深化改革领导小组第十四次全体（扩大）会议精神，听取有关改革事项进展情况汇报，讨论中共寻乌县委全面深化改革领导小组2017年工作总结报告、关于贯彻落实中共十九大精神坚定不移将改革推向深入的实施意见、中共寻乌县委全面深化改革领导小组2018年工作要点和九个专项小组工作计划、县委全面深化改革领导小组成员2018年度领衔推进落实重大改革项目实施方案等议题。

【机构改革领导小组第一次会议】 7月26日，召开寻乌县机构改革领导小组第一次会议。会议传达学习市机构改革领导小组第一次会议和县（市、区）机构改革工作会议精神，通报寻乌机构改革前期工作情况，部署下一步机构改革工作。

【脱贫摘帽誓师大会】 10月10日，召开脱贫摘帽誓师大会。会议传达全省扶贫开发领导小组（扩大）会议精神，通报脱贫攻坚有关问题问责情况，布置相关工作；扶贫工作领导小组五个工作组组长、“六包”责任人代表、乡（镇）党委书记代表、专项扶贫牵头单位代表宣誓；“六包”责任人代表向县委、县政府提交责任状。

主要活动

【举行工业攻坚项目签约仪式】 1月17日，举行工业攻坚项目签约仪式，分别与四川省爱克威机电设备工程有限公司及成都耐锐特动力设备有限公司签订空压机生产基地项目和非标准智能化空压机生产项目。

【“七大攻坚”一号项目首批核心工程集中开工】 3月12日，2018年县“七大攻坚”一号项目首批核心工程集中开工，有杨梅园区支路路网建设等11个工程，其中脱贫攻坚、现代服务业攻坚项目各4个，工业攻坚、城镇建设攻坚、现代农业攻坚项目各1个。

【《毛泽东寻乌调查》被定为全国未来4年百部重点电视剧】 4月4日，新组建的国家广播电视总局在浙江省宁波市召开全国电视剧创作规划会，发布未来4年百部重点电视剧选题。其中，电视剧《毛泽东在寻乌》（后更名为《毛泽东寻乌调查》）列入选题。该电视剧拍摄工作已于2018年2月初杀青。

【举行“七大攻坚”项目推进情况民主评议】 4月11日，采取流动现场会和实名制评议打分形式，开展“七大攻坚”首要任务一号项目推进情况3月民主评议工作，评议东江源田园综合体、青龙岩旅游度假区、江西中气节能空气压缩机生产基地、山水林田湖草项目提升、东江源温泉养生小镇、客家风情园6个项目。

【签约兴科电子项目】 4月13日，与兴科电子集团有限公司举行精密自动数控机床生产及智能终端精密结构件加工项目签约仪式，项目总投资10.2亿元。

【召开文化扶贫流动现场会】 4月19日，召开2018年第一季度文化扶贫流动现场会，参会人员到太湖新村，南桥镇古坑村，留车镇飞龙村、大同村，菖蒲乡黄砂村，晨光镇龙图村等地，参观学习当地村级文化服务中心、“新时代传习所”、乡风文明等文化扶贫工作项目，并召开文化扶贫工作调度会。

【召开脱贫攻坚“夏季整改”行动动员会】 5月2日，收听收看全省全市脱贫攻坚“夏季整改”行动电视电话会议精神，召开全县脱贫攻坚“夏季整改”行动动员会，总结2018年脱贫攻坚“春季攻势”行动工作情况，部署脱贫攻坚“夏季整改”行动。

【签约道路升级改造PPP项目】 5月8日，与江西赣粤高速公路工程有限责任公司暨江西省公路桥梁工程有限公司联合体签约寻乌县道路升级改造PPP项目，签约总投资16亿元，改造公路里程145千米，包括国、省、县、乡、村五级公路和旅游公路。

【合建寻龙高速】 6月12—13日，省交通运输厅党委书记、厅长王爱和一行到寻乌调研路域环境整治和寻乌至龙川高速公路项目建设，出席寻乌至广东龙川高速公路项目合作建设框架协议签订仪式。该项目由省高速公路投资集团公司采用PPP+EPC模式与寻乌合建。

【寻乌获“国家级出口食品农产品质量安全示范区”荣誉】 在国家市场监督检验检疫总局“2017年新增国家级出口食品农产品质量安全示范区”名单中，寻乌县获“国家级出口食品农产品质量安全示范区”荣誉，产品品种为蜜橘、脐橙。

【集中签约5个首位产业项目】 10月13日，举行首位产业项目集中签约仪式，集中签约5个项目，总投资20亿元。

【中国国际电视台到寻乌拍摄《珠江溯源》节目】 10月14—22日，中国国际电视台《旅游指南》栏目组一行7人，到寻乌拍摄一集30分钟旅游专题片《珠江溯源》。摄制组深入斗晏水库、石碎寨景区、青龙岩景区、九曲湾库区、周田古村、东江源村等地拍摄，并采访寻乌果业、黄蜡石等产业。

【赣南首个京东云仓落地寻乌】 10月17日，京东物流和寻乌县源兴果业公司在寻乌联合举行京东物流赣南脐橙生鲜推介会暨京东云仓开幕式。

【为高层次人才颁发“人才证”】 11月1日，寻乌向首批422名各行业高层次人才颁发“寻乌县人才证”，发放人才津贴267.78万元、高层次人才安家费21万元。

【启动“走遍寻乌”百村文化调查】 11月7日，县委宣传部、县委党校、县广电新闻中心联合开展“走遍寻乌”百村文化调查活动。

【开展电商助力扶贫农特产品销售对接活动】 12月28日，在县电商产业园举办电商助力扶贫农特产品销售对接活动启动仪式，有100家（个）电商企业、微商参加活动。

重大决策

【打造脱贫攻坚示范县】 1月22日，县委印发《关于深入贯彻落实中共中央总书记习近平重要批示精神全力打造脱贫攻坚示范县的决定》。深入贯彻落实中共中央总书记习近平在中央宣传部呈报的《弘扬脱贫攻坚精神 推动农村物质文明和精神文明协调发展——寻乌扶贫调研报告》上重要批示精神，全力打造脱贫攻坚示范县。

【打造新时代中国特色社会主义红色样板】 1月22日，县委印发《关于深入学习贯彻中共十九大精神打造新时代中国特色社会主义红色样板的决定》，深入贯彻中共十九大精神，全面贯彻落实中共中央总书记习近平对赣南苏区振兴发展重要指示批示精神，高举习近平新时代中国特色社会主义思想伟大旗帜，不忘初心、牢记使命，感恩奋进、苦干实干，以永不懈怠的精神状态和一往无前的奋斗姿态，纵深推进寻乌振兴发展，决胜全面建成小康社会，把寻乌打造成为新时代中国特色社会主义红色样板。

【人才工作】 1月22日，县委印发《关于强化重点领域人才保障的实施意见（试行）》。深入贯彻中共十九大精神和中共中央总书记习近平关于人才工作系列重要指示精神，落实中央、省委、市委关于深化人才发展体制机制改革的部署要求，实施更加积极、开放、有效的人才政策，最大限度激发人才创新创造创业活力，为推进通用设备制造首位产业、现代农业和教育卫生事业等重点领域发展提供坚强的人才保障和智力支撑。

【党外代表人士队伍建设】 3月23日，县委印发《关于加强新形势下党外代表人士队伍建设的实施意见》。加强党外代表人士队伍建设，按照政治坚定、业绩突出、群众认同的基本要求，努力建设一支数量充足、结构合理、素质优良、作用突出的党外代表人士队伍。

【安全生产领域改革发展】 4月8日，县委印发《寻乌县贯彻落实关于推进安全生产领域改革发展的实施办法》。坚守安全红线，坚持安全发展、依法监管、源头防范、系统治理，压紧压实安全生产责任，以防范重特大事故为重点，堵塞监管漏洞，严厉打击违法违规行为，加强基础保障，增强防范治理能力，全面提升安全监管科学化水平。到2020年，实现安全生产监管体制机制基本成熟、事故总量进一步下降、较大事故得到有效遏制，杜绝重特大事故，职业病危害防治取得积极进展，安全生产整体水平与全面建成小康社会相适应；到2030年，实现安全生产治理体系和治理能力现代化。

【乡村振兴】 8月10日，县委印发《关于全面落实乡村振兴战略的实施意见》。加强党对“三农”工作的领导，按照“产业兴旺、生态宜居、乡风文明、治理有效、生活富裕”的总要求，突出抓重点、补短板、强弱项，举全县之力推动农业全面升级、农村全面进步、农民全面发展，推进寻乌乡村全面振兴。到2020年，乡村振兴取得重要进展，与全国同步全面建成小康社会；到2035年，乡村振兴取得决定性进展，农业农村现代化基本实现；到2050年，乡村全面振兴，农业农村现代化全面实现。

【基层党组织建设】 9月12日，县委印发《寻乌县基层党组织建设工作督查和问责办法（试行）》。《办法》包含7个方面20条，涵盖工作机构和职能，督查对接和内容，督查方式和步骤，问责的原则、主体、对象、情形、方式、决定、执行和结果运用，工作要求等内容。

【深化改革开放优化发展环境】 9月27日，县委印发《关于深化改革开放进一步优化发展环境的实施意见》。深化改革开放，着手打造政策最优、成本最低、服务最好、办事最快的发展环境。明确从优化政务、投资、市场、开放、要素和法治环境、构建“亲”“清”新型政商关系、加强组织保障等内容。

【县纪委监委派驻机构建设】 11月29日，县委印发《关于加强县纪委监委派驻机构建设的实施方案》。贯彻党章、宪法和监察法，坚持党要管党、全面从严治党，坚持党对纪检监察工作的集中统一领导，落实派驻机构改革和国家监察体制改革要求，坚持派驻全覆盖，县纪委监委合并设立、全面派驻纪检监察组，使党内监督和国家监察不留死角和空白，坚持内涵发展，科学设置机构，合理配置职能；统筹使用编制，提高效率效能；改革完善派驻机构领导体制和工作机制，深化转职能、转方式、转作风，增强派驻监督的权威性和实效性；坚持强化监督，深化县直机关党风廉政建设和反腐败工作，为改革发展稳定提供纪检监察保障。

【脱贫攻坚成果巩固提升】 12月31日，县委印发《关于开展脱贫攻坚成果巩固提升三年行动的实施意见》。按照“核心是精准、关键在落实、实现高质量、确保可持续”的要求，坚持精准扶贫精准脱贫基本方略，坚持脱贫攻坚与乡村振兴统筹衔接，突出“两业”（产业、就业）扶贫主攻方向，夯实教育、医疗、住房保障基础，深入实施“十大扶贫”（产业扶贫、就业扶贫、教育扶贫、健康扶贫、安居扶贫、综合保障、生态扶贫、环境治理、农村基础设施、“志智双扶”）巩固提升工程，构建“六项”（分级预警、贫困监测、基层组织支撑、人才队伍保障、科技服务支撑、资金投入保障）长效工作机制，全力保障脱贫成果，巩固提升脱贫成效，确保到2020年与全国同步全面建成小康社会。

（陈荣华　刘　蔚　刘建莹　曹大伟）

县委办公室

【概　况】 年内，向中办、省办、市办上报各类信息127条（篇），其中，中办采用2条（篇），省办采用8条（篇），市办采用18条（篇）。开展综合性专项督查30多项，调查办结领导批示156件，办理省市“民声通道”转办件7件，办结率100%。组织开展21个课题和13个专题调研，形成调研文章80余篇。撰写主要领导讲话稿98篇，各类汇报材料120余篇。收到明电1126份、密电707份，上传明电55份、密电72份。接待来人478批6213人次。

【文秘工作】 承办大型会议7次、县委常委会会议22次、全县领导干部会议6次，县级会议同比减少3.75%。做好密级文件清退、归档工作。建立健全公文办理制度和流程图，推广运用“OA系统”，在全县党政系统推行“无纸化办公”，发文数量同比减少3.1%。

【督查工作】 开展综合性专项督查30多项，调查办结领导批示156件，办理省“民声通道”案件20件，办结率100%。认真梳理各类督查、检查、考核事项，撤销和合并一批事项，全县48项督查检查考核事项中，保留12项，达到减少50%的要求。

【信息工作】 年内，编撰《今日寻乌汇要》250期，《半月要情汇报》24期，完成省、市信息工作任务。

【保密工作】 落实党政领导保密工作责任，签订保密责任书和承诺书，完善保密管理制度，加强保密宣传教育。加强涉密人员管理，更新涉密人员动态电子台账。开展全县保密自查自评督查，防止窃密泄密。抓好高、中考试保密检查，杜绝试卷失泄密事件的发生。对各大网站保密情况搜索和检查，防止互联网上发表和传输敏感信息和涉密文件。

【密码工作】 年内，收发电报1610份，实现全年通信畅通，安全无事故，完成国家贫困县密码通信保障能力提升工程。落实省、市关于建设电子政务内网要求，实现电子政务内网省、市、县三级联通。

【政策研究工作】 围绕脱贫攻坚、项目建设等重点工作，开展21个课题和13个专题调研，形成《全县产业扶贫调研情况报告》《关于吉潭镇团船村产业发展的调研报告》等80余篇调研文章。

【深化改革工作】 全年共召开县委全面深化改革领导小组全体（扩大）会议5次，部署和推动重点改革任务92项，出台改革相关文件106个。上报改革信息12条，其中，《寻乌县着力打造新时代传习所打通理论服务群众“最后一公里”》在《赣州改革动态》（第28期）刊发，《寻乌法院深度参与乡村治理出成效》先后在《赣州改革动态》（第20期）、《江西改革动态》（第40期）刊发；在人民网、新华网、光明网、中国青年网等央媒单篇刊发报道寻乌相关改革特色做法文章22篇。

【对台工作】 年内，走访台企4次，协调解决各类问题2个；受理台胞台属来信来访2批2人次，均给予及时回复。走访困难台属10户20人次。征求台胞台属对经济发展的意见和建议1条。

【党务公开网】 年内发布各类信息275条，其中，县本级资讯177条，上级动态48条，其他50条；加强与县手机报、县电视台、微博、微信、客户端等多种媒介互动传播，及时发布通知、公告等。

（陈荣华　刘　蔚　刘建莹　曹大伟）

【公务接待】 年内，接待478批6213人次，其中，国家、省、市调研组45批1156人次，党政考察团15批402人次，大型接待8批933人次，到寻乌投资考察客商89批643人次。完成全市

"六大攻坚战"流动现场会、全省新时代传习所推进会等接待任务。

（刘　放）

组织工作

【概　况】年内，加强干部管理，建立脱贫攻坚工作干部数据库，提拔重用15名在脱贫攻坚工作业绩突出的驻村第一书记、工作队长和队员，调整科级干部7批次137人次，新招录公务员37名；强化干部教育培训，打造本土红色资源现场教学点10个，举办各类培训班35期，培训干部7000多人次；开展多类技术讲座118场次，发放培训资料14000余份，帮助9831户贫困户实现脱贫；引进紧缺专业人才67名；完成成套住宅式人才公寓135套；约谈落实党建工作责任不力单位负责人29人、组织委员和党务干部6人、村党支部书记12人；处置不合格党员2人；整顿软弱涣散党组织15个。

【干部工作】建立脱贫攻坚工作干部数据库、负面清单库，正反双向倒逼优秀干部到脱贫攻坚一线锤炼，选派707名优秀干部担任驻村第一书记、工作队长和队员。实行"大村长"（脱贫攻坚包村责任人）制度，为全县173个行政村选派1名正科级以上干部担任"大村长"。实施脱贫攻坚延伸考察，有15名在脱贫攻坚工作中积极作为、业绩突出的驻村第一书记、工作队长和队员得到提拔重用。寻乌在脱贫攻坚一线培养选拔优秀年轻干部的做法在《江西组工通讯》《江西日报》等刊物上发表。年内调整科级干部7批次137人次，其中提拔51人，重用23人，交流18人，改任非领导职务7人，兼职4人，挂职9人，免职、免兼职和调离免职25人。制定《关于进一步激励广大干部新时代新担当新作为18条措施》。通过竞争性选拔，完成从"三方面人员"（即乡镇事业干部、大学生村干部、村干部）中选拔乡镇领导干部19名。年内，新招录公务员37名，其中乡镇公务员15名，县直机关公务员13名，公安、森林公安系统公务员9名。

【干部教育培训】用好寻乌调查等本土红色资源，打造寻乌调查、罗塘谈判、罗福嶂会议、圳下战斗等10个现场教学点，开发运用《1930毛泽东在寻乌》等一批红色课程教材，开设"干部红色教育微课堂"，开展中共十九大精神和脱贫坚攻全员轮训，年内举办各类培训班35期，培训干部7000多人次。

【人才工作】通过政府奖补、银行信贷、合作社和龙头企业等带动措施，鼓励784名乡土人才带头发展柑橘、蔬菜、猕猴桃等农业产业。组织乡土人才开展各类技术讲座118场次，发放培训资料14000余份，让4200多名贫困户至少掌握一门脱贫技能。发动县内乡土人才，依托产业协会，采取"四统一分"（统一苗木、统一技术、统一销售、统一培训、分开管理）模式，帮助9831户贫困户实现脱贫。制定出台《关于强化重点领域人才保障的实施意见》《关于吸引高校毕业生就业创业的实施意见》《支持机电机械产业发展人才集聚政策19条》等政策措施，建立寻乌籍人才"三库两群"（即优秀人才库、技能人才库、在读大学生人才库，高层次人才微信群、在读大学生微信群），与675名优秀人才建立联系，引进紧缺专业人才67名（其中硕士研究生15名）。继续实施人才证制度，为30名新增符合条件的高层次人才颁发"寻乌县人才证"，为422名持证人才每月发放300元的高层次人才津贴。开工建设成套住宅式人才公寓335套，年内完成135套。人才工作经费预算从2017年的每年50万元提高到每年200万元。从县属中小学校遴选5名"教学名师"、6名"教学能手"和12名"教坛新秀"进行跟踪培养，给予每名"教学名师"每年补助2万元科研课题项目经费。选派25名优秀校长、教师到发达地区名校学习考察，送派121人次卫生技术人才到上级医疗机构脱产培训一年。邀请“玉芳教育基金”专家对600多名乡村教师进行培训。举办首位产业工人技能竞赛、小学数学教师说课竞赛、卫技人员“临床技能大比武”等职业技能大赛。

【管理监督工作】 制定《寻乌县基层党组织建设工作督查和问责办法（试行）》，成立3个县委督查组，对各领域、各层级党组织开展全覆盖常态化督查。约谈落实党建责任不力的单位负责人29人，组织委员、党务干部6人，村党支部书记12人。处置不合格党员2人。整顿15个软弱涣散党组织。

【基层组织建设】 年内有基层党组织607个，其中党工委26个，党总支31个，党支部550个；党员10724名，其中农村党员6093名，占56.8%，女党员1935名，占18%；45岁以下党员3634名，占33.9%；大专及本科学历3840名，占35.8%；研究生学历61名，占0.57%。在村“两委”换届中，组织14个部门对3296名初步候选人进行联审。将村书记、村主任报酬提标到3100元/月，村定补干部报酬提标到2500元/月。年内，培养村级后备干部912名。对照中宣部《寻乌扶贫调查报告》中指出的农村党员占比过低的问题，向上争取60个机动指标，用于发展农村党员。做好农村党员培养发展工作，每个贫困村至少发展1名35周岁以下年轻党员。年内新发展农村党员164名，全县农村党员占比达到3.5%，同比提升1.7个百分点。出台《关于促进村集体经济增收工作的指导意见》，力促村集体经济实现稳定增长，2018年村级集体经济总收入3923.59万元（其中土地征收管理费1568.11万元），纯经营性收入同比增长35.1%。

（古　松）

宣传工作

【概　况】 年内，举办县委中心组集中学习研讨13次、中心发言69人次，撰写心得体会文章626篇，下基层指导联系点969人次；利用建立的新时代文明实践中心组织开展主题宣讲1744场次，听众27900人次；邀请中央、省、市主流媒体21批次近百名编辑记者到寻乌开展集中采访调研和“走转改”等活动，中央各媒体、网站刊发、转载稿件1000多篇次；在中央、省、市网站刊发原创文章44篇，转载800余篇，阅读点击量超2000万次；成立寻乌县融媒体中心；江西手机报寻乌版实现联通、移动、电信全覆盖；在城区主要公共场所设置公益宣传牌，各类媒体刊登创文专栏12期；在县乡（镇）村三级开展“六星文明家庭”“孝老爱亲”典型、“最美志愿者”等系列评选活动；建成村（社区）综合文化服务中心135个、“农家书屋+电商”服务站示范点170个；开展送电影下乡2600场次，举办乡风文明行动等专题文艺晚会190多场，出版发行大型纪实文学《1930年，毛泽东在寻乌》，完成大型赣南采茶戏《寻路》三度创排。

【理论武装工作】 县委中心组举行集中学习研讨13次、中心发言69次，撰写心得体会文章626篇，下基层指导联系点969人次。利用全县建立的436个新时代文明实践中心，组织开展主题宣讲1744场次，听众27900人次。开展“我的扶贫脱贫故事”巡回宣讲活动，选送菖蒲乡黄田村第一书记谢玉峰作为先进典型宣讲员在全市开展巡回宣讲。寻乌新时代文明实践中心获全国基层理论宣讲先进集体。邀请中国科学院心理研究所教授史可彪作“干部心理压力调适与心理素质提升”专题讲座；邀请赣州市政协原主席、党组书记胡国铤作“弘扬红色文化，传承红色基因，为实现伟大中国梦砥砺前行”主题报告会；邀请市扶贫和移民办公室副主任赖外来作脱贫攻坚专题辅导培训；邀请中央党校党的建设教研部副教授郑寰到寻乌举办“加强基层党建，助力精准扶贫”报告会。

【新闻舆论宣传】 邀请《人民日报》、新华社、《经济日报》、《光明日报》、中央人民广播电台、中央电视台、中国新闻社、《江西日报》、《赣南日报》等中央、省、市主流媒体21批次近百名编辑记者，开展集中采访调研和“走转改”等活动，中央各媒体、网站刊发、转载稿件1000多篇次，《人民日报》上发稿4篇，中央电视台上稿14条，《光明日报》上发稿4篇，《新华每日电讯》上发稿3篇，《经济日报》上发稿2篇;《江西日报》上发稿46篇，江西电视台播出32条，《赣南日报》上发稿163篇，赣州电视台播出125条。“寻访小平小道 见证改革巨变 开启新的征程”纪念改革开放40周年网络主题活动采访团到寻乌采访调研河长制、废弃矿山综合治理、“新时代传习所”、现代农业攻坚等工作。“脱贫攻坚看赣州”全国重点网络媒体主题采访团走进寻乌，运用消息、通讯、图片、现场直播等形式，在“改革开放江西印记”“脱贫攻坚看赣州”专题专栏中推出一批报道和新媒体作品。在人民网、新华网、光明网、中国青年网、央广网等中央、省市网站刊发原创文章44篇，转载800余篇，阅读点击量超2000万次。成立融媒体中心，建立党委政府与群众交互沟通网络服务平台。江西手机报寻乌版实现联通、移动、电信全覆盖，每期发送量突破16万，在县级手机报中居全省前列，影响力指数居全省第一。

【精神文明建设】 建立“路长制”，制定《寻乌县2018年文明交通创建工作实施方案》《寻乌县建筑工地围档集中整治工作方案》。城区主要公共场所设置公益宣传牌，各类媒体刊登创文专栏12期，组织“弘扬雷锋精神 共创文明城市”“礼让斑马线，安全伴我行”等大型集中志愿服务活动。新建农贸市场、汽车站、图书馆、停车场、公共厕所、公交站台、小游园，改造提升黄岗山公园、县文化艺术中心和文化馆；引进玉和田环境发展有限公司，城乡环卫一体化，实施城市绿化、美化、亮化。印发《关于加强老人住老房、不孝顺不赡养老人人员信用监督、警示和惩戒机制建设的意见》，整治“老人住老房”问题918起，媒体曝光不孝行为45起，公安机关给予行政处罚5起。查处“赌博”案件96起，抓获涉赌违法犯罪人员410人，收缴赌资50余万元。评选表彰县级“六星文明家庭”92户、“身边好人”22人。3人入选“赣州好人榜”，2人入选“新时代好少年”、2人入选“美德少年”。在县乡（镇）村三级开展“六星文明家庭”“孝老爱亲”典型、“最美志愿者”等系列评选活动。

【文化扶贫】 推进“百县万村”综合文化服务中心示范工程和“农家书屋＋电商”服务站建设。建成村（社区）综合文化服务中心135个、“农家书屋＋电商”服务站示范点170个，寻乌在全市基层综合文化服务中心建设工作调度会上作典型发言。投入经费57万元，对原有的20090套户户通开展维护服务。“两馆一中心”建设竣工交付使用。开展送电影下乡2600场次。举办乡风文明行动等专题文艺晚会190多场，观众5万多人次。橘乡文体志愿服务、县级文体服务导师队伍开展活动180余次，培训乡村文体爱好者2200多名。开展“百村百节”“百姓舞台”“不忘初心，继续前行”歌咏比赛，“不忘初心、牢记使命”学习宣传中共十九大精神文艺晚会、“我的脱贫故事”百姓宣讲、送春联到扶贫村、广场舞大赛、现场演奏会、千人千作现场书法大赛、重阳诗会、“红色文艺轻骑兵”巡回演出等群众性文艺活动。出版发行大型纪实文学《1930年，毛泽东在寻乌》；完成大型赣南采茶戏《寻路》三度创排，11月3日，赴抚州市参加全国首届“茶香中国”采茶戏汇演。

【对口支援】 在中宣部的高位推动下，深圳市对口帮扶寻乌各项工作有序推进。深圳市经信委调研员郑小珊，深圳市委宣传部机关党委书记、副巡视员陈庆澜，深圳市政府党组成员、原副市长陈彪，先后率队到寻乌，深入贫困村、项目建设现场、学校、医院等地，详细了解寻乌经济社会发展情况。中宣部挂职领导率领有关部门人员赴深圳市对接汇报相关工作。经过多次对接沟通，在开展产业务实合作、支持社会事业加快发展、深化支援合作工作内涵、强化支援合作保障等四大方面13条帮扶措施上达成共识。寻乌与知名电商平台本来生活网签订农特产品供应战略合作协议。深圳市关爱行动组委会办公室通过“鹏城小书屋”计划为寻乌捐赠10000册图书，解决罗珊等5个中心小学图书不足问题；深圳出版发行集团向县图书馆捐赠图书14306册。中国社会科学院马克思主义研究院课题组到寻乌开展生态建设课题调研活动，调研报告将直陈中央，调研成果将惠及寻乌。

（谢灯旺）

统战工作

【概　况】 2018年，统战工作理论创新和实践创新均获得市委统战部表彰，报送的《从“五个着力”做好民族乡村振兴文章》和《开展“百企帮百村”扶贫行动为脱贫攻坚汇聚强大合力和动力》分别获2018年度全市统战理论政策研究创新成果三等奖和全市统战工作优秀实践创新成果奖。获赣州市统一战线纪念中共中央发布“五一口号”70周年征文活动优秀组织奖。

【党外干部队伍建设】 建立152名党外干部信息档案数据库，安排部分优秀党外干部到“七大攻坚战”工作一线锻炼，提升党外干部队伍素质能力。推荐提拔党外干部11名，其中正科级3名、副科级8名。

【非公经济】 组织非公有制经济代表人士赴福建省上杭县考察，学习相关企业的经营理念和企业文化，并到古田会议旧址、才溪乡调查纪念馆等同心教育基地参观学习，接受红色革命传统教育。引导广东、上海等外埠商会以商招商，先后引进20家企业落户寻乌石排工业园、返乡创业园、现代物流园，投资近10亿元，成为主攻工业生力军。

【党外知识分子工作】 组织医药界会员义诊800人次，送免费药品价值近万元，发放宣传资料1000余份。开展城市和乡村公厕建设和管理工作调研。举办百姓大舞台、送戏下乡和公益性艺术培训等活动。

【新的社会阶层人士工作】 成立县新的社会阶层人士联谊会，吸收74名来自县内企业商贸、金融会计、电商新媒体等行业代表。8月10日，召开新联会成立大会暨第一次会员大会，审议通过《寻乌县新的社会阶层人士联谊会章程》和《寻乌县新的社会阶层人士联谊会会费管理办法》，选举产生新联会第一届领导机构与领导班子，赣州市岑峰酒业有限公司董事长李远清当选为会长。新联会成立后，举办“法定代表人风险防控”主题讲座和“企业财务管理”主题培训，组织20余名新联会理事到福建上杭县开展“红色之旅”学习考察。

【民族宗教】 完成44名少数民族中考考生、32名高考考生的民族成份审核。做好少数民族流动人口服务，为流动少数民族群众在经商、就学、从业等方面提供帮助。学习宣传新修订的《宗教事务条例》。开展依法治理基督教私设聚会点重点难点问题专项工作及和谐寺观教堂、和谐宗教团体“双创建”活动，表彰先进宗教活动场所和先进个人。

【外事侨务】 做好华侨、华人回寻乌探亲接待工作，打好亲情牌、思乡牌，动员有意向、有实力的华侨关心家乡、回乡创业，为家乡公益献爱心。充分凝聚侨界力量，积极整合资源，开展爱心书法作品义拍捐赠活动，动员侨界爱心人士积极参与社会建设。2018年，爱心侨属捐赠爱心善款12万元，资助贫困学生15名，看望孤寡老人30人次。

（廖彩芳）

哲学社会科学学会联合会

【概　况】开展习近平新时代中国特色社会主义思想和中共十九大精神宣讲、王阳明文化讲座等社科普及活动12次、“集中传习”活动5300余次、“流动式传习”活动5200余次；寻乌县“新时代传习所”工作经验做法在中宣部《宣传工作》第24期刊登；寻乌县“新时代文明实践中心”被中宣部评为“全国基层理论宣讲先进集体”。

【社科活动】开展习近平新时代中国特色社会主义思想和中共十九大精神宣讲、王阳明文化讲座等社科普及活动12次。建立机关、农村、学校、企业、社区、网络六类新时代文明实践中心（所、站）436个，实现县乡村三级全覆盖。创新传习大讲堂、传习大舞台、网络大诵读、百姓大宣讲、一对一小传习等“五大形式”，开展集中传习活动5300余次，“流动”式传习活动5200余次，受益人数达19.5万余人次。

【社科成果】《落实“建好、管好、用好”理念打造新时代文明实践中心》调研成果在《赣南社会科学》2018年第6期刊出。南桥镇南龙村“新时代文明实践中心”入选第四批江西省社科普及示范基地。寻乌县“新时代传习所”工作经验做法在中宣部《宣传工作》第24期刊登。全省“新时代文明传习所”建设现场推进会在寻乌召开。寻乌县“新时代文明实践中心”被中宣部评为“全国基层理论宣讲先进集体”。

（陈　琪）

老干部工作

【概　况】年内，落实老干部政策，春节、“七一”前夕，走访慰问离退休干部200余人次，阅读室订阅党报党刊、生活杂志10余种，及时发放离退休干部生活费和各项政策性补贴；开展“五好”离退休干部党支部建设、“正能量活动示范点”和“正能量之星”评选活动，组织老干部宣讲团宣讲26场次，组建15支离退休干部网络宣传队，创作微电影一部、制作摄影20余篇；举办纪念改革开放40周年系列活动，资助贫困家庭学生38名。

【落实老干部政策】春节、“七一”前夕，走访慰问离退休干部200余人次，发放慰问金及慰问品10万余元。老干部文件阅读室订阅10多种党报党刊、生活杂志。为离退休干部人手订阅一份《老友》杂志。召开全县离退休干部形势报告会，县委书记柯岩松讲话，县长杨永飞通报2017年全县经济社会发展情况。组织离休干部代表、副县级以上退休干部、离退休干部党支部书记、老年大学学员到县工业园区、石崆寨旅游景区、东江源田园综合体、寻乌蔬菜主题文化园、精准扶贫示范点等重点工程参观。及时发放离退休干部生活费和各项政策性补贴。县财政拨付生活特殊困难专项资金5万元，用于救助特殊困难离休干部。妥善处理温雄飞等老干部反映的相关问题，协助3名老干部和1名老红军遗孀办理丧葬事宜。组织60余名离休干部、副县级以上退休干部健康体格检查。

【思想政治工作】组织离休干部代表、副县级以上退休干部学习中共中央总书记习近平在十九届三中全会上的重要讲话、《新时代面对面》《创建中央苏区秘闻》、省市老干部工作会议和县人大十八届三次会议精神，参会人数100余人次。召开全县离退休干部党支部书记、离退办主任会议；开展“五好”离退休干部党支部建设；把离退休干部党支部工作列入县委党建工作目标考核内容；县委组织部按规定返还党费用于离退休支部建设。

【发挥老干部作用】开展离退休干部“正能量活动示范点”和“正能量之星”评选活动。老干部传习队联合城南社区传习队举行“传习新时代，唱响中国梦”脱贫攻坚进社区宣讲活动。12名老干部宣讲团成员宣讲26次，受教育人数1800余人。成立老年艺术团，自编歌舞、快板、小品等节目，到社区、乡村演出20余场次。组建15支离退休干部网络宣传队，创作微电影1部、制作摄影20余篇，在“夕阳红美丽中国杯”全国老年书画摄影诗文剪纸大赛中，获金奖11人次、银奖13人次、优秀奖4人次。县人大退休支部书记陈炳炎，自编党的政策学习资料，打印发给每一位退休干部；他组建的太极艺术团，培训太极拳骨干100余人，到15个乡镇演出130场次，观众12000余人次。农粮局退休干部刘云龙组织5名水产技术人员长住泥鳅鱼种场3个多月，历经23次反复试验泥鳅人工孵化技术获得成功，并在文峰、水源、桂竹帽3个乡镇（8户农户）建立10个泥鳅养殖试验基地，面积17.7亩。留车镇老年体协主席杨秀玖自筹资金兴建一栋老年体协用房和1000平方米门球、气排球场，组建门球队、舞龙队、民间乐器队、腰鼓队、柔力球队、地掷球队和演出队。

【老干部活动】“三八”节前夕，组织县离退休妇女干部代表举行庆“三八”文艺联欢活动；中秋、重阳节前夕，组织县级退休干部钓鱼活动；“五一”“七一”和重阳节期间，与县老年体协联合举办象棋、乒乓球、门球、草地滚球等比赛；组织部分老干部参加“寻乌烈士纪念日”公祭活动。

【老年大学】老年大学设有8个专业9个班，有学员753人；组织艺术团成员到留车镇飞龙村、晨光镇岭背村开展精准扶贫慰问演出和送春联下乡活动；刊出老年大学诗书画集；开展“看发展、看变化”参观活动及教师节座谈会；举办纪念改革开放40周年文艺汇演。

【老年体协】召开第八届二次全委（扩大）会暨2017年年会；“三八”“五一”节期间，开展老干部联欢会及门球、气排球、地掷球比赛；召开全县老年体协“三示范”（示范乡镇、示范村社区、示范辅导站）现场会，表彰26个先进村；参加全市老年体协主席门球赛并获得银奖；举行中老年人广场舞选拔赛，并与会昌县老年体协举办文体节目联合展演；举行“庆国庆　纪念改革开放40周年”文艺节目展演；举办纪念改革开放40周年庆祝太湖水库建成蓄水文艺演出。

【关心下一代工作】召开全县关心下一代工作会议。开展“大手握小手，听党话、跟党走，‘双万’（组织1万名老干部结对帮扶1万名青少年）工程”活动。争取省关心下一代基金会帮扶帮教资金3万余元，资助贫困家庭学生38名。在县实验小学举办寻乌县“传承红色基因，争做时代新人”文艺演出暨主题教育活动启动仪式，有1500余人参加活动。组织县城部分小学生开展“传承红色基因，争做时代新人”征文活动，向赣州市选送征文5篇，城北新区小学韩东煌同学获得三等奖。“六一”期间，走访看望实验小学100名留守儿童，并为他们送去节日礼物。开展留守儿童“携手关爱，助力成长健康行”主题教育活动。召开全县关工委主任会议。投入2万余元购置33个档案柜给各乡镇，用于存放档案。吉潭镇被市关工委授予全市关心下一代工作模范乡镇。

（谢金文）

县直机关工委工作

【概　况】年内，加强党组织建设，开展“党支部规范化建设年”活动，建立健全机关党建工作制度，落实机关党建督查通报机制和目标考核机制，认真稳妥做好发展党员工作，发展新党员16名，审批转正预备党员10名；严查党员干部作风突出问题，对违反工作纪律和党章党规的8名机关党员干部给予党纪处分。被赣州市直机关工委评为“2018年度先进机关工委”。

【组织建设】开展“党支部规范化建设年”活动，改作风、提效率、敢担当，提高机关党建质量。规范“三会一课”、党组织活动、党日活动开展。涌现出县税务局、水利局、司法局等一批先进典型。巩固党员承诺践诺制度，窗口单位设立党员示范岗、工作人员实行戴证上岗，落实岗位责任制、服务承诺制、首问负责制、限时办结制、一次性告知制、责任追究制等为民、便民制度，培养出一批能担当、会干事的党员队伍，提高基层党组织服务水平。

【作风建设】 严查党员干部作风突出问题，对8名违反工作纪律和党章党纪的机关党员干部给予党纪处分。

【制度建设】 建立健全机关党建工作制度，落实“抓书记、书记抓”责任机制，各机关党组织书记为党建第一责任人。落实机关党建督查通报机制，将党员教育培训、三会一课、支部规范化建设、发展党员、材料报送、党费收缴等基础工作纳入督查范围，采取明察与暗访、定期检查与随机抽查、发函督办与下文通报相结合的督办手段，保证机关党建工作扎实有效开展。落实机关党建工作目标考核机制，制定考核方案，细化工作目标，分解工作任务，加大奖惩力度，做到党建工作与中心工作同部署、同落实、同考评、同奖惩。

【发展党员】 认真稳妥做好发展党员工作，健全发展党员工作措施，狠抓发展党员规范化建设，年内，发展新党员16名，审批转正预备党员10名。

（蓝振洲）

机构编制

【概　况】 2018年，收回职能弱化、机构整合及空余闲置事业编制13名；开展核实三家公立医院编制备案制用人控制数、一年一次教师核编调研；设立江西寻乌东江源国家湿地公园服务中心和寻乌县人才服务中心，增设县统计局总统计师和禁毒委员会办公室专职副主任职数各1名；成立机构改革领导小组及其办公室，制定机构改革工作时间表，研究和审核机构方案和机构改革实施方案；梳理政务服务标准体系文件，保留行政权力事项4620项，完成制定事业单位分类指导目录；办理事业单位变更登记169项、设立登记4项。

【机构编制管理】 开展机关事业单位机构编制证年审及实名制系统数据管理。年内，收回职能弱化、机构整合及空余闲置事业编制13名，分配到工作任务重、人手短缺单位；制定《关于进一步加强全县机关事业单位编制使用管理的意见》，做到用制度管编、控编，调出有下编，调进有上编，在岗在编，杜绝“吃空饷”现象；联合财政、人社部门核定三家公立医院编制备案制用人控制数；开展一年一次教师核编调研。完成县委、县政府领导批示20余件调研工作，及时提出意见和建议。按管理权限上报市编办审批副科级以上机构设置事项，设立江西寻乌东江源国家湿地公园服务中心（副科级）、县人才服务中心（副科级），增设县统计局总统计师职数1名（副科级），禁毒委员会办公室专职副主任1名（副科级）。

【机构编制数】 年内，全县有行政机构151个，其中正科104个（含人大、政协、纪委等内设机构，以及县委办、组织部、政法委、纪检会等合署机构）、副科42个（含公安、纪委等单位内设或派出机构）、股级5个。群团机构12个，其中：行政正科10个，事业正科1个，事业股级1个。事业单位434个，其中正科34个、副科50个（含内设机构）、股级347个、副股级3个。行政编制1223名（县直机关846名，乡镇377名），事业编制6742名，工勤编34名。行政编制在职人员1162人（县直机关829人，乡镇333人），事业编制在职人员5469人（县直事业5063，乡镇事业406人），工勤编制在职人员29人。

【机构改革】 成立机构改革领导小组及其办公室。牵头制定机构改革工作时间表，梳理核查机构编制现状，摸清改革底数。开展事业单位承担行政职能摸底工作。参加多次省、市专题会议，研究、审核机构方案和机构改革实施方案。做好“三定”规定、四大领域综合行政执法改革实施意见草拟、审核、印发等工作。

【行政审批制度改革】 印发《寻乌县人民政府关于取消和调整一批行政权力事项的通知》《寻乌县人民政府关于取消和调整一批行政许可等事项的通知》。梳理各部门政务服务标准体系文件，优化审批办事服务和流程。年末，保留行政审批事项 224 项。

【权责清单动态管理】 年内，保留行政权力事项 4620 项，其中行政许可 224 项，行政处罚 2807 项，行政强制 213 项，行政征收 44 项，行政给付 56 项，行政裁决 10 项，行政确认 130 项，行政奖励 97 项，其他行政权力 1039 项。

【事业单位分类改革】 完成事业单位分类工作，制定事业单位分类指导目录，对全县 434 个事业单位进行分类，其中公益一类 397 个，公益二类 37 个。

【事业单位登记管理】 完成全县事业单位法人年度报告，做好事业单位法人证书使用监管。办理变更登记 169 项、设立登记 4 项。

（李丽萍　古贞斐　汪　娟　李晨麟）

信访工作

【概　况】 2018 年，寻乌县群众信访总量 979 件次，比 2017 年增加 59 件次，同比上升 6.4%，其中，到县上访 449 批 1267 人次，比 2017 年减少 690 人次，同比下降 35.2%。寻乌县被国家信访局评为全国“三无”县；被省信访联席会议评为全省“三无”县；被市委、市政府评为全市信访工作综合先进县。

【信访接待日】 实行县领导每个工作日值班接访制度。每日安排 1 名县级领导和 1 个县直或驻县单位参与接访，每周一、周二安排 1 名律师或法律工作者陪同接访，现场解决群众诉求，对一时难以解决的问题由当日值班接访领导批示转相关职能部门限期调查处理，县信访局跟踪督办。

【领导包案】 落实县级领导包案，实行滚动式管理与“销号”，年内落实领导包案 48 件，化解 18 件，化解率 37.5%。

【网上信访】 通过“赣州信访网上服务中心平台”转交办信访件 530 件，受理率、办结率、满意率分别为 100%。

【视频接访】 健全省、市、县三级视频接访系统，完善视频硬件与系统，与省、市联通视频接访，运行正常，多次接受省、市视频接访与督查。

【信访信息工作】 坚持日短信、周例会、月通报、信访专报等信访信息工作制度。每日发生的信访事项以短信形式报告给县委书记、县长和县委、县政府分管信访工作领导及当日接访县级领导；每周一召开例会，汇总、分析研判上周发生的信访事项，对主要信访事项及时向县委、县政府主要领导和分管领导汇报并及时列入县级领导包案；每月通报，对一个月的信访事项调处情况进行通报，被列入年终单位综合考评和干部绩效考核。重要来访信息，及时形成专报，报送给县委书记、县长。

【信访事项复查复核】 设立一事一办的县信访事项复查复核工作小组。年内，受理复查复核信访事项 8 件，出具复查复核意见书 8 份。

机关事务管理

【概　况】 年内，全县总能耗 2492.6 吨标准煤；完成事业单位公务用车制度改革；新购车辆 23 辆；为四套班子领导和县直各单位派车 17651 车次，参与重大接待用车 136 车次、会务 332 次；督促整改超标使用办公用房 3 起；引导群众来访 387 批 2322 人次，处置非法上访 5 批 20 人次。2018 年被省、市评为公共机构节能先进县。

【后勤服务】 抓好集中办公区水电及电梯日常维护保养、卫生保洁和美化绿化。参与会务 332 次，实现工作“零差错”；制定《寻乌县行政中心机关大院车辆管理办法》，规范车辆出入、停放。

【公共机构节能】 全县总能耗为2492.6标准煤，与2015年同期相比下降11%，人均综合能耗下降17%，单位建筑能耗下降12%，人均水耗下降14%，节能体系和网络建设得到省、市部门肯定。

【公务用车管理】 做好事业单位公务用车制度改革。8月封存车改车辆，上报《寻乌县事业单位公务用车制度改革方案》；11月召开《全县事业单位公务用车制度改革动员大会》，完成事业单位公务用车制度改革。按照“少量多批次”和“减一补一”的原则，年内，新购车辆23辆。为四套班子领导和县直各单位派车17651车次，参与重大接待用车136车次。

【办公用房管理】 按照《江西省党政机关办公用房管理实施办法》，监督检查各乡镇、单位的办公用房使用情况，年内，督促整改超标使用办公用房3起。

【安全保卫】 做好行政中心及其他集中办公区安全保卫。加强与信访、公安部门联系，做好群众来访引导387批2322人次，处置非正常上访5批20人次。

（刘建农）

党校教育

【概　况】 年内，举办培训班18期，培训5008人次；认真开展教学研讨，选派1人参加全市党校系统第九次精品课比赛；举办“送传习”活动50场次，4800余人受益；开展“三二五”农民武装90周年座谈会，以史鉴今，资政育人。

【干部培训】 做好培训内容设置和班次，举办18期培训班，培训5008人次，是历年来培训范围最广的一年。开展新一届村社区党组织书记任职培训。举办“2018年中共十九大精神暨脱贫攻坚全员系列培训班”12期，历时一个月，培训对象上至县级领导，下至村两委定补干部，有4004名干部参加培训。举办新时代传习所核心传习员培训班，有150名核心传习员参加。开展预备党员和入党积极分子培训班，培训人数100人；举办干部作风建设培训班，培训75人；举办脱贫攻坚专题讲座，邀请瑞金市委副书记曾平、瑞金市扶贫和移民办公室主任曾能贵授课，有500人次参加培训。

【教学研讨】 借调和公务员招录3名工作人员进入党校工作，充实党校师资力量。选派黄文娟参加全市党校系统第九次精品课比赛，获优胜奖。对主体班教学，采取本校教师随堂听课，课后评议，向参训学员发放教学质量评估意见表，对上课教师综合评分并提出意见，促进教师提高教学质量。

【理论宣讲】 组织专家传习队到各乡镇、单位举办50场次送传习活动，共有4800余人从活动中获取理论知识和专业技能。刘传健常务副校长代表寻乌县赴南昌开展传习讲座，分享寻乌以新时代传习所为平台，实现理论服务零距离工作经验，获得省委宣传部领导肯定。

【科研调研】 举办“三二五”农民武装90周年座谈会。邀请广东与福建部分县市党史部门参加座谈，就红色资源开发、研究和合作提出意向，以史鉴今，资政育人。

（林　东）

寻乌县人民代表大会

综　述

【概　况】2018年，召开县人民代表大会1次、县人大常委会会议7次、主任会议8次，听取和审议专项工作报告6个，作出决议、决定12项，开展工作评议2项，执法检查1项、组织代表视察调研3次。依法任免国家机关工作人员43人次（其中任命21人次，免职16人次，接受辞呈6人），完善国家机关工作人员任前法律知识考试、会议审议、表态发言、颁发任命书等程序，实施宪法宣誓制度，加强任后监督测评，增强新任命人员的宪法意识和依法行政意识，为全县经济社会发展提供组织保证。

重要会议和重要决议

重要会议情况一览表

表9

会议类别	召开时间	会议主要议程
县十八届人大三次会议	3月11—12日	听取和审议《寻乌县人民政府工作报告》《寻乌县人大常委会工作报告》《寻乌县人民法院工作报告》《寻乌县人民检察院工作报告》；审查《寻乌县2017年国民经济和社会发展计划执行情况与2018年国民经济和社会发展计划草案的报告（书面）》《寻乌县2017年财政预算执行情况和2018年财政预算草案的报告（书面）》；表决通过上述6个报告决议；选举李建华为寻乌县监察委员会主任
县十八届人大常委会第八次会议	1月19日	审议接受个别县十八届人大代表辞呈；审议调整县十八届人大常委会代表资格审查委员会名单（草案）；审议召开寻乌县第十八届人民代表大会第三次会议的决定（草案）、主席团和秘书长名单（草案）、议案审查委员会名单（草案）、邀请列席人员名单（草案）、会议选举办法（草案）、县人大常委会工作报告（讨论稿）；听取和审议《中华人民共和国安全生产法》执法检查情况报告、2017年一般公共预算和政府性基金预算调整方案（草案）的议案；听取关于个别代表的代表资格报告
县十八届人大常委会第九次会议	2月5日	审议县监察委员会《关于提请凌红武等同志任职的议案》
县十八届人大常委会第十次会议	4月25日	审议关于代表资格审查情况报告、县人大常委会任命的“一府两院”工作人员2017年度工作履职报告、关于设立寻乌县赣南产业升级发展引导基金报告及人事任免议案
县十八届人大常委会第十一次会议	7月6日	听取和审议县政府对2017年度各专项工作报告审议意见研究处理情况综合报告、县检察院对生态检察工作报告审议意见研究处理情况报告、对县房管局工作评议调查报告；听取《中华人民共和国安全生产法》执法检查后整改情况检查报告；审议人事任免议案
县十八届人大常委会第十二次会议	8月31日	听取和审议2017年县级预算执行情况及其他财政收支情况审计报告、县政府关于寻乌县公共基础设施PPP项目和道路升级改造PPP项目政府付费金额纳入县级财政支出预算管理的议案；批准寻乌县2017年财政决算；审议接受个别县十八届人大代表辞呈

续表 9

会议类别	召开时间	会议主要议程
县十八届人大常委会第十三次会议	9 月 30 日	听取和审议 2018 年上半年国民经济和社会发展计划及财政预算执行情况报告、寻乌县 2018 年财政预算调整方案（草案）的议案、县十八届人大三次会议代表建议办理情况报告、县房管局工作评议后整改情况报告、县教育局工作评议调查报告
县十八届人大常委会第十四次会议	12 月 27 日	听取和审议脱贫攻坚工作情况报告、县教育局工作评议后整改情况报告、《中华人民共和国老年人权益保障法》执法检查情况报告、2018 年度生态环境状况和生态环境保护目标完成情况报告、寻乌县主攻工业工作情况调研报告、2017 年度县本级预算执行情况和其他财政收支审计查出问题整改情况报告并进行满意度测评；审议接受个别人大代表辞呈；听取个别代表资格报告；审议人事任免议案

【重要决议】 1 月 19 日，县十八届人大常委会第八次会议，通过批准 2017 年一般公共预算和政府性基金预算调整方案（草案）的决议。

8 月 31 日，县十八届人大常委会第十二次会议，通过批准寻乌县道路升级改造 PPP 项目政府付费金额纳入县级财政支出预算管理的决议、寻乌县道路升级改造 PPP 项目政府付费金额纳入县级财政支出预算管理的决议、寻乌县 2017 年财政决算的决议。

9 月 30 日，县十八届人大常委会第十三次会议，通过批准寻乌县 2018 年财政预算调整方案的决议。

主要工作

【工作监督】 审议 2018 年国民经济和社会发展计划上半年执行情况的报告、2018 年县级财政预算上半年执行情况的报告、2017 年县级预算执行情况和其他财政收支的审计报告，审查批准 2018 年县本级财政决算、一般公共预算和政府性基金预算调整方案。审议县人民政府关于 2017 年各项审议意见研究处理情况的综合报告、关于脱贫攻坚工作情况专项报告、关于 2018 年度环境保护目标完成情况专项工作报告、县人民检察院关于生态检察工作审议意见的处理情况的报告。开展对县教育局、房管局工作评议及主攻工业、重大民生工程等调研视察。

【法律监督】 开展《中华人民共和国老年人权益保障法》执法检查，加强对老年人权益保护、优待等方面工作的监督。

【代表工作】 通过短信、微信群等方式，通报人大常委会重要工作；为代表寄送人大刊物、法律资料；组织人大代表参与工作评议、执法检查、视察、调研 200 余人次。邀请基层人大代表列席常委会会议 30 余人次，联系基层代表 178 人次。举办县人大代表参加的脱贫攻坚培训班 5 期。及时召开代表建议交办会，将县十八届人大三次会议期间收到的 57 件建议转交政府及相关部门办理。改进督办方式，征求代表对建议办理工作的意见。

【指导乡镇】 制定印发《关于贯彻落实乡镇每年召开两次人民代表大会的指导意见》，对乡镇召开人代会次数与时间、参加人员、组织机构、会议筹备、会议日程、经费保障、规范指导和材料报备等内容进行统一规范。年内，15 个乡镇都召开一年两次人代会。

（范淑筠　刘秉伟）

寻乌县人民政府

综　述

【概　况】2018年，寻乌县人民政府面对改革发展稳定的艰巨任务，以脱贫攻坚为统揽，以"七大攻坚"为抓手，担当作为、砥砺奋进，推动经济发展持续提速、质量效益持续向好、各项事业持续进步。全年实现地区生产总值78.9亿元，增长9.3%；完成财政总收入9.1亿元，增长13.7%，增幅居全市第3位，一般公共预算收入5.7亿元，增长17%，增幅居全市第1位。规上工业增加值增长9.1%；500万元以上固定资产投资增长11.3%；出口总额3.9亿元，增长9.1%；实际利用外资2676万美元，增长10.1%；社会消费品零售总额21.88亿元，增长10%；城镇居民人均可支配收入26237元，增长9%，增幅居全市第6位；农村居民人均可支配收入10599元，增长12.5%，增幅居全市第2位。寻乌县被省委省政府评为高质量发展先进县、科学发展综合考核评价先进县。

重要会议

县政府常务会议情况一览表

表10

2018年，县十八届人民政府召开常务会议24次		
会议次序	召开时间	会议主要议题
第34次会议	1月18日	讨论《政府工作报告》《寻乌县2017年国民经济和社会发展计划执行情况与2018年国民经济和社会发展计划（草案）》《2017年财政预算执行情况和2018年财政预算（草案）》、2018年国民经济和社会发展计划主要指标安排和财政收支预算明细安排，强化人才保障、推进首位产业、现代农业、教育卫生事业发展、吸引高校毕业生就业创业、统筹推进县域内城乡义务教育一体化改革发展等实施方案，中小学生校外托管机构管理暂行办法，实施城乡环卫一体化政府购买服务项目的意见等议题
第35次会议	2月1日	讨论关于推进人才住房建设、棚户区改造项目、国有建设用地和山体复绿项目有关事项的意见，关于寻乌县人才创新创业引导基金方案、联合办学框架协议等议题
第36次会议	2月11日	讨论2018年城镇环境整治工作实施方案、实施山水林田湖草提升工程有关事项、三二五小学扩建工程项目国有土地上房屋征收与补偿方案、茶油产业精准扶贫高产生态示范基地建设项目国家开发银行专项贷款资金管理办法及实施细则（试行），通过寻乌县被评为2017年度全市公共机构节能工作优秀县给予干部职工奖励决定等议题
第37次会议	3月2日	讨论关于加快小型消防队站建设、太湖水库农村移民和后续扶持对象核定登记、实施生活污水处理厂二期工程、启动编制《寻乌县城市总体规划（2018—2035）》有关事项、客运市场专项整治、公开购买农民果业技术推广员技术服务等实施方案或意见，通过关于被评为"2013—2016年全国社会治安综合治理优秀县"、全国综治"长安杯"和2017年度信访工作"三无"县给予奖励的决定等议题
第38次会议	3月13日	讨论关于2017年度全县目标管理综合考评结果、无偿划拨县中等职业技术学校等13所学校建设用地、规范奖励性资金管理使用等意见议题

续表 10

会议次序	召开时间	会议主要议题
第 39 次会议	3 月 20 日	讨论关于鼓励通用设备制造产业科技创新政策 17 条、道路交通沿线建房审批、城市道路附属管线杆线建设、申报 2018 年定向培养农村教师计划、投融资公司机构整合和班子配备、2017 年面向社会公开招聘卫生医疗单位拟聘人员意见或管理办法等议题
第 40 次会议	4 月 4 日	讨论将 2018 年高标准农田建设项目采用 EPC 总承包建设管理、县城中心城区住房困难户房屋维修加固工程项目、公共租赁住房租赁补贴、全日制普通高等院校退役大学毕业生士兵优待、加强特巡警大队建设、柑橘黄龙病综合防治专项资金及果业产业发展资金使用管理、实施“一河（湖）一策”编制项目意见或办法等议题
第 41 次会议	4 月 8 日	讨论液化石油气站整合相关事项意见、水泵及给排水设备制造项目、机器人及自动化设备生产项目、精密自动数控机床生产及智能终端精密结构件加工项目招商引资合同文本等议题
第 42 次会议	4 月 16 日	讨论道路升级改造 PPP 项目合同文件、“中国柑橘创意小镇”项目战略合作协议、看守所搬迁土地房屋征收补偿安置、下达 2018 年农村饮水安全项目资金的意见等议题
第 43 次会议	4 月 25 日	讨论 2018 年度目标管理综合考评方案、政府性投资工程项目资金拨付管理、国有企业投融资管理事项、县外寻乌籍行政、事业单位工作人员调回寻乌工作“绿色通道”实施办法或意见等议题
第 44 次会议	5 月 3 日	讨论 2018 年“七大攻坚”项目实施计划、提高政府投资项目直接发包金额、石排工业园区闲置土地、厂房及停产停业企业处置工作、编制寻乌全域旅游发展规划、收回县供水公司有关事项、2018 年蔬菜示范基地建设情况意见或方案等议题
第 45 次会议	5 月 9 日	讨论批准县新汽车站续建工程施工招标文件和公告、丹溪乡岑峰村设置矿权、长举客家风情小镇 5 宗地块用地出让规划设计条件和改善村（社区）干部待遇的意见等议题
第 46 次会议	5 月 24 日	讨论关于提升卫生计生服务能力三年行动方案、红薯和百香果产业扶贫实施意见、农村精神文明示范县建设方案、实施城东大道拓宽改造工程项目、易地搬迁集中安置区安置对象选定办法、集中划拨一批批而未用土地用于公共设施建设、实施黄岗山公园二期（北山公园）及城区重要节点等绿化建设和提升改造工程意见、深化校地（企）合作实施意见 26 条等议题
第 47 次会议	6 月 14 日	讨论关于全面推进河长制工作、促进村级集体经济增收工作、调整污水处理费征收标准、光伏扶贫扩面项目接网有关事项意见或方案、首位产业招商引资政策、寻乌至龙川高速公路合作建设框架协议、金融机构支持地方经济发展考核奖励办法等议题
第 48 次会议	7 月 5 日	讨论化解过剩产能处置“地条钢”情况、生态环境保护工作、2018 年县城棚户区（城中村）改造项目土地房屋征收补偿、农村客运班线公交化（镇村公交）改革工作、部分被征地农民参加城乡居民基本养老保险、深化供销合作社综合改革三年（2018—2020）行动等方案或意见、促进全社会研发投入快速增长若干政策等议题
第 49 次会议	7 月 14 日	讨论关于全面落实乡村振兴战略、2018 年“产业扶贫信贷通”工作、中央环保督察“回头看”反馈问题整改、预防中小学生溺水管理和工作定点督查责任、实施证内证外历史遗留废弃矿山环境恢复治理“一矿一策”、村（社区）“两委”干部绩效考核、脱贫攻坚包村责任人职责工作意见或方案办法等议题
第 50 次会议	7 月 27 日	讨论关于 2018 年县城棚户区（城中村）改造项目集体土地房屋征收补偿方案补充工作意见
第 51 次会议	8 月 2 日	讨论关于打好污染防治攻坚战十大战役实施方案、乡镇对村（居）农村垃圾治理工作督查考核和乡镇村（居）对服务单位农村垃圾治理工作监督考核指导意见，通过 2017 年度年终一次性奖金发放工作的决定等议题
第 52 次会议	8 月 13 日	讨论关于深化改革开放进一步优化发展环境、集中精力打好脱贫攻坚、环境污染防治等十大硬仗工作、加大城镇贫困群众脱贫解困力度、“四好农村路”建设、行政机关事业单位层级管理办法或方案，促进产学研用深度融合发展创建高质量科技创新平台 12 条政策等议题
第 53 次会议	9 月 5 日	讨论关于做好 2018 年市对县高质量发展综合考核评价工作、服务实体经济防范金融风险深化金融改革、2018 年统筹整合财政涉农扶贫资金、2018 年财政预算调整方案（草案）、信访工作综合考评、加快推进产业扶贫工作、推进柑橘产业恢复助推脱贫攻坚、全面压实农村公路建设责任、江西省天然气管网工程（会昌—寻乌段）寻乌境内项目土地征收补偿、2018 年面向社会公开招聘高层次人才、水利专业短缺人才、县中等职业技术学校教师拟聘人员意见或方案办法等议题
第 54 次会议	9 月 19 日	讨论关于深化行政服务中心改革、“社会扶贫网 + 电商扶贫”工作、加强控辍保学提高义务教育巩固水平、中小学幼儿园安全风险防控体系建设、2018 年食品药品安全监管工作、水体浑浊专项治理、建立现代医院管理制度实施方案或意见，改革开放 40 年寻乌经济社会发展成效（统计专报 8 期）等议题
第 55 次会议	10 月 15 日	讨论关于 2018 年新农村建设资金分配使用、在全县政府系统大力开展忠诚型创新型担当型服务型过硬型政府建设加快推动寻乌高质量跨越式发展工作、2019—2022 年农村义务教育学生营养改善计划招标、事业单位公务用车制度改革、商品房预售资金监督管理等办法或方案等议题

续表 10

会议次序	召开时间	会议主要议题
第 56 次会议	11 月 8 日	讨论关于寻乌县“林长制”工作方案、政府债务及项目资金保障情况、村级光伏扶贫电站运维方案、将九曲湾水利枢纽大坝划拨给寻乌县润田供水有限公司和招聘 18 名社会服务生请示等议题
第 57 次会议	11 月 27 日	讨论关于规范政府投资建设工程变更相关事项、完善“产业扶贫信贷通”政策措施、园林绿地养护管理政府购买服务方案、建立健全公路管理养护运营机制意见、县供销合作社惠农服务中心建设规划、“学习强国”学习平台用户服务中心（寻乌）一期工程有关事项、将部分非搬迁区域建档立卡贫困户纳入易地扶贫搬迁对象请示等议题
第 58 次会议	12 月 14 日	讨论关于批而未用土地项目消化情况、2019—2022 年河道砂石开采权公开出让工作、马蹄河县城段禁渔禁钓整治、县城投集团公司市场化经营转型发展、县级公立医院薪酬制度改革与公立医院总会计师实施方案、城乡居民医保基金实行预算管理总额控制、进一步激励广大干部新时代新担当新作为 17 条措施等议题
第 59 次会议	12 月 24 日	讨论关于延续执行已出台首位产业相关政策、“证照分离”改革落实意见、社区戒毒社区康复工作责任追究、县三家公立医院编制备案制用人控制数、建制镇实施居民生活用水阶梯水价制度、追加 2018 年预算资金和追拨 2018 年工资提标资金、2018 年财税部门工作经费补助、专职扶贫人员生活补助、禁限放烟花爆竹管理规定等议题

重点工作

【脱贫攻坚】 年内，全县 2593 户 9876 人脱贫，贫困发生率下降至 0.75%，通过国家省际交叉检查和省级贫困县退出专项评估验收。投入 6.1 亿元，完成易地搬迁 3286 人，改善农村群众住房条件 1.56 万户，实施农饮提升项目 217 个，农村住房安全、饮水安全 100% 达标；发放产业奖补资金 2646 万元、“产业扶贫信贷通” 1.28 亿元、交通补贴 745 万元、资助贫困家庭学生 18357 人（次）1679 万元，享受医疗“四道保障线” 45605 人次、发放补偿金额 1.1 亿元。安排扶贫项目 2098 个。拆除“空心房” 61.3 万平方米，村集体经济平均收入 12.8 万元。

【产业发展】 清除柑橘黄龙病树 252 万株，清理失管半失管果园 8432 个，发放柑橘苗木 230 万株，建成标准化生态示范园 12 个，柑橘黄龙病防控基地 16 个。新增蔬菜、百香果、甜柿、猕猴桃、蓝莓等特色产业 8333.33 公顷。改造低质低效林 2366.67 公顷，完成高标准农田建设 666.67 公顷。寻乌县被评为“全省新农村建设工作先进集体”。杨氏果业被评为“农业产业化国家重点龙头企业”。围绕首位产业高端补链、终端延链，签约项目 12 个 24.3 亿元，新增投产项目 20 个，新入规企业 6 家。新增园区面积 116 公顷，新建标准厂房 80 万平方米。解决企业诉求 120 个，为企业减负 5 亿元。工业经济运行平稳，主营业务收入 53.9 亿元，增长 13%；利润总额 5 亿元，增长 10%。引进省外资金（5000 万元以上）23.34 亿元，增长 16%。九江银行、江西银行和中国银行正式开业，金融机构期末存款余额 123 亿元，增长 4.9%；贷款余额 85 亿元，增长 20%；“五个信贷通”余额 14.4 亿元。广寻现代物流园投入使用，县乡村三级物流配送体系基本建成，物流成本降低 18%。电商交易总额超 9 亿元，农产品电商销售额排在全国贫困县第五名。青龙岩旅游度假区对外试营业。大型赣南采茶戏《寻路》在全国首届采茶戏汇演中上演，电视剧《毛泽东寻乌调查》入围全国百部重点电视剧。

【城乡建设】 贯通城南出口路延伸段改造二期、向阳大道北段、城东出口路改造等一批快速通道项目和武装部至水角流、果欣大道等 2 条城市“断头路”。城区污水处理厂二期开工建设，新增绿地游园 23.3 万平方米。东江源生态移民小镇、东江源温泉养生小镇获批，客家风情园成为城市新名片。高标准实施 177.33 公顷县城规划区山体复绿二期项目。新建中山西路、城北新区2个农贸市场，新建老市场、中山西路等停车场12个，新增停车位950余个。销售商品房3021套（间），增长68.5%。消化批而未用土地212.13公顷。完成棚户区改造1264户，征收土地800公顷、房屋11.2万平方米。拆除屋顶违章搭建619户4.2万平方米，完成26栋超高超大建筑拆除和农村4087栋存量超高超大建房分类整治。完成新农村建设点184个，完成通组路119.9千米、改厕1002户，治理排水沟108千米。

【生态建设】 完成中央环保督察及"回头看"等问题整改7个，整改"十大战役"10类15个问题。留车垃圾填埋场、工业园污水处理厂和15个乡（镇）垃圾中转站投入使用。新建7个乡（镇）生活污水处理厂，城镇生活污水处理率达85.6%。实施东江流域上下游横向生态补偿机制，清理8个简易垃圾填埋场陈年垃圾25.5万吨，修复14家采石场和3家风力发电场生态面积255.47公顷。治理证内外废弃稀土矿山147.4公顷。山水林田湖草项目基本建成，"三同治"治理模式成为全国典型经验。寻乌被列为"第二批绿色低碳试点县"。拆除、关停、整治畜禽养殖场（户）401家，清理违法违规小水电19座，查封污染严重企业3家，依法关闭采石场12家，查处餐饮油烟污水乱排放企业117户、非法采砂行为3起。

【民生福祉】 发放创业担保贷款7719万元。全县城乡居民医疗保险参保人数30.9万人，参保率达98%。新建72所标准化村卫生计生服务室，改、扩建3所乡（镇）卫生院。暖心基金补偿848人次551万元，办理门诊特殊慢性病22065例。新图书馆开馆。新建43个农民健身工程。开展"扫黑除恶"专项斗争及整治"黄赌毒"等专项行动，打掉5个涉黑涉恶犯罪团伙。寻乌法院参与乡村治理经验在全国推广，被评为"全国优秀法院"。

【自身建设】 推进放管服改革，取消行政权力事项134项，承接3项，调整219项；取消调整114项"减证便民"证明事项。梳理公布"最多一次办结"政务服务事项413项，"最多一次办结"事项占依申请类政务服务事项的40.71%，行政审批承诺办结期限压缩至平均5个工作日内。完成"双随机、一公开"检查任务47个，上传检查结果1540项，办理执法案件20个。办理人大代表建议57件、政协委员提案70件，建议和提案办结率、满意率均达100%。开展忠诚型、创新型、担当型、服务型、过硬型政府建设，整治形式主义、官僚主义，解决"怕、慢、假、庸、散"等作风顽疾，提升政府效能。

建议与提案办理

【县十八届人大三次会议建议受理情况】 共收到人大代表建议57件。其中：工交城建类30件，占52.6%。承办单位8个；农林水类12件，占21.1%。承办单位6个；科教文卫类7件，占12.3%。承办单位2个；商贸流通类2件，占3.5%。承办单位1个；综合类6件，占12.1%。承办单位5个；代表建议中涉及最多的是交通问题，共13件，占22.8%；其次是农田水利问题，共6件，占10.5%；办复率100%，满意率100%。

【县政协十三届三次会议政协提案受理情况】 共收到政协委员提案70件。其中：工交城建类25件，占35.7%。承办单位10个；农林水类16件，占22.9%。承办单位6个；科教文卫类12件，占17.1%。承办单位4个；财政金融类4件，占5.7%。承办单位2个；民政司法类2件，占2.9%。承办单位2个；商贸流通类3件，占4.3%。承办单位1个；综合类8件，11.4%。承办单位5个；政协委员提案中涉及最多的是产业发展问题，共12件，占17.1%；其次是教育卫生问题，共8件，占11.4%；办复率100%，满意率100%。

（廖松鑫）

县政府办公室

【概　况】 年内，做好上级来文处理和下发文件工作，组织起草和修改各类报告、汇报等文字材料，督办领导交办事项，办理好人大代表建议、政协委员提案；完成政务网络安全提升和政府门户网站升级改版；做好政府工作信息报送；清理取消自行设定证明事项，处理好行政复议案件，完成“双随机、一公开”检查计划任务；加强应急信息处置报送，落实24小时应急值班制度，防范和处置各类突发公共事件。

【政务服务】 组织起草和修改综合性报告、讲话、汇报等文字材料300余篇。承办各种会议及接待活动100余次，处理来文2200余件，发文800余件。督办领导交办重点事项416件，下发督查通报23期，督办函41件，督查专报36期。办理人大代表建议、政协委员提案共127件，满意率达100%。

【政务公开】 投入资金148万元完成政务网络安全提升和政府门户网站升级改版。政府网站和部门信息公开平台公开发布新闻信息199785条。

【信息报送】 年内，市级采用动态信息50条、省级采用9条、国办约稿采用6条。

【依法行政】 清理取消自行设定证明事项23项。处理行政复议案件6件，参与行政诉讼案件25件。完成“双随机、一公开”检查计划86个，完成检查任务78个，上传检查结果1934个。受理行政调解案件3165件，调解成功3027件，成功率达95.6%。

（廖松鑫）

人力资源和社会保障

【概　况】 年内，完成城镇和就业困难人员就业2721人，城镇登记失业率3.5%；培训各类创业就业人员4094人；安排大学生见习219人，发放创业担保贷款7719万元；为30名新增高级人才颁发“寻乌县人才证”；为3950名专业技术人员开展公需科目教育培训；招聘县、乡机关公务员37名、劳动合同制人员63名、高层次人才9名，吸纳县外在职人员回寻乌工作8名，招募“三支一扶”大学生13名；为373名机关、企事业单位人员办理退休手续；受理农民工投诉案件，为2653名农民工追讨工资3000万元；做好工伤认定和劳动人事争议调解仲裁案件处理；新增城乡居民养老保险扩面参保1020人；购买开发公益性扶贫岗位，帮助1026名贫困劳动力就地就近就业；扶持贫困户自主创业13人；将城乡贫困人口全部纳入基本医疗保险及疾病医疗补充保险范围。

【就业创业】 2018年，城镇新增就业2466人，完成全年目标任务的137%；就业困难人员就业人数255人，完成150%；城镇登记失业率3.5%。省内工业园区培训人数1860人，完成目标任务数的133%；创业培训1230人，完成146%；电商培训600人，完成200%；家庭服务业从业人员培训404人，完成134.7%。安排大学生见习219人。新增发放创业担保贷款7719万元，完成110%。失业保险参保人数1.07万人，完成100%。

【人才项目建设】 针对首位产业——通用设备制造业、现代农业和教育卫生事业等重点领域人才保障需求，出台《寻乌县2018年紧缺人才需求目录》。对年内新增30名高级人才颁发“寻乌县人才证”。

【专业技术人员】 2018年，有288人获得高、中、初级专业技术资格，其中30人取得高级职称，98人取得中级职称，160人取得初级职称。开展2018年专业技术人员公需科目继续教育培训，培训专业技术人员3950人。

【公务员管理】 坚持和完善公务员申报制度，做到“凡进必考”，年内，新招录公务员37名，其中乡镇机关公务员15名、县直机关公务员13名、公安、森林公安系统公务员9名。

【事业单位人事管理】 吸纳县外在职人员（寻乌

籍或夫妻一方在寻乌工作的）回寻乌工作事业人员 8 名。自主招聘高层次人才 9 名；面向社会公开招聘“学习强国”学习平台客服中心（寻乌）工作人员 21 名、乡镇消防员 18 名、行政服务大厅前台受理人员 11 名、不动产登记中心工作人员 13 名（均为劳动合同制人员）；指导协助各乡镇招聘村级扶贫专干 173 名。招募 13 名“三支一扶”（即支医、支教、支农、扶贫）大学生到农村基层工作。特岗教师转编 70 名、“三支一扶”大学生转编 19 名、“大学生村干部”转编 1 名。

【工资管理】 完成机关事业单位工作人员正常晋升级别工资、薪级工资审批和办理 373 名机关、企事业单位工作人员退休手续。实施机关事业单位养老保险制度改革后对原提高基本退休费计发比例的部分工作人员给予一次性退休补贴。

【劳动管理】 受理农民工投诉案件 257 起，为 2653 名农民工追讨工资 3000 万元。建立民工工资监管信息，有 44 个工程项目开设了银行账户，实行民工工资由银行代发；47 个工程项目开通了民工工资信息系统，通过民工工资专户为 21218 人次发放工资 11723.37 万元。做好工伤认定，受理申请工伤案件 42 起，作出认定 42 起；开展劳动人事争议仲裁，受理劳动人事争议调解仲裁案件 28 件，规定期限应结案件 28 件，实际结案 28 件，结案率 100%。

【社会保障】 年内，城乡居民养老保险 16—59 周岁续保缴费人数 105481 人，扩面参保新增 1020 人；发放养老金 4403.68 万元。城镇职工养老保险参保人数（含离退休人员）38241 人，同比增长 1851 人，完成全年任务的 100.93%；为离退休人员发放基本养老金 26662 万元。基本医疗保险参保缴费人数 326680 人，其中城镇职工 17250 人，城乡居民 309430 人。工伤保险参保 11230 人；生育保险参保 10972 人。

【就业扶贫】 开展机械机电、电子商务、就业创业、家政服务、种植养殖等技能培训 68 期，培训贫困人员 4017 人；购买开发农村保洁、公路养护、山林防护、学校安全管理、农家书屋管理员、残联专职委员、关爱留守儿童等适合贫困劳动力就业的公益性扶贫岗位，帮助 1026 名贫困劳动力就地就近就业；指导创建 44 个制衣、电子等加工类劳动密集型就业扶贫车间，吸纳 356 名贫困劳动力就业；扶持贫困户自主创业 13 人，发放创业担保贷款 132 万元。就业扶贫工作得到上级肯定，并在全市人社系统会议上做经验介绍。

【健康扶贫】 做好健康扶贫“四道医疗保障线”工作，将城乡贫困人口全部纳入基本医疗保险及疾病医疗补充保险范围，实现 100% 参保。贫困人口医疗总费用 11014.78 万元，“四道医疗保障线”补偿 9905.28 万元；其中住院 17580 人次、费用 9543.91 万元，“四道医疗保障线”补偿 8630.08 万元，补偿比例不足 90% 的 363 人次补差 42.82 万元。

（胡跃华）

扶贫和移民工作

【概　况】 2018 年，减少贫困人口 2593 户 9876 人，贫困人口由 2017 年底的 11928 人下降到 2052 人，贫困发生率下降至 0.75%，有 5 个贫困村实现脱贫退出（69 个贫困村已累计脱贫退出 65 个）。完成省扶贫开发领导小组组织的贫困县摘帽第三方评估，以全省 10 个脱贫摘帽县中第一名的成绩被省政府公布脱贫退出。县扶贫和移民办（机改后更名为县扶贫办）荣获“赣州市五一劳动奖状”。

【重要会议】 2 月 26 日，召开全县脱贫攻坚工作调度会，传达全省扶贫开发工作会议精神，布置脱贫攻坚“春季攻势”行动工作。

3 月 8 日，召开全县扶贫工作领导小组会议暨春季攻势行动调度会议，传达全省扶贫和移民办主任会议精神，提出贯彻落实意见，各乡镇党委书记、各专项扶贫牵头单位汇报“春季攻势”行动进展情况和存在问题，脱贫攻坚工作组牵头县领导汇报情况及部署工作。

5月26日，召开脱贫攻坚“夏季整改”行动工作调度会，相关人员汇报“夏季整改”存在问题及建议和布置脱贫攻坚工作。

8月15日，召开精准扶贫数据比对工作调度暨业务培训会，培训数据比对具体操作方法。

8月28日，召开全县脱贫攻坚流动现场会，通过进村入户调查评估和召开评估点评会议的方式，推动脱贫攻坚工作。

9月1—15日，召开寻乌县脱贫攻坚业务培训工作会议，分批次培训各级扶贫干部。

9月30日，召开全县脱贫攻坚流动现场会，通过进村入户调查评估和召开评估点评会议的方式，推动脱贫攻坚工作落实。

10月10日，召开寻乌县脱贫摘帽誓师大会，凝聚全县干群力量，全力冲刺脱贫攻坚，确保2018年实现高质量、一次性脱贫摘帽。

10月17日，开展全国第5个“扶贫日”系列活动，在“扶贫一日捐”暨“扶贫超市”项目认领活动中，社会各界捐款、捐物价值138.4万元。

10月21日，赴瑞金考察学习归来后，召开全县脱贫攻坚工作座谈推进会，部署相关工作。

11月12日，召开寻乌县脱贫摘帽工作调度会，由副市长张逸主持，调度脱贫攻坚工作，确保高质量脱贫摘帽。

11月20日，开展“脱贫攻坚看赣州”全国重点网络媒体主题采访活动。

11月23日，召开省委第八巡视组对寻乌开展脱贫攻坚巡视“回头看”暨扫黑除恶、作风建设专项巡视工作动员会。

11月29日，中宣部党建杂志社邀请中央党校党的建设教研部副教授、北京大学政治学博士郑寰到寻乌作“加强基层党建，助力精准扶贫”专题报告。

【基础工作】 加强乡（镇）扶贫工作站、村扶贫工作室建设，每个行政村招聘1名大学毕业生担任村级扶贫专干。按照“七清四严”要求，实行逐村、逐户、逐人“过筛”，提高贫困人口的识别精准度。加强建档立卡贫困人口基础数据管理，开展大数据分析应用，实行部门数据信息共享，实时监控贫困人口动态情况，提高脱贫退出精准度。

【资金项目管理】 年内安排扶贫项目资金14.45亿元，其中上级专项到户0.3亿元，整合涉农扶贫1.67亿元，县级投入1.51亿元，“产业扶贫信贷通”贷款1.05亿元，融资贷款9.5亿元，社会扶贫4234万元。上级专项扶贫项目完工验收率达100%。在严格落实项目三级公告公示制度的基础上，以村为单位编制扶贫项目资金政策公开手册，发放到每户群众家中，接受群众监督。

【产业扶贫】 按照“柑橘为主、多元发展”路径，引导贫困群众科学有序恢复种植和柑橘园标准化重建改造。发展猕猴桃、甜柿、蔬菜、百香果及养蜂等种养殖产业。2016—2018年累计发放贫困户产业奖补资金4916.4万元、“产业扶贫信贷通”贷款6.8亿元，完成“财政惠农信贷通”贷款2.5亿元，建立农业产业扶贫基地184个，组建农业专业合作社142个，培育创业致富带头人216人，发展特色产业8333.33公顷，实现有劳动能力的贫困户发展产业（就业）全覆盖。发展电商、光伏、旅游等产业，先后实施第一批光伏扶贫工程、光伏扩面工程，推行屋顶光伏工程覆盖184个村（居），并网总装机容量38910千瓦。

【就业扶贫】 实施劳动力转移培训、农村实用技术培训、就业技能培训、创业培训和“雨露计划”培训，帮助有劳动能力的贫困对象掌握一项以上职业技能，培训贫困劳动力3790人（次）。设立扶贫车间44个，吸纳贫困劳动力356名；以政府购买公益性岗位方式，安置贫困劳动力公益性岗位就业1532人；为外出务工的8167户

14176人贫困劳动力每人发放300或600元的交通补贴。

【教育扶贫】 2018年，寻乌县义务教育均衡发展通过国家督导组评估验收。落实义务教育学校校长和乡（镇）属地双负责制，保学控辍，做好厌学劝学返学、特殊教育和送教上门等工作。扶贫部门和教育部门数据实时共享，确保教育资助政策不遗漏。在保障义务教育的基础上，学前教育到高等教育的贫困家庭学生享受资助政策全覆盖。年内资助贫困学生18357人次，发放资助金1679万元，办理生源地助学贷款3147人次2310万元。投入2.4亿元建设职业学校，9月完成首批招生。

【安居扶贫】 采取“移民搬迁、拆旧建新、维修加固、交钥匙保障和整治老人住危房”等措施，解决建档立卡贫困户、低保户、分散供养五保户、贫困残疾人家庭住房安全问题。居住土坯房的，分类别分对象差异奖励；对C级危房进行维修加固，达到安全标准。年内，拆旧建新1747户、维修加固13648户、农村保障房兜底安置238户。建立县城和工业园区易地扶贫搬迁移民集中安置点5个（其中进城安置点4个，含三标乡图岭村、东江源村、长安半个村进园安置点1个）。投资6.1亿元，兴建安置房27万平方米1910套，安置8100人，其中安置建档立卡贫困户745户3286人，搬迁入住率100%，全县住房100%安全。

【健康扶贫】 为建档立卡贫困户代缴城乡居民基本医疗保险、大病保险和重大疾病医疗补充保险，落实民政医疗救助和健康扶贫“四道保障线”，贫困人口住院治疗报销比例均达90%以上，减轻重病户医疗负担。实行贫困人口“一卡通”和“先诊疗后付费”“一站式”结算服务。落实贫困户健康建档、家庭医生签约服务等政策。设立非贫困户“暖心基金”，为716名城乡居民医疗保险报销后自付费用1万元以上的非贫困群众，落实暖心基金补偿，防止非贫困户因病致贫。

【保障扶贫】 开展低保专项整治，兜底保障15743人，其中低保贫困户13307人。落实残疾人“两项补贴”制度。按政策逐年提高农村低保和特困人员救助供养标准，保障重点对象“两不愁”。

【社会扶贫】 充分利用中宣部、国家统计局、中华全国供销合作总社等国家部委和中央单位对口支援、定点帮扶优势，对接省“四个一”扶贫和市直部门挂点帮扶，解决帮扶资金3922万元。做好社会扶贫网上线推广，注册贫困户17919人、爱心人士17446人对接爱心捐赠11783次。开展百企帮百村、百社解千难、“扶贫超市”项目认领、扶贫一日捐等系列活动，募捐钱物312万元。

（穆翩翩）

行政服务中心

【概　况】 年内，受理行政审批事项246项，涉及39个部门单位，全县30个部门单位198项审批事项列入行管委综合窗口“一窗式”受理，设立3个分中心。服务大厅各窗口受理办件16660件，同比增长3.56%，办结率100%，收费约8.627亿元。县行管委被评为赣州市第九届文明单位。

【政务服务】 成立县政务服务事项标准化协调小组，协调小组由编委办、行管委、人社局、政府法制办、财政局组成，审核汇总各自负责的政务服务事项清单，完成所有政务服务事项标准化编制及录入工作。完成上报“最多一次办结”行政许可、公共服务事项413项。

【“互联网＋政务服务”】 加强互联网政务信息数据服务平台和便民服务平台建设，开发网上办事大厅及移动审批APP，实现第一、二批“最多一次办结”行政许可、公共服务事项在线申报功能（共232项）。规范行政审批中介机构管理，依托市中介超市，建设寻乌中介服务超市，有135个公司入库。

【“减证便民”】 解决困扰企业和群众“办证多、办证难”和“奇葩证明、循环证明、重复证明、推责证明”等问题，相关单位按时上报证明清理意见申报表，取消证明材料91项。

【“12345”市民服务热线】 受理政策咨询、困难求助、投诉举报、意见建议等非紧急类政务服务问题统一拨打“12345”。收到“12345”群信通有效信息3913件，回复3909件，回复率99.8%，满意度93%。

【“放管服”改革】 年内，分3次对9个单位“放管服”改革推进情况进行检查，受检单位对发现问题进行整改。9月，对“放管服”改革进行督查。督查发现的问题，报送县政府通报，对整改不到位的单位由县分管领导对相关责任人进行约谈。

【日常管理】 组织相关责任部门解决92个群众办事堵点问题。开展企业开办“一窗办”改革，提高企业设立登记效率，节省企业办证时间。完善县政务服务中心窗口工作人员考核细则、绩效考核细则、“红旗窗口”“服务之星”“表现优秀奖”“优秀窗口负责人”评比细则以及末位预警制度，开展“红旗窗口”“服务之星”“表现优秀奖”“优秀窗口负责人”评比活动，举办礼仪培训，提高服务质量。

【公共资源交易】 县公共资源交易中心完成交易项目201宗，交易金额534488.08万元，增收166.81万元，节支3781.63万元。其中，工程建设交易项目81宗，成交额173896.78万元，节约金额2572.08万元，节约率1.46%；政府采购公开招标项目94宗，实际采购金额359915.7万元，节约金额1209.55万元，节约率0.33%；产权交易26宗，成交额675.6万元，增值金额166.81万元，增值率32.79%。

（刘艳萍）

苏区振兴发展工作

【概　况】 年内，完成《赣闽粤原中央苏区振兴发展规划》实施情况自查、《国务院关于支持赣南等原中央苏区振兴发展的若干意见》实施情况总结自评工作；建立重大事项库，列入重大事项项目13个；参与深圳市与寻乌县建立帮扶合作关系前期调研、谋划等具体工作；国家山水林田湖生态保护修复试点工作受到中央主流媒体关注，“志智双扶”文化扶贫模式成为全国革命老区扶贫攻坚示范区建设“寻乌经验”。

【落实《国务院关于支持赣南等原中央苏区振兴发展的若干意见》】 研究制定《2018年寻乌县赣南苏区振兴发展工作要点》《关于纵深推进寻乌振兴发展实现与全国同步全面小康的实施方案》。完成《赣闽粤原中央苏区振兴发展规划》实施情况自查、《国务院关于支持赣南等原中央苏区振兴发展的若干意见》实施情况总结自评等工作，撰写《赣闽粤原中央苏区振兴发展规划实施情况自查报告》《〈若干意见〉实施情况总结自评报告》等重要文稿。形成《寻乌县“贯彻落实习近平总书记对赣南等原中央苏区振兴发展工作重要指示批示，着力推动老区加快发展情况”自查自纠报告》，对存在问题进行认真剖析并逐项制订整改措施。建立《寻乌县拟“北上”争取国家、省支持的重大事项库》，列入事项库重大事项13个，争取资金21.38亿元，其中第一批东江流域生态补偿7263.47万元，中央预算内资金4224万元，均衡性转移支付25489.4万元，中央财政专项扶贫资金4963万元。争取市委、市政府出台《关于建设会寻安生态经济区的意见》。配合全国人大环资委开展的相关调研活动，起草并呈报《关于实施东江源水源保护区“两个半村”（即东江源村、图岭村、长安村半个村）移民搬迁项目的有关情况报告》。为筹备“第二届全国原苏区振兴高峰论坛”，江西师大苏区振兴研究院选择寻乌作为调研点，调研成果文章编入论文集。

【对口支援】 中宣部、国家统计局和南昌工程学院分别出台对口支援寻乌年度实施方案或工作要点。国家部委及省高校领导先后18批次到寻乌调研指导对口支援工作。县政府主要领导赴京参加北京（赣州）产业合作推介会，并向中宣部、国家统计局汇报对接工作。落实中宣部、国家统计局、南昌工程学院28个重点事项（其中，中宣部11项、国家统计局8项、南昌工程学院项9项）；争取南昌工程学院1名博士到寻乌挂职，协助南昌工程学院编制《寻乌县首位产业发展规划》。在中共中央政治局委员、中央书记处书记、中宣部部长黄坤明的高位推动下，促成深圳市和寻乌县建立帮扶合作关系，主动参与前期调研、谋划等具体工作。

【重大平台建设】 制定《寻乌县贯彻落实〈全市重大平台建设工作方案〉的实施方案》及责任分工表。国家山水林田湖生态保护修复试点工作受到中央主流媒体的高度关注，“志智双扶”文化扶贫模式成为全国革命老区扶贫攻坚示范区建设“寻乌经验”。

政协寻乌县委员会

综　述

【概　况】 2018年，召开县政协会1次，县政协常务委员会6次，听取和审议工作报告5个，作出决议1项，专题协商5次，民主评议1次，专题调研6次，公益活动2次，协商委员辞呈1人。

重要会议

【县政协第十三届三次会议】 3月10—11日召开。听取县委书记柯岩松讲话，听取和审议《政协寻乌县第十三届委员会常务委员会工作报告》《政协寻乌县第十三届委员会第二次会议以来提案工作情况报告》，列席寻乌县第十八届人民代表大会第三次会议，补选政协寻乌县第十三届委员会副主席1名（严考泉）、常务委员2名（罗胜辉、梅甘霖），通过政协寻乌县第十三届委员会第三次会议决议。

【县政协第十三届常务委员会议】 年内，政协寻乌县第十三届委员会召开6次常务委员会会议。

第一次会议。1月29日召开。协商审议关于对县工业园区建设发展情况的调研报告，听取和审议县交通运输局整改工作报告，并进行测评，协商审议十三届三次会议召开时间、地点、主要议程、日程安排、会议报告人、主持人、执行主席分工名单、邀请参加或列席会议人员名单、分组讨论名单，讨论会议相关文稿等，协商确定表彰优秀政协委员、优秀提案名单，关于增补选十三届政协副主席、常务委员提名人选的说明，讨论人事调整。

第二次会议。2月3日召开。听取各讨论组讨论情况汇报，协商选举办法（草案），协商补选副主席、常务委员建议名单（草案），协商总监票人、唱票人、计票人名单（草案），协商提案审查情况报告及相关会议决议。

第三次会议。4月27日召开。传达学习省政协主席姚增科到寻乌调研考察讲话精神、市委书记李炳军到寻乌调研考察讲话精神以及县委书记柯岩松在县委中心组学习（扩大）会议上讲话精神，中共十九大精神暨脱贫攻坚培训，协商讨论政协常委会2018年工作要点、“厕所革命”调研报告。

第四次会议。6月7日召开。传达学习全省政协系统开展中共中央总书记习近平关于加强和改进人民政协工作的重要思想学习研讨活动动员大会精神；协商讨论寻乌政协系统开展中共中央总书记习近平关于加强和改进人民政协工作的重要思想学习研讨活动实施方案。

第五次会议。8月15日召开。传达省政协副主席刘卫平宣讲“中共中央总书记习近平关于加强和改进人民政协工作的重要思想”报告、市政协“中共中央总书记习近平关于加强和改进人民政协工作的重要思想”研讨会、全国政协片区会议和全市政协系统党的建设工作座谈会会议精神，组织学习市委书记李炳军在脱贫攻坚工作调度会上讲话精神，协商讨论通过邱家安委员辞呈。

第六次会议。10月22日召开。组织学习省政协召开的全国政协理论研讨视频会议精神，协商其他事项。

主要工作

【会议协商】 全会期间，通过听取报告、大会发言、分组讨论等形式，围绕“一府两院”工作报告进行讨论协商，特别是对全县“七大攻坚”、经济发展、民生事业、社会稳定等方面进行议政建言，提出意见建议100多条。

【专题协商】 围绕城市公共交通、加强饮用水管理、食品卫生安全、水利设施建设、现代物流业发展、发展绿色循环经济等工作开展专题协商，提出意见建议150余条。

【民主评议】 对县工信局2017年以来贯彻执行县委、县政府决策部署及班子履职情况开展民主监督，提出意见建议5条。

【调研视察】 组织委员对首位产业发展、果业产业恢复发展、推进“厕所革命”、文明城市创建、工业平台建设、民营经济发展、培育壮大蔬菜产业等课题开展调研、视察，听取各方面人士意见，提出意见建议70余条。

【社情民意】 发挥政协委员行业优势，关注群众关心的热点难点问题，报送社情民意信息23篇，县委、县政府主要领导阅后批示，并及时转交有关部门抓好落实。

【公益性活动】 组织科技、文化、医卫等界别委员围绕脱贫攻坚开展送科技、送文化、送卫生“三下乡”20余次，发放科普书籍1600余册，义诊900余人，发放药品价值2万余元。罗胜辉等委员发动外来企业捐资15万元，钟泽明、钟华伟等委员捐资10万元，帮助菖蒲乡铜锣村、菖蒲村建立扶贫超市、改善当地生产生活条件、开展“五净一规范”整治和走访慰问贫困户等。陈爱松等委员组织开展“百企帮百村”和“百名学子爱心助学”活动，捐赠物资16万余元，资助贫困学生100人。

【提案办理】 县政协第十三届第三次会议期间，收到委员提案80件，经审查立案70件。及时召开提案交办会，会同县政府办将全部提案交给有关部门办理。开展提案办理工作“回头看”。

【行风监督】 由56名委员组成的行风监督员委派到16个重点执纪执法部门和窗口单位开展行风监督，向被监督单位提出合理化建议89条。

（王显坤）

纪检监察

【概　况】 县纪检监察机关贯彻上级纪委和县委决策部署，正风反腐，标本兼治，为全县经济建设及各项工作提供坚强纪律保障。

是年，荣获“赣州市第九届文明单位”，在全县目标管理综合考评工作中，县纪委监委被评为“全县一类县直及驻县单位绩效考评综合先进奖第五名”“脱贫攻坚工作先进帮扶单位”“招商引资工作安商服务奖”“党的建设工作先进县直单位第二名”“三城同创工作三等奖”。

【重要会议】 县纪委十五届三次全会。2月13日，中国共产党寻乌县第十五届纪律检查委员会第三次全体会议召开。会议学习党的十九大，十九届中央纪委二次全会、省纪委十四届三次全会和市纪委五届三次全会精神，回顾总结2017年全县党风廉政建设和反腐败工作，研究部署2018年工作。全会审议并通过县委常委、纪委书记、县监委主任李建华代表县纪委常委会作的题为《坚定不移正风反腐深入推进标本兼治 奋力谱写新时代全面从严治党的寻乌篇章》的工作报告。

全市纪检监察宣传工作例会（业务研讨会）。7月25日，全市纪检监察宣传工作例会（业务研讨会）在寻乌县召开。市纪委宣传部部长李伟明出席会议并讲话。全市16个县（市、区）纪委宣传工作相关责任人参加会议。会议强调，要聚焦纪检监察工作主责主业，宣传全面从严治党、党风廉政建设和反腐败工作成效经验；要开展普纪普法工作，加强党员干部党风廉政警示教育，增强纪律教育实效性；要弘扬苏区精神和苏区干部好作风，提升廉政文化感染力。

【从严治党】 协助县委推进全面从严治党，运用签字背书、履责提示、述责述廉和民主测评、约谈、检查考核等“组合拳”，层层传导压力，持续压实责任，全县共问责党组织34个，问责党员干部42人（其中纪律处分11人，免职科级领导干部5人）。首次推行《党风廉政建设履责提示》，点对点向县党政班子成员发送《履责提示》6件次，提示问题52个。组织新提拔、重用及交流任职的76名科级领导干部开展任前廉政教育活动、观看专题教育片、签订《领导干部任职廉政承诺书》，91名科级以上领导干部就操办婚丧喜庆事宜落实“两报告一承诺”。严把党风廉政建设意见回复关，2名科级干部试用期间因党风廉政问题被取消提拔重用。

【正风肃纪】 实行明察、暗访、查处、追责、曝光多管齐下，全县查处违反中央八项规定精神问题20起36人，其中纪律处分19人，运用第一种形态处理17人。集中整治形式主义、官僚主义，聚焦整治“怕、慢、假、庸、散”作风顽疾，立行立改脱贫攻坚中形式主义、官僚主义突出问题。贯彻落实市委改作风、提效率“一个意见、两个办法”，全县查处“为官不为”问题46人，给予纪律处分16人。落实“三个区分开来”，对3名干部给予容错减责免责，激励广大干部敢于担当作为。

【高压反腐】 坚持无禁区、全覆盖、零容忍，做到重遏制、强高压、长震慑，全县纪检监察机关共受理各类信访举报件369件（次）、处置问题线索230件、立案79件、纪律处分83人，同比增长16.7%、13.3%、12.8%、15.2%。采取留置措施3人。全县运用“四种形态”处理450人次，第一、二、三、四种形态占比分别为80%、16.7%、2.2%、1.1%，监督执纪由惩治极少数向管住大多数拓展。惩治涉黑涉恶腐败和“保护伞”，对4名党员干部（含3名科级干部）立案审查，其中留置2人，移送司法机关依法处理；6名党员干部主动交代违纪违法问题，群众获得感、安全感明显提升。坚持有乱必治，查处留车镇庄干村等9起村级换届拉票贿选案件，共查处23人，其中给予党纪处分14人（含开除党籍3人），扭转长期以来村级换届的不良风气，净化基层政治生态，得到省委巡视组和市纪委的充分肯定。

【专项治理】 开展扶贫领域腐败和作风问题专项治理，创新“四个五”模式，以作风攻坚促进脱贫攻坚，为打赢脱贫攻坚战提供坚强有力的纪律保障。全县纪检监察机关共查处履行脱贫攻坚责任不力问题25起，问责党组织17个，问责22人；共处置扶贫领域问题115个、处理202人次，其中纪律处分54人。县委主要领导先后3次在中国浦东干部学院贫困县党政正职“学习贯彻习近平新时代中国特色社会主义思想，坚决打好精准脱贫攻坚战”专题研讨班上，就作风治理作经验介绍，授课课件被浦东干部学院收录为脱贫攻坚网络教程。县纪委连续两年在全市扶贫领域监督执纪问责工作推进会议上作经验介绍。

【巡视巡察】 迎接省委巡视工作。11月23日至12月23日，省委第八巡视组对寻乌县开展脱贫攻坚巡视“回头看”、扫黑除恶、作风建设专项巡视。巡视期间，巡视组听取县委工作汇报和脱贫攻坚、扫黑除恶、作风建设专题汇报，通过个别谈话、查阅文件资料、受理信访举报、下沉了解等方式对巡视发现的重点问题进行深入了解。协助县委做好迎接省委巡视，并后续跟进巡视反馈问题整改和转办信访件的调查工作。

县委巡察工作。聚焦扶贫领域，对全县15个乡镇、9个行业扶贫牵头部门开展3轮专项巡察，采取“巡察＋审计”的方式进行，重点围绕责任落实、政策落实、工作落实及其他突出问题等方面内容边巡边查边改，快查快结，巡察共发现问题475个。

【体制机制改革】 组建寻乌县监察委员会，实现纪委和监委合署办公，制度优势不断转化为治理效能。在15个乡镇设立监察办公室，开展乡镇纪委标准化规范化建设。选优配强巡察队伍，通过提拔、交流和选调等方式，配齐配强县委巡察办、巡察组人员。推进派驻机构改革，整合纪工委编制与职数，划转县公安局、县人民法院、县人民检察院、县国土局编制与职数，组建10个派驻纪检监察组，实现派驻监督全覆盖。

【队伍建设】 加强党的政治建设，开展“不忘初心、牢记使命”主题教育，推进“两学一做”学习教育常态化制度化，提升纪检干部政治理论素养。县纪委被列为全省文明单位候选单位。加强纪检监察干部能力建设，选派中央、省、市纪委参与办案、巡视、巡察20人次，开展业务技能培训7期、培训147人次。县纪委就办案安全工作，先后在省、市纪委专题培训班上作经验交流。加强自我监督，坚持刀刃向内，对2名纪检干部予以问责，其中纪律处分1人并予以免职，降为副科级非领导职务。

（袁桂丽）

群众团体

总工会

【概　况】 年内，加强工会组织建设，在企业建会24家，发展会员2468人；打造企业工会精品示范点5个，组建“九大群体”工会16家，会员107人；举办各类技能竞赛和技能培训班，帮助25名职工实现创业，36名职工实现再就业；加强劳模管理，做好全国、省、市三级劳动模范、“五一”劳动奖章获得者和先进工作者建档工作；开展和谐企业创建、职工法律服务、职工文体活动和工会关爱活动。被省总工会评为“2018年度江西省工会新闻宣传工作先进单位”，获全市学习贯彻中共十九大精神知识竞赛优秀奖。

【基层组织建设】 工业园区企业建会24家，建会率93%，发展会员2468人，入会率98.3%；打造5个企业工会精品示范点，建立工会工作站、职工书屋及“三师一室”。组建“九大群体”工会16家，会员107人。125个财政供养独立核算行政事业单位工会达到“八有”标准。

【职工技能培训】 举办月嫂、电力行业和青年教师“三笔”字等技能竞赛活动，参与职工210余人。开展小学数学教师说课竞赛活动，评选出一等奖8名、二等奖15名；年内先后举办月嫂技能、专业女子美容（初级）、家政服务和催乳师等技能培训班，培训职工250余人，帮助25名职工实现创业，36名职工实现再就业。

【劳模管理】 做好2018年全国、省、市“五一”劳动奖状、奖章和工人先锋号等推荐评选工作。县财政局获得赣州市“五一”劳动奖状，寻乌世纪陶瓷有限公司车间主管胡德祝、县总工会办公室谢海标被授予赣州市“五一”劳动奖章，县公共就业人才服务局办证大厅获赣州市“五一”工人先锋号荣誉，国网江西电力有限责任公司寻乌县供电分公司营销部客户服务中心获“赣州市五一巾帼标兵岗”荣誉、县纪律检查委员会李玉芳获“赣州市五一巾帼标兵”荣誉、县机关保育院院长潘云玲获“赣州市女创业带头人”荣誉、县国土局钟碧辉获“赣州市优秀工会女职工干部”荣誉，寻乌世纪陶瓷有限公司工会委员会分检车间工会小组获“江西省模范职工小家”荣誉，寻乌县第二中学工会主席古剑平获“江西省优秀工会积极分子”荣誉，县国税局工会、地税局工会、县城管局工会被授予“赣州市工会学雷锋活动先进集体”，寻乌二中工会古剑平、县公安局城关派出所工会王玮、县人民医院工会林芳、县环卫所工会王雪珍、县顺发公共交通有限公司工会蓝礼德被评为“赣州市工会学雷锋活动先进个人”。组织全县18名全国、省、市劳模代表视察“七大攻坚”重点工程建设。加强劳模管理，劳模津贴足额发放到位，为劳动模范免费体检。复查4个劳模创新工作室。组织部分劳模代表参加省、市总工会组织疗休养活动。开展劳模画册素材征集工作。做好 75 名全国、省、市三级劳动模范、“五一”劳动奖章获得者和先进工作者建档工作。

【职工法律服务】 拨付 6 万余元对园区“三师一室”硬件设施进行规范化建设，打造一个“沙龙茶叙室”，采用“志愿者 + 购买服务”方式，组建法律援助律师团队、劳动关系协调师团队和健康工程师团队，制作企业“三师”团队岗位牌，“三师”团队开展法律宣传活动 7 次，提供法律服务咨询 300 余人次，处理信访纠纷 6 人次，协助发放互助保障理赔金 3 万余元，提供健康咨询检查 500 人次。

【和谐企业创建】 在全县 158 家非公企业中，建工会组织企业 156 家，其中 143 家企业签订工资协商专项集体合同，建会企业集体协商建制率 91.6%；签订行业工资集体协商合同 2 家（公交和出租车行业，药品经营行业），覆盖企业 27 个 235 人，签订区域性工资集体协商合同 1 家（吉潭镇），覆盖企业 14 个 180 人；制定《关于加强厂务公开民主管理保障职工参与管理和监督民主权利的意见》，推进企业民主管理、厂务公开，全县国有企业厂务公开建制率 100%，非公企业厂务公开建制率 93%。

【职工文体活动】 春节期间，在市政公园举行游园活动，吸引 450 余名职工（农民工）参加。举办寻乌县第六届庆“五一”职工文化艺术节系列活动，以及“走进新时代　当好主力军”文艺晚会。抓好“寻乌工会”微信公众号建设，发送信息 42 条。组织职工参加全市工会纪念改革开放 40 周年变化晒一晒微信图片展和摄影图片展活动，选出 25 幅富有代表性作品上报市总工会参展。

【工会关爱活动】 印发《关于为全县职工购买互助保障的通知》，动员职工参加互助保障，年内，全县参保 1.29 万人次，完成保费 79 万余元；理赔及慰问 70 人次 48 万余元。打造长安大道青少年活动中心一楼和长安大道邮储银行寻乌县支行营业部大厅两个户外劳动者“爱心驿站”。发放《江西省女职工劳动保护特别规定》《女职工劳动保护特别规定知识问答》《中华人民共和国工会法》《工伤保险条例》《中华人民共和国劳动法》《职工互助保障宣传册》等宣传资料 600 余份。开展会员实名制管理，录入工会会员 13539 名；在各基层工会普及推广赣工惠 APP 的使用；建立基层工会工作群，为 300 多人提供政策宣传服务。发放工会龙卡 8541 张、邮政信用卡 1169 张。投资 1058 万元、建筑面积 4882.36 平方米的县工人文化宫，于 12 月 30 日交付使用。

（谢海标）

共青团

【概　况】 年内，有团组织 397 个，其中团委 39 个（乡镇 15 个，中学 24 个），团总支 6 个，团支部 352 个；在册团员 9000 余人，新发展团员 800 人；公益组织 2 个，注册青年志愿者 12000 人；有少先队组织 900 个（其中大队 7 个、中队 893 个），少先队员 24660 人。

【团组织建设】 完成乡镇团委换届，新选举的 15 个团委书记均为乡镇领导班子成员；完成 15 个乡镇 184 个村（社区）团支部换届工作，选举产生 622 名青年团干。各级团组织上团课 56 次，撰写心得体会 200 余篇，开展组织生活会 64 次。

【青年创业就业】 筹备成立“寻乌县青年创业联盟”，吸纳会员 140 余人。依托县青年创业联盟，吸纳创业者、创业导师、产业园区、合作社等各类市场主体成为联盟组织会员，帮助有志青年争取团省委给予的小额担保贷款、“赣青创贷”等金融资金，支持青年创业就业。

【宣传教育活动】 开通官方微博、微信公众号、“青年之声”平台，发布最新活动信息、政策法规、时事热点等；微信公众号关注量超过 1 万，居全省（市、区）团委微信公众号综合影响力排行榜13名，微博粉丝超过2000人。

【青年志愿服务】 组织志愿者服务群众2000余人次。组织15个乡镇团委、各中小学、县直单位团组织青年志愿者开展“干净家园，你我共建”环境整治志愿服务活动，助力“五净一规范”农村环境卫生整治；清理农村垃圾1.5吨，清洁卫生死角500余处，疏通水沟、泥塘200余处。建立单身未婚青年微信群，举办青年联谊活动，为单身青年交友牵线搭桥，年内，开展活动12次，500余名单身男女青年参加。

（赖欣倩）

妇女联合会

【概　况】 年内，有妇联组织92个，其中乡镇妇联15个，县直单位妇委会70个；建立企业妇联组织6个，公益组织1个，巾帼志愿者300余人；配有2269名妇女小组长。

【综治维稳】 开展以《中华人民共和国反家庭暴力法》《中华人民共和国婚姻法》《中华人民共和国未成年人保护法》《妇女儿童发展规划》等内容维权周活动。做好信访接待，处理来信来访20余件，结案率达98%以上。

【妇女儿童民生项目】 向省市妇联争取各类妇女儿童民生项目资金40万元，用于妇女创业帮扶、贫困母亲“两癌”救助、贫困妇女维权、妇女儿童之家建设等项目；利用妇女“人均一元钱”资金，帮助妇女创业脱贫示范点、特殊贫困妇女救助等项目；为3000名农村妇女“两癌”免费检查；争取“两癌”救助资金35万元，救助“两癌”妇女35名；开展“春蕾一日捐”活动，募捐资金268225元，帮助335名贫困女童实现求学梦想。

【妇女系列活动】 开展“最美平安清洁家庭”“最美家庭”“平安家庭”系列评选活动，引领广大妇女弘扬中华传统美德，营造社会新风尚；每月举办一期“女性大讲堂”培训宣讲，提升现代女性整体素质；开展快乐大比拼、慰问贫困母亲活动，开展家庭家教家风系列宣讲活动。

【“赣南新妇女”活动】 开展“赣南新妇女”运动先进家庭示范户评选、“传承孝道好家风”巡讲、以“激发内生动力 助力脱贫攻坚”为主题文艺晚会；召开“清洁家园”现场推进会。

（徐绿芸）

科学技术协会

【概　况】 年内，完成15个乡镇科协换届选举工作；新成立农技协2个、科普示范基地2个；组织6个县级农技协、6个市级以上科普示范基地参与科技助力精准扶贫；开展各类技术培训30场次、科普宣传26次和科普大篷车进校园巡展活动，开放消防大队消防科技馆，新建5所农村中学科技馆。寻乌县石崆寨科普教育示范基地被江西省科协、省教育厅和省科技厅评为全省首个科普教育示范基地。

【组织建设】 印发《寻乌县乡（镇）科协换届选举工作实施方案》，完成15个乡镇科协换届选举工作，选举所在学校校长、医院院长和农技站长为其乡镇科协兼职副主席。

【科技助力扶贫】 新成立农技协2个，科普示范基地2个；组织6个县级农技协、6个市级以上科普示范基地参与科技助力精准扶贫。开展各类技术培训30场次，培训2100余人次，其中贫困户1200余人。邀请中国园艺学会柿分会会长、华中农业大学教授罗正荣和华中农业大学教授蔡礼鸿到寻乌指导甜柿产业发展，并达成合作意向，为寻乌甜柿产业规范化、标准化发展提供技术支撑。制定《寻乌县发展甜柿产业扶贫工作意见》《寻乌县百香果产业扶贫实施意见（试行）》。与五个乡（镇）1800余名贫困户结成“四统一分”扶贫结对模式，带动贫困户分别发展百香果、甜柿近万亩，户均增加收入8000元。

【科技服务企业】 组织恒源达公司、洛锡机电、世纪陶瓷、环球陶瓷、龙橙果业等10余家企业注册登录信息平台，免费提供3000多万条专利技术信息检索服务。开展企业科技需求摸底调查，为企业提供高层次人才对接。

【科学普及】 争取上级资金6万元，用于“科普E站”建设。与《寻乌手机报》、寻乌电视台合作，开辟（或增设）《微科普》《科普中国——科普大篷车》等栏目，宣传普及科普知识。在14个乡镇开展科普大篷车进校园巡展活动，巡展参观人数约3万人次。开放消防大队消防科普馆。在中宣部的帮助下，新建5所农村中学科技馆。寻乌中学农村科技馆被全国科学发展基金会评为优秀单位。开展各类科普宣传活动26次，发放各类宣传资料12000余份，展出画板100多块。寻乌县石硿寨科普教育示范基地被江西省科协、省教育厅和省科技厅评为全省首个科普教育示范基地。

【科技工作者活动】 召开“全县科技工作者日”暨科技界庆祝改革开放40周年座谈会。建立科技工作者微信群，为科技工作者提供便捷沟通服务平台。

（刘德洲）

侨　联

【概　况】 2018年，全县有归侨20人，侨眷706人。加强与归侨侨眷、侨务工作者、县域侨企联系沟通，处理归侨、侨眷来信来访；帮助侨企申请创业贷款100万元；做好侨界人大代表、政协委员联系服务工作，引导他们参与社会各界活动，为寻乌经济社会发展建言献策。

【服务侨胞群众】 加强与归侨侨眷、侨务工作者、县域侨企的联系沟通，处理归侨、侨眷来信来访。接待回乡探亲20人次，看望慰问侨属12人次，接待来信来访5人次。帮助侨企寻乌县羊角园果蔬有限公司申请创业贷款100万元，联系辣椒种植意向户3户。

【履行职责】 做好侨界人大代表、政协委员联系服务，引导参与社会各界活动，为经济建设建言献策，提交委员提案5件，侨属卢志刚提交的《关于改善窗口单位便民服务条件的建议》评为优秀提案。派黄寻梅、卢志刚两名代表参加江西省第八次归侨侨眷代表大会。

（李秀红）

工商业联合会

【概　况】 年内，加强商会组织建设，启动寻乌县工商联工业园区分会筹备工作；协助完善寻乌餐饮烹饪饭店行业协会商会组织建设；成立非公有制经济维权服务中心；开展招商考察和项目对接活动，与东莞未来机械科技有限公司签约，在寻乌设立江西珅丰机械科技有限公司；筹建融资担保公司和召开政银企交流会，为会员解决融资难题；组织企业、商会等组织与全县69个贫困村结对帮扶，实现产业帮扶项目25个，解决就业1600余人；开展“百企帮百村”和社会扶贫“一日捐”等活动。

【组织建设】 县工商业联合会有班子成员44名，其中主席1人，兼职副主席4人（其中非公经济人士3人），秘书长1人，常委12人，执委26人，班子成员覆盖全县各支柱行业。启动寻乌县工商联工业园区分会筹备工作，协助完善寻乌餐饮烹饪饭店行业协会等商会组织建设。制订商会建设规划和管理制度，明确各商会会长、副会长、秘书长工作职责，制订县工商联执委履行职能考核办法、执委会分组活动制度、县工商联扶贫救助会办法。

【参政议政】 开展招商考察和项目对接活动，与东莞未来机械科技有限公司签约，在寻乌设立江西珅丰机械科技有限公司，建设占地22.5亩的生产厂房及其配套设施。成立非公有制经济维权服务中心。

【帮扶企业发展】 利用《寻乌商会网》《寻乌商会会刊》《寻乌商会手机报》“寻乌县工商联”微信公众号和微网等宣传平台和载体，向会员发送有价值的政务信息和商务信息1万余条。筹建融资担保公司和召开政银企交流会，为会员解决融资困难。

【“百企帮百村”活动】 组织全县105家企业（非公经济人士）、4个外埠商会、6个行业商会协会和22个合作社与全县69个贫困村结对帮扶，实现产业帮扶项目25个，技术培训2000余人次，解决就业1600余人。开展“百企帮百村迎新春爱心扶贫送温暖”“第三届百名学子爱心助学”、社会扶贫“一日捐”活动。其中，桔都商会捐款7万元为全县建档立卡户贫困子女大学生提供帮助。广寻商会为所帮扶的中坑村新考取大学生捐款9000元及电脑、打印机等物资；梅州寻乌商会为所帮扶的团红村捐赠油、米等物资价值7000元；杨氏果业向飞龙、堆禾村捐赠热水器、电饭煲等物资价值17000元；社会扶贫“一日捐”活动捐款91.1万元，认捐贫困户微心愿132个。

（刘文华）

文学艺术界联合会

【概　况】 年内，完成以《毛泽东寻乌调查》为主题电视剧拍摄及舞台剧公演；开展“迈向新时代”2018年新年音乐会、“中国农民丰收节”摄影展、爱心书法拍卖会、纪念改革开放40周年广场舞大赛和“书法沙龙”“谷雨诗会”“寻乌山歌”等群众性文艺活动和雅集活动；在国家省市级以上报纸杂志发表作品20余篇，参加市以上文艺家协会举办的书法、美术大赛15次。

【主要活动】 中国文联、中国摄协和中国民协共同发起的“影像见证新时代　聚集扶贫决胜期2018—2020大型影像跨界驻点调研创作工程”项目主创人员到寻乌调研创作，用影像记录寻乌脱贫攻坚工作情况，在新华网、人民网、央广网等多家主流媒体上刊发《江西“脐橙之乡”丰收采摘忙》新闻报道。开展“迈向新时代”2018年新年音乐会、“爱护碧水蓝天，拥抱美好明天”环保实践和送温暖、我的扶贫日志及摄影大赛、“七一”现代诗大赛、“中国农民丰收节”摄影展、爱心书法拍卖会、纪念改革开放40周年广场舞大赛等群众性文艺活动。开展“书法沙龙”“诗词沙龙”“谷雨诗会”“寻乌山歌”等雅集活动。完成以《毛泽东寻乌调查》为主题电视连续剧拍摄及舞台剧公映。组织书法家协会、舞蹈家协会开展“新时代文明实践中心”迎新春送春联下乡活动、讲述“精彩寻乌故事”晚会。

【艺术成果】 注册文艺培训机构90余个，受益群体辐射超1万人。在国家省市级以上报纸杂志发表作品20余篇，参加市以上文艺家协会举办的书法、美术大赛15次，有10余人次获奖。

（古雅菲）

残疾人联合会

【概　况】 年内，有残疾人21120人，占全县总人口的6.39%，其中肢体残疾6336人，占残疾人数的30%；听力残疾2112人，占残疾人数的10%；智力残疾634人，占残疾人数的3%；视力残疾4435人，占残疾人数的21%；精神残疾422人，占残疾人数的2%；言语残疾2112人，占残疾人数的10%；多重残疾3802人，占残疾人数的18%；其他残疾1267人，占残疾人数的6%。

【残联换届】 1月23日，寻乌县残疾人联合会第四次代表大会召开。听取和审议县残联第三届主席团工作报告，选举出席市残联第四次代表大会代表，选举县政府副县长、公安局局长雷鸣为县残联第四届主席团主席，古海洋为县残联第四届执行理事会理事长；成立肢体残疾人协会、视力残疾人协会、聋人协会、精神残疾人及亲友协会、智力残疾人及亲友协会，并选举产生各协会主席。

【扶贫解困】 为40名贫困残疾人发放人均1500元“阳光家园计划”居家托养服务费、86名残疾人发放人均260元机动轮椅车燃油补贴、30名贫困残疾人发放人均150元残疾评定补贴、1403名重度残疾人缴交人均100元城乡居民养老保险。落实残疾人“两项补贴”制度，对全县4044人（其中享受生活补贴1252人、残疾人“两项补贴”人数1469人、重度残疾护理补贴1323人）具有寻乌户籍、持有第二代中华人民共和国残疾人证、纳入城乡最低生活保障残疾人、重度残疾人发放护理补贴311.33万元。城镇提标补发392人6.98万元；为384名建档立卡贫困残疾人补发38.84万元；投入33.6万元为92户贫困重度残疾人家庭实施无障碍改造项目，其中40户每户补贴4000元，40户每户补贴3500元，12户每户补贴3000元。通过多种扶贫途径和措施，有1900名贫困残疾人摆脱贫困。

【康复服务】 开展残疾人精准康复需求入户调查，有康复需求886人；为623名残疾人免费发放轮椅、拐杖、助听器等辅助器具、5名残疾人安装矫形器、4名残疾人免费安装假肢、10名符合条件聋儿申报2018年度第三批重度聋儿人工耳蜗植入项目；开展残疾儿童康复救助，为3名脑瘫儿童补助2.68万元抢救性康复救助、1名听力残疾儿童康复补助8120元；为13名听力残疾人安装助听器。

【教育与就业】 依法征收残疾人就业保障金103万余元；购买公益性岗位安置28名残疾人就业，选聘农家书屋残疾人管理员100名；开展城乡残疾人和专职委员职业技能培训64人；为4名残疾大学生发放扶助奖励资金1万元；划拨2018年度残疾人就业保障金征收总额的5%计5.25万元用于支持县特殊学校残疾人教育事业发展。

【残疾人证办理】 免费办证，不收取工本费及照相费；为30名精神及智力障碍建档立卡贫困残疾人发放办证补贴150元/人；年内，办理“残疾人证”1456本，其中下乡3次办证658本。

【宣传活动】 5月20日，在县城北广场开展以“全面建成小康社会，残疾人一个也不能少”为主题的第二十八次全国助残日系列活动，慰问251名困难残疾人，发放慰问金13.543万元、残疾人辅助器具27件（套）；制定《寻乌县2018年残疾人康复体育关爱家庭计划实施方案》，为50户残疾人实施康复体育关爱家庭计划；县残工委相关成员单位为残疾人开展法律法规政策宣传、咨询服务和健康义诊活动。

（马历强）

红十字会

【概　况】 年内，成立学校红十字工作委员会及基层红十字会7个，有会员200名，注册志愿者150名，建立寻乌县蓝天救援队及赣南公益救援支队寻乌直属三大队，配备救援车辆及装备。开展应急救援培训20期，完成普及培训5000人次，救护员培训1000人次。被江西省红十字会评为先进县级红十字会，被赣州市红十字会评为2018年度绩效管理考核工作先进单位、改革创新工作先进单位、人道资源动员工作先进单位、志愿服务工作先进单位、宣传工作先进单位，彭家琴被赣州市红十字会评为全市红十字会系统绩效管理工作先进个人。

【志愿服务】 组织志愿者开展关爱老人及走访贫困户活动，筹集油米等物资50.51万元，先后到留车、水源、南桥、三标、桂竹帽、文峰等乡镇走访慰问老人及贫困户2328人。成立红十字养老服务基地，组织县医院医护人员、赣南公益救援支队寻乌直属三大队及志愿者以“关爱老人健康生活，提高老人疾病防治意识”为主题的老年介护及义诊活动。

【博爱家园建设】 成立县、镇、小区三级红十字博爱家园项目建设工作领导小组，市红十字会与县政府签订《中国红十字会博爱家园项目协议书》。刻立博爱家园纪念碑，树立红十字标志元素。设置宣传专栏，制作宣传画册和宣传手册，组织红十字宣传活动6场次，发放应急救护、老年介护、艾滋病防治等各类红十字宣传资料6000余份。完成老年活动室、医疗救助室、会议室建设；建立文化广场，安装儿童大型滑梯、运动器材、木亭、宣传栏。开展防灾减灾、卫生健康、应急救护、老年救护、造血干细胞及遗体器官捐献等红十字知识培训8期，培训2000余人次。成立生计项目管理小组，与长宁镇、河东社区签订项目文本，发放生计金1份，为社区6名下岗工人带来生计发展。

【赈灾救助】 5月，联合南桥镇人民政府组织爱心企业为因车祸造成颅脑损伤贫困户患者张鹿香举行大病救助集中募捐活动，筹集爱心款3.7万余元，所筹善款捐赠张鹿香用于病情治疗与恢复。救助46名大病患者，发放救助款12.45万元。利用“扶贫一日捐”款项及社会爱心人士、企业捐赠物资折款500多万元，用于各乡村贫困户慰问及扶贫工作。县红十字会蓝天救援队及寻乌红十字会救援，寻找失踪儿童和老人10余次、拯救事故车辆20余次。

【无偿捐献】 开展无偿献血知识进学校、进农村、进社区、进医院活动，提高无偿献血普及率。完成遗体器官捐献2例、造血干细胞登记51例。

【众筹活动】 开展社会爱心企业募捐活动，先后获得南昌大型童装厂捐赠衣物价值15.8万元、南方万年青水泥有限公司捐赠水泥52吨价值2.53万元、长三角寻乌商会捐赠衣物价值280万元、赣州酒类流通协会捐赠白酒价值70万元；红十字养老服务及贫困户走访、99公益日、扶贫一日捐等公益活动募集资金195.86万元。年内筹资570.36万元，超额完成上级下达的筹资任务。

（潘冬凤）

法　治

政法委及综治

【概　况】 县委政法委围绕中央、省、市政法工作部署，努力营造安全稳定的社会环境、公正规范的法治环境、廉洁高效的服务环境，为建设“活力、富裕、生态、平安”寻乌提供强力保障。

【扫黑除恶专项斗争】 制定下发《寻乌县扫黑除恶专项斗争实施方案》，成立由县委书记任组长、县长任常务副组长的县扫黑除恶工作领导小组，从县委政法委及公检法司抽调年轻干部充实县扫黑办，负责全县专项斗争工作的组织、协调和指导。县委常委会、县政府常务会研究部署扫黑除恶工作13次，召开全县性专题推进会、调度会14次。县委书记、县长不定期听取专项斗争工作汇报，作出批示50余次。

制定《寻乌县扫黑除恶专项斗争社会宣传实施方案》，明确各乡镇、各单位任务要求，掀起扫黑除恶宣传热潮，做到电视有图像、网络有报道、手机有信息、街头有标语、电子屏有显示，确保宣传无死角、全覆盖，提高群众知晓率和参与度。针对省委巡视组发现全县公众安全感政法满意度及群众扫黑除恶知晓率低等问题，制定印发《进一步深化扫黑除恶专项斗争宣传工作方案》《进一步提升扫黑除恶专项斗争群众知晓率与参与度工作方案》《关于省委巡视组专项巡视反馈公众安全感政法满意度及群众扫黑除恶知晓率低问题的整改方案》等文件，找准宣传薄弱环节，通过组织帮扶干部入户走访、送戏下乡、张贴宣传画、知识竞赛、微信答题、发布通告、“村村通”广播、出动宣传车、课堂宣讲、“小手拉大手”等方式，抓好宣传发动，取得明显成效。

出台线索举报奖励制度，对有价值线索给予1000—50000元奖励。累计发放举报奖励资金19.5万元。率先在全省建立“一把手”线索摸排承诺制，明确乡（镇）党委书记、县直（驻县）单位主要负责人线索摸排责任，签字背书，要求全县干部要在面对面的群众工作中获取线索。创新线索摸排的做法得到省、市扫黑办的充分肯定，并在江西日报、江西新法制报、江西电视台、赣南日报、赣州电视台等省市主流媒体刊播。

侦办黑社会性质组织案件1起、恶势力团伙案件4起（其中恶势力集团案件1起），已宣判恶势力团伙案件1个。破获聚众斗殴、寻衅滋事等涉黑涉恶刑事案件49起，采取刑事强制措施103人（刑事拘留82人、取保候审18人、监视居住3人），提起公诉14人，一审判决14人；查处干扰、破坏“两委”换届选举案件9件23人。

【社会稳定】 以创建“无邪教示范点”“综合整治示范点”“警示教育示范点”为抓手，加强教育、建强队伍，浓厚氛围、严防渗透。有3个村荣获全国“无邪教村”荣誉。在11月27日公安部组织召开的全国"真空教"专案现场会暨同会道门斗争座谈会上作经验介绍，部分国保系统领导到寻乌县参观。

出台《寻乌县实行政府购买社会服务调处化解疑难信访案件的实施办法》，规定每年县级出资30万元、各乡镇出资5万元，设立"寻乌县疑难信访案件政府购买服务专项基金"，对疑难信访案件成功化解的给予每起5000元—10万元的化解奖励；对参与接访的律师，每日给予200元的补助；对行业性、专业性"先进人民调解委员会"奖励5000元、"优秀人民调解员"每人奖励500元。

做好源头防范，落实社会稳定风险评估机制，从源头上预防和减少因决策不当产生不稳定问题。共完成评估项目31个，其中，城乡一体化综合治理项目社会稳定风险评估被评为全省精品案例，是全市两例获奖案例之一。严格落实"1+3"包案责任机制，在2018年全国、省、市两会期间，落实各项防范化解措施，实现"六个坚决不发生"工作目标，确保全国两会期间全县社会大局稳定。

【平安建设】 开展"平安乡镇""平安村居""平安小区""平安学校""平安医院""平安单位""平安家庭""平安卫士""平安边界"等系列创建活动。

县综治办制定《寻乌县网格员管理考核补充规定》，全县各乡（镇）均制定综治信息化工作月考核方案，将辖区网格员的工作实效与绩效奖罚相挂钩，每年评选50名优秀网格员在全县政法工作会议上表彰，并给予每人800元的奖励，充分调动全县451个网格员的积极性、主动性。下半年，县综治中心运行管理考核成绩连续6个月在全市排名位于前列，其中4次被通报表扬。

实现"三年任务一年完成"。建成监控探头370个，升级标准视频抓拍卡口8套，建设长宁镇太湖新村、留车镇庄干村、南桥镇金桥村三个"智慧云眼"。

发挥赣州市社会心理健康服务协会寻乌县分会的作用，多次组织开展心理健康辅导活动，"心防"工作水平全面提升。8月邀请中国科学院心理研究所史可彪教授，为全县领导干部开展压力管理与心理调适专题讲座，500余人参加培训；11月，组织全县卫生系统"精防"人员、心理咨询师开展心理咨询相关知识专题培训；12月，县社会心理健康服务协会为全县村第一书记、工作队长开展社会心理服务专业培训。

组建平安志愿者队伍，发挥平安志愿者的服务、示范、引领作用，把平安志愿者行动建设成为联系服务群众的桥梁和群众参与平安建设的平台。

破解法院"执行难"问题，打击"失信被执行人"。制定下发《关于开展执行联动专项行动的实施方案》《关于向乡镇、单位、综治网格员定期推送执行案件信息的实施方案》，形成"党委领导、人大监督、政府支持、政法委协调、法院主办、部门配合、社会参与"的执行工作大格局和强大工作合力。公开宣判拒不执行判决、裁定犯罪案件2件2人，向社会发布3期失信被执行人黑名单，受理执行案件706件，同比增长16.4%，执结案件387件，同比增长9.92%。

【乡村治理】 县委、县政府创新制定出台《关于推进自治、法治、德治乡村治理体系建设，加强基层社会治理的实施意见》《寻乌县政法机关推进自治法治德治相结合乡村治理体系，全力服务乡村振兴战略实施意见》。全县各村（居）建立具有寻乌特色的"一站二堂四会"（新时代文明实践站、法律讲堂、道德讲堂、村民议事会、道德评议会、红白理事会、禁毒禁赌会）机制，发挥各类群众自治组织在村务议事、移风易俗、纠纷调处等事务中的主体作用。开展浪费风、不孝风、乱葬风、赌博风、迷信风、污染风"六风"治理活动，开展"六星"文明家庭、"新乡贤""身边好人""脱贫红旗村"等评选活动，提升基层治理能力和水平。县委政法委出台《关于加强法治建设推动乡村治理的实施方案》，组织政法机关深度参与自治、法治、德治相结合的乡村治理体系建设，在长宁镇太湖新村、文峰乡石排村、吉潭镇圳下村、南桥镇金桥村、留车镇庄干村打造“三治示范村”。寻乌法院“联村共治、法润乡风”经验做法得到最高人民法院院长周强的充分肯定，并在省《改革动态》刊载；“廖建强工作室”矛盾纠纷调处“八步法”在省委政法委《政法工作简报》刊载推广。

【司法体制改革】 制定《寻乌县人民法院关于推动以审判为中心的刑事诉讼改革方案》，出台《寻乌县公安局民警旁听庭审制度》。不定期组织民警旁听庭审。组织四次民警培训出庭应诉或作证培训班，培训人次100余人。组织民警学习省公安厅印发的《常见刑事案件证据规范》。建立庭前会议制度，严格执行非法证据排除制度，贯彻证据裁判规则，规范法庭调查程序。

监督工作案件化管理改革。1—12月共办理刑事侦查监督案件31件、刑事审判监督案件313件、刑事执行监督案件11件、民事监督案件3件、行政监督案件6件、控告申诉案件1件，合计365件。

公共法律服务体系建设。建成县级公共法律服务中心和15个乡（镇）公共法律服务站及184个村（居）公共法律服务室。“一村一顾问”全覆盖。印发《寻乌县农村“法律明白人”培养工程实施方案》，行政村培养2名农村“法律明白人”骨干，20%以上农户家庭有“法律明白人”，全县有14294名普通“法律明白人”、355名“法律明白人”骨干。

【服务大局】 服务和保障重大项目建设。围绕“七大攻坚”工作大局，树立大局意识、服务意识、责任意识，主动对标、找准定位、精准发力，保障征地拆迁、“两违”拆除、棚户区改造等重大项目顺利推进。

治理不孝行为、“老人住老房”问题。助推“空心房”拆除工作，全县共摸排不孝行为、“老人住老房”问题1064起，已整治到位918起，其中维修加固795起，拆除危旧房123起，治安处罚3起3人。确保贫困户政策应享尽享，助力脱贫攻坚，全县12751户贫困户投保社会治安保险，投保金额为51万元。人保财险公司赔付全县综治保险33件，赔付9万元。

【双提升工作】 公众安全感政法满意度双提升。公安局满意度全省第38位、全市第13位，检察院满意度全省第48位、全市第8位，法院满意度全省第65位、全市第8位，司法局满意度全省第66位、全市第9位。下半年，公众安全感全省排名第34位、全市排名第9位，较上半年分别进位44名、8名；下半年，群众扫黑除恶知晓率比上半年提升7.2个百分点。

（何燕红）

公　安

公安工作

【概　况】 县公安局围绕“对党忠诚、服务人民、执法公正、纪律严明”总要求，以维护稳定为第一责任、以民生警务为第一要务、以执法规范为第一重点、以队伍建设为第一保障，为全县经济社会发展创造和谐稳定的社会环境。

全年共立刑事案件526起，同比下降10.08%；破270起，抓获犯罪嫌疑人341人，同比上升5.73%；刑拘262人，取保候审79人，摧毁犯罪团伙6个47人。受理治安行政案件1392起，调解220起，行政拘留552人，罚款793人，警告13人。

【荣　誉】 荣获2017年度全县目标管理综合先进单位、脱贫攻坚工作先进帮扶单位、服务“七大攻坚”工作先进司法保障部门、社会治安综合治理及平安建设先进单位等荣誉称号；1月，南桥派出所获市公安局记集体三等功一次，2月，督察大队被市公安局评为全市公安机关督察工作综合先进单位。

曹升天、彭有为、吴生棽获市公安局记个人三等功，王凯被省厅政治部评为全省公安信息化大培训“双优”优秀教官，杨霞被市公安局评为全市公安机关督察工作先进个人，邱桂香被省厅监管总队评为全省监管信息化岗位应用能手，朱海燕被市妇联评为全市维护妇女儿童权益先进个人，周国平荣获全省公安机关武装越野登山教官训练对抗赛第六名，何欢欢荣获全市公安机关改革开放40周年主题演讲比赛三等奖，曹显文被评为全市十佳为民辅警，何春林被公安部经侦局评为“猎狐行动”成绩突出个人。

【平安建设】 上报各类情报信息500余条，被上级部门采用300余条。结合“民调评警”“精准扶贫”工作，化解不稳定因素40余起，调处各类矛盾纠纷883起，受理办结信访件45件。

【扫黑除恶专项斗争】 落实中央和上级机关的部署，推进扫黑除恶专项斗争深入开展。受理涉黑涉恶线索179条，办结176条；侦办涉黑涉恶团伙案件5起（涉嫌组织、领导、参加黑社会性质组织案1起，涉嫌恶势力犯罪集团案1起，涉嫌恶势力犯罪团伙案3起），破获刑事案件68起，抓获违法犯罪嫌疑人126人，查封、冻结、扣押犯罪嫌疑人资产9037.68万元，移交“保护伞”线索8条，协助纪委监委查处涉黑涉恶势力“保护伞”4人（科级干部3人）。刑事发案率同比下降10.08%，“黄赌毒”警情同比下降37.34%。

【打击刑事犯罪】 以扫黑除恶专项斗争为龙头，坚持命案必破，集中优势警力加大打击“盗抢骗”“黄赌毒”“食药环”和涉枪涉爆违法犯罪力度。开展“双百”缉毒会战、秋季扫毒、扫黄禁赌、社会治安集中整治“飓风行动”等一系列专项行动。

破获“2・10”刘某某被杀案、“2・26”潘某某被故意伤害致死案、“5・29”钟某某故意伤害致人死亡案，实现“命案必破”，连续15年保持现发命案全破纪录。

全年抓获网上逃犯163人，其中抓获42名历年逃犯，14名外省逃犯，名列全市县级公安机关第一。

开展打击侵财犯罪专项行动，通过设卡堵截、蹲坑守候，打现行、破系列案，破获各类侵财案件127起，抓获犯罪嫌疑人54人，摧毁犯罪团伙3个12人，追缴被盗机动车8辆。

实行全局各单位积分排名禁赌模式，坚持宣传、打击、教育相结合的原则，推进禁赌工作综合治理。查处赌博案件126起，抓获违法犯罪人员565人，刑拘41人，逮捕36人，移送起诉46人，行政拘留240人，罚款283人，收缴赌资40万元。查处涉黄案件18起（刑事案件2起），刑拘4人，行政拘留27人，罚款16人。

保持对毒品犯罪的凌厉攻势和高压态势，推进“双百”缉毒会战和“秋季扫毒”专项行动。在寻乌县被省禁毒委列为“重点关注县”后，县委、县政府拨付300万元禁毒专款，用于全县禁毒基础设施建设。出台《寻乌县禁毒重点整治工作方案》《寻乌县联合开展防范和打击地下制毒犯罪工作方案》，联合县纪委（监委）出台《寻乌县禁毒工作责任追究办法》。将禁毒工作纳入综治考核，选调3名民警、聘用6名辅警充实禁毒大队。办理涉毒案件42起（刑事案件17起，行政案件25起），刑拘17人，行政拘留8人，行政罚款5人，送强制戒毒9人，缴获各类毒品2826.96克。

【治安管理】 制定《全县公安机关打击整治枪爆违法犯罪专项行动方案》，以“缉枪、治爆、净网”为重点，排查枪爆物品安全隐患，打击枪爆违法犯罪活动。立涉枪涉爆案件7起，抓获违法犯罪嫌疑人11人，刑事拘留4人，行政处罚7人。

开展校园及周边治安秩序整治，查处各类涉校案件12起，刑事拘留4人，取保候审13人，化解涉校矛盾纠纷19起，开展法治讲座90堂次，开展校园及周边安全检查250次，消除安全隐患40余处，发放整改通知书13份，发放各类宣传资料2万份。

全面检查50家旅馆、15家寄递物流企业以及乡镇收寄点、22家加油站、3家危爆单位、114家烟花爆竹零售单位，落实各项安全管理责任，督促整改发现的问题，消除安全隐患。行政处罚未如实登记旅客信息的宾馆13家，治安罚款14人；取缔无证非法经营旅馆28家，全部拆除招牌，纳入出租房屋管理。

重点整治酒后驾驶、客运车辆、危险品运输车等交通违法行为，查处各类交通违法行为64791起，其中，无证驾驶997起、客车超员5起，货运车辆超限超载235起，酒后驾驶631起，醉酒驾驶5起，违法停车16930起，超速2789起，报废车5起。

【巡逻防控】 围绕“秩序好、发案少”工作目标，加强重点路段、重点部位和重点时段巡逻监控，加大可疑车辆、人员、物品盘查力度。继续推行机关民警夜间徒步巡逻制度，把警力摆在街面。盘查嫌疑人员3200人，检查可疑车辆1400辆，抓获各类违法犯罪嫌疑人125人，服务群众500人次。

【110报警服务】 共接公民有效报警、求助、投诉8650起，其中刑事警情481起，“黄赌毒”警情160起，火灾事故11起，交通事故2922起，自杀22起，纠纷1650起，公民求助1083起，走失寻人256起，其他636起。

【民调评警】 坚持入户走访和矛盾纠纷排查化解、治安巡逻防控工作相结合，促进公众安全感、人民群众满意度“双提升”。下半年，全县公众安全感指数97.2906%，比上半年上升2.02个百分点，排名从全省第78名前移至第34名，公安满意度进一步提升。

【窗口服务】 通过发放宣传单、现场解答等多渠道、多形式开展全方位“只跑一次”宣传活动。按“只跑一次”要求，投入100万元，为全县14个基层派出所建设14台免费自助照相机，在户政、出入境、车管等服务窗口建立便民支付平台，办证群众可通过银联卡、微信、支付宝等多种支付方式进行银联卡扫码支付。办理各类户籍业务27492人次，受理各类出入国（境）业务12202人次。

【监所管理】 落实各项安全管理制度，不定期开展监所安全检查，杜绝在押人员脱逃、自残、自杀和非正常死亡等问题的发生，确保监所绝对安全。看守所、拘留所结转126人，新收押807人，处理出所786人，其中投送监狱57人、刑满释放59人，转取保候审74人，行政拘留出所589人。

【法治工作】 共审核刑事案件552起，刑事拘留143人，其中逮捕117人；审核行政案件1422起，行政处罚922人，行政诉讼案件1起。组织执法培训3次，参训200余人次。

【公安宣传】 通过寻乌公安微博、“平安寻乌”微信公众号等新媒体，讲好“警察故事”，加强民警亲民为民的典型宣传，树立公安民警的良好形象，提升民警在人民群众心目中的知名度和满意度。共发布“双微”信息131期，发表市级宣传稿件18篇，发表省级部门以上媒体宣传稿件7篇。

【主要案例】 5月29日，侦破一起故意伤害致人死亡案，抓获犯罪嫌疑人钟某某。经查，5月29日晚，犯罪嫌疑人钟某添与受害人凌某某在长宁镇城北新村某商店内因琐事发生口角，而后双方发生对打，凌某某受伤害后因失血过多经抢救无效死亡。

7月16日，破获“7·11”长举村自来水蓄水池被投放危险物质案，抓获犯罪嫌疑人黄某某。

9月7日，破获系列盗窃案，抓获犯罪嫌疑人王某某（男，20岁），李某某（男，48岁），追回摩托车5辆、电动车1辆及被盗的钢筋、钢板等建筑材料，为群众挽回经济损失4万余元。

9月21日，抓获犯罪嫌疑人唐某某（男，51

岁)，带破2018年4月以来的10余起入室盗窃案，涉案价值3万余元。

(曾令培)

交通管理

【概　况】 县公安局交通管理大队围绕“压事故、保安全、保畅通”开展“路面交通秩序整治、事故预防、隐患排查、基础建设、宣传教育和交通违法行为专项整治”行动，有效遏制辖区重特大道路交通事故的发生。

【创平安畅通县】 城区交通秩序整治。联合城管局开展城乡环境秩序整治，对城区占道经营、占道卸货、机动车占用人行道以及机动车乱停乱放等交通违法行为劝导处罚，取得阶段性成效。设立高峰岗和护学岗，管控上下班、上放学高峰期交通，指挥、疏导学校周边、城区各路口交通秩序。完善城区标志标线，建成红绿灯绿波带1条，智能调整红绿灯配时4个，城区各主次街道新增30个违停高空抓拍摄像头、2个斑马线礼让行人抓拍摄像头。

【安全整治】 重点整治“酒驾醉驾毒驾、三超一疲劳、校车违法行为、客运车辆违法行为、危险品运输车、货运车辆超限超载”等严重交通违法行为。固定查纠与流动查纠相结合，查处各类交通违法行为68791起，其中，无证驾驶1012起、客车超员5起，货运车辆超限超载372起，改型改造177起，酒后驾驶780起，醉酒驾驶3起，违法停车17930起，超速2989起。

【隐患排查】 联合安监、交通运输、公路部门，排查全县道路交通安全隐患，治理道路安全隐患31处。

【管理创新】 事故处理工作中，依法办案，严格执法，公开办案程序和赔偿标准，严格事故责任认定。利用“交管12123”手机APP平台方便群众快速调解理赔；利用交通事故救助基金等，开展“一站式”服务，解决民事赔偿纠纷，全年行政调解1500余起，无上访事件。投入40万元，升级改造车管大厅，完善便民设施，实现“四个减免”“一窗通办”“一证通办”等综合业务办理。大厅内安装“证件自助拍照终端设备”“自助照相机”“自助业务办理机”“自助体检机”“语音叫号机”等科技产品，实现“数据多跑路、群众少跑路”；联合中国人民财产保险股份有限公司寻乌支公司成立“警保便民服务站”，直接在营业厅办理6年内免检非营运轿车、非营运小型和微型载客汽车(面包车7座及7座以上车辆除外)等机动车检验合格标志核发。投资300多万元，安装城区主要交通道路视频图像监控和交通违法抓拍、动态交通流量检测、交通诱导信息发布、智能交通管理、公安交通综合信息管理查询设备。投资30余万元建设事故中队道交一体化建设，快速解决民事纠纷赔偿，方便群众快速调解理赔。

规范驾驶人管理，严把驾驶证申请受理关、培训教育关、考试关，完善考试员资格认证、持证上岗制度。严格机动车管理，重点突出机动车注册登记和查验。严格审查车辆所有人提交的资料、凭证，查验发动机号、车辆识别号、灯光、制动等重要部件，落实“谁检验、谁签字、谁负责”制度。落实便民措施。办理业务的法律依据、办理程序、收费项目及标准、表样、业务范围、服务时限等在车管办证大厅公示。办理“五小车辆”上户5279辆，办理五小车辆年检32709辆，补换证1602人次，小车注册2395辆，大小车年检13171辆；办理五小车辆驾驶证3012人次，办理各类驾驶证补证换证等业务8615个，满分学习576人次。

【宣传工作】 利用县电视台、手机报、微信微博、手机短信等媒体，宣传各项专项整治行动情况、曝光辖区重点交通违法行为。发放宣传资料3万份，开展宣传活动30次。

(曾祥明)

消 防

【概 况】 县消防救援大队以加快大队营区硬件建设及队伍正规化管理为主线，围绕年度目标任务，狠抓两个经常性和社会面火灾防控工作，不断提高队伍正规化建设水平，圆满完成以灭火救援、消防监督执法为中心的各项任务，实现队伍内外“双稳定”。

大队被评为赣州市第五届文明单位，被省总队评为“2018年度安全工作先进单位”，被市支队评为“2018年度安全工作先进单位”，荣获全市队列会操第五名。陈天伟荣获全省优秀共产党员称号，龚学峰荣获全省政工岗位练兵公文写作第二名和全省政工岗位练兵案例分析第三名，朱仕林荣立个人“三等功”，宁程伟被评为全市消防部队“优秀共青团员”，王宁荣获全省后勤岗位实战化练兵知识竞赛第二名。

【政治建设】 大队党委把班子建设摆在核心位置，以总书记训词为指引，按照“对党忠诚、纪律严明、赴汤蹈火、竭诚为民”四句话、十六字总要求，发挥好班子的龙头作用，加强自身建设，当好总舵手、把好大方向。全体指战员思想稳定、士气昂扬，为全年各项任务有效落实提供坚强有力的思想政治保证。大队、中队先后受到总队表彰，一人荣立三等功，中队荣获“全县五四红旗团支部”，大队被评为全市文明单位。

【消防监督】 按照“党政同责、一岗双责”的要求，对消防工作任务和职责进行明确，形成多部门联合消防执法常态化，为乡镇一级免费配发灭火器，累计投入10万元，配发灭火器2800余具。抓实抓牢开展电动自行车、文物古建筑等专项治理工作，全县共约谈责任人和管理人15人。整治重大火灾隐患。县长杨永飞亲自牵头，花重金下大力气整治重大火灾隐患单位，寻乌县政府宾馆投入近200万元消除消防安全隐患。进行“会报警、会疏散、小火会用灭火器、大火会用消火栓”实操实训和“一警六员”培训及消防比武竞赛活动，累计培训合格人员6200余人。通过电视台、广播电台、户外LED屏和楼宇电视等媒介全天候进行消防安全提示警示性宣传；在小区和群租房等电动车隐患集中区域、场所，张贴电动车消防宣传海报4000余张，提升群众的消防安全意识和自防自救能力。

【应急救援】 接警194起，出动194次（含增援），出动消防车411辆次，消防人员2486人次，抢救被困人员11人，疏散人员122人，抢救财产价值335.6万元。同比2017年，接警起数上升了331.11%，出动次数上升了331.11%，出动车辆数上升了337.23%，出动消防人员数上升了290.27%，抢救被困人员数下降了26.67%，疏散人员数下降了35.45%，抢救财产价值下降了22.6%。

（胡江凤）

检 察

【概 况】 县检察院贯彻县委重大决策部署，为建设“活力、富裕、生态、平安”新寻乌提供司法保障。继续保持最高检的文明接待室荣誉；评为省第15届文明单位、保持市第9届文明单位；被市检察院评为目标考核先进单位，被市妇联评为“维护妇女儿童权益先进单位”；平安综治工作、生态建设攻坚、服务七大攻坚司法保障等工作被县委、县政府评为先进单位。

【扫黑除恶专项斗争】 成立扫黑除恶领导小组，组建专业化办案团队，建立提前介入侦查、联席会议、线索摸排管理、宣传教育等工作机制。按“有黑必扫、有恶必除、有‘伞’必打、有腐必反、有乱必治”要求，审查批捕涉黑涉恶案件5件8人，起诉1件6人。对2014年以来所办刑事案件、信访案件进行专项复查，从案件中深挖倒查涉黑涉恶和“保护伞”线索，梳理并移送相关线索17条。

【侦查监督】 受理提请批准逮捕案件 180 件 265 人，经审查批准逮捕 179 件 239 人，不批准逮捕 14 件 23 人，纠正漏捕 1 件 3 人；落实“两法”衔接，监督行政执法机关移送案件 3 件 6 人；监督立案 1 件 1 人，提前介入提出侦查意见 4 件，发出纠正违法通知书 5 份。

【审查起诉】 受理公安机关移送审查起诉案件 195 件 287 人，起诉 176 件 263 人，决定不起诉 19 件 24 人，移送法院的案件均作出有罪判决。履行刑事诉讼监督职责，维护社会司法公正，在审查案件中追诉 3 人、纠正漏罪 3 人；对公安机关侦查活动中的违法行为，提出书面纠正违法通知书 1 份；发出检察建议 12 件；提请出庭抗诉案件 1 件获得改判。深化公诉环节改革，全面开展量刑建议工作，提出量刑建议 153 件；邀请侦查、鉴定人员出庭作证 3 人（次）；加大公诉环节追赃，全年追缴赃款 100 余万元。

【未成年人刑事检察】 受理未成年人犯罪案件 15 件 39 人，批准逮捕 29 人，不批准逮捕 10 人；受理审查起诉未成年人案件 13 件 36 人，提起公诉 28 人，不起诉 2 人，附条件不起诉 6 人。建立未成年被害人“一站式”救助模式，对未成年犯罪嫌疑人开展帮教 40 人次、法律援助 41 人、心理疏导 21 人次，犯罪记录封存 6 人。

【刑事执行检察】 发出监管方面检察建议 1 份、纠正违法通知 1 份；对社区矫正人员进行了 4 次全面检察，未发现脱漏管现象；受理羁押必要性审查案件 10 件，立案审查 10 件，向办案机关发出羁押必要性审查建议书 10 份，建议强制措施变更为取保候审，采纳 9 件；核查被法院判处罚金或单处罚金缴纳情况，核对 72 人，共 285.65 万元，已缴 94.7 万元。

【控告申诉检察】 6 月，按高检院统一部署，对原来的举报中心进行改造，建成“12309”检察服务中心，开通“12309”热线电话，方便群众反映诉求。处理各类来信来访来电案件 47 件，及时进行处理或转相关部门处理，并答复案件当事人。受理刑事被害人救助案件 1 件 1 人，办结 1 件 1 人，发放救助资金 3 万元。

【民事行政检察】 受理审查各类民事行政监督案件 5 件，其中生效裁判类监督案件 1 件，受理审判违法监督类案件 2 件，受理督促履职类案件 3 件。向县法院提出再审检察建议 1 件，提出审判违法监督检察建议 1 件；向相关部门提出履职检察建议 3 件。

【案件管理】 受案 399 件，其中审查逮捕案件 178 件，一审公诉案件 207 件，未成年人特别程序案件 13 件，强制医疗案件 1 件；送案 407 件；入库涉案财物 208 条，出库涉案财物 207 条；制作电子卷宗 393 案 1036 册，制作率 100%；受理律师阅卷及办理事项 52 案，为阅卷律师免费提供光盘刻录电子卷宗 52 个；公开已生效法律文书 184 份，公开重要案件信息 56 条，公开程序性信息 587 条；撰写季度统计分析报告共 4 份；每季度统计通报领导干部办案情况；每月统计通报法律文书公开情况、检察官办案情况、检察监督工作案件化管理工作情况；每周统计上报流程监控工作情况。做好案件流程监控和案件质量评查，发出书面流程监控通知书 6 份，口头提示 11 份；开展案件质量评查 2 次，评查案件 136 件，形成案件质量评查报告 2 份。

【检察技术】 受理文证审查案件 106 件，出具文证审查意见 106 份，其中 7 件退补或要求重新鉴定被采纳，1 件改变了原鉴定意见，通过致伤方式鉴定意见作出不起诉决定 3 件。

【司法警察】 履行司法警察工作职责，做好警务保障工作。在“检察开放日”等重大活动及接访活动中，维护现场秩序与安全。

【生态检察】 确定生态检察“一院一品”水资源保护方案，充分运用刑事、民事、行政、公益诉讼等检察职能，强化生态环境的司法保护。打击破坏生态环境资源犯罪，依法批准逮捕 6 件 9 人、提起公诉17件22人；7月，县水利局设立检察工作室，共同开展水资源保护专项监督活动。建议行政执法机关移送案件3件6人，监督立案1件1人，督促关停涉事企业5家，取缔非法采砂点2个，督促水利行政部门征缴水资源费7万余元，发出检察建议2份督促生态领域行政执法机关履职。践行恢复性司法理念，引导涉案当事人履行生态修复义务，督促非法采矿、失火等相关案件当事人补植复绿2000余亩，协助林业部门收取补植复绿费用115.17万元。积极参与跨省跨界区域生态保护协作，会签《关于建立闽粤赣边生态保护区域协作机制的实施意见》，共同保护生态环境。

【公益诉讼】 聚焦生态环境保护、食品药品监管、国有财产保护等领域，做好民事、行政公益诉讼，维护公共利益。立案公益诉讼14件，发出诉前检察建议17件，采纳17件。如寻乌中电建新能源发电有限公司自2016年开始在寻乌县项山乡投建项山风电场，该公司在工程建设过程中，未严格落实水土流失防治措施，未将挖掘的土方运至规划存放区域，而是直接抛甩到道路下方，同时在山体进行爆破作业后未进行加固，环保、水保措施严重缺失，存在山体滑坡危险。7月，依法分别向该县水保局、环保局、项山乡政府发出公益诉讼诉前检察建议，建议各单位履行职责，消除安全隐患并恢复植被。上述单位收到检察建议后，积极采取措施，依法责令中电建公司开展补植复绿及环境整治工作。中电建公司共投入资金4000余万元进行生态修复工作，补植复绿70余万平方米。此案被评为全市检察机关“充分发挥检察职能、服务打好污染防治攻坚战”优秀案件。

（邝红槐）

法　院

【概　况】 全年新收案件2496件，审执结2653件（含旧存案，下同），同比分别下降9.8%和15.1%。一审判决案件上诉维持率（99.56%）、审结率（97.96%）、一审服判息诉率（94.24%）、民事案件一审简易程序适用率（83.43%）等主要指标进入全省第一方阵，居全市前茅。政工科获市法院授予集体三等功，罗云亮获市法院授予个人三等功，钟燕琴被市法院评为办案标兵，赖月生、潘春玲、邓腾腾获市法院嘉奖。

【刑事审判】 全年共收各类刑事案件178件，审结190件268人。维护公共安全和群众人身财产安全，审结故意伤害、交通肇事、盗窃等多发案件62件99人。审结贪污、渎职等职务犯罪案件2件2人。审结毒品案件8件17人，并处罚金49.4万元。依法惩处网络犯罪，审结何某根微信赌博、赵某斌等人网购配件制造枪支案2件。

【民事审判】 新收各类民商事案件1333件，审结1375件。参与乡村治理的经验做法，建立“三治”工作平台，推行“1256”巡回审判模式，促进矛盾纠纷多元化解。通过委托调解、指导调解和联合调解的方式，诉前化解矛盾纠纷217起，民商事案件调解撤诉率达43.08%。开展涉老年人案件专项治理，发布《关于提倡敬老孝老、打击不孝行为、防止因老致贫的通告》，整治不赡养老人及“儿女住新房好房、老人住破房”等现象，并对赡养、扶养、抚育类案件广泛开展巡回审理，弘扬孝老爱亲传统美德。常年发放《致果农果商朋友的一封信》、果品销售样式合同，开展“法制宣传、纠纷调处、法官服务进果园”活动，涉果纠纷逐年减少。

【行政审判】 保障行政相对人合法权益，新收行政案件20件，审结16件，服判息诉率87.5%。支持依法行政，保障全县重点工作、重大项目顺利推进，对行政机关申请的11件非诉案件裁定准予执行。注重行政争议实质性化解，联合法制、司法等部门力量，经协调促成和解撤诉2件。依法审理寻乌县首例低保行政诉讼案件，支持政府部门撤销不符合最低生活保障条件的罗某招低保待遇，保障国家救助资金准确合理使用。

【执行工作】 全年新收执行案件965件，旧存140件，结案1059件（含旧存），执结率95.84%（含终本），实际执结761件，实际执结率68.87%，执结标的5724万元。26项考核指标中大部分高于全省平均水平，总体质效位于全省中等偏上水平。集中法院人力物力，先后开展涉民生案件、金融利剑、风暴行动等各类专项执行行动，执行到位标的额1986万元。开通“执行110”，对新线索新举报实行无早晚无假日执行攻坚。主动对接公安、检察等职能部门，建立拒执案件“快移、快侦、快诉、快判”的“四快”机制，移送公安立案侦查拒执案件3件，判决2件。对擅自处置查封房产的被告人温某红依法判处有期徒刑一年六个月。纳入失信名单347人次，为176名失信被执行人强制定制失信彩铃。公布“老赖”名单126人次，浏览量达7万多人次，对失信被执行人形成强大威慑，有12人主动履行法律义务。运行“执行信息三推送”制度，定期向乡镇、有关单位、综治网格员推送被执行人信息，不定期向民政部门推送特困执行申请人信息。全年有6名失信被执行人被取消参选村“两委”、评先评优或报名报考资格。

【司法为民】 完成诉讼服务中心提档升级，构建“诉讼服务大厅、12368诉讼服务热线、收转发E中心”三位一体的诉讼服务体系，进一步提高人民群众的司法获得感。开展案件速裁工作，“短、平、快”化解矛盾纠纷178件，以较低的司法成本取得较好的法律效果。畅通诉求表达渠道，办理来信来访、接待群众咨询820人次，审查申诉案件3件、提起再审1件。为困难群众发放司法救助金15.27万元，缓减免交诉讼费21.8万元，彰显人文关怀。法官加入村务公开群，实现全县村组全覆盖，实时解答群众法律咨询、化解矛盾纠纷。

建立“法官e助理”平台，初步实现诉讼材料自动归目、案件信息自动关联、裁判文书辅助生成。档案数字化项目稳步推进，将有效解决“调卷难”“阅卷难”等问题。全面推开网上立案，目前已实现网上立案17件。推进留车法庭试点运用“在线矛盾纠纷多元化解平台”，邀请外出乡贤、律师等远程视频参与矛盾纠纷化解。

建立“五老人员”联系站，借助“五老人员”熟悉乡村民俗、具有较高威望等独特优势，邀请他们参与诉前调解。全年有192件涉及民生的矛盾纠纷得到妥善调处。全面铺开“法律大讲堂”，定期组织员额法官、群众身边人深入田间地头宣传法治故事，弘扬社会主义核心价值观。全年开讲12期，受众达3000余人次。公布2018年十大典型案例，向全社会传递司法正能量，促进遵法守法成为社会各界的共同追求和自觉行动。推进“两庭”规范化建设，留车法庭被评为全省“双达标”人民法庭。建设装修审判大楼，完成澄江法庭新建项目选址。

【司法改革】 按照上级法院部署，完成第二批员额法官遴选。优化绩效考核办法，对办案数量多、质量好的法官予以倾斜，激发内生动力，平均办案天数59.1天，同比缩短17天。坚持放权不放任，完善专业法官会议、审委会会议制度，构建全流程监控、全过程留痕的院庭长审判监督管理机制，确保审判权依法严格行使。稳妥推进内设机构改革，已向上级法院报送职能配置、内设机构和人员编制方案，确保如期全面完成。

开展“以审判为中心”的诉讼制度改革。对认罪认罚的51件75名被告人依法从宽裁判，敦促其积极悔罪、主动退赔。推进刑事诉讼繁简分流，轻微刑事案件实现快审快结。12月，办理寻乌法院首例刑事速裁案件，该案从立案到宣判仅用时3天。充分适用庭前会议、非法证据排除和法庭调查“三项规程”审理案件，推进刑事庭审实质化改革。11月，办理寻乌县首例侦查人员出庭作证案件。

（古慧琳）

司法行政

【概　况】 县司法局围绕“法治寻乌”“和谐寻乌”建设目标，坚持服务群众、服务发展、服务稳定，统筹推进各项工作，为维护社会和谐发展做出积极贡献，为打好全县“七大攻坚战”和加快创建“活力、富裕、生态、和谐”新寻乌提供优质高效的法律服务和法治保障。

县司法局社区矫正监管中心被赣州市司法局评为2017年社区矫正先进单位。县司法局被赣州市司法局评为2018年度全市社区矫正安置帮教工作先进单位。蓝晓明被赣州市司法局评为“全市优秀人民调解员”。廖建强被司法部评为“全国人民调解工作先进个人”。林芳、谢君、谢汪芬被省司法厅评为全省人民调解工作先进个人，廖建强工作室被省司法厅评为全省人民调解工作先进集体，廖建强被省司法厅评为全省最受欢迎调解员。

【扫黑除恶专项斗争】 发挥职能作用，参与扫黑除恶专项斗争。大力宣传扫黑除恶专项斗争，悬挂横幅20余条、印发《扫黑除恶应知应会知识》等宣传手册6000余份。加强黑恶势力线索摸排，各基层司法所、社区矫正中心、律师事务所深挖涉黑涉恶线索，排查线索。领导班子成员带头联系辖区内特殊人员群体，带头对特殊人员谈心谈话，梳理疑似线索。

【法治寻乌】 法治宣传教育办公室印发《关于深入学习宣传〈中华人民共和国宪法〉〈中华人民共和国监察法〉的通知》，在大力宣传《中华人民共和国宪法》《中华人民共和国监察法》的同时，组织全县领导干部参加《中华人民共和国宪法》《中华人民共和国监察法》法律知识考试，通过严肃考试纪律，达到以考督学、以考促学的目的。在全县各中小学开展“宪法宣传进校园 法治文明伴成长”主题宣传活动，普及宪法的基本知识，并用典型案例加以分析，深度解剖，引导学生了解宪法、尊崇宪法、增强法治观念。

举办“司法行政开放日”“小手拉大手”、有奖测评等宣传活动，发放宣传资料5万余份；开展大走访活动，发动机关干部、人民调解员、律师、基层法律服务工作者全员下沉，由局领导带队，分区域逐村逐户上门走访，开展面对面宣传，切实提升对司法行政工作知晓率和满意度，全县15个乡镇开展全覆盖大走访活动。

成立县普法宣讲团、农村“法律明白人”培养讲师团，乡镇成立普法宣传队，部门设立法制辅导员，学校聘请法制副校长和设立兼职法制辅导员，建立青少年法制教育基地、维权岗，吸纳县义工联合会、蓝天救援队义工等社会力量加入法制宣传志愿者队伍。抽调15名有经验的律师、公证员等法律服务专业人士组成“新时代传习所”普法宣传队。2018年以来，普法队伍协助参与公益性普法宣传、开展各类以案释法和法治讲座等活动60余次，成为开展法治宣传教育与法律服务的重要力量。

充分发挥文化底蕴深厚的优势，寓普法宣传于文化活动之中。春节前夕，县书法协会、楹联诗词协会利用城乡居民赶集购物的契机，书写普法春联达2000余副赠送给过往群众。全县共征集到法治小品、法治漫画、法治山歌等各种法治题材的文艺作品30余件，其中以刘富祥为代表的法治山歌已编印成册，发放给群众2000余册。

贯彻省、市实施农村“法律明白人”培养工程的决策部署，高度重视、迅速行动，建立推进机制，严格按照“列为对象、教育培训、素质测试、综合考察、上岗宣誓、签字承诺、颁发证书、登记造册”等八大流程培养，完成全年14294名普通“法律明白人”、355名“法律明白人”骨干培养的任务。

【人民调解】 依托矛盾纠纷多元化解机制，强化诉调对接，建立专业的诉前调解员队伍，拓展诉前调解案件类型，联合多方力量共同参与矛盾化解工作。积极调处县级重大矛盾纠纷，调解南桥黄塘拆迁纠纷、河角温泉死亡纠纷、留车雁洋拆迁纠纷、工业园区洛锡死亡纠纷等县级重大纠纷10起。基层司法所共接到诉调对接委派案件145件，调解102件，调解率为70%；各基层司法所共排查受理调处各类矛盾纠纷414件，成功调处380件，调处成功率92%。

首推“廖建强工作室”人民调解“八步法”，全县司法行政系统特别是各基层司法所均以此为办案基准，准确运用“听、问、看、记、查、析、调、结”这八个步骤，对八步法进行挂牌上墙，做到每个案件情况清、调查明、法律准、齐放心。推广运用“三统一”模式，即统一程序、统一格式、统一案卷，助推人民调解组织网络和“大排查大调解”工作机制的完善，同时加强与政法部门、综治力量的配合协调，加大对总结推广“廖建强工作室”调解经验的宣传力度。

立足自身职能，探索司法行政服务乡村振兴战略工作方法，拓宽服务领域，深化服务内容，提高服务水平，推进乡村自治、法治、德治“三治结合”，增强村民法治素养，依法化解矛盾纠纷，优化乡镇便民服务平台，为乡村振兴战略实施营造稳定和谐的社会环境。

【法律服务】 加强公证员、律师执业纪律和职业道德教育，组织公证员、律师深入学习《中华人民共和国律师法》《中华人民共和国公证法》及省市相关规定，提升依法执业、诚信执业、尽责执业意识，引导公证律师行业服务发展，服务民生，参与法律援助和公益服务。落实“双随机、一公开”监管制度，对公证处、律师事务所、基层法律服务所开展双随机抽查，强化执业监督职能。2018年，公证处创新体制改革为公益二类机构，共办理各类公证509件，其中国内民事公证445件，国内经济公证58件，涉台公证6件。

降低法律援助门槛，逐步实现法律援助低收入群体全覆盖。县法律援助中心整合法律援助团队，采取“点对点”“一对一”的结对帮扶方式，为寻乌县建档立卡贫困户提供针对性的专业指引，对移民搬迁、棚户区改造、工业园区建设进行延伸服务。建立健全首问负责制、岗位责任制等法律援助相关制度，通过延伸法律援助触角、铺设法律援助“绿色通道”、发放便民服务卡等措施，法律援助覆盖面更为广泛。建立法律援助值班律师库，实现全县范围内法院和看守所法律援助工作站全覆盖，全年共接待法律咨询案件1600人次，办理法律援助案件318件，完成法律援助年度案件任务。

在公共法律服务实体平台全覆盖的基础上，推进“互联网+公共法律服务”信息化建设，推进市“12348”公共法律服务热线建设。司法行政纵向业务网基本建成，已与社区矫正中心、各基层司法所对接，信息化工作有序开展。成立“公共法律服务质量回访中心”和“群众投诉受理中心”，受理投诉3起，电话回访500人次，加强法律服务行业监管，有效提升服务质量。完善县级法律服务平台，在乡（镇）建立法律援助工作站，在村（居）建立法律援助工作联系点，构建法律服务县、乡（镇）、村（居）“三级”网络，扩大法律服务覆盖面。

【特殊人群管理】 落实包帮教安置、包跟踪教育、包思想转化的“三包”责任，加强人员信息衔接，落实亲情帮教走访，强化无缝衔接管理，组织刑满释放人员和社区服刑人员参加大走访、“司法行政开放日”活动，扩大安置帮教和社区矫正工作的群众知晓度和参与度。衔接刑满释放人员64人，发放刑释人员接送工作补助经费和生活补助经费共89400元，远程会见预约申请135人次，远程会见81次，会见率为60%。

推进社区矫正改革。成立社区矫正工作突发事件应急处置指挥中心，建立社区矫正数据库与GPS定位系统一体化综合管理平台。使用社区矫正电子手腕管理和人脸识别系统，提升社区矫正工作信息化管理水平。接收社区矫正对象475人，按期解矫377人，终止社区矫正11人，在册在矫87人，实行GPS定位监管83人，无脱管、漏管对象。

【群众满意度】 2016年度、2017年度司法行政公众安全感满意度，连续两年排名全省后5位，被列为综治工作黄牌警告单位。坚持以问题为导向，通过抓实责任、抓严纪律、抓优服务、抓活宣传、抓强保障，有效提升公众安全感、群众满意度。群众满意度位列全市第9位，市综治委撤销综治工作黄牌警告。

（黄晓娟）

军　事

人民武装

【概　况】 县人武部坚持强军目标引领，着眼履行“六部”职能，紧扣应急应战主线，不断夯实基础，谋求发展，确保部队各项任务的完成和安全稳定。

【重要会议】 1月5日，召开全县党管武装和征兵工作会议。会议传达市党管武装工作会议精神，表彰党管武装先进单位和个人、征兵工作先进单位和个人。县人武部部长皮红杰讲评2017年全县党管武装工作，部署2018年党管武装工作。政委古春洪评2017年全县征兵工作，部署2018年征兵工作。县委书记柯岩松强调要站稳政治立场、巩固军政军民关系、认真履行职能使命，要求充分发挥先锋作用，巩固武装工作的良好局面，坚持依法治军，锻造出对党忠诚、善谋打仗、敢于担当、实绩突出、清正廉洁的武装队伍。

3月9日，召开全县民兵调整改革任务部署会。县人武部部长皮红杰分析县民兵调整改革任务重、时间紧、要求高的特点规律，明确民兵调整改革力量编成，就整组工作如何组织进行具体指导。政委古春洪围绕民兵调整改革任务提出抓好“五个落实”，推动全县民兵调整改革任务落地落实，确保如期全面完成调整改革任务。

8月13日，召开全县国防教育会议，赣州市委常委、赣州军分区政委陈庆阳作《坚持以十九大精神为指导，充分认清国发和军队建设现状及周边安全形势》国防教育课，全县县级领导、各乡（镇）行业负责人，全县专武干部、民兵连长共400余人参加。

【党管武装】 按照省军区、军分区统一部署，党委统一思想以上率下，学习贯彻习近平新时代中国特色社会主义思想、全面贯彻军委主席负责制，把思想统一到党中央、中央军委和习近平主席的重要决策上来，提升听党指挥、维护核心的思想觉悟。发挥毛泽东寻乌调查纪念馆、古柏烈士陵园等资源优势，引导大家追根溯源、饮水思源，保持艰苦奋斗、争创一流的精神状态。严格落实周五党团日活动制度，积极谈心交心活动，营造团结和谐、积极向上的内部氛围。部党委积极推动县委、县政府抓党管武装工作落实，认真落实党委议军、武委会和国动委会等制度，积极协调解决涉及国防后备力量建设的重难点问题，在人力、物力、财力上给予大力支持。解决战备设施建设、营院基础设施建设、房地产项目停偿等经费。开展“传承红色基因，担当强军重任”主题教育。按照军分区《关于开展“传承红色基因，担当强军重任”主题教育实施方案》明确的4个专题加强教育引导，专题学习教育贯穿全年、覆盖全员，4月下旬结合教育动员部署开展第一专题，6月结合“和平积弊大起底大扫除”活动开展第二专题，第三、第四季度结合党委中心组理论学习开展第三、第四专题，每个专题采取授课辅导、讨论交流、配合活动、检查验收、阶段小结等方法步骤进行。按照“连有支部排有小组、班有党员”的要求，建立健全民兵分队党团组织调整和完善机构，落实办公场所，结合民兵政治教育组织整顿、重大节日、纪念日活动等时机，对民兵预备役人员进行国防教育，组织专武干部、民兵营连长学生2000多人次。

【民兵整组】 围绕压减力量规模、优化结构布局、改进编组模式，着力构建基础队伍强大、基干力量精实的新型民兵力量体系。成立民兵调整改革工作领导小组，学习理解上级有关文电精神，由部领导带队深入15个乡镇和有关行业领域，详细了解常住人口数量及退伍兵、党团员分布、符合基干民兵条件未纳编人员等情况，摸清人员编制、年龄结构、文化素质等方面信息。在此基础上制定《民兵调整改革实施方案》，召开领导小组会议进行动员部署，按照“复转军人优先、专业对口人员优先、高学历人才优先、党员优先”的“四优先”原则进行优化编组，接受军分区的现地点验和检查考核。全县按节点落实民兵体检政考、调整配备人员、预建党组织、落实预征装备、配套完善场所等各项工作。

【专武干部集训】 5月，围绕征兵、整组、战备训练、国防动员、单兵队列、指挥口令等内容，组织全县专武干部开展集中轮训，提高专武干部业务水平和指挥能力。6月，组织专武干部到省军区和军分区进行专武干部集中轮训。11月，挑选优秀专武干部进行为期10天的强化训练，遴选专武干部参加军分区竞赛考核，成绩优异，其中教学法包揽全市前4名，专武干部邝小东综合素养列全市第一，专武干部曾小琳被军分区挑选参加省军区比武竞赛，被军分区评为“军事训练标兵”。

【征兵工作】 召开党管武装工作会议、全县征兵小组会议、县乡两级征兵工作推进会议，表彰先进、教育后进，增强各级兵役意识和责任感；利用专武干部例会、军政联席会议签署征兵工作责任状，推进征兵准备工作；协调县委、县政府出台寻乌县全日制大学生退役安置优待办法，实质性推动大学生入伍工作。对确定入伍的新兵通过召开座谈会、发放光荣牌、送上慰问金、挂上大红花、贴上红喜报、上门报喜等形式，营造了一人参军、全家光荣的浓厚氛围。针对大学和高中应届毕业生，开展“一对一”入户宣传；采取统一计划、集中训练方式，做实役前活动，打牢身体素质基础，端正预定入伍动机，提高入伍适应能力；开展新兵入伍后回访工作，加强与接兵单位沟通对接，掌握新兵入营后的各种表现，做好思想工作。建立廉洁征兵微信群、公布廉洁征兵监督举报电话和信箱，及时公示公开体检、政考和定兵结果，为应征青年提供公平、公正、公开竞争的良好环境。

8月23—29日，组织预定新兵役前训练，根据军分区统一部署，统一计划、集中训练，开展思想政治教育、队列体能训练活动，通过体验军营生活，感受训练管理氛围，打牢身体素质基础，端正预定入伍动机，提高入伍适应能力。

【军事安全管理】 落实国防动员部“三个一线要求”“百日安全活动”，以省军区督查通报和本级自查相关问题为导向，主动自查自评，使各项管理正规有序。落实党委安全形势分析制度。部长、政委带头进行安全教育授课，带队组织安全检查，把安全工作作为主要工程抓细抓实。坚持预防为主、教育为先，组织全体干部职工建言献策，营造人人讲安全、事事抓安全的浓厚氛围。剖析事故案例，强化安全底线意识。对照上级安全检查通报的问题，认领台账、举一反三、坚决整改。

【拥政爱民】 开展“进万家门、解万家难、结万家亲”扶贫活动，密切军民关系。帮扶54户贫困户脱贫。协调解决岑峰中小学附属设施建设资金48万元，捐赠岑峰中小学1.8万元，助学帮扶4500元。组织学校教师和学生过“军事日”，开展国防教育，增强师生国防观念。发挥人武部军地桥梁纽带作用，协调县农业银行和县直有关单位对全村15户贫困户金融扶贫，投入资金100余万元，建设岑峰村烤番薯厂，硬化进村公路，扩大茶叶、毛竹种植面积。

【停偿服务】 县人武装部按照上级的要求，成立县停偿服务领导小组和军地协调小组，制定停偿服务时间表，强势推进停偿工作，聘请银信评估公司进行评估，3次协调县委、县政府现场办公，经过与租赁方近1个月商谈，5月31日完成关停，7月底完成291万余元补偿，没有遗留任何债权债务的问题。

（陈铁刚）

武装警察

【概　况】 中国人民武装警察部队赣州支队执勤三大队寻乌中队（简称武警寻乌中队），于1983年4月重新组建，主要担负寻乌县看守所外围武装警戒、处理暴恐袭击、武装巡逻、武装押解和执行抢险救灾任务。

【思想建设】 把学习践行习近平新时代中国特色社会主义思想作为当前和今后长期践行的重大政治任务，深入学习、忠实践行、全面贯彻新时代习近平强军思想，打牢官兵听党指挥思想根基，确保坚定正确的政治方向，自觉强化“四个意识”，坚定“两个维护”，以听令而行的政治自觉和实际行动深学深悟、笃信笃行。学习党的创新理论。学习党的十九大精神、《习近平论强军兴军》《习近平强军思想学习纲要》、总队支队党委扩大会议精神等内容，领会精神内涵，不断提升理论素养。激发学习兴趣。针对战士接受能力、个性需求等方面的差异，从学文化、学知识、学表达开始，让大家学一篇著作，读一篇文章，明白一个基本道理。鼓励战士走上讲台，围绕教育内容讲心得、谈体会、传经验，交流所思所想、所感所悟，组织“最喜欢的一句话”“印象最深的一句话”“感触最深的一则故事”个人体会活动，在活动中将教育内容消化吃透，留下烙印。做好“一人一事”的思想工作。坚持安全员每日、思想骨干每周汇报人员思想和支部每月思想分析制度，把掌握官兵思想动态放在重中之重，认真做好“一人一事”的思想教育工作。运用各种载体，对思想有波动、训练压力大、生活不适应的战士，干部骨干及时靠上去，及时解难帮困，解开思想疙瘩。

【军事训练】 围绕“能打仗、打胜仗”要求，把提高履行使命任务能力作为工作的出发点和落脚点。严格按纲施训。严格训练秩序。周密制定训练计划，针对干部骨干专业特长，合理教学分工，把训练内容明确到每个课目、具体到每个小时、细化到每个动作，确保训练内容落实。在组训中始终把安全作为核心来抓，严格科学组训，按纲施训，不盲目蛮干，不随意降低训练标准，严格落实训练前对设施、器材、场地、参训人员进行安全检查和安全风险评估，在确保安全的前提下，稳妥推进中队训练质量的提升。激发训练热情。严格落实训练奖惩有关规定，开展“创纪录，当尖兵”活动，结合每周军事会操，周日利用点名时机对先进个人和先进班排进行表彰，将训练尖子，列为双争评比对象，释放出“训练有为、训练有位、训练有功”的强烈信号。

（刘乾宇）

人民防空

【概　况】 2018年，加强警报建设，开展应急指挥系统日常信息保障训练，组织一年一度警报试鸣；依法开展易地建设费征收、审批项目工作，完成一处人防地下室修建；参与政府“放管服”行政审批改革和政务服务专项治理行动，优化审批流程，规范审批收费，实行联审联批；加强人防宣传，制作宣传标语，发放宣传资料，发出宣传短信5万余条；人防应急救援指挥中心大楼竣工投入使用。

【通信警报建设】 每月与市人防办开展短波通信、视频会议、3G无线应急指挥系统等日常信息保障训练，及时处理联通中出现的问题。9月18日，组织一年一度警报试鸣，鸣响率和音响覆盖率均达到100%。

【人防工程审批及征费管理】 参与政府“放管服”行政审批改革和政务服务专项治理行动，优化人防审批流程，厘清证明材料，精简审批环节，规范审批收费，实行联审联批。

【人防宣传】 在“3·1”国际民防日和“5·12”全国防灾减灾日期间，制作宣传标语，发放宣传资料，浓厚人防宣传氛围。制定《寻乌县人防办防空警报试鸣方案》《寻乌县人防办防空警报试鸣工作实施计划》，“9·18”警报试鸣日，发出人防宣传短信5万余条，在寻乌二中举行警报试鸣演练、防空知识竞赛及《勿忘国耻　振兴中华》主题班会、演讲、征文比赛等。征订2600本《中学生防空防灾知识读本》，免费提供给城区各中学开展人防知识普及教育。

（谢福秀）

经济管理

宏观经济管理

【概　况】 2018年，全县经济和社会发展主要指标全部完成。根据寻乌县实际编制有关专项规划和乡村振兴总体规划。向上级申报和争取项目资金。加快已开工项目施工进度。针对本年度新开工项目多，采取落实领导责任，压实部门责任，倒排工期等措施，每月调度工程进展，确保工程按时完工。加强对与群众日常生活相关的水、电、气、教育等收费监管，查处价格违规违纪案件。2018年被省委、省政府授予第十五届江西省文明单位。

【计划执行】 2018年，全县经济平稳运行，稳中有进；主要经济指标都已完成，经济总量不断壮大。全年完成生产总值78.9亿元，同比增长9.3%，其中，一产完成增加值21.18亿元，同比增长4%；二产完成增加值24.24亿元，同比增长8.7%；三产完成增加值33.49亿元，同比增长13.1%；第一、第二、第三产业结构比由上年的29.3∶30.1∶40.6调整为26.8∶30.7∶42.5；财政总收入9.1亿元，同比增长13.7%，其中一般公共预算收入5.7亿元，同比增长17%；规模以上工业增加值同比增长9.1%；实际利用外资2676万美元，同比增长10.1%；固定资产投资11.3%；社会消费品零售总额21.88亿元，同比增长10.0%；城镇居民人均支配收入26237元，同比增长9%；农村居民人均可支配收入10599元，同比增长12.5%。

【规划与项目编制】 在认真调研和广泛论证的基础上，编制出《2018年寻乌县国民经济和社会发展计划（草案）》并经县第十八届人民代表大会第三次会议审议通过。完成《寻乌县耕地河湖休养生息规划（2016—2030）》《“十三五”政法基础设施建设规划》《寻乌电动汽车充电基础设施建设专项规划（2017—2030）》《寻乌县乡村振兴总体规划（2018—2022）》草案。组织牵头各乡镇、各单位进行项目开发与申报。围绕着县委、县政府提出的基础设施攻坚、生态环境攻坚等“七大攻坚”的内容，共包装储备121项目，涉及交通、生态环境、城市建设、农业农村、旅游和教育卫生等。项目总投资379.95亿元。根据包装储备的项目，有重点、有针对性地向省、市发改委汇报沟通，争取项目资金早日到位、早开工、早见效。全年共向上争取各类项目资金36.7亿元，其中县发改委争取上级资金8629万元。

【重点项目建设】 2018年，寻乌县列入全市重点调度建设项目两个，分别是东江源温泉养生小镇项目和埃尔空压机及精密铸造项目，两个项目总投资24亿元，年计划完成投资8亿元，全年实际完成投资10.64亿元，占年度投资的133%。县级基础设施建设重点调度项目25个，总投资114.32亿元。其中，交通项目S458（南桥—吊神排）公路、G236（县城—虎石段）建成通车，公路建设“三年行动计划”如期完成。水利工程中的太湖水库如期下闸蓄水，黄坑水库、青龙岩风景区供水工程已完工。项山甄风力发电场30台机组并网发电。新能源汽车充电桩建设任务在全市率先完成。天然气省网长输管线（会昌—寻乌段）于8月开工建设。中央苏区弱覆盖补点建站项目已完成，56个行政村超高速无线局域网点试点项目完成设备安装，并开始运行。光伏扶贫项目覆盖全县所有行政村（居），已并网总装机容量38910.99千瓦，其中户用屋顶光伏发电设备538户计2690千瓦、户用集中安装光伏电站874千瓦（其中有201户、装机1005千瓦为建档立卡的贫困户），村级电站（含联村电站）229个容量35346.99千瓦。在全市一年一度的“六大攻坚战”流动现场会项目评比中，寻乌在全市的排名从13名进位到第9名。

【收费与价格管理】 4月，县物价局印发《关于调整寻乌县殡葬基本服务收费标准的复函》；6月，县物价局会同财政、住建向县政府报送《关于提请县政府常务会议审议〈寻乌县污水处理费征收标准调整方案〉的请示》，经县政府讨论通过后执行；11月，印发《关于加快推进建制镇居民生活用水阶梯水价改革工作的通知》，启动建制镇居民生活用水阶梯水价改革工作，经过成本调查、召开座谈会、价格公示等程序，12月，经县政府讨论通过后执行。加强日常管理，回应社会关切。2月，县物价局会同县教育局转发市教育局、物价局《关于规范全市中小学（幼儿园）2018年春季学期收费工作的通知》；5月，向市物价局报送《关于寻乌项山108兆瓦风电场风力发电上网电价的请示》；7月，印发《关于寻乌县青龙岩景区门票问题的答复》，对江西青龙岩旅游开发有限公司关注的问题进行解答；8月，会同县教育局、县财政局印发《关于下达寻乌县2018年秋季中小学（幼儿园）收费项目和标准的通知》；9月，根据县领导的批示，对寻乌县的建筑材料进行价格调研，并向县委、县政府报送《寻乌县公路建设建筑材料价格调查工作情况汇报》；12月，召开农村道路客运票价费率调整意见征集座谈会，向县政府报送《关于调整我县农村客运基本运价的请示》，同月，会同县教育局、县财政局，向市物价局、市教育局、市财政局报送《关于核定寻乌第二中学第六栋学生公寓收费标准的请示》。

【价格监督与服务】 全年共受理价格举报案件5件，并予调查处理。加强对与群众日常生活关系密切的水、电、气、医疗、教育、房地产等重要民生价格及其延伸服务收费的监管。3月，单独或配合市价检局对寻乌中学、寻乌二中、供水公司、人民医院、殡仪馆、四家房地产开发公司等单位和企业进行检查。重大节假日重点对商场超市、农贸市场、旅游景点、楼盘车站等经营场所进行巡查，检查落实明码标价和价格公示情况，打击价格违法行为。全年共查处价格违法案件9件，实施经济制裁101.5万元。为涉案、涉税、涉纪做好价格的认定，以及为司法、行政和纪检部门仲裁价格案件，调解价格纠纷提供依据。全年共受理价格认定案件242件，案件标的金额165.98万元。5月，物价局价格监测认证中心对污水处理费收费标准的调整进行成本监审并出具报告；11—12月，对全县建制镇居民生活用水价格进行成本调查。

（黄志强）

统　计

【概　况】 2018年，做好全县经济社会发展各项数据统计、分析和预测，上报统计调研文章，建成经济普查与经济决策平台，为县委、县政府决策提供参考。开展统计法宣传，查处统计违法案件。完成经济普查阶段性任务。被省统计局评为全省统计工作先进集体、被市统计局评为全市统计工作先进集体。

【统计服务】 搜集整理全县经济社会发展各项统计数据信息，加强统计分析预测，准确掌握经济运行规律，紧贴县委、县政府中心工作，密切关注经济社会运行中存在的问题，全面、准确、及时反映全县经济和社会发展现状和趋势。全年编印《寻乌统计》《统计专报》共33期，编印《寻乌统计提要》《寻乌经济动态》《寻乌工业月度快报》等统计资料共21期。统计调研文章得到县委、县政府主要领导的肯定，并作出批示30批次。撰写季度经济运行调研报告3篇，其中第三季度的经济运行调研报告在全市获得第2名。上报统计工作信息130余篇。寻乌县经济普查项目管理平台和经济决策分析平台建成并开始运行。该平台的建成在全省乃至全国率先实现统计数据平台管理。定期运用微信公众号发布和发表全县经济指标数据和统计信息分析等，让广大群众知晓全县经济运行的情况。

【统计执法监督】 加强统计法制宣传，举办统计法学习培训班。在县政府常务会议上专门组织学习《中华人民共和国统计法》《统计法实施条例》《统计违纪违法责任人处分建议办法》等相关法律法规。并利用9月20日统计开放日活动和寻乌统计公众号进行统计法宣传，提高依法统计意识。配合县纪委监委重点对乡镇、厂矿企业开展统计执法检查。严肃查处统计违法违规行为。全年共立案查处统计违法案件6件，其中迟报数据4件，拒报数据2件。

【经济普查】 经全县普查工作人员共同努力，经济普查已圆满完成单位清查和编码阶段的各项任务。全县底册单位数6951户，已核查清查单位数6591户，核查率为100%，审核通过率100%。个体户底册单位数13906户，已清查个体户数13906户，占底册比率为100%，审核通过率100%。全县清查单位数4342户，其中新增293户，高于同类县（市）。

（邝松涛）

审 计

【概　况】 2018年，县审计局共完成财务收支、经济责任审计项目11个，完成专项审计项目2个，审计发现违规问题金额912万元，管理不规范金额2120万元，提出审计建议43条；完成政府投资性工程审计项目381个，送审金额73805万元，核减工程造价2017万元；提交审计专题报告、综合性报告和信息简报8篇；在国家、省、市、县各级宣传平台刊登信息31篇。

【预算执行审计】 加强对财政资金的监督，重点对县本级财政预算执行和其他财政收支情况中预算的编制、执行、资金管理进行审计。查处违规金额351万元，提出审计建议6条，规范财政收支行为。并向县人大常委会作审计报告以及问题整改落实情况的专题汇报。

【经济责任审计】 根据领导干部管理规定，对8个单位8位领导干部进行经济责任审计，对澄江镇领导干部自然资源资产开展离任审计，核实被审计领导干部所在单位财务收支等情况，为组织部门选人用人提供参考依据。

【基建工程预决算审计】 按建设资金的流向，抓住招标文件、招标控制价、合同、资金使用等关键点，突出对重点领域和重点建设项目的审计，全年共完成政府投资性工程审计项目381个，送审金额73805万元，核减工程造价和节约财政资金2017万元；如对太湖水库移民进城进园项目、石排废弃稀土矿山综合环境治理项目等大型项目的审计，节约大量建设资金。同时，加强对全县社会中介机构工程结算审计的管理，对结算审计结果进行抽审，对发现的问题及时督促整改，健全相关管理制度。

【交叉审计】 根据市局的安排，派出审计组先后对安远县安居工程保障性住房政策落实情况进行跟踪审计；对安远县政府性债务情况，按照“逐笔、逐项、见人、见物、见账”的原则，对该县债务进行核实、甄别审计；派出3名审计人员参与全省2018年民生资金项目审计，以及参与全市公共卫生资金专项审计，重点审计公共卫生专项资金政策落实和执行情况。

【专项资金审计】 对县教育部门预算的执行情况和教育专项资金使用情况进行审计，审查出基建投资管理不规范、超标准收费等问题。对文峰等八个乡镇进行扶贫、"河长制"专项资金开展审计，并采取"巡察＋审计"的方式，查出套取、超付工程款、工程管理不规范和项目安排不精准等问题，共收回套取、骗取和超付的扶贫资金43万元。在对县城市投资经营集团有限公司及其所属六大投融资公司经营情况和财务状况的审计中，按照"摸家底、揭问题、促发展"的要求，审计发现在管理运营中存在出借资金手续不规范、资金回收慢、风险防控意识弱等问题，并向县委、县政府提交专题审计综合报告，引起主要领导的高度重视和充分肯定。

（谢越圣）

市场监督管理

【概　况】 2018年，深化"多证合一"商事制度改革，推行"双随机、一公开"企业监管方式。加强商品质量监督和抽查检测。联合教育、城管等部门整治校园周边食品摊点。开展节日市场监管，查处违法经营行为，维护消费者权益。

【服务市场主体】 持续推进商事制度改革，推行简易注销登记改革。简化个体工商户转型升级办理材料。实行审批事项"容缺受理"。6月，新增15项涉企证照备案事项，"多证合一"改革为"三十九证合一"。从1月起，实行注册登记"一人审核"制，改变以往登记注册"一审一核"的办理流程，简化办事程序，缩短审批时限，办结时限由原来的3个工作日，缩短为2个工作日。实行网上注册登记服务改革，推进企业登记全程电子化，推广"微信办照"和电子营业执照。推行企业名称、住所（经营场所）、经营范围（前置审批事项除外）自主申报。至10月底，全县共办理企业无纸全程电子化设立222户，通过企业名称自主申报14户，办理市场主体住所（经营场所）自主申报2户。

截至2018年10月，全县共有各类市场主体19635户，注册资本（金）170.96亿元，从业人员91473人。其中个体工商户15039户，从业人员36261人，注册资金17.59亿元；私营企业3490户，从业人员41054人，注册资金100.58亿元；农民专业合作社872户，成员14158人，总出资额25.88亿元；内资（非私营）企业234户，注册资本26.91亿元。

2018年寻乌县个体工商户一览表

表11

行业分类	期末实有			其中本期登记		
	合计					
	户数（户）	从业人员（人）	资金数额（万元）	户数（户）	从业人员（人）	资金数额（万元）
合　计	14527	34970	175164.15	1766	4661	35146.08
农、林、牧、渔业	419	1402	20369.8	48	192	3848
农、林、牧、渔服务业	25	85	854.5	2	8	115
采矿业	8	36	201	3	10	119
开采辅助活动	1	10	10	0	0	0
制造业	282	1281	7588.28	110	606	3681.5
金属制品、机械和设备修理业	1	2	10	0	0	0
电力、热力、燃气及水生产和供应业	54	182	5720.5	3	13	248

续表 11

行业分类	期末实有 合计			其中本期登记		
	户数（户）	从业人员（人）	资金数额（万元）	户数（户）	从业人员（人）	资金数额（万元）
建筑业	20	56	338	4	12	170
批发和零售业	10771	24312	105110.18	1011	2334	14981.48
交通运输、仓储和邮政业	33	133	5959	6	19	5033
住宿和餐饮业	1256	3134	12822.01	320	770	3409.9
信息传输、软件和信息技术服务业	83	179	820.88	14	30	274
金融业	0	0	0	0	0	0
房地产业	0	0	0	0	0	0
租赁和商务服务业	26	76	984	7	25	602
科学研究和技术服务业	1	5	1.5	0	0	0
水利、环境和公共设施管理业	0	0	0	0	0	0
居民服务、修理和其他服务业	1515	3966	13860.5	229	605	2446.2
教育	2	6	20	0	0	0
卫生和社会工作	33	82	395.5	3	7	23
文化、体育和娱乐业	24	120	973	8	38	310
其他	0	0	0	0	0	0

2018 年寻乌县私营企业一览表

表 12

行业分类	期末实有				其中本期登记			
	户数（户）	投资者人数（人）	雇工人数（人）	注册资本（出资金额）（万元）	户数（户）	投资者人数（人）	雇工人数（人）	注册资本（出资金额）（万元）
合计	3508	5014	36066	1022076.95	748	897	6555	178840.58
农、林、牧、渔业	586	871	5928	268057.51	72	111	516	29586
采矿业	30	60	229	17320	9	18	54	9500
制造业	389	634	10079	237104	135	179	2709	50936
电力、热力、燃气及水生产和供应业	124	317	1111	45749.31	10	18	107	2254
建筑业	355	161	3294	42391.9	129	43	826	7664.9
批发和零售业	1181	1763	8532	185440.55	204	274	1090	30987
交通运输、仓储和邮政业	91	151	913	19936	11	15	45	1130
住宿和餐饮业	60	104	740	24123	9	13	158	4760
信息传输、软件和信息技术服务业	101	156	640	12563	36	57	238	4479
金融业	23	7	201	2500	0	0	0	0
房地产业	70	115	525	58472	13	17	79	9010
租赁和商务服务业	189	268	1086	44217	52	72	259	16341
科学研究和技术服务业	69	76	854	22793.88	17	18	159	5191.88
水利、环境和公共设施管理业	35	40	453	12762	3	3	19	150
居民服务、修理和其他服务业	120	176	837	13655.8	17	18	106	882.8
教育	33	45	238	3687	7	10	34	620

续表 12

行业分类	期末实有				其中本期登记			
	户数（户）	投资者人数（人）	雇工人数（人）	注册资本（出资金额）（万元）	户数（户）	投资者人数（人）	雇工人数（人）	注册资本（出资金额）（万元）
卫生和社会工作	4	4	32	1809	1	1	2	3
文化、体育和娱乐业	48	66	374	9495	23	30	154	5345
其他	—	—	—	—	—	—	—	—

【企业监督管理】 加强企业事中事后监管，推行“双随机、一公开”监管方式，推进企业年报和信息公示工作。建立企业信用信息公示监管警示系统，进一步扩容企业信息，使市场主体违规经营者“一处失信，处处受限”，同时，让诚信经营企业受益。截至 2018 年 6 月 30 日，全县 2017 年度应报企业 3195 户，已报 2990 户，公示率达 93.58%；应报农民专业合作社 771 户，已报 758 户，公示率为98.31%；应报个体工商户 13970 户，已报 13956 户，公示率 99.90%。推进涉企信息归集共享工作，至 11 月 7 日，全县警示系统数据录入合计 6613 条，其中，行政许可信息 2698 条，抽查检查 497 条，信用承诺 2964 条，行政处罚信息 242 条，荣誉信息 52 条，抵押登记信息 10 条，小微企业扶持信息 150 条。联合惩戒工作不断深化，经营异常名录企业 325 户，严重违法失信企业 39 户，限制“老赖”任职 20 人次。

【市场监督管理】 开展合同格式条款监管以及流通领域产品质量监督抽查。2017—2018 年共对 30 批次成品油、6 批次石油液化气、5 批次钢筋、40 批次化肥、4 批次家用小电器、3 批次电线电缆、2 批次板材、2 批次手机、2 批次纸尿片进行抽检。做好执法办案工作。2017—2018 年度共立各类案件 219 起，已结案 219 起，案件罚没款 287.6824 万元。全县有效商标注册量达 938 件。对房地产市场、非法集资、网络广告、养生机构等 226 处各类广告进行检查，查处违法虚假广告。

【食品药品安全监督】 为迎接国家教育督导评估“迎国检”工作，联合教育、城管、综治等部门对学校食堂及周边食品开展安全检查，专项整治校园周边的“五毛食品”（即伪劣食品）等。对各中小学食堂负责人进行食品安全知识培训，并对学校食堂农副产品、餐饮食品进行抽检，共抽检 1336 批次，合格率达 98.7%，达到 4 批每千人任务。继续推进中小学食堂“洁厨亮灶”工程，全县中小学食堂“洁厨亮灶”达到县级示范单位的有 34 家、市级的有 8 家、省级的有 2 家。开展“放心肉菜超市”创建活动。以县城“亿多超市”“万家联华超市”为示范，落实超市食品安全主体责任，严把肉类、蔬菜、副食品等农副产品的入口关。发放食品药品宣传资料 3 万多份，发放宣传围裙 3000 多条。全县已办理食品经营许可证企业有 1452 家，办理小餐饮小食杂店登记证的 507 家。推进食品加工小作坊、小餐饮、小食杂店、小摊贩食品经营登备案管理，抽检酒类小作坊生产的米酒、黄酒 15 批次，白酒 23 批次。加强对野生毒蘑菇防控宣传，在县有线电视台长年播放宣传广告，散发宣传资料 2.4 万余份。

【商品质量检测】 开展“5 · 20”世界计量日宣传，以“民生计量”为重点，对加油机、衡器、压力表、血压计、砝码等与群众生活关系密切的计量器具检定，共检定各类计量器具 1452 台（件），其中，加油机 103 枪，血压计 261 台（件），压力表 224 台（件），衡器 842 台（件）。加强对药品监督检查。完成快检 120 批次，抽检 48 批次，其中中药饮片 11 批次。共上报药品不良反应（事件）368 例，其中新的严重的药品不良反应 98 例，药物滥用 40 份，未发生重大药害事故。

【消费者权益保护】 开展天天“3·15”诚信连万家、诚信大传递签名活动。在城北广场有60多名企业代表、个体工商户前来签名，并作出诚信经营承诺。在“3·15”期间，散发宣传资料15000多份，解答咨询300多人次，受理消费投诉2件。全年共受理消费投诉150件，调解成功114件，挽回消费者损失17.13万元。加强网络市场的监管。出台《寻乌县网络市场监管部门联席会议制度》，增强部门之间对网络消费市场的监督。开展“2018网剑行动”。全县共有网络平台、网店74户，亮照亮标72户；全年实地检查网站、网店经营74个次，立案查处网管案1件，作出罚没5万元。与浙江省余杭区市场监局签订网络交易监管跨区域协作协议，加强横向协作监管。

【特种设备安全】 全县有特种设备使用单位75家，设备总数296台，其中，锅炉12台，压力容器56台，电梯261台，起重机11台，厂内专用车辆41台，压力管道1614米。强化特种设备安全监管。落实特种设备安全使用单位主要负责人为第一责任制人制度，按照风险等级越高、监管越严格的原则，采取现场检查、约谈、挂牌督办、安全诚信“黑名单”等分类监管措施，“倒逼”企业落实安全主体责任；对特种设备监控单位、重点设备，包括专用电梯、压力容器等开展全面检查，按照“全覆盖、零容忍、严执法、重实效”的要求，深入开展“打非治违”专项行动，全县未发生一起特种设备安全事故。

（潘　刚）

国土资源管理

【概　况】 实施“灾毁园地”土地开发整理项目。争取用地指标，满足棚户区改造、公路等重点项目建设用地。收回批而未建用地和闲置土地。继续拆除农村“空心房”，超额完成棚户区改造任务。查处违规违法用地行为。积极应行政诉讼案件。被国土资源部评为2018年度行政复议应诉先进单位。评为全县城镇建设攻坚第2名、争资争项综合先进奖、争取非普惠制项目资金超额完成任务奖、争取重大项目和重大政策贡献奖、服务土地房屋征收工作先进单位、社会治安综合治理及平安建设工作先进单位、服务“七大攻坚”先进行政审批及服务部门、“河长制”工作先进县直责任单位。

【耕地保护】 全年共立“灾毁园地”土地开发项目15个，面积11167.27亩；当年实施10个项目，共计7809.967亩。其中，有4个项目通过验收，新增耕地2214.4947亩。在实施增减挂钩试点项目中，充分挖掘农村建设用地潜力，统筹和优化城乡建设用地布局，年内第一期增减挂项目通过验收，验收面积270.81亩，其中新增耕地240.48亩。按照“政府主导、国土搭台、部门合作、公众参与”的工作机制，加大土地整理项目实施力度，推进高标准基本农田建设，配合农粮部门，完成2011—2016年度7.2272万亩高标准农田的上图入库工作。

【土地审批】 为保障2018年全县重点项目用地需求，充分利用用地区位调整的政策，积极向上对接沟通，共向省政府申请六个批次的区位调整，涉及面积328.75亩。努力争取用地指标，全年争取项目用地372.94亩，满足棚户区改造、工业园区建设和青龙岩旅游开发等重点项目建设用地需求。对寻乌至龙川（广东）高速公路（江西段）等6个建设项目进行用地预（初）审，预（初）审面积4087.506亩，其中寻乌至龙川高速占用永久基本农田计划方案和土地利用总体规划修改方案通过省、市国土部门审查，并报自然资源部预审。严格农民建房审批备案，制止占用基本农田建房。全年共对211宗农民建房进行备案。

【土地利用】 全年消化批而未用土地85宗，核定消化面积3182.77亩，批而未用率23.81%，批而未用土地总面积从年初的5905.64亩下降到

2722.87亩，批而未用率从51.64%降至23.81%；消化周期从年初的6.2年降至2.8年，下降2.9年，下降率居全市第一。对闲置土地和低效用地制定处置计划和时限。其中，对南京督察局所督察的两宗土地，责成业主开工建设，土地闲置现状已消除。对寻乌新舟稀土冶炼（厂）有限公司的83亩和寻乌圣维实业有限公司的30.6615亩低效用地作出收回处置。继续推进农村“空心房”整治。全年共拆除“空心房”274万多平方米，修缮加固农房15.6万多平方米，开发利用乡村旅游民房1.6万多平方米，开发建设农村公益设施2万多平方米，百分百完成市里下达的“空心房”整治任务。

【不动产登记】 下发《寻乌县不动产登记“一窗受理，并行办理”工作实施方案》，切实解决窗口办理人员慢作为、不作为等方面的问题，提高办事效率。申请人在办证大厅一次性办完申请事项。印刷《办理告知单》2万册，内容涵盖政策解读、咨询服务等。全年完成不动产登记7286件，其中，产权登记3082件，抵押等不动产证明类4204件。同时出具各类证明查询689份；配合司法机关查封106件；受理山林纠纷案件88件，并参与调处34件；接受咨询3000件次。

【土地市场】 2018年，共招拍挂出让土地43宗，出让面积1452.492亩，成交总价款69446万元。其中，经营用地11宗，面积315.174亩，成交总价款62830万元；工业用地32宗，面积1137.31568亩，成交总价款6616万元。

【地籍管理】 启动全省第三次全国土地调查工作。落实土地调查经费612万元，自然资源统一确权登记工作经费663.58万元，为土地调查前期工作做好准备。推进房地一体化工作。已完成农房外业调查测量，共调查测量农房91743栋，占任务数的117.62%，调查面积1495.9万平方米。同时开展房地一体不动产的颁证试点工作。为试点村吉潭镇圳下村井辰下组农户颁发证书38本。

【土地执法监察】 加大土地管理宣传，在“4·22”世界地球日，“6·25”全国土地日等时段，在街头设立咨询台，向群众散发宣传资料8500份，接受群众咨询80余人（次）。建立土地执法监察的长效机制。全年共查处违法占用土地的案件4宗，涉及面积29.52亩，作出罚款63041元。加大巡查力度，先后及时制止土地违法行为21起，拆除“两违”建筑1864平方米。加强土地卫片执法监督检查。在2017年全县土地卫片监测中，共有图斑102个，总面积5862.4亩，其中，耕地1457.06亩，基本农田212.88亩。对102个监测图斑进行实地核查，查清每个图斑的地类、范围、权属和面积等情况，对所有图斑是否合法作出研判，并收集整理用地等各方面资料，为数据的录入填报做好准备。对G236（县城至菖蒲虎石）公路48.1亩违法用地进行查处，及时纠正县公路局边报边用地的做法，并及时向省国土资源厅汇报沟通，使该路段改造项目的建设用地获得批复。做好群众来信来访和“12336”违法违规举报电话的受理。全年共接待来人来访17人（次），调处信访案件2件（次），“12336”微信举报平台15件（次），受理行政复议案件1件，行政诉讼案件11件，并及时进行调查处理和依法解决。

【土地房屋征收】 土地房屋征收管理办公室（以下简称为“征管办”）2018年正式运行。在土地房屋征管中，聘请律师团队指导征收方案制定、流程设计、开展法律咨询、法律服务等，先后制定棚户区改造和土地征收安置方案等15份。全年共征收土地11817亩，房屋112600平方米；依照土地房屋征收经费包干测算的办法，为15个乡（镇）30个重点建设项目，共核拨征收补偿资金3.3亿元，有力保障全县“七大攻坚”重点项目建设用地的需求。当年完成的土地房屋征收主要项目有：文峰乡长举村西片区棚户区，长宁镇水角流自然村368户棚户区（含城中村）改造项目；县道叶屋（澄江镇）至甲子乌（三标乡）改造项目，全长17.4千米，征用土地1048亩，征收房屋4810.27平方米，拨付补偿资金3509万元；吉潭至蕉公坳（项山乡）道路拓宽改造项目，全长6.75千米，征用土地152.37亩，征收房屋1644.7平方米，拨付补偿资金1025.4万元；胡屋（三标乡）至清平（水源乡）道路拓宽改造项目，全长13.2千米，征用土地343.8亩，征收房屋1645.6平方米，拨付补偿资金1145.2万元；文峰乡上甲村生态修复工程项目，征用土地500亩，拨付补偿资金2000万元；南桥镇青龙岩风景区（温泉开发项目）征用土地277亩，拨付补偿资金1537万元。拆除7.5万平方米果品仓储库以及文峰钢铁厂、新舟稀土有限公司等停产停业企业的征收回收工作。

【征收诉讼案件】 在土地房屋征收中，参与征收的县乡村干部耐心细致地向群众讲解政策和征地标准，取得绝大多数群众的理解和支持，全年妥善化解各类征收纠纷10起。由于2017年全县共征收土地2.2万亩、征收房屋32万平方米，征拆面积超过前5年总量的2倍多。因此，也有少数被征收户拒绝在征收协议上签字，以走诉讼道路的途径解决土地房屋被征收的问题。2018年，被征收户共发起行政诉讼案件64件，其中，文峰乡长举村东侧棚改维权户21户发起行政诉讼案59件、新罗村新东大道棚改维权户发起行政诉讼案件1件；长宁镇中山西路维权户发起行政诉讼案件3件；三标乡“两个半村”（即土岭村、东江源村和长安村半个村）移民搬迁维权户发起行政诉讼案件1件。县征管办牵头相关部门及律师团队积极做好应诉工作，64件行政诉讼案件以政府方获得胜诉而终结。

（易文贞）

地质矿产资源管理

【概　况】 2018年，开展联合执法行动，对非法开采稀土保持高压态势。编制地质灾害防治规划。继续实施废弃稀土矿山治理。落实中央环保督察发现问题整改。

【矿产执法监察】 形成日常巡查监管和专项联合执法整治相结合，县有关监管部门和乡（镇）、村相结合的监察机制。加强日常巡查排查力度，全年出动执法车辆81辆次，矿山巡查300余人次；开展联合执法整治行动2次，开展督查1次，捣毁非法矿业生产设施、关停非法矿山企业，有力打击违法采矿的行为。乡（镇）、村稀土整治监管纳入全县生态建设攻坚考核内容，矿山整治与生态建设同步，做好宣传，强化监管责任；部门各司其职，乡（镇）、村各负其责，形成齐抓共管的局面，较好地维护全县的稀土开采秩序。

【矿产资源勘查开采管理】 抓好矿业权的规范管理，公开探矿权、采矿权信息，分别完成34条探矿权、34条采矿权信息公示填报工作；做好第三轮矿产资源总体规划的数据库资料对接工作。实施创建绿色矿山三年（2018—2020年）工作规划。年内新飞石业有限公司、三磊石业有限公司两家矿山企业完成绿色矿山建设工作，等待检查验收。进一步规范砂石、黏土矿权的设置，对不符合要求的矿山逐步关停，并责令其矿山企业做好环境恢复治理工作；做好文峰乡下坪和桂竹帽高尖两个采矿权的出让工作。加强矿业权日常管理工作，服务矿山企业。

【地质灾害防治】 汛前，县政府下发《寻乌县2018年地质灾害防治方案》，建立健全地质灾害监测体系和群测群防网络，对乡（镇）分管领导、村监测人员进行地质灾害防治业务知识培训，落实防灾责任单位及监测预警人员，形成县、乡（镇）、村三级防治网络。做好汛前、汛期、汛后隐患的排查和督查工作，对发现问题及时整改。汛期发送地质灾害预警预报信息20次，发放宣传图册约500份，进一步提高人民群众防灾意识。年内全县未出现因地质灾害人员伤亡和重大财产损失情况。由核工业赣州工程勘察院编制的《寻乌县地质灾害防治“十三五”规划》及由江西有色地质矿产勘查开发院编制的《寻乌县矿山地质环境恢复治理“十三五”规划》，已完成初稿编制和初审工作。县政府于11月5日向各乡（镇）下发《关于对全县农村村民切坡建房、地质灾害易发区建房进行排查摸底的通知》，要求各乡（镇）组织人员对辖区内的村民切坡建房、地质灾害易发区建房进行排查摸底。

【废弃矿山治理】 治理稀土采矿证范围内的废弃矿山面积1123亩，治理费用中标价为400万元；采矿许可证外治理面积1021亩，中标价410万元；分别由两个中标单位实施施工。经治理植被复绿覆盖率超过90%，成效明显，水土流失控制较好。对中央环保督察发现的问题，共81个点，落实整改施工费790万元。采矿许可证证外补充治理工程增加场地平整、开挖排水沟、边坡修复、植草复绿等项目。

（曾祥钊）

安全生产监督

【概　况】 2018年，认真落实安全生产责任制。开展安全生产宣传与检查。排查隐患，补齐安全生产短板。对非煤矿山、消防、旅游等九大行业的专项整治。建立线上安全管理系统。

【安全生产情况】 全县安全生产坚持“安全第一、预防为主、综合治理”方针，严格落实“党政同责、一岗双责、失责追究”责任体系，全年共受理大小交通事故2881起，其中，死亡31人，比去年同期减少1人；受伤1586人，比去年同期减少2人，直接经济损失1375600元，比去年同期减少11015元。非煤矿山和危险化学品等其他行业领域未发生生产安全事故。共为91个烟花爆竹零售点办理经营许可。

【安全生产宣传】 开展形式多样的安全生产宣传与教育。在“安全生产月”“安全生产宣传周”等时段，通过县电视台、手机报、微信、上街咨询、发放宣传图册等形式，让安全生产知识进企业、学校、机关、社区、农村和公共场所，全年举办专题讲座5期，发放各种宣传资料10000余份。对电工、电焊工等特种行业和高危行业人员由主管部门组织培训，共举办培训班2期，培训400多人（次）。

【安全生产标准化建设】 县财政投入846万元为乡镇和县工业园区兴建14个一类或二类小型消防站，全县15个乡镇和县工业园区设立安监站，人员编制从现有的人员中进行调剂和充实。给县安监局设立100万元的财政预算。夯实企业安全生产标准化建设的责任。有9家加油站点、1家危险化学品经营企业、1家稀土废料回收利用企业、2家陶瓷企业、1家建筑施工企业已实施安全生产标准化建设任务。

【安全生产专项整治】 根据省、市安全生产十大专项整治的统一部署，结合实际，下发《寻乌县2018年安全生产九大专项整治行动工作方案》，明确目标任务、责任分工和时间节点。设立9个安全生产专业委员会负责对非煤矿山、危险化学品、城市运行、交通运输、建设工程施工、消防、冶金、特种设备、旅游等九大行业领域安全专项整治。在整治中，为彻底解决历史遗留的县长宁商贸城消防安全隐患问题，县政府筹集1亿多元资金对其进行拆除，使多年未解决的问题得到根本解决。督促企业开展风险辨识和风险分级管控，建立“一图一牌三清单”，并按照“两个15天”的要求，将隐患排查治理纳入信息系统动态管理。共检查企业279家，排查隐患3504条，完成整改3504条，建立“一图一牌三清单”222套，注册隐患排查系统纳入线上管理的企业84家。

（张路芳）

农村经济　农业

农村经济管理

【概　况】农业总产值335251万元，增长2.3%。农村居民人均可支配收入10599元，增长12.47%，按可比价计算，比上年增长4.09%。其中，种植业产值229328万元，增长3.83%；林业产值19643万元，增长6.43%；牧业产值54161万元，负增长3.72%；渔业产值17839万元，增长6.25%；农、林、牧、渔服务业14280万元，增长8.3%。早稻总产量同比增长6.29%，中稻及一季晚稻总产量同比增长10.16%，二季晚稻总产量同比增长5.48%。大豆总产量同比增长148.14%，花生总产量同比增长14.47%，甜玉米、甜瓜、茶叶等主要经济作物的总产量也稳中有升。生猪存栏11.2万头，出栏18万头；肉牛存栏3.76万头，出栏0.95万头；羊存栏1.82万只，出栏1.1万只；家禽存栏212万只（其中鸡117.3万只、鸭31.2万羽、鹅29万羽），家禽出栏243.2万只（其中鸡234.6万只、鸭56.5万羽、鹅60.68万羽）；水产品产量8528吨。

【农村人居环境整治】完成农村"空心房"拆除扫尾工作。有164个行政村通过县级组织的验收，100%完成任务。在全市农村"空心房"整治考核中排名第一。在省级扶持的新农村建设点中，对每个贫困村至少安排一个点，其中贫困村组293个，总共打造示范点26个。农户庭院整治完成8000户，其中创建美丽示范庭院1000户。投入277.88万元，对全县圩镇"蜘蛛网"式的移动、广电网络等杆线进行整治，使交通干线和圩镇面貌进一步提升。农村生活垃圾治理通过国家和省级考核验收。农村生活垃圾治理实现常态化，并于10月移交给县城管局负责。

【新型农民培育】实施"一村一名大学生工程"（2012年起，经省委、省政府批准，实施"政府出钱、大学出力、农民受益"民生工程）完成成人高等教育函授招生任务38人。至2018年，全县共完成招生516人，其中毕业回村服务的有215人。7月，成立"乡村大学生创新创业协会"，协会共有会员133人，分别由农村致富带头人和现代农业创业者等组成。陈雄辉、梅甘霖、邝林获全市第四届"乡村明星"。

【农业产业化项目】在吉潭镇兴建一个年出圃苗木30万株的甜柿育苗基地。在晨光镇的高布村、河角村、岭背村建成稻虾一体化养殖基地，投放小龙虾苗1.5万公斤、中华甲鱼3000只、鱼苗0.5万公斤、泥鳅和黄鳝各500公斤。全县已有农业产业省级龙头企业3家，市级龙头企业11家。龙头企业年销售收入96960万元，利润8760万元。

【惠农信贷】全县共获批信贷规模数25560万元，2017年4月批复第一批信贷规模数17760万元；11月批复第二批信贷规模数1400万元（新增）；2018年4月批复第三批信贷规模数6400万元（新增）。其中农业银行3000万元，邮储银行7000万元，农商银行13200万元，赣州银行2360万元。截至2018年10月31日，累计放贷1226户，2726笔，金额90498.5万元，贷款余额28485.32万元，与信贷规模（25560万元）占比为114.44%；其中，2014—2017年累计放贷1036户，1941笔，金额66273.9万元；2018年1—10月累计放贷785笔（其中续贷590户，新增195户），金额26406.37万元，与信贷规模（25560万元）占比为103.31%。超额完成信贷规模数2925.32万元。

（罗国星）

农　业

【概　况】 2018年，县农粮局紧扣农业“稳粮、优供、增效”目标，加快推进农业产业结构调整和转型升级，牵头抓好现代农业攻坚和农业产业扶贫等重点工作，稳步推进蔬菜、茶叶、龙脑樟、稻虾等产业发展，统筹抓好高标准农田建设、田园综合体建设等工作，继续加大农产品质量监管和农业执法力度，不断深化农村集体产权制度改革，指导果农做柑橘黄龙病统防统治，调整果业品种结构，规范柑橘苗木培育，科学有序恢复柑橘种植。落实中央农机惠农政策。打击非法拼装农业机械行为，强制报废农用拖拉机。

【产业扶贫】 完善产业扶贫政策，先后出台《关于加快蔬菜扶贫示范基地建设的实施意见》《寻乌县百香果产业扶贫实施意见（试行）》《寻乌县红薯产业扶贫实施意见（试行）》《县政府办关于印发寻乌县益农信息社建设实施方案的通知》等系列文件，为精准脱贫提供政策支撑。在发展柑橘、甜柿、猕猴桃等周期较长、长期受益的产业的同时，根据各村实际，积极引导群众种植百香果、红薯、大蒜等投资少、见效快的产业，实现长短结合，滚动发展，持续增收。积极落实“五个一”产业扶贫机制，创新探索“合作社＋基地＋贫困户”“基地＋贫困户”等多种利益联结模式，充分发挥新型经营主体在产业发展中的主导作用，促进企业（基地）与贫困户形成“风险共担、利益均沾”的利益共同体。成立五个产业扶贫工作督查组，以问题为导向，逐村逐个对产业扶贫基地进行督查指导。全年对全县15个乡（镇）74个村开展三轮产业扶贫督查，先后召开3次全县性的产业扶贫工作流动现场会及工作调度会，推进产业扶贫落地生根。

【农业综合执法】 全年综合执法大队共出动执法人员840人次，检查农资经营门点220家，立案农资产品违法案件3起。对马蹄河流域的电鱼、毒鱼、炸鱼、钓鱼、网鱼等破坏渔业资源的人和事依法进行查处。共没收渔网、地笼20余副，没收电鱼工具10套、钓鱼工具30余副。立案查处5起，处理9人，其中移交公安部处理案件3起6人。

【现代农业攻坚】 全县共安排现代农业攻坚项目5大项11个子项，后根据实际情况，子项目调整为9个，项目总投资54060万元。开工项目9个，开工率100%；完工项目1个，完工率11.11%；累计完成投资54257.16万元，完成年度投资率100.36%。南桥田园综合体项目如期进行。其中，团建村至冠洲村道路垫层完成70.1%，沿线风貌打造全部完成；“大夫弟”古民居维修和整体环境打造已完工，蔬菜主题文化园鱼菜共生馆、科普馆基本建成，种植大棚蔬菜200亩。年内，引进和培育农业产业化龙头企业29家，新型经营主体发展到910家。在全省率先成立“新型农业经营主体联合会”，联合会下设11个分会，会员达1000多人。新发展有机农产品1个、绿色农产品1个、无公害农产品2个。

【农业产业结构调整】 抓好农业产业结构调整和转型升级，实现农业产业多元化发展。通过鼓励合作社、基地、企业等新型经营主体示范带动，加大产业政策扶持和资金奖补，产业覆盖面不断扩大，猕猴桃、甜柿、蔬菜、百香果、养蜂等特色产业初具规模。全年共种植红薯、花生、大豆、蔬菜等经济作物79580亩（其中大棚蔬菜5200亩）、猕猴桃9000亩、百香果18500亩、甜柿6500亩、蓝莓1870亩、葡萄2780亩、鹰嘴桃6700亩，养蜂45000箱。建有农业产业基地210个，产业覆盖率达100%。

【动物防疫检疫】 继续抓好植保植检工作，不断加大对重大农作物病虫害防治力度，扩大统防统治覆盖面。全力打好“非洲猪瘟”防疫战，把非洲猪瘟防控工作作为大事和要事来抓，多次召开全县“非洲猪瘟”防控工作专题调度会，从农粮、林业、交通、公安等部门抽调干部组成工作组，对全县疫情防控工作进行督查，并对跨省调运生猪的车辆进行检查，共检查跨省贩运生猪车辆80辆，其中对50辆违规车辆依法予以处理。

【黄龙病防控】 全年举办全县15个乡（镇）分管领导、乡镇果技员、82名村级果技员、防控基地负责人黄龙病防治培训班两期，参训人员258人次，培训内容针对不同时期黄龙病的各类症状、柑橘木虱精准防控措施等。建立柑橘黄龙病防控示范基地16个，面积5000亩，成立基地防控理事会，会员547人，基地重点推广自主清理病树、冬季清园、联防联控等综合防控技术，示范基地内病株率控制在5%以内。根据全县5个柑橘木虱监测点疫情监测结果，及时发布预测预警，指导果农开展统防统治。9月18—21日，租用直升机对吉潭、项山、澄江、水源、罗珊五个乡（镇）集中作业飞播防控，飞防面积102232亩，采用40%丁硫克百威+20%噻虫嗪悬浮剂+尿素（沉降剂）配方，大范围杀灭柑橘木虱。采取整村推进方式开展夏季、冬季柑橘黄龙病失管果园普查、清理，共普查失管果园20592个，病树2471099株，并对病树予以清理。

【柑橘恢复种植】 县委、县政府针对全县果业产业单一结构问题，提出“一业为主、多元发展”的果业产业发展战略，即以柑橘为主，其他品种一并发展的思路，2018年全县新种植猕猴桃800亩、甜柿4000亩。在柑橘恢复种植上，先抓好技术培训。邀请市果业局总农艺师赖晓华、高级农艺师陈慈相等专家讲授《柑橘标准化生态果园建设》《柑橘病虫害综合防治》等实用技术，参训人员400人。为不走老路，复种采取“山顶戴帽、山脊隔离、山腰种果、山脚穿鞋”生态模式建园，共建标准化示范园10个，面积1000余亩。对贫困户的复种实施帮扶。采取“党支部（村两委）+合作社+基地+贫困户”的模式，建立“三统一分”，即统一搭建网棚、统一调苗假植、统一抚育管理，大苗分户入园种植或托管种植经营方式。全县建有柑橘苗木假植扶贫基地53个，假植苗木91.68万株，受益的贫困户6112户。在生态建园上严格把关，经验收合格的，免费发放无病毒大苗150株/户，并给予每亩500元的建园补助。全年共有966户贫困户免费领取苗木14.49万株。全县种植柑橘的贫困户8304户（全县贫困户12274户），占贫困户户数的67.65%。

【农机购置补贴政策】 全年争取上级各类农机化发展项目资金131.6万元。认真落实农机购置补贴惠农政策，严格执行国务院农机购置补贴“三个禁止”等有关规定，全年落实农机购置补贴国补资金35.848万元，惠及农户320户，新增各类农机具330台。同时，对新购机农民、农机维修人员和驾驶操作人员开展技术培训。派出技术人员进村入户，进行农业、果业机械现场演示，指导农机手掌握修复、保养和安全操作等方面的技术，全年共培训各类农机技术人员486人。

【农业机械】 全县农机总动力159514.02万千瓦，播种面积25.06千公顷，综合机械化水平71.89%；机耕面积23.44千公顷，机耕水平93.54%；机播面积7.05千公顷，机播水平28.13%；机收面积21.75千公顷，机收水平86.79%；农产品总量10.81万吨。

（谢家坚）

林 业

【概 况】 2018年，继续实行封山育林和禁止商品林砍伐。全面实行“林长制”。推进天然林保护和退耕还林工程。核实和查处林木变化图斑。防控森林病虫害，有效防治松材线虫病。深化林业行政审批事项改革，落实林权流转服务制度，妥善调处山林权属纠纷。全年未发生重特大森林火灾，被评为2016—2018年度全省森林防火工作先进单位、全省2018年度森林防火“平安春节行动”平安县、赣州市2017—2018年度低质低效林改造工作先进县、2017—2018年度全市森林防火责任目标考核先进单位。全年争资争项任务6500万元，争取资金7499万元。

【森林资源】 林业用地面积196772.9公顷，占全县面积的83.26 %，其中，有林地144231.2公顷，疏林地91.6公顷，灌木林地46588.2公顷，未成林造林地916.6公顷，无立木林地和宜林地2829.2公顷，森林覆盖率82.37%；林业用地中国有林11465.2公顷，集体林24820.8公顷，民营林153484.5公顷，外资林6969.7公顷。林木资源：活立木总蓄积量793.37万立方米，总蓄积量中林分蓄积772.23万立方米，疏林蓄积0.075万立方米，散生蓄积4.50万立方米，四旁树蓄积16.94万立方米，毛竹1811.21万根。林分蓄积中按林种分商品林458.4万立方米，生态公益林280.22万立方米；按优势树种分杉木55.27万立方米，松木54.91万立方米，阔叶树及其他661.99万立方米；按龄组分幼龄林546.34万立方米，中龄林174.64万立方米，近成过熟林51.25万立方米；按起源分人工林68.7万立方米，天然林703.53万立方米。

【湿地资源】 湿地面积2420.9公顷，占全县面积236341.8公顷的1.02%，其中，自然河流湿地2132公顷，占湿地总面积的88.06%，人工库塘湿地288.9公顷，占湿地面积的11.94%。按流域分：东江流域湿地2245.5公顷，占92.8%；赣江流域湿地153.6公顷，占6.3%；韩江流域21.8公顷，占0.9%。

【实行“林长制”】 出台全县“林长制”工作实施方案，明确县级林长成员，落实林长区域面积、会议制度、通报制度、督察督办制度考核办法，形成县、乡（镇）、村、组四级林长管理体系。

【森林资源管理】 继续实行全县封山育林和取消外销商品材采伐指标政策，严格县内商品材、林农自用材采伐管理，加大林木采伐申请、设计、审核、许可和木材运输、进出库、加工、销售等各个环节的管理力度。全年发放林木采伐许可证8份577立方米（出材364立方米），属县内重点项目占用林地采伐。林地利用严格按照《寻乌县林地保护利用规划》执行，全年完成征占用林地审核上报32宗311.86公顷，征收森林植被恢复费1418.2万元，基本保证县内各项重点工程的用地需求。实施天然林保护工程560800亩，其中集体和个人533077亩，国有27723亩。将林地保护管理、森林资源培育、森林防火、林业有害生物防控、林木采伐管理、野生动植物保护管理和山林权属纠纷调处等工作列入政府的综合考评体系。

【林政执法】 实行森林资源督查，对发现的1057个图斑进行实地核查，其中涉及林木变化图斑80个、林地变化图斑720个、其他变化图斑257个（其中，开防火林带8个、柑橘黄龙病树清除、果园复种等243个、火烧迹地3个、季节变化造成桤木落叶1个、山沟水流冲蚀1个、毁林开垦1个）。在302个疑似涉林案图斑中，疑似林木违法采伐图斑76个，疑似林地违法占用图斑226个，对这些疑似图斑依法进行实地勘察、查处。

【森林防火】 全年未出现一起重大森林火灾和特大森林火灾，实现森林防火安全零伤亡和无重大火灾的防火目标，完成《2017—2018年度森林防火责任书》确定的各项目标。共印制《森林防火户主通知书》《禁火令》《关于禁止在森林防火区野外用火的通告》及各种宣传单15万多份。组织各乡（镇）印制发放防火宣传工作手册、应知应会手册、村级工作开展情况、电话记录本等宣传资料。专门部署春节、清明节期间的森林防火工作。增加森林防火投入，共获省市林业主管部门专项资金150.16万元，用于购置森林防火监测设备、森林火灾扑救设备和开辟森林防火林带700亩；组织森林防火专项督查，在重点防火期严格执行森林火灾“日报告”“零报告”和重大情况随时报告制度，做到任务到岗、责任到人，确保信息畅通、运转高效。

【有害生物防治检疫】 森林病虫害总体控防良好，林业有害生物成灾率、测报准确率、防治率等达标；苗木产地检疫150亩，产地检疫率100%；调运木材检疫349立方米，油茶苗木检疫27.3万株，调运检疫率100%。全县林业有害生物发生面积7000亩，主要为松材线虫病、松针褐斑病、油茶炭疽病、湿地松粉蚧、萧氏松茎象、杉梢小卷蛾、马尾松毛虫、松墨天牛、松材线虫等，均为轻度发生面积，有效防治面积6900亩。松材线虫病是危害全县森林资源的主要病害，共有11个乡镇、1个林场发现松材线虫疫情。

【行政审批】 清理林业行政审批事项各类证明材料12项，取消林业行政许可事项3项，明确14项可容缺受理材料，全面清理林业行政审批服务中介，保留中介服务事项3个。修改行政处罚设定依据11项，修改行政许可设定依据1项，修改行政事项目录6项，取消行政确认证明材料2项，取消行政处罚1项，废止行政强制1项，废止其他行政权力2项。林业政务服务事项清单共216项，其中，行政许可15项，行政处罚106项，行政强制23项，行政确认2项，行政奖励13项，行政征收1项，其他行政权力56项。年内林业窗口办理林业行政审批事项34件，其中承诺件27件，即办件7件，全部在承诺期限内办结。

【生态攻坚】 在全县“七大攻坚”工作中，县林业局承担其中的生态攻坚项目。年内，完成珠江防护林建设1.2万亩（含人工造林0.6万亩、封山育林0.6万亩）、低质低效林改造1.49万亩、森林抚育1.75万元，九曲湾水库退果还林1000亩。新种油茶林2230亩、油茶园低改2310亩；毛竹低产林改造3890亩，新建笋竹用林基地400亩和低质低效林35686亩。下拨生态产业扶贫、生态补偿扶贫和天然林保护补助扶贫资金6096.78万元，惠及贫困户4048户次16041人次。筹资40.32万元帮助挂点村澄江镇黄岗村、罗珊乡泊竹村和�竹村用于基础设施建设和产业发展。在“河长制”建设中，投入200万元用于东江源国家湿地公园湿地的保护与恢复。对县城规划区2660亩山体复绿工程，继续做好抚育和管护工作。

【山林权属调处】 全年协助有关部门调处山林权属争议纠纷27起，接待林农咨询280人次；协助不动产登记局转办权属纠纷案13起，已调处10件，纠正错发林权证3件。

【林权交易】 建立林权流转管理服务体系，对赎买林地给予办理国有林权证，全年共办理四件：其中两个半村（三标乡图岭村、长安村、东江源村）办理40宗1961.7亩，城区山林复绿一期工程办理38宗2795.1亩，三标乡富寨村九曲湾退果还林办理5宗1000亩，水源乡大湖村大湖水库移民搬迁办理18宗779.4亩。

（赖鹏辉）

水 利

【概 况】 2018年，城乡供水一体化控制性工程——大湖水库建成蓄水，并开工建设相配套的大路水厂项目。基本完成全县农村饮水项目，并开展水资源和饮水工程水源地管理。进一步完善河（湖）长制。乡镇部分防洪工程及河道综合治理工程已完成，修复水毁堤防。储备防汛抗旱物资。督查小型水库、山塘和小水电站等防汛责任落实。加强水土保持法律法规宣传。对废弃稀土矿山进行山水林田湖沙综合治理。被省政府评为2015—2017年度全省“鄱阳湖杯”水利建设先进单位，被省水利厅评为“2017年度水利改革发展考核先进县”，被省政府授予江西省河长制工作先进集体。

【大湖水库下闸蓄水】 9月6日，大湖水库下闸蓄水。该水库位于县城西北部水源乡大湖村。是一座以供水为主，兼有灌溉、防洪等综合效益的中型水库。水库控制流域面积42.8平方千米，总库容2384立方米。工程建成后，日供水能力达5.53万立方米，年供水能力2018万立方米，可解决县城、水库下游4个乡（镇）和县工业园区近19万居民生活及部分企业用水需求。工程于2011年7月入列江西省“十二五”规划，2014年12月经省水利厅批复兴建。总投资7.56亿元，其中，枢纽工程2.68亿元，供水工程2.14亿元，征地移民2.74亿元。枢纽工程主要建筑物为混凝土面板堆石坝、有闸控制岸近溢洪道、输水隧洞等。大坝坝顶长327.39米，最大坝高62.5米，水库正常蓄水位443米；溢洪道堰顶高程439米，输水隧洞长472米，洞径1.8米，输水管线工程总长31.81千米。移民安置工程258户、人口1160人。该工程为江西省第一批政府和社会资本合作（PPP）项目。由江西省水利投资集团有限公司投资。

【大路水厂开工建设】 5月，大路水厂开工建设。该水厂为全县城乡供水一体化重点工程。地址位于文峰乡大路下村。是与大湖水库相配套工程。设计供水规模5.4万立方米，长42.753千米。工程建成后，可以解决县城及水源、澄江、吉潭和文峰四个乡镇和县工业园区，共18.77万居民生活及部分企业的用水需求，改善居民的生活用水质量。预计工程于2019年4月建成通水。

【黄坑水库蓄水】 黄坑水库位于晨光镇黄坑村，地处晨光河二级支流黄坑河下游的高背下，距离县城45千米。坝址以上控制流域面积14.1平方千米，正常蓄水位332立方米，总库容309立方米，是一座以供水和灌溉为主的小（Ⅰ）型水库，工程总投资为7295.57万元。工程建成后，可解决晨光镇和菖蒲乡两个乡镇2.2万人饮水和0.4万亩农田灌溉用水。在干旱期间可以通过转换供水对象，能保障应急范围2.5万人正常供水和0.5万亩农田灌溉用水。8月14日，工程已完工验收，11月10—13日进行大坝蓄水安全鉴定。

【罗珊乡防洪工程完工】 罗珊乡防洪工程位于该乡珊背村，属赣江水系湘水上游的罗塘河综合治理工程。工程以防洪为主，兼顾排涝，堤防为V型。工程总投资700.25万元，综合治理河长5千米，建设生态防洪堤3.5千米，河道固脚护岸6千米，修复灌溉水陂2座，清理整治河道4千米。工程于2017年11月开工，2018年12月完工。

【丹溪河综合治理工程】 丹溪乡河道综合治理工程位于该乡丹溪村，主要治理大柘河二级、丹溪河一级支流的小丹溪河。工程总投资732.47万元，综合治理河长5千米，建设生态防洪堤3.5千米，河道固脚护岸6千米，修复灌溉水陂2座，清理整治河道4千米。工程于2017年11月开工，2018年12月完工。

【农村饮水安全工程】 年内，共投入6855.9万元用于改、扩建农村饮水安全项目215个。为保质保量完成215个农饮项目，在项目的落实上，按“三化”原则，即排查全域化、推进项目化、监测长效化，使农村安全饮水工程做到全覆盖。在项目的选址上，从水量、水质、供水保障率和方便程度四个方面，切实抓好工程的质量和进度，并落实建管并重的长效机制。寻乌农村饮水安全的做法受到省水利厅、市水利局通报表扬。

【河（湖）长制】 自实施河（湖）长以来，河（湖）长的组织体系进一步健全，河长制信息管理平台得到升级优化。严抓入河排污口管理，对10个水功能区和7个千吨万人水厂进行定期定点监测，及时掌握水质的变化情况。全县10个水功能区水质达标率100%，主要地表水水质达标100%；县城饮用水水源九曲湾水库、寻乌出境断面水水质稳定在二类水以上。11月8日，全市河（湖）长制流动现场会在寻乌召开。会议充分肯定寻乌的做法。寻乌河长制经验在人民网、新华网和光明网等媒体上报道。

【防汛抗旱】 全年降雨1220.7毫米，比多年平均值1608.7毫米少24.12%。其中6月受台风“艾云尼”外围影响，降雨量最大。全年成灾降雨1次，有0.3211万亩农田受灾，水毁堤防等设施53座（处），直接经济损失507.56万元（其中水利设施209.6万元），转移群众24人。为做好防汛工作，县防指派出三个工作组对全县51座小型水库、山洪灾害隐患点、在建水利工程等进行检查，对排查的问题务必在3月底汛期到来前整改到位。7月5日、7月20日和9月11—15日，县防指又派出工作组对全县的学校、小型水库、水电站和山塘等防汛重点部位进行全面排查。对查出的问题向乡镇和有关部门下达整改令限期整改。3月28日，举办全县防汛培训班，县矿管、气象、防汛等部门进行知识讲座；9月11日，举办全县小型水库安全管理培训班。3月24日，县防办与县人武部组织人员在澄江镇观音亭水库开展防汛演练。4月28日，县防指组织15个乡镇的人员在三标乡基田村进行山洪灾害防御应急演练。储备防汛物资，共采购动力橡皮艇11艘，无动力橡皮艇7艘，防汛应急仓59套，电油锯17台，救生衣856套等。向县、乡两级领导和责任人等发布预警短信14万多条，电话预警200多次，启动防汛Ⅳ应急响应1次。防汛期间确保24小时值班制度。

【加强水土流失治理】 加大对项山、基隆嶂和乱罗嶂三个风电场生态修复的执法检查，水土流失得到有效遏制，生态逐步修复。其中，项山风电场复绿70万平方米，占复绿总面积96万平方米的72.9%；基隆嶂风电场复绿64万平方米，占复绿总面积62万平方米的88.8%；乱罗嶂复绿48万平方米，占复绿面积62万平方米的77.4%。对县重点工程X544、X549、X545公路改建项目和G236、S458公路改建项目进行执法检查。全年开展监督执法巡查165次，排查生产建设项目102个，发出整改通知6份，责令停止违法行为通知书1份，生态修复通知书2份；审批水保方案33件，依法征收补偿费8737026.65元；查处违法案件6起，行政罚款232000元。全面落实水土保持“三同时”制度。

【废弃矿山治理修复】 年内向上争取国家水土保持专项资金760万元，水保补助资金19万元，监测费2万元。对山水林田湖草进行系统治理。统筹生态保护修复专项资金3370万元，对文峰乡柯树塘废弃矿山环境综合治理与生态修复工程Ⅱ标段进行治理，共治理废弃矿山0.39平方公里；统筹东江源流域上下游横向生态补偿专项资金7000万元，用于文峰乡柯树塘废弃矿山Ⅲ标段和Ⅳ标段的治理与修复，共治理废弃矿山3.21平方公里。其中Ⅲ标段完成5880万元，占总投资的98%，Ⅳ标段已全部完成。同时，编制《2018年国家水土保持重点治理工程规划》，工程项目资金760万元，治理面积19平方公里，项目涉及6个乡镇18个村。

（王龙胜）

工　业

工业和信息化

【概　况】 2018年，围绕“决战决胜主攻工业，全面超额完成三年翻番”目标，大力推进平台建设，培育首位产业，帮助企业技术改造，开展招商引资。全年完成工业总产值53.89亿元，同比增长9.1%；规模以上工业增加值12.623亿元，同比增长9.2%；工业投资总额130.86亿元，同比增长11.3%。

【工业经济运行】 2018年全县实现规模以上主营业务收入51.23亿元，完成市目标任务的100.45%，实现工业固投24亿元，较2015年增长124.09%。

制定《寻乌县2018年降低企业成本优化发展环境专项行动工作计划》，开展“四个一”（一名县领导、一个责任单位、一个金融机构、一支队伍）联系企业帮扶活动。出台《寻乌县鼓励通用设备制造产业科技创新政策17条（试行）》《关于开通寻乌县“四上”企业入规绿色通道的实施意见》《关于开展寻乌县通用设备制造业质量品牌标准提升工程的实施方案》《寻乌县促进全县全社会研发投入快速增长的若干政策》《寻乌县促进产学研用深度融合发展创建高质量科技创新平台的十二条政策》等一系列政策。营造宽松的环境、鼓励创新、帮助企业提质增效。兑现奖励扶持资金。全年为企业减负5亿元。

从2017年起，确定通用设备制造（铸造、钣金、空压机、水泵、减速设备、工业冷水机、环保设备、空压机后处理设备、工业机器人等）为全县工业首位产业。以首位产业项目为招商引资的重点，本年度引进首位产业项目12个，总投资34.3亿元。初步形成以上游铸造、钣金，到下游空压机、水泵、减速设备、工业冷水机、环保设备、空压机后处理设备、工业机器人、智能控制系统等通用设备制造产业链。

鼓励、引导企业自主创新。以智能生产线示范，打造数字化车间为目标，加快机器换人工、智能换数字、自动换机械步伐。年内江西中气17台机器人，2条智能喷涂生产线开始生产；洛锡实业高效节能永磁电机生产车间正常生产；孺子牛冷水机智能抓手生产线安装完成；世纪陶瓷1条生产线完成机器换人；万年青水泥、通洲塑胶、天成建材、恒源科技、弘昇科技、世纪陶瓷等企业技术改造快速推进。

【工业项目建设】 引进新项目、建设新企业，尽快使新项目开工、新企业投产。今年全县工业建设项目24个，总投资130.86亿元，年度计划投资60亿元。列入市级调度项目23个（全市第4），总投资147.2亿元（全市第7），年度计划投资42.13亿元（全市第9）。至年底18个项目建成投产，完成投资53.9亿元。

2018 年新引进首位产业总投资 5000 万以上工业项目情况表

表 13

序号	企业名称	项目名称	签约时间	项目简介	建设年限	是否开工	开工时间	是否竣工	总投资额（万元）	2018 年已完成投资额（万元）	完成投资率（%）	目前项目进展情况	年度目标	所属产业	所属工程	项目状态（已开工/未开工/在建/部分投产/完工投产）	是否属首位产业	是否列入市级亿元以上重点调度项目	县（市、区）
1	四川省爱克威机电设备工程有限公司	空压机生产基地项目	2018.1.17	由爱克威公司分两批引进四川省压缩机协会的会员企业落户，其中一期在 2018 年年底前引进 15 家及以上空压机及配套产品制造企业，占地面积约 750 亩；第二期在 2019 年 4 月 30 日前再引进 15 家及以上空压机及配套产品制造企业，占地约 750 亩	2018—2019	是	2018.1.1	否	100000	已引进 3 家	20.00	已引进 3 家空压机企业	引进 15 家及以上空压机及配套产品制造企业	装备制造	输配电及智能控制设备制造工程	已开工	是	否	寻乌县
2	爱克威机电设备工程有限公司耐锐特公司	非标准智能化空压机生产项目	2018.1.17	占地约 80 亩，主要建设非标准一体化空压机流水线工艺装备及配套等。项目建成后，年生产一体化压缩机和非标准定制一体化空压机各 6000 台，年产值近 2 亿元，年纳税额约 600 万元	2018—2019	是	2018.5.15	否	15000	11650	77.67	1. 新厂区钢结构全部完工。2. 新舟稀土老厂区已投产，正常生产运营	年底完成厂房主体	装备制造	输配电及智能控制设备制造工程	部分投产	是	是	寻乌县
3	上海欧式格机械设备有限公司	新能源装备产业项目	2013.3.21	工业用地约 85 亩，商业用地约 8 亩，落户石排工业园东部园区，主要从事各类流体机械包括空气压缩机及其零部件的生产、销售	2018—2019	是	2018.7.22	否	20000	600	3.00	基础施工中	年底完成厂房主体	装备制造	输配电及智能控制设备制造工程	已开工	是	否	寻乌县
4	广东思晨智能科技有限公司	机器人智能装备制造项目	2018.3.21	占地约 30 亩，落户寻乌县广寻商会工业小区 G 地块，主要研发、生产智能设备、工业机器人等	2018—2019	否		否	12000	400	3.33	基础施工中	年底完成厂房主体	装备制造	输配电及智能控制设备制造工程	已开工	是	否	寻乌县
5	广东安川压缩机有限公司	节能压缩机项目	2018.3.21	占地约 30 亩，落户石排工业园东部园区，主要从事压缩机及配件的生产、销售	2018—2019	是	2018.5.20	否	10000	1800	18.00	厂房钢结构施工、办公楼施工中	年底完成厂房主体	装备制造	输配电及智能控制设备制造工程	已开工	是	否	寻乌县

续表13

序号	企业名称	项目名称	签约时间	项目简介	建设年限	是否开工	开工时间	是否竣工	总投资额（万元）	2018年已完成投资额（万元）	完成投资率（%）	目前项目进展情况	年度目标	所属产业	所属工程	项目状态（已开工/未开工/在建/部分投产/完工投产）	是否属首位产业	是否列入市级亿元以上重点调度项目	县（市、区）
6	广东华南泵业有限公司	水泵给排水设备制造项目	2018.4.9	占地50亩，主要建设水泵、给排水设备制造及其相关配套设施	2018—2019	是	2018.7.5	否	16000	1800	11.25	厂房钢结构施工中	年底完成厂房主体	装备制造	输配电及智能控制设备制造工程	已开工	是	否	寻乌县
7	广东捷瞬机器人有限公司	机器人及自动化设备生产项目	2018.4.9	占地50亩，主要建设智能模具，机器人及自动化设备生产线及相关配套设施	2018—2019	否	2018.7.20	否	15000	0	0.00	企业因资金问题，确定不来投资	年底完成厂房主体	装备制造	输配电及智能控制设备制造工程	未开工	是	否	寻乌县
8	兴科电子集团有限公司	精密自动数控机床生产年及智能终端精密结构件加工项目	2018.4.9	占地约80亩，主要建设精密数控机床生产线及相关配套设施、智能终端精密结构件、精密模具、数控刀具生产线及相关配套设施	2018—2019	是	2018.5.24	否	102000	43650	42.79	厂区道路硬化、绿化、亮化全部完成，已全面竣工投产，正产生产运营	年底完成厂房主体	装备制造	输配电及智能控制设备制造工程	已开工	是	是	寻乌县
9	东莞市日康实业有限公司	日康机械制造项目	2018.8.27	项目总占地约60亩，主要工程建设有研发办公楼、标准厂房、职工宿舍、员工食堂、运动场所等，主要设备有CNC加工中心、自动车床、衡吊设备、重型龙门铣、大磨床、大钻床等	2018—2019	是	2018.10.20	否	18000	900	5.00	厂房施工中	年底完成厂房钢结构主体	装备制造	输配电及智能控制设备制造工程	已开工	是	否	寻乌县
10	惠州市德鸿空气压缩机有限公司	新型节能螺杆式空气压缩机及配套滤清器制造项目	2018.10.11	项目占地约35亩，主要工程建设有标准厂房、库房、办公楼、职工宿舍等，主要设备有激光切割机、三维数控冲床、数控铣床、自动平面磨床等	2018—2019	是	2018.10.20	否	12000	450	3.75	厂房施工中	年底完成厂房钢结构主体	装备制造	输配电及智能控制设备制造工程	已开工	是	否	寻乌县

续表 13

序号	企业名称	项目名称	签约时间	项目简介	建设年限	是否开工	开工时间	是否竣工	总投资额（万元）	2018年已完成投资额（万元）	完成投资率（%）	目前项目进展情况	年度目标	所属产业	所属工程	项目状态（已开工/未开工/在建/部分投产/完工投产）	是否属首位产业	是否列入市级亿元以上重点调度项目	县（市、区）
11	东莞市未来机械科技有限公司	综合环保设备、暖通及通风设备制造项目	2018.10.11	项目占地约25亩，主要建设有研发中心、产品展示中心、培训中心、综合办公楼、仓储物流、员工宿舍及生活区等	2018—2019	是	2018.10.20	否	8000	400	5.00	厂房施工中	年底完成厂房钢结构主体	装备制造	输配电及智能控制设备制造工程	已开工	是	否	寻乌县
12	东莞市睿信机电科技有限公司	寻乌县睿信智能数控机械手及新能源结构件制造项目	2018.10.11	项目占地约38亩，主要工程建设有研发办公楼、标准厂房、职工宿舍、员工食堂等，设备有CNC加工中心等，预计生产、加工智能数控机械手自动化设备及新能源结构件产能达到400万套/年	2018—2019	是	2018.10.20	否	15000	500	3.33	厂房施工中	年底完成厂房钢结构主体	装备制造	输配电及智能控制设备制造工程	已开工	是	否	寻乌县
合计									343000	60800	17.73								

说明：1.2018 年总投资 5000 万元以上新引进工业项目共 12 个，其中：已开工项目 11 个，未开工项目 1 个，总投资 34.3 亿元，2018 年已完成投资 6.08 亿元

2. 所属产业请选择填写具体产业（稀土新材料及应用产业、钨新材料及应用产业、新能源汽车及配套产业、电子信息产业、铜铝有色金属产业、家具产业、生物制药产业、食品产业、氟盐化工产业、建材产业、现代轻纺产业、装备制造产业、园区建设）

3. 所属重点工程请选择填写具体工程，无法分类的请填“其他”（新能源汽车科技城、南康现代家居城、中国稀金谷、青峰药谷、赣粤电子信息产业带、绿色有机食品制造工程、兴烟工程、输配电及智能控制设备制造工程、两化融合提升工程、绿色矿业发展示范工程）

2018 年度工业项目建设在建工业项目一览表

表 14

项目名称	总投资（万元）	项目简介	开工时间	项目所在地
四川省爱克威机电设备工程有限公司空压机生产基地项目	100000	其中一期在 2018 年年底前引进 15 家及以上空压机及配套产品制造企业	2018.1.1	
昂胜埃撒非标准智能化空压机生产项目	15000	占地约 80 亩，主要建设非标准一体化空压机流水线工艺装备及配套等	2018.5.15	石排园区
上海欧式格机械设备有限公司新能源装备产业项目	20000	主要从事各类流体机械包括空气压缩机及其零部件的生产、销售	2018.7.22	石排园区
广东思晨智能科技有限公司机器人智能装备制造项目	12000	主要研发、生产智能设备、工业机器人等	2018.7	寻乌县黄坳园区
广东安川压缩机有限公司节能压缩机项目	10000	主要从事压缩机及配件的生产、销售	2018.5.12	石排园区
广东华南泵业有限公司水泵给排水设备制造项目	16000	主要建设水泵、给排水设备制造及其相关配套设施	2018.7.5	石排园区
广东捷瞬机器人有限公司机器人及自动化设备生产项目	15000	主要建设智能模具，机器人及自动化设备生产线及相关配套设施	2018.7.20	石排园区
兴科电子集团有限公司精密自动数控机床生产年及智能终端精密结构件加工项目	102000	主要建设精密数控机床生产线及相关配套设施、智能终端精密结构件、精密模具、数控刀具生产线及相关配套设施	2018.5.24	杨梅园区
东莞市日康实业有限公司日康机械制造项目	18000	主要设备有 CNC 加工中心、自动车床、衡吊设备、重型龙门铣、大磨床、大钻床等	2018.10.20	石排园区
惠州市德鸿空气压缩机有限公司新型节能螺杆式空气压缩机及配套滤清器制造项目	12000	主要设备有激光切割机、三维数控冲床、数控铣床、自动平面磨床等	2018.10.20	石排园区
东莞市未来机械科技有限公司综合环保设备、暖通及通风设备制造项目	8000	主要建设有研发中心、产品展示中心、培训中心、综合办公楼、仓储物流、员工宿舍及生活区等	2018.10.20	石排园区
东莞市睿信机电科技有限公司寻乌县睿信智能数控机械手及新能源结构件制造项目	15000	设备有 CNC 加工中心等，预计生产、加工智能数控机械手自动化设备及新能源结构件产能达到 400 万套 / 年	2018.10.20	杨梅园区
江苏坤奕环境工程有限公司德标环保高端装备研发制造项目	41800	主要生产农村一体式生活污水处理、垃圾热解碳化、垃圾中转站渗透液集装箱设备、工业废水处理设备等	2018.2	杨梅园区
江西孺子牛机械股份有限公司孺子牛工业冷水机械制造项目	78000	为工业冷水机制造及精密机械配件加工项目	2018.1	石排园区
江西中超泵业有限公司中超水泵系统及配套制造项目	62000	其中第一期为年产 6000 套水泵系统及配套制造项目，占地约 55 亩	2018.1	石排园区
江西领创机电科技有限公司领创自动化控制系统制造项目	56000	分两期建设，其中第一期年产 3000 套以上的电气自动化控制系统及配套制造项目，占地 41.6 亩	2018.1	石排园区
江西立德传动设备有限公司立德机械传动制造项目	50000	第一期为年产 1300 套以上的减速机、光学设备、塑料机械配套制造项目，占地约 106 亩	2018.1	石排园区
江西埃尔实业有限公司埃尔空压机及精密铸造项目	150000	一是节能空气压缩机生产基地及总部经济项目，二是精密铸造项目	2018.1	石排园区
江西伟德国际贸易有限公司伟德智能远程控制系统项目	15000	主要生产机电设备智能远程控制系统	2018.1	石排园区
江西力玛机电科技有限公司力玛机电设备制造项目	50000	年产变频器 100 万千瓦 5 万台，年产机电设备 3 万台以上	2018.2	石排园区
江西东磊精密铸造有限公司东磊消失模精密铸造项目	35000	建设产后年产 25000 吨消失模项目	2018.2	石排园区
江西荣霸机械有限公司荣霸压缩空气后处理及空分设备生产项目	20000	主要建设压缩空气后处理（冷干机、吸干机）及空分设备生产线，项目建成后，每年可生产 5 万台压缩空气后处理（冷干机、吸干机）及空分设备	2018.2	石排园区

续表 14

项目名称	总投资（万元）	项目简介	开工时间	项目所在地
江西汉诺斯压缩机科技有限公司汉诺斯无油压缩机制造项目	50000	主要建设水润滑无油空压主机及空压机生产线，项目建成后，可年产 1 万台水润滑无油空压主机及空压机	2018.2	石排园区
东莞市超德节能净化科技有限公司超德冷干机项目	15000	主要建设冷干机生产线及相关配套设施，压力容器生产线及相关配套设施，建成投产后，可年产约 5 万台冷干机、15 万支过滤器	2018.2	石排园区
广州市洁亚环保设备有限公司洁亚环保机械设备项目	10000	主要建设标准厂房约 8000 平方米，配套办公楼、宿舍、服务设施、绿化亮化和生活设施配套等约 5000 平方米	2018.2	石排园区
欧华包装设备（深圳）有限公司、深圳市港中现自动化设备有限公司智能内包中包外包生产线项目	150000	项目占地面积 250 亩，规划建筑面积 108000 平方米，建设综合类包装机研发生产基地，其中包括新建标准厂房 70000 平方米、仓库 21000 平方米，办公楼 7000 平方米，研发实验室 10000 平方米	2018.6.1	杨梅园区
江西埃撒压缩机有限公司非标准智能化空压机生产项目	10000	主要建设非标准一体化空压机流水线工艺装备及配套等	2018.06	石排园区
江西省洛锡实业有限公司洛锡高效节能电机项目	80000	年产 500 万千瓦高效节能电机，占地面积 200 亩，分两期建设	2018.1	石排园区
江西莫可精密铸造有限公司莫可精密铸造项目	24000	主要建设消失模除尘、涂料、黑区车间，白模生产车间及配套设施	2017.5	石排园区

2018 年重点产业情况表

表 15

所属产业	项目业主	项目名称	建设规模	完成投资（万元）	项目状态（已开工 / 未开工 / 在建 / 部分投产 / 完工投产）
通用设备	江西孺子牛机械股份有限公司	孺子牛工业冷水机械制造项目	为工业冷水机制造及精密机械配件加工项目，建设标准厂房约 7.5 万平方米、研发中心、办公楼、宿舍楼 4000 平方米，分两期建设，其中一期总占地约 83.8 亩	28500	完工投产
	江西中超泵业有限公司	中超水泵系统及配套制造项目	项目分两期建设，其中第一期为年产 6000 套水泵系统及配套制造项目，占地约 55 亩	19700	完工投产
	江西领创机电科技有限公司	领创自动化控制系统制造项目	项目固定资产投资 3.8 亿元，分两期建设，其中第一期年产 3000 套以上的电气自动化控制系统及配套制造项目，占地 41.6 亩	13600	完工投产
	江西立德传动设备有限公司	立德机械传动制造项目	项目分两期建设，第一期为年产 1300 套以上的减速机、光学设备、塑料机械配套制造项目，占地约 106 亩	40000	完工投产
	江西埃尔实业有限公司	埃尔空压机及精密铸造项目	总用地 686 亩，分两个项目同时建设：一是节能空气压缩机生产基地及总部经济项目，占地 286 亩，分三期建设，主要建设 28 万平方米的年产 12 万套空压机产业园，包括空压机总装车间、压力容器车间、钣金车间、空压机零配件生产车间；二是精密铸造项目，用地约 400 亩，分三期建设，主要建设 36 万平方米铸造产业园，包括年产 5 万吨消失模铸造车间及办公大楼、5 万吨覆膜砂铸造车间、3 万吨精密铸铝、铸铁车间	74300	完工投产
	江西伟德国际贸易有限公司	伟德智能远程控制系统项目	项目总用地约 40 亩，主要生产机电设备智能远程控制系统	12780	完工投产

续表 15

所属产业	项目业主	项目名称	建设规模	完成投资（万元）	项目状态（已开工 / 未开工 / 在建 / 部分投产 / 完工投产）
通用设备	亿迪生精密科技（赣州）有限公司	兴科精密自动数控机床生产及智能终端精密结构件加工项目	主要建设精密数控机床生产线及相关配套设施、智能终端精密结构件、精密模具、数控刀具生产线及相关配套设施，一期占地约 80 亩	43650	完工投产
	江西力玛机电科技有限公司	力玛机电设备制造项目	项目总用地约 60 亩，年产变频器 100 万千瓦 5 万台，年产机电设备 3 万台以上	32700	完工投产
	江西东磊精密铸造有限公司	东磊消失模精密铸造项目	项目总用地约 60 亩，建设产后年产 25000 吨消失模项目	16800	已开工
	江西荣霸机械有限公司	荣霸压缩空气后处理及空分设备生产项目	项目总用地约 30 亩，主要建设压缩空气后处理（冷干机、吸干机）及空分设备生产线，项目建成后，每年可生产 5 万台压缩空气后处理（冷干机、吸干机）及空分设备	12900	完工投产
	江西汉诺斯压缩机科技有限公司	汉诺斯无油压缩机制造项目	项目总用地约 100 亩，一期占地约 50 亩，主要建设水润滑无油空压主机及空压机生产线，项目建成后，可年产 1 万台水润滑无油空压主机及空压机	13100	完工投产
	东莞市超德节能净化科技有限公司	超德冷干机项目	项目总占地约 30 亩，主要建设冷干机生产线及相关配套设施，压力容器生产线及相关配套设施，建成投产后，可年产约 5 万台冷干机、15 万支过滤器	13650	完工投产
	欧华包装设备（深圳）有限公司、深圳市港中现自动化设备有限公司	智能内包中包外包生产线项目	项目占地面积 250 亩，规划建筑面积 108000 平方米，建设综合类包装机研发生产基地，其中包括新建标准厂房 70000 平方米、仓库 21000 平方米，办公楼 7000 平方米，研发实验室 10000 平方米	34600	在建
	江西埃撒压缩机有限公司	非标准智能化空压机生产项目	占地约 40 亩，主要建设非标准一体化空压机流水线工艺装备及配套等	11650	完工投产
	江西省洛锡实业有限公司	洛锡高效节能电机项目	年产 500 万千瓦高效节能电机，占地面积 200 亩，分两期建设。第二期 100 亩，总投资 5.4 亿元以上，主要建设办公大楼、电机研发大楼、配套建设相应的公用工程及服务性设施，建设相应的环保设施等	87300	完工投产
	江西莫可精密铸造有限公司	莫可精密铸造项目	主要建设消失模除尘、涂料、黑区车间，白模生产车间及配套设施	27000	在建
	江西孺子牛智能科技有限公司	孺子牛机器人制造项目	年生产 180 套工业机器人（制砖）智能设备，年产值 1 亿元，实现利税 250 万元，能提供 80 个就业岗位	11055	完工投产
新能源产业	寻乌县爱康新能源科技有限公司	爱康农光互补光伏电站项目	以农光互补模式建设装机容量 30 兆瓦的光伏电站、升压站、办公及生产用房、输出线路等配套设施	50120	完工投产
	寻乌县中电建新能源有限公司	项山风电场项目	新建 54 台 2 兆瓦的风力发电机组，装机容量 108 兆瓦	37821	完工投产
	江西大唐国际寻乌风电有限责任公司	乱罗嶂风电场项目	新建 33 台 2 兆瓦的风力发电机组，装机总容量 66 兆瓦	25437	完工投产
新材料产业	赣州市恒源科技股份有限公司	恒源科技年产 1000 吨磁性材料和永磁电机项目	新建稀土合金项目，年生产 1000 吨稀土合金	11480	完工投产

续表 15

所属产业	项目业主	项目名称	建设规模	完成投资（万元）	项目状态（已开工 / 未开工 / 在建 / 部分投产 / 完工投产）
节能环保产业	江苏坤奕环境工程有限公司	德标环保高端装备研发制造项目	主要从事环保设备的研发、制造、生产、销售和环保工程服务等。分三期建设，其中，第一期占地约 30 亩，主要生产农村一体式生活污水处理、垃圾热解碳化、垃圾中转站渗透液集装箱设备、工业废水处理设备等	11270	在建
	江西元山新能源科技有限公司	空气能源设备生产项目	兴建年产 1 万台空气能源设备项目	10991	完工投产
	广州市洁亚环保设备有限公司	洁亚环保机械设备项目	项目总占地约 30 亩，主要建设标准厂房约 8000 平方米，配套办公楼、宿舍、服务设施、绿化亮化和生活设施配套等约 5000 平方米	14000	完工投产
医药产业	赣州市海宏医药有限公司	药品药材配送中心项目	建设从事药品药材加工销售（年销售 1000 吨）的厂房和设备购买	9730	完工投产

表 16

2018 年市调度寻乌县（市、区）主攻工业项目情况表

项目分类	序号	项目业主	项目名称	建设规模	建设年限	拟新开/续建	是否技改项目	总投资（万元）	年度投资（万元）				目前项目进展情况（含前期工作）	当月完成投资额（万元）	2018年已完成投资额（万元）	完成投资率（%）	累计完成投资额（万元）	2018年度攻坚目标	责任领导	责任单位	开工时间	竣工/投产时间	项目状态（已开工/未开工/在建/部分投产/完工投产）	所属产业	所属重点工程	是否属首位产业	县（市、区）
									2017年以前	2018年	2019年	2020年及以后															
列入市级调度321个亿元以上项目	220	江苏坤奕环境工程有限公司	德标环保高端装备研发制造项目	主要从事环保设备的研发、制造、生产、销售和环保工程服务等。分三期建设，其中，第一期占地约30亩，主要生产农村一体式生活污水处理、垃圾热解碳化、垃圾中转站渗透液集装箱设备、工业废水处理设备等	2018—2020	拟新开	否	41800	0	9800	13600	18400	1.1#厂房屋顶梁吊装完成90%，檩条进场100%檩条安装20%，天沟完成吊装60%，柱间支撑安装完成60。2.4#厂房钢结构主体完工。3.综合楼化粪池切墙。4.围墙浇筑柱头96个	1500	11270	115.00	11270	12月底前建成1号、4号厂房主体	王双喜	财政局	2018.2		已开工	装备制造	输配电及智能控制设备制造工程	是	寻乌县
	221	江西孺子牛机械股份有限公司	孺子牛工业冷水机械制造项目	为工业冷水机制造及精密机械配件加工项目，建设标准厂房约7.5万平方米、研发中心、办公楼、宿舍楼4000平方米，分两期建设，其中一期总占地约83.8亩	2018—2019	拟新开	否	78000	0	18000	60000	0	1.已全面竣工投产；2.新增的包装材料生产线总装试验项目、包装生产线机器人夹手和码坯机器人测试平台组装调试完成	4500	28500	158.33	28500	年内建成投产，年度入规	李茂进	工信局	2018.1	2018.7.1	完工投产	装备制造	输配电及智能控制设备制造工程	是	寻乌县

续表 16

项目分类	序号	项目业主	项目名称	建设规模	建设年限	拟新开/续建	是否技改项目	总投资（万元）	年度投资（万元）				目前项目进展情况（含前期工作）	当月完成投资额（万元）	2018年已完成投资额（万元）	完成投资率（%）	累计完成投资额（万元）	2018年度攻坚目标	责任领导	责任单位	开工时间	竣工/投产时间	项目状态（已开工/未开工/在建/部分投产/完工投产）	所属产业	所属重点工程	是否属首位产业	县（市、区）
									2017年以前	2018年	2019年	2020年及以后															
列入市级调度321个亿元以上项目	222	江西中超泵业有限公司	中超水泵系统及配套制造项目	项目分两期建设，其中第一期为年产6000套水泵系统及配套制造项目，占地约55亩	2018—2019	拟新开	否	62000	0	15000	47000	0	已全面竣工投产，正常生产运营	1000	19700	131.33	19700	年内建成投产，年度入规	王双喜	工信局	2018.1	2018.4.25	完工投产	装备制造	输配电及智能控制设备制造工程	是	寻乌县
	223	江西领创机电科技有限公司	领创自动化控制系统制造项目	项目固定资产投资3.8亿元，分两期建设，其中第一期年产3000套以上的电气自动化控制系统及配套制造项目，占地41.6亩	2018—2019	拟新开	否	56000	0	10000	46000	0	已全面竣工投产，正常生产运营	1000	13650	136.50	13650	年内建成投产，年度入规	王双喜	工信局	2018.1	2018.6.26	完工投产	装备制造	输配电及智能控制设备制造工程	是	寻乌县
	224	江西立德传动设备有限公司	立德机械传动制造项目	项目分两期建设，第一期为年产1300套以上的减速机、光学设备、塑料机械配套制造项目，占地约106亩	2018—2019	拟新开	否	50000	0	30000	20000	0	已全面竣工投产，正常生产运营，新增生产线已全面投产	3500	40000	133.33	40000	年内建成投产，年度入规	王双喜	工投公司	2018.1	2018.8.1	完工投产	装备制造	输配电及智能控制设备制造工程	是	寻乌县

续表 16

项目分类	序号	项目业主	项目名称	建设规模	建设年限	拟新开/续建	是否技改项目	总投资（万元）	年度投资（万元）				目前项目进展情况（含前期工作）	当月完成投资额（万元）	2018年已完成投资额（万元）	完成投资率（%）	累计完成投资额（万元）	2018年度攻坚目标	责任领导	责任单位	开工时间	竣工/投产时间	项目状态（已开工/未开工/在建/部分投产/完工投产）	所属产业	所属重点工程	是否属首位产业	县（市、区）
									2017年以前	2018年	2019年	2020年及以后															
列入市级调度321个亿元以上项目	225	江西埃尔实业有限公司	埃尔空压机及精密铸造项目	总用地686亩，分两个项目同时建设：一是节能空气压缩机生产基地及总部经济项目，占地286亩，分三期建设，主要建设28万平方米的年产12万套空压机产业园，包括空压机总装车间、压力容器车间、钣金车间、空压机零配件生产车间；二是精密铸造项目，用地约400亩，分三期建设，主要建设36万平方米铸造产业园，包括年产5万吨消失模铸造车间及办公大楼、5万吨覆膜砂铸造车间、3万吨精密铸铝、铸铁车间	2018—2020	拟新开	否	150000	0	50000	60000	40000	已全面竣工投产，厂区道路硬化、绿化、亮化全部完成，正产生产运营	10000	74300	148.60	74300	一期10月底前建成投产	李茂进	招商服务中心	2018.1	2018.4.20	完工投产	装备制造	输配电及智能控制设备制造工程	是	寻乌县

续表 16

项目分类	序号	项目业主	项目名称	建设规模	建设年限	拟新开/续建	是否技改项目	总投资（万元）	年度投资（万元）				目前项目进展情况（含前期工作）	当月完成投资额（万元）	2018年已完成投资额（万元）	完成投资率（%）	累计完成投资额（万元）	2018年度攻坚目标	责任领导	责任单位	开工时间	竣工/投产时间	项目状态（已开工/未开工/在建/部分投产/完工投产）	所属产业	所属重点工程	是否属首位产业	县（市、区）
									2017年以前	2018年	2019年	2020年及以后															
列入市级调度321个亿元以上项目	226	江西伟德国际贸易有限公司	伟德智能远程控制系统项目	项目总用地约40亩，主要生产机电设备智能远程控制系统	2018—2019	拟新开	否	15000	0	10000	5000	0	已全面竣工投产，正常生产运营，订单加大，新增机器设备，扩大生产规模	1500	12780	127.80	12780	8月底前完成厂房建设竣工及设备安装调试，10月底前建成投产，年度入规	钟小刚	工投公司组织部	2018.2	2018.9.1	完工投产	装备制造	输配电及智能控制设备制造工程	是	寻乌县
	227	深圳市恒峰线缆有限公司	恒峰电线电缆生产项目	项目总用地约200亩，主要生产电线电缆	2018—2019	拟新开	否	80000	0	25000	55000	0	1. 1号厂房浇筑地梁、安装钢结构柱；2. 2号厂房地梁混凝土浇筑已完成，正在安装钢结构柱；3. 办公楼地梁正在凝土浇筑，展示厅基础承台浇筑混凝土；4. 宿舍楼地梁正在浇筑混凝土	0	15150	60.60	15150	一期10月底前建成投产	严志林	工投公司、发改委	2018.2		已开工	铜铝有色金属产业	中国稀金谷	否	寻乌县

续表 16

项目分类	序号	项目业主	项目名称	建设规模	建设年限	拟新开/续建	是否技改项目	总投资（万元）	年度投资（万元）				目前项目进展情况（含前期工作）	当月完成投资额（万元）	2018年已完成投资额（万元）	完成投资率（%）	累计完成投资额（万元）	2018年度攻坚目标	责任领导	责任单位	开工时间	竣工/投产时间	项目状态（已开工/未开工/在建/部分投产/完工投产）	所属产业	所属重点工程	是否属首位产业	县（市、区）
									2017年以前	2018年	2019年	2020年及以后															
列入市级调度321个亿元以上项目	228	亿迪生精密科技（赣州）有限公司	兴科精密自动数控机床生产及智能终端精密结构件加工项目	主要建设精密数控机床生产线及相关配套设施、智能终端精密结构件、精密模具、数控刀具生产线及相关配套设施，一期占地约80亩	2018—2019	拟新开	否	102000	0	25000	77000	0	厂区道路硬化、绿化、亮化全部完成，已全面竣工投产，正产生产运营	10000	43650	174.60	43650	11月底前一期建成投产	王双喜	工信局	2018.6		完工投产	装备制造	输配电及智能控制设备制造工程	是	寻乌县
	229	江西力玛机电科技有限公司	力玛机电设备制造项目	项目总用地约60亩，年产变频器100万千瓦5万台，年产机电设备3万台以上	2018—2019	拟新开	否	50000	0	25000	25000	0	已全面竣工投产，正常生产运营	8000	32700	130.80	32700	年内建成投产，年度入规	汪上红	工业园区管委会体育局	2018.2	2018.6.25	完工投产	装备制造	输配电及智能控制设备制造工程	是	寻乌县

续表 16

项目分类	序号	项目业主	项目名称	建设规模	建设年限	拟新开/续建	是否技改项目	总投资（万元）	年度投资（万元）				目前项目进展情况（含前期工作）	当月完成投资额（万元）	2018年已完成投资额（万元）	完成投资率（%）	累计完成投资额（万元）	2018年度攻坚目标	责任领导	责任单位	开工时间	竣工/投产时间	项目状态（已开工/未开工/在建/部分投产/完工投产）	所属产业	所属重点工程	是否属首位产业	县（市、区）
									2017年以前	2018年	2019年	2020年及以后															
列入市级调度321个亿元以上项目	230	江西东磊精密铸造有限公司	东磊消失模精密铸造项目	项目总用地约60亩，建设产后年产25000吨消失模项目	2018—2019	拟新开	否	35000	0	15000	20000	0	厂房、宿舍楼已全面完工	2000	16800	112.00	16800	年内建成厂房主体	李茂进	工业园区管委会宣传部	2018.2		已开工	装备制造	输配电及智能控制设备制造工程	是	寻乌县
	231	江西荣霸机械有限公司	荣霸压缩空气后处理及空分设备生产项目	项目总用地约30亩，主要建设压缩空气后处理（冷干机、吸干机）及空分设备生产线，项目建成后，每年可生产5万台压缩空气后处理（冷干机、吸干机）及空分设备	2018—2019	拟新开	否	20000	0	10000	10000	0	厂区主干道硬化完成，已全面竣工投产，正常生产运营	1500	12900	129.00	12900	年内建成投产，年度入规	严志林	工业园区管委会人社局	2018.2	2018.7.1	完工投产	装备制造	输配电及智能控制设备制造工程	是	寻乌县

续表16

项目分类	序号	项目业主	项目名称	建设规模	建设年限	拟新开/续建	是否技改项目	总投资（万元）	年度投资（万元）				目前项目进展情况（含前期工作）	当月完成投资额（万元）	2018年已完成投资额（万元）	完成投资率（%）	累计完成投资额（万元）	2018年度攻坚目标	责任领导	责任单位	开工时间	竣工/投产时间	项目状态（已开工/未开工/在建/部分投产/完工投产）	所属产业	所属重点工程	是否属首位产业	县（市、区）
									2017年以前	2018年	2019年	2020年及以后															
列入市级调度321个亿元以上项目	232	江西汉诺斯压缩机科技有限公司	汉诺斯无油压缩机制造项目	项目总用地约100亩，一期占地约50亩，主要建设水润滑无油空压主机及空压机生产线，项目建成后，可年产1万台水润滑无油空压主机及空压机	2018—2019	拟新开	否	50000	0	10000	40000	0	厂区主干道硬化、绿化、亮化、围墙已全部完工，已全面竣工投产，正常生产运营	1500	13100	131.00	13100	一期10月底前建成投产，年度入规	李茂进	工业园区管委会	2018.2	2018.7.1	完工投产	装备制造	输配电及智能控制设备制造工程	是	寻乌县
	233	东莞市超德节能净化科技有限公司	超德冷干机项目	项目总占地约30亩，主要建设冷干机生产线及相关配套设施，压力容器生产线及相关配套设施，建成投产后，可年产约5万台冷干机、15万支过滤器	2018—2019	拟新开	否	15000	0	10000	5000	0	厂区主干道硬化、绿化、亮化、围墙已全部完工，已全面竣工投产，正常生产运营	2000	13650	136.50	13650	10月底前建成投产，年度入规	李茂进	工业园区管委会专业招商一队	2018.2	2018.7.1	完工投产	装备制造	输配电及智能控制设备制造工程	是	寻乌县

续表 16

项目分类	序号	项目业主	项目名称	建设规模	建设年限	拟新开/续建	是否技改项目	总投资（万元）	年度投资（万元）				目前项目进展情况（含前期工作）	当月完成投资额（万元）	2018年已完成投资额（万元）	完成投资率（%）	累计完成投资额（万元）	2018年度攻坚目标	责任领导	责任单位	开工时间	竣工/投产时间	项目状态（已开工/未开工/在建/部分投产/完工投产）	所属产业	所属重点工程	是否属首位产业	县（市、区）
									2017年以前	2018年	2019年	2020年及以后															
列入市级调度321个亿元以上项目	234	广州市洁亚环保设备有限公司	洁亚环保机械设备项目	项目总占地约30亩，主要建设标准厂房约8000平方米，配套办公楼、宿舍、服务设施、绿化亮化和生活设施配套等约5000平方米	2018	拟新开	否	10000	0	10000	0	0	已全面竣工投产，正常生产运营	3000	14000	140.00	14000	8月底前建成投产，年度入规	钟名亮	招商服务中心专业招商三队	2018.2		部分投产	装备制造	输配电及智能控制设备制造工程	是	寻乌县
	235	欧华包装设备（深圳）有限公司、深圳市港中现自动化设备有限公司	智能内包中包外包生产线项目	项目占地面积250亩，规划建筑面积108000平方米，建设综合类包装机研发生产基地，其中包括新建标准厂房70000平方米、仓库21000平方米，办公楼7000平方米，研发实验室10000平方米	2018—2019	拟新开	否	150000	0	40000	110000	0	1.新厂区（杨梅园区）完成厂房钢结构立柱；2.临时厂房（黄坳园区）已正常运营生产，增加订单，扩大规模	6500	34600	86.50	34600	完成厂房主体工程建设	钟名亮	招商服务中心	2018.6	2018.8.1	部分投产	装备制造	输配电及智能控制设备制造工程	是	寻乌县

续表 16

项目分类	序号	项目业主	项目名称	建设规模	建设年限	拟新开/续建	是否技改项目	总投资（万元）	年度投资（万元）				目前项目进展情况（含前期工作）	当月完成投资额（万元）	2018年已完成投资额（万元）	完成投资率（%）	累计完成投资额（万元）	2018年度攻坚目标	责任领导	责任单位	开工时间	竣工/投产时间	项目状态（已开工/未开工/在建/部分投产/完工投产）	所属产业	所属重点工程	是否属首位产业	县（市、区）
									2017年以前	2018年	2019年	2020年及以后															
列入市级调度321个亿元以上项目	236	江西埃撒压缩机有限公司	非标准智能化空压机生产项目	占地约40亩，主要建设非标准一体化空压机流水线工艺装备及配套等	2018	拟新开	否	10000	0	10000	0	0	1.新厂区钢结构全部完工。2.新舟稀土老厂区已投产，正常生产运营	2000	11650	116.50	11650	11月底前建成投产	李茂进	政协办专业招商1队	2018.6	2018.8.1	部分投产	装备制造	输配电及智能控制设备制造工程	是	寻乌县
	237	寻乌县工业园区管委会、工投公司	石排园区平台项目	石排园区东扩基础设施建设、一江两岸（东岸）、环球陶瓷南面地块基础设施建设、竹子凹A地块（顺通驾校）土方平整、东一路道路等工程	2018—2019	拟新开	否	67691	0	20000	47691	0	1.东部大道中段已完成标线施工，完成总工程量的100%。2.南大道延伸段已完成标线施工，完成总工程量的100%。3.石排中大道延伸已完成路面浇筑，给水管道安装，人行道吸水砖铺设，路缘石铺设，已完成总工程量的100%。4.孺子牛路已完成标线施工，完成总工程量的100%。5.小汾箱涵（长80米，规格为2—6×3）工程量	5000	27430	137.15	27430	东扩完成40%工程量，其余竣工	李茂进 严考泉	工业园区管委会工投公司	2018.2		完工投产	园区建设	园区建设	否	寻乌县

续表 16

项目分类	序号	项目业主	项目名称	建设规模	建设年限	拟新开/续建	是否技改项目	总投资（万元）	年度投资（万元）				目前项目进展情况（含前期工作）	当月完成投资额（万元）	2018年已完成投资额（万元）	完成投资率（%）	累计完成投资额（万元）	2018年度攻坚目标	责任领导	责任单位	开工时间	竣工/投产时间	项目状态（已开工/未开工/在建/部分投产/完工投产）	所属产业	所属重点工程	是否属首位产业	县（市、区）
									2017年以前	2018年	2019年	2020年及以后															
列入市级调度321个亿元以上项目													已全部完成。6.环球陶瓷南面地块：目前已完成土石方开挖约70万立方米，约完成总工程量86%，35千伏高压杆线拆除完成，110千伏高压杆线基础施工中。7.竹子坝A地块：已完工验收。8.东一路：已完工验收														
	238	江西省洛锡实业有限公司	洛锡高效节能电机项目	年产500万千瓦高效节能电机，占地面积200亩，分两期建设。第二期100亩，总投资5.4亿元以上，主要建设办公大楼、电机研发大楼、配套建设相应的公用工程及服务性设施，建设相应的环保设施等	2017—2018	续建	否	80000	55000	25000	0	0	一期1#、2#、3#厂房已竣工投产；二期6#、7#、8#厂房完工，附属设施已完成，设备已完成进场安装，已投产	7000	32300	129.20	87300	11月底前全面竣工投产	王双喜	工信局	2017.1		完工投产	装备制造	输配电及智能控制设备制造工程	是	寻乌县

续表 16

项目分类	序号	项目业主	项目名称	建设规模	建设年限	拟新开/续建	是否技改项目	总投资（万元）	年度投资（万元）				目前项目进展情况（含前期工作）	当月完成投资额（万元）	2018年已完成投资额（万元）	完成投资率（%）	累计完成投资额（万元）	2018年度攻坚目标	责任领导	责任单位	开工时间	竣工/投产时间	项目状态（已开工/未开工/在建/部分投产/完工投产）	所属产业	所属重点工程	是否属首位产业	县（市、区）
									2017年以前	2018年	2019年	2020年及以后															
列入市级调度321个亿元以上项目	239	江西莫可精密铸造有限公司	莫可精密铸造项目	主要建设消失模除尘、涂料、黑区车间，白模生产车间及配套设施	2017—2018	续建	否	24000	14000	10000	0	0	厂房建设已全面竣工，部分设备已完成安装	1000	13000	130.00	27000	10月底前建成投产，年度入规	王双喜	工信局	2017.5		已开工	装备制造	输配电及智能控制设备制造工程	是	寻乌县
	240	江西富阳生物科技有限公司	富阳生物科技项目	以“公司+基地+农户”模式种植澳大利亚茶树油，并建立食品药品产业中心，主要从事澳大利亚茶树油系列产品研发、生产、加工和出口	2017—2019	续建	否	50000	21700	5000	23300	0	正在进行厂房建设中	1000	5800	116.00	27500	年底完成厂房、办公楼主体建设	王双喜 陈敏	城管局	2017.1		已开工	生物制药产业	青峰药谷	否	寻乌县
	241	寻乌县工投公司	杨梅园区平台项目	杨梅园区路网及公共服务、配套设施建设	2017—2019	续建	否	75525	20000	14580	40945	0	已平整工业用地1048亩，园区主干道硬化、绿化、亮化等基础设施基本完工，园区已初步成型。目前投产企业1家，在建企业5家，在谈企业10家	6000	24050	164.95	44050	年底完成园区路网建设及配套设施主体工程	陈敏 王双喜	工投公司	2017.1		完工投产	园区建设	园区建设	否	寻乌县

续表 16

项目分类	序号	项目业主	项目名称	建设规模	建设年限	拟新开/续建	是否技改项目	总投资（万元）	年度投资（万元）				目前项目进展情况（含前期工作）	当月完成投资额（万元）	2018年已完成投资额（万元）	完成投资率（%）	累计完成投资额（万元）	2018年度攻坚目标	责任领导	责任单位	开工时间	竣工/投产时间	项目状态（已开工/未开工/在建/部分投产/完工投产）	所属产业	所属重点工程	是否属首位产业	县（市、区）
									2017年以前	2018年	2019年	2020年及以后															
列入市级调度321个亿元以上项目	242	寻乌县工业园区管委会、广寻商会、工投公司	广寻商会抱团返乡创业项目	项目占地总面积630亩，用于寻乌返乡创业人员工业项目建设。2016年12月开工，2019年6月底完工	2016—2019	续建	否	200000	100000	23900	76100	0	园区所有厂房、办公楼均已竣工	3500	28500	119.25	128500	年底完成园区路网建设及配套设施主体工程，完成20家企业入驻	黄志高 王双喜	工业园区管委会广寻商会工投公司	2016.6		完工投产	园区建设	园区建设	否	寻乌县
市级调度外项目	1	寻乌县工投公司	寻乌县工业园污水处理厂建设工程	建设处理规模为3万立方米/日的工业污水处理厂及配套污水管网	2017—2018	续建	否	13500	5700	7800	0	0	已联网投入运营使用	200	8450	108.33	14150	11月底前完成5千米污水管网工程，完成污水处理厂部分主体工程	李茂进 严考泉	工投公司	2017.1	2018.6.1	完工投产	园区建设	园区建设	否	寻乌县
合计								1485516	216400	429080	781636	58400		83200	547930	127.70	764330										

说明：1.2018 年主攻工业项目总数共 23 个，其中：拟新开项目 18 个，续建项目 5 个，技改项目 0 个，总投资 147.2016 亿元，2018 年已完成投资 53.948 亿元

2.所属产业请选择填写具体产业（稀土新材料及应用产业、钨新材料及应用产业、新能源汽车及配套产业、电子信息产业、铜铝有色金属产业、家具产业、生物制药产业、食品产业、氟盐化工产业、建材产业、现代轻纺产业、装备制造产业、园区建设）

3.所属重点工程请选择填写具体工程，无法分类的请填“其他”（新能源汽车科技城、南康现代家居城、中国稀金谷、青峰药谷、赣粤电子信息产业带、绿色有机食品制造工程、兴烟工程、输配电及智能控制设备制造工程、两化融合提升工程、绿色矿业发展示范工程）

按照“一园三区”布局推进园区建设。完成石排园区竹子坳地块400余亩土地平整；完成“四路一箱涵”（石排工业园孺子牛路、东一路、南大道延伸路、东部大道、小汾箱涵等路网工程）工程；杨梅园区平整工业用地760亩；科技大道完成路基平整，已入驻企业7家；黄坳园区新增12家企业落户。工业园区服务中心、园区小综合体、污水处理厂投入使用。

围绕首位产业精准招商，本局共洽谈项目5个，引进亿迪生精密科技（赣州）有限公司精密自动数控机床生产年及智能终端精密结构件加工项目，总投资10.2亿元，主要建设精密数控机床生产线及相关配套设施、智能终端精密结构件、精密模具、数控刀具生产线及相关配套设施。

【安全生产】 年初制定安全生产工作方案，每季度组织人员，对园区内所有企业和园区外规模以上企业，进行安全生产和消防工作检查；开展“夏季百日行动”，组织48家企业进行安全生产和消防知识教育培训。年度内所有规模以上企业未发生安全生产责任事故和消防安全事故。

（钟德福）

供　电

【概　况】 2018年，寻乌县供电公司以安全稳定和优质服务为基础，以电网发展为重点，完成年度各项工作任务，为加快全县经济社会发展奠定坚实基础。

累计完成售电量49608.968万千瓦时，同比下降11.28%，工业总电量19374.41万千瓦时，同比下降16.48%。其中大工业电量14055.9万千瓦时，同比下降25.11%；非普工业电量5318.5万千瓦时，同比增长20.04 %；商业电量4067.49万千瓦时，同比增长15.06 %；居民电量14902.3万千瓦时，同比增长8.82 %。

荣获江西省文明单位、寻乌县2018年度驻县单位绩效考评综合先进奖第一名、工业攻坚工作驻县单位第一名、驻县单位服务“七大攻坚”工作第二名、基础设施攻坚重点项目第二名、党的建设工作驻县单位第三名、服务土地房屋征收工作先进单位、争取非普惠制项目资金超额完成任务奖等荣誉称号。公司1个供电所、2个班组获市公司企业文化建设“百千万”工程示范点称号。公司员工温筱堃入选2017年度“寻乌好人”榜。

【电网概况】 寻乌电网位于江西电网南部，改制前为小水电独立组网与广东联网，2001年通过110千伏安寻线最后一个与江西电网联网。目前形成了以长宁220千伏变电站为电源支撑，以寻乌变电站、石排变电站、留车变电站、澄江变电站等4座110千伏电网主干构架，11座35千伏变电站为中心的35千伏电网链式、放射式的供电格局。通过2回220千伏线路从赣州主网受电。全县供电户数12.36万户。

【电网建设】 电网规划。做好2018—2020年电网规划的滚动修编工作，深度融入县域经济和城建整体规划，重点解决配电薄弱问题，形成与寻乌县区位相匹配的电网。完成2019年配电网储备项目可研设计，储备项目规模4500万元。重点工程。2018年农网改造，计划投资资金1864万元，其中新建10千伏线路22.45千米，改造10千伏线路1.22千米；新建配变台区20台/4800千伏安，改造配变台区4台/1000千伏安，配套建设改造低压线路33.95千米；完成石排工业园区建设工程完成初设批复工作。110千伏石排变电站，10千伏石东Ⅰ线、石东Ⅱ线、石开Ⅰ线、石开Ⅱ线新建工程；110千伏石排变电站10千伏石黄线、石湾线延伸新建工程总资金515.8568万元；新建寻乌长宁变至留车变110千伏线路工程32.17千米，工程投资2825万元，预计在2019年11月完工；完成39座容量9.5兆瓦村级光伏电站的接网工程。

2018年寻乌县220千伏及以下变电站建设情况表

表17

序号	变电站名称	变电站容量（兆伏安）	电压等级（千伏）	投运时间	所在乡镇	详细地址	占地面积（平方米）
1	长宁变电站	2×180	220	2013年7月	长宁镇	长宁镇园艺场大塘坪	26666.8
2	澄江变电站	1×40	110	2017年9月	澄江镇	汶口村中坑	9284
3	留车变电站	2×50	110	2014年6月	留车镇	黄姜村沿塘坳	12590
4	石排变电站	2×40+1×50	110	2011年8月	文峰乡	石排村石排工业园	12315
5	寻乌变电站	2×31.5	110	2001年10月	文峰乡	文峰乡小布村	20658
6	菖蒲变电站	1×6.3	35	2016年5月	菖蒲乡	菖蒲乡菖蒲村大窝里	3880
7	吉潭变电站	2×5	35	2006年12月	吉潭镇	吉潭镇吉潭村	1287.6
8	晨光变电站	2×5	35	2011年11月	晨光镇	晨光镇公平村	3000
9	中心变电站	2×6.3	35	2012年5月	文峰乡	文峰乡新罗村	11536.95
10	水源变电站	2×5	35	2007年2月	水源乡	水源乡龙塘村	1485
11	罗珊变电站	2×6.3	35	2002年8月	罗珊乡	罗珊乡罗塘村	989.2
12	丹溪变电站	1×5	35	2009年4月	丹溪乡	丹溪村岑峰村	2760
13	南桥变电站	2×5	35	2010年6月	南桥镇	南桥镇南桥村	6705
14	剑溪变电站	2×3.15	35	2012年1月	吉潭镇	吉潭镇剑溪村	5294.13
15	上坪变电站	2×3.15	35	2012年1月	桂竹帽镇	桂竹帽镇上坪村	7683
16	三标变电站	1×6.3	35	2013年1月	三标乡	三标乡三标村	5373
17	城北开关站	—	10	2013年10月	长宁镇	长宁镇大塘坪	450
18	上坪开关站	—	10	2010年6月	桂竹帽镇	桂竹帽镇上坪村	457.1
19	项山开关站	—	10	2007年6月	三标乡	项山乡项山村	451.9

2018年农网工程建设项目情况表

表18

序号	项目名称	工程子项目	容量（兆伏安）	地址
1	新建配变台区	10千伏吉剑线沿河2#台区	200	吉潭镇塘坑村
2	新建配变台区	10千伏吉剑线沿河3#台区	100	吉潭镇塘坑村
3	新建配变台区	10千伏吉剑线沿河4#台区	100	吉潭镇塘坑村
4	新建配变台区	10千伏吉圩线圩镇3#台区	400	吉潭镇圩镇
5	新建配变台区	10千伏澄圩线牛坪崇2#台区	200	澄江镇汶口村
6	新建配变台区	10千伏澄圩线圩镇5#台区	400	澄江镇汶口村
7	新建配变台区	10千伏留团线石背谢田2#台区	200	留车镇石背村
8	新建配变台区	10千伏上华线蛇居农庄台区	100	桂竹帽镇上坪村
9	新建配变台区	10千伏水圩线周畲3#台区	200	水源乡周畲村
10	新建配变台区	10千伏寻寻线小水村2#台区	200	长宁镇城郊
11	新建配变台区	10千伏寻岳线花园4#台区	100	长宁镇城郊
12	新建配变台区	10千伏寻岳线石圳桥头台区	400	圳陂村城郊
13	新建配变台区	10千伏寻岳线石圳坝5#台区	400	圳陂村城郊
14	新建配变台区	10千伏寻长线牛角湾4#台区	200	长宁镇城郊
15	新建配变台区	10千伏寻长线牛角湾5#台区	400	长宁镇城北一路
16	新建配变台区	10千伏城左线罗坝新区小学台区	400	文峰乡城郊
17	新建配变台区	10千伏城左线左岸香桂4#台区	200	文峰乡城郊
18	新建配变台区	10千伏城广线竹园下骆屋台区	200	长宁镇城郊
19	新建配变台区	10千伏寻工Ⅱ线田背新村2#台区	200	田背村城郊
20	新建配变台区	10千伏长开Ⅱ线罗坝潘屋2#台区	200	长宁镇罗坝村
21	改造配变台区	10千伏城广线广场2#台区	400	长宁镇城郊

续表 18

序号	项目名称	工程子项目	容量（兆伏安）	地址
22	改造配变台区	10 千伏寻岳线石圳坝 4# 台区	400	圳陂村城郊
23	改造配变台区	10 千伏水圩线周畲 2# 台区	100	水源乡周畲村
24	改造配变台区	10 千伏留龙线下片台区	100	龙廷乡圩镇
25	改造配变台区	10 千伏留团线石背谢田 1# 台区	100	留车镇石背村
26	新建 10 千伏线路	10 千伏石开 I 线	/	文峰乡石排村
27	新建 10 千伏线路	10 千伏石开 II 线	/	文峰乡石排村
28	新建 10 千伏线路	10 千伏寻国线	/	长宁镇中山路
29	新建 10 千伏线路	10 千伏长柯线	/	长宁镇柯树背村
30	新建 10 千伏线路	10 千伏汶圩线	/	澄江镇汶口村
31	新建 10 千伏线路	10 千伏汶富线	/	澄江镇汶口村
32	新建 10 千伏线路	10 千伏汶大线新建工程	/	澄江镇汶口村
33	新建 10 千伏线路	10 千伏汶黄线新建工程	/	澄江镇汶口村
34	新建 10 千伏线路	10 千伏汶汶线新建工程	/	澄江镇汶口村
35	新建 10 千伏线路	10 千伏石上线新建工程	/	文峰乡石排村
36	新建 10 千伏线路	10 千伏寻创 I 线新建工程	/	长宁镇小布村
37	新建 10 千伏线路	10 千伏寻黄线新建工程	/	长宁镇小布村

【运维管理】 推进生产运维精益化管理，通过“日管控、周分析、月考核”措施，强化“三率一单”管控，公司运维管理水平不断提升，10 千伏线路可靠率 99.86%，同比提高 0.21 百分点，公变出口电压合格率 99.72%，同比提高 0.27 个百分点。通过对 35 千伏变电、输电线路例行巡视、特殊巡视、防雷改造、清理通道等措施，有效降低了主变、输电线路停运、抢修次数，实现主变“零跳闸”；35 千伏线路跳闸 4 次，同比下降 8 次；10 千伏线路跳闸 40 次，同比下降 5 次。开展配电线路汛期特巡特维工作，确保线路设备安全度汛。完善迎峰度夏措施保障体系，扎实有序做好迎峰度夏、迎峰度冬的各项工作。坚持配电带电作业“能带不停”，完成作业 79 次，同比增加 49%，停电时长大幅缩短。

【优质服务】 开展“客户经理进万家”“工业园区企业走访”等活动，走访 200 余户重要客户及工业园区用户、6.8 万个低压用户，启动报装接电专项治理工作。加强与全县重点高危企业联系沟通，结合企业生产特点、经营规模和用电高峰，为其设计合理化用电方案，帮助企业降本增效。主动服务园区及重要客户，通过简化流程，开通绿色通道，实行业扩报装“一证办理”，提高办电效率和服务质量，报装时限缩短 40%。落实低保户、五保户电价政策。推进手机微信、掌上电力、电 e 宝等“互联网 +”服务，实现线上缴费率 62.25%，全市排第 9 位。

【安全生产】 开展春秋季安全大检查、建设施工专项检查，防汛隐患专项排查，六查六防专项排查，变电站防误闭锁装置隐患排查，不断夯实安全基础。施工作业全过程管控，管控 APP 应用实现全覆盖，抓好各级各类人员到岗到位安全履责。抓好交通、消防、信息、电费资金安全及电力设施保护等“大安全”管理例行工作，安全生产保持平稳。圆满完成春节、高考共 30 余次重要保电任务。

（袁向阳）

民营企业管理

【概　况】 2018 年，县民营企业管理局围绕“四个全面”“主攻工业、三年翻番”目标，攻坚克难、创新进取，以企业成长工程、企业转型升级、服务体系建设为重点开展工作。被市中小企业管理局评为“融资服务优秀单位”“创业创新示范基地（小微企业创业园）建设先进单位”“送服务下基层工作先进单位”。

【民营经济运行】 全县民营经济市场主体共18035户，比去年增长2.4%，其中民营企业数量3508户，增长14.2%；从业人数76050人，比2017年同期增加4437人；注册资金119.73亿元，增长14.79%。非公有制经济增加值38.6亿元，增长9.1%，占GDP比重为49.0%。

【中小企业培育】 缓解企业融资难、融资贵。组织开展全县中小微企业融资对接签约仪式。县内农商银行等7家金融机构与江西省洛锡实业有限公司等49家企业签约，共签约资金6.27亿元，截至年底履约率100%。

2018年全市银企对接签约企业汇总表（寻乌县）

表19

序号	企业名称	法人代表	企业地址	所属行业	签约金额（万元）	年底履约率	签约银行
1	江西华旗国际酒店发展有限公司	周巨跃	寻乌县长宁镇城北村委会城北村新北小组寻乌县东江源大道	住宿餐饮业	3300	100%	农商银行
2	寻乌县鑫润百货商行	刘运平	寻乌县长宁镇广场居委会国际商业中心C栋一层	批发零售业	1600	100%	农商银行
3	赣州市东泰农牧有限责任公司	彭卫东	寻乌县长宁镇石圳村	农业	1500	100%	农商银行
4	寻乌县桠髻钵山电力实业有限公司	陈海泉	寻乌县留车镇留车村委会五景峰电站	电力生产	1400	100%	农商银行
5	江西省成威牧业发展有限公司	周成威	寻乌县长宁镇广场居委会江西省寻乌县城北三路	农业	1500	100%	农商银行
6	寻乌县爱馨泰电子商贸有限公司	陈爱春	寻乌县文峰乡黄坳村委会黄岗工业园E地块	制造业	1100	100%	农商银行
7	江西龙橙果业有限公司	陈俊平	寻乌县文峰乡岗背村委会井栏下	农业	1000	100%	农商银行
8	江西省石湾环球陶瓷有限公司	骆建民	寻乌县文峰乡石排村委会工业园区	制造业	1000	100%	农商银行
9	江西省洛锡实业有限公司	潘志敏	寻乌县文峰乡石排村委会石排村石桥小组工业园	制造业	1000	100%	农商银行
10	江西杨氏果业股份有限公司	杨灿伟	寻乌县文峰乡石排村委会黄龙坳工业园	农业	1000	100%	农商银行
11	寻乌县东源果业有限公司	凌发东	寻乌县澄江镇汶口村委会圩项加油站后面	农业	1000	100%	农商银行
12	寻乌县吉潭镇榜溪村统泰果品包装厂	谢岸青	吉潭镇榜溪村委会桥头国道边	农业	100	100%	农商银行
13	寻乌县虔州果品加工厂（普通合伙）	陈益坤	长宁镇五里亭	农业	100	100%	农商银行
14	寻乌佳鼎混凝土有限公司	陈治凤	石圳村委会寻乌县文峰工业园区	制造业	1000	100%	农商银行
15	赣州岑峰酒业有限责任公司	李远清	寻乌县丹溪乡岑峰村委会岑峰村	制造业	1000	100%	农商银行
16	寻乌县钟声文化教育发展有限公司	钟 声	寻乌县长宁镇城北村委会新东新区瑶下湾	教育	1000	100%	农商银行
17	寻乌县文峰乡东团村翠山林场	刘德友	寻乌县文峰乡东团村委会江西寻乌县文峰乡东团村委会	农业	1000	100%	农商银行
18	寻乌县秀丽江购物广场有限公司	詹皇增	寻乌县长宁镇广场居委会城北农贸市场	批发零售业	700	100%	农商银行
19	寻乌县寻通汽车贸易有限公司	刘满凤	寻乌县长宁镇广场居委会长安大道财政大楼一楼北侧	批发零售业	600	100%	农商银行
20	寻乌县华诚门窗有限责任公司	刘建华	寻乌县文峰乡黄岗村寻乌民营创业园	建材批发	120	100%	村镇银行
21	寻乌县东源果业有限公司	吴其福	寻乌县澄江镇	果品加工	100	100%	村镇银行

续表 19

序号	企业名称	法人代表	企业地址	所属行业	签约金额（万元）	年底履约率	签约银行
22	江西平安汽车销售服务有限公司	邝　林	寻乌县长宁镇城东平安汽车城	汽车销售	30	100%	村镇银行
23	寻乌县顺通机动车驾驶员培训有限公司	刘文胜	江西省赣州市寻乌县长宁镇河岭村	服务行业	50	100%	村镇银行
24	江西省老山农食品饮料厂	蓝家禹	江西省赣州市寻乌县澄江镇观音亭	制造业	40	100%	村镇银行
25	寻乌县旺角购物中心	李　杰	寻乌县长宁镇中山东路	批发和零售业	200	100%	工商银行
26	寻乌县龙泰金丰实业有限公司	温子健	寻乌县长宁镇江东大道锦绣江东 18 幢 1 楼	批发和零售业	200	100%	工商银行
27	江西省平桂物流有限公司	龚桂荣	寻乌县长宁镇君子坝	交通运输	300	100%	工商银行
28	寻乌县吉兴物流有限公司	王　斌	寻乌县长宁镇城东大道 19 号	交通运输	150	100%	工商银行
29	寻乌县市政工程有限公司	陈华新	寻乌县长宁镇岳家庄大道 18 号	建筑业	360	100%	工商银行
30	寻乌县阳光汽车销售服务有限公司	李云平	寻乌县花旗酒店附属楼	汽车新车零售	250	100%	建设银行
31	寻乌县蓝天机动车驾驶员考试有限责任公司	曾小红	寻乌县长宁镇长安大道	教育	500	100%	建设银行
32	寻乌县长利发展有限公司	陈忠欧	寻乌县长宁镇沙子头	批发零售业	300	100%	建设银行
33	赣州通州塑胶机械有限公司	刘明芳	寻乌县文峰乡黄坳工业园区	制造业	200	100%	建设银行
34	寻乌县月盛商贸有限公司	胡艳辉	寻乌县长宁镇新罗南路口	批发零售业	200	100%	建设银行
35	赣州市恒源科技股份有限公司	叶　亮	寻乌县文峰乡石排工业园	稀土冶炼	1700	100%	赣州银行
36	寻乌县聚隆超级市场零售有限公司	钟作成	寻乌县南桥镇原供销社	农产品加工	600	100%	赣州银行
37	江西颍川堂绿色食品有限公司	赖佛金	寻乌县文峰乡石排工业园	制造业	1000	100%	赣州银行
38	寻乌县发展投资开发有限公司	潘广仁	寻乌县沿河街	基础设施	30000	100%	赣州银行
39	寻乌县恒顺生物科技开发有限公司	刘加桃	寻乌县黄坳工业园区	食品加工	630	100%	赣州银行
40	寻乌县水源红果品有限公司	王伟才	寻乌县水源乡	果品加工	150	100%	邮储银行
41	瑞金市聚道食品有限公司	刘建勇	寻乌县中正广场	批发零售业	300	100%	邮储银行
42	寻乌县泰丰牧业有限公司	陈文坤	寻乌县环城西路	批发零售业	300	100%	邮储银行
43	寻乌县億多购物广场有限公司	郑建春	寻乌县石田心	批发零售业	1000	100%	邮储银行
44	寻乌县世纪陶瓷有限公司	陈道香	寻乌县石排工业园	制造业	1500	100%	邮储银行
45	寻乌县群鑫文化产业发展有限公司	刘兰昕	寻乌县长宁镇迎宾大道安置区 21—22 号	商业服务业	200	100%	农行
46	寻乌县东源果业有限公司	凌发东	寻乌县澄江加油站旁	水果加工销售	400	100%	农行
47	赣州泓源达果业有限公司	钟水兴	寻乌县大塘坪管理区	水果加工销售	590	100%	农行
48	寻乌县顺发生态农业发展有限公司	刘银山	寻乌县长宁镇银城 2 路 21 号	水果和坚果加工	300	100%	农行
49	寻乌县圣维实业有限公司	邝湘君	寻乌县文峰乡大路村	水果和坚果加工	200	100%	农行
合计					62770	100%	

继续做好“小微信贷通”“创业信贷通”工作，为寻乌县水源红果品有限公司等 181 户中小微企业发放“小微信贷通”贷款 15182 万元。为寻乌县荣盛电子厂等 42 户初创企业发放

“创业信贷通”贷款 1539.5 万元。

推动企业提质增效。全面落实“四个一”（每个重点企业安排一名挂点县领导、一个挂点单位、一名挂点干部、一个服务金融机构跟踪帮扶）帮扶机制，实施局领导挂点企业制度，在要素配置、融资、市场拓展、科技创新、人才对接、品牌培育等方面大力支持，促进企业健康发展。加大市场主体培育。加大“个升企”（个体工商户转型升级为企业）培育，4 月 11—13 日会同县公共就业人才服务局、县现代职业技术学校，在文峰乡政府联合举办赣州创业大学寻乌县“个升企”知识培训班，共培训 150 人；实施重点培育，遴选出江西中气机械设备有限公司等 24 家企业作为重点培育对象，深入企业调研帮扶，邀请专家团为 24 家企业开展个性化咨询诊断，实施“一企一策”，有力地促进了企业发展，年内有江西中气机械设备有限公司、寻乌县德旺工艺制品有限公司、寻乌巨华科技有限公司、寻乌县顺星电子有限公司、寻乌县宝琦电子科技有限公司、寻乌县赣通贸新型建材有限公司 6 家企业入规。

【创业创新服务】 营造良好发展环境。学习宣传新修订的《中华人民共和国中小企业促进法》，通过讲座等多种形式宣传，在媒体宣传新法精神实质及内涵，扩大新法知晓面及影响力。用好中小企业政策信息发布平台，指导创业者联合会为中小企业提供法律法规、创业创新、金融、市场、权益保护等信息服务。培育省级创业创新示范基地，对接省、市“双创”示范基地创新平台支持政策，争取国家、省、市专项资金，支持“双创”示范基地寻乌电商园发展，全年为 3068 人次提供服务，入驻基地企业 59 家，主营业务收入 1.3 亿元。2019 年初，该基地被认定为省级小型微型企业创业创新示范基地。培训企业管理人员。选送赣州岑峰酒业有限责任公司等中小企业企业主、管理人员 15 人，参加赣州创业大学创新管理学习班培训，提升寻乌县中小企业经营管理水平和管理创新能力。招商引资。围绕首位产业招商，延伸产业链条，引进寻乌县日康机械制造项目，投资 1.8 亿元。该项目位于寻乌县石排工业园竹子坝地块，占地 60 亩，主要经营环保降解吹膜机系列产品、制袋机系列产品等通用机械的制造与销售。安全生产。根据“管行业必须管安全、管业务必须管安全”的总体要求，重点对电子、服装、鞋业等行业进行 20 次安全生产排查，提示企业在生产过程注意安全、规范管理，通过走访排查，实现企业生产无安全事故，确保生产安全。

（罗华桢）

工业园区

【概　况】 围绕“主攻工业、三年翻番”的总目标，以首位产业为引领，推进园区配套完善升级，加速产业集聚，做强做大园区产业。2018 年获得“主攻工业工作先进奖县直一类单位第一名”“招商引资工作一类县直单位三等奖”“绩效考评综合先进奖县直三类单位第四名”“业务工作先进奖”“综治及平安建设工作先进单位”等殊荣。并被市委、市政府评为“服务非公有制经济发展先进单位”。

入园企业共 75 家（含在建），其中规模以上企业 26 家，规模以下企业 49 家。1—12 月，园区内规模以上企业完成工业总产值 337468.95 万元，税金 9715.1 万元，利税 37034.9 元，就业人数 3412 人。

【园区基础设施】 2018 年，完成杨梅工业园区土地平整约 750 亩，竹子坝地块土地平整 320 亩，环球陶瓷南面地块土地平整 420 亩。同时完成欧仕格、埃撒等企业的土地平整。园区循环路。总投资 6480 万元的寻乌县 EPC 城南至石排大桥段项目建成通车；杨梅园区科技大道、石排工业园区孺子牛路、东一路、南大道延伸路、东部大道、小汾箱涵等路网工程建成通车。配套设施。工业园区服务中心建成并投入使用，工业园区污水处理厂竣工运行，园区商业服务综合体、人才公寓及广寻商会科技大楼等项目有序推进。

【服务企业】 园区管委会实行全体干部联系企业制度，每个干部联系4—7家企业，协调解决企业发展面临的难题，为入园企业提供一站式、全方位、保姆式的服务。2018年累计解决企业的项目用地选址、规划、报建、水电等问题共计187个，做到涉企事项不过夜。通过全体工作人员的不懈努力，园区服务企业工作得到了企业的一致好评及市、县二级的充分肯定。被市委、市政府评为2018年“服务非公有制经济发展先进单位奖”，是工业园区管委会自成立以来得到的第一个市级以上表彰。

【园区内企业】 江西洛锡实业有限公司位于石排工业园区，由广州东鑫特电机有限公司投资兴建，总投资8亿元，占地面积197.6亩．分两期建设：一期工程于2017年12月竣工投产，主要产品有三相异步电动机、铝壳系列电动机、空压机专用电机、变频调速电动机、变极多速电动机、减速机专用电机、单相电容起动异步电动机、单相双值电容异步电动机和永磁电机等；二期工程预计2019年底前竣工投产。项目达产达标后预计年产值5亿元，税收2000万元。

亿迪生精密科技（赣州）有限公司位于杨梅工业园区，成立于2018年6月，由兴科电子集团（香港）有限公司投资的外资独资企业。项目总投资10.2亿元，注册资本3000万港元，占地面积60.4亩。企业于2018年年底投入生产，提供就业岗位约500个。

江西中气机械设备有限公司是一家集设计、生产、销售空气压缩机于一体的制造企业。2017年7月开始投资建设，用地面积约283亩，总投资达6亿元。项目分三期建设，一期建设10万平方米的空压机总装车间和办公楼；二期建设10万平方米的压力容器车间和钣金车间；三期建设8万平方米的空压机零配件生产车间、仓库，配套设施员工宿舍、超市、KTV休闲娱乐场所等。全部建成投产后形成年120000台节能空气压缩机生产规模，年产值6亿元，可提供800个就业岗位。

入园企业一览表

表20

序号	企业名称	是否是首位产业	隶属园区	总投资（万元）	产值（万元）	企业负责人	备注
1	江西埃尔空气节能压缩机有限公司（分为江西中气、江西中铸）	是	石排工业园区	150000	0	林增亮	试生产
2	江西莫可精密铸造有限公司	是	石排工业园区	24000	0	陈　彩	在建
3	江西洛锡实业有限公司	是	石排工业园区	80000	4658.1	罗胜辉	生产
4	江西汉诺斯压缩机科技有限公司	是	石排工业园区	20000	0	林添生	试生产
5	江西孺子牛机械股份有限公司	是	石排工业园区	38000	0	钟粤兴	生产
6	江西祐臣节能净化科技有限公司	是	石排工业园区	12000	0	廖红花	生产
7	江西荣霸机械有限公司	是	石排工业园区	20000	0	赵德荣	试生产
8	江西中超泵业有限公司	是	石排工业园区	22000	0	曾　峰	生产
9	江西东磊精密铸造有限公司	是	石排工业园区	35000	0	黄志成	在建
10	江西领创机电有限公司	是	石排工业园区	56000	0	石大星	生产
11	江西伟德国际贸易有限公司	是	石排工业园区	15000	0	罗某某	试生产
12	江西立德传动有限公司	是	石排工业园区	50000	0	何德忠	生产
13	江西埃撒压缩机有限公司	是	石排工业园区	8000	0	宋艳辉	18入园在建
14	江西夫能环境设备有限公司	是	石排工业园区	10000	0	林平东	在建

续表 20

序号	企业名称	是否是首位产业	隶属园区	总投资（万元）	产值（万元）	企业负责人	备注
15	江西智尖能源科技有限公司	是	石排工业园区	7000	0	姚　攀	18 入园在建
16	江西力玛机电科技有限公司	是	石排工业园区	50000	0	邹联石	在建
17	寻乌县永泰机械制造有限公司	是	黄坳工业园区	4800	9253.5	谢永水	停产
18	赣州通洲塑胶机械有限公司	是	黄坳工业园区	5000	6095.7	刘铭忠	生产
19	江西孺子牛机器人制造有限公司	是	黄坳工业园区	10000	4770.4	钟粤兴	在建
20	江西元山新能源科技有限公司	是	黄坳工业园区	3049	0	陈盛辉	在建
21	欧华包装设备（深圳）有限公司	是	杨梅园区	13000	0	朱绍福	在建
22	江西省鹏顺智能装备有限公司	是	杨梅园区	10000	0	张日勇	18 年入园在建
23	广东捷瞬机器人有限公司	是	杨梅园区	6000	0	谢传海	在建
24	亿迪生精密科技（赣州）有限公司	是	杨梅园区	50000	0	凌征军	18 年入园在建
25	华南泵业（赣州）有限公司	是	石排工业园区	16000	0	赖华煌	18 入园在建
26	江西欧仕格能源装备有限公司	是	石排工业园区	13000	0	陈琮伟	18 年入园在建
27	江西思晨机器人有限公司	是	黄坳工业园区	12000	0	谢金华	18 入园在建
28	江西泛宇压缩机科技有限公司	是	石排工业园区	10000	0	安齐宏	18 入园在建
29	江西德新达智能机械有限公司	是	石排工业园区	18000	0	王　总	在建
30	德鸿空气压缩机项目	是	杨梅园区	10000	0	石　虎	已取消
31	江西珅丰机械科技有限公司	是	石排工业园区	15000	0	宋小兵	在建
32	江西睿哲鑫精密科技有限公司	是	杨梅园区	10000	0	刘路红	18 年在建
33	寻乌县南方稀土有限责任公司	否	石排工业园区	6000	0	林晓东	停产
34	赣州市恒源科技有限公司	否	石排工业园区	30000	15662.4	林德明	生产
35	寻乌佳鼎混凝土有限公司	否	石排工业园区	2600	3400.6	谢火云	生产
36	顺其（江西）竹业有限公司	否	石排工业园区	70 万美金	9310.1	黄世英	生产
37	寻乌县颍川堂绿色食品有限公司	否	石排工业园区	5000	6579.2	赖佛金	生产
38	江西省石湾环球陶瓷有限公司	否	石排工业园区	23000	55238.5	曾勇慎	生产
39	寻乌世纪陶瓷有限公司	否	石排工业园区	75000	15163.8	陈小龙	生产
40	江西地康药业有限公司	否	石排工业园区	3338	10193.4	陈志敏	生产
41	寻乌县京桥混凝土有限公司	否	石排工业园区	2400	4329.3	赖　总	生产
42	江西德新达智能机械有限公司	否	石排工业园区	18000	0	康新庭	18 年入园在建
43	寻乌县佳昊汽配科技研发有限公司	否	石排工业园区	8000	0	谢火云	停产
44	寻乌县果丰塑料筐厂	否	石排工业园区	400	117	曾浚恒	停产
45	赣州弘昇科技有限公司	否	石排工业园区	7500	6593.8	陈昌栋	生产
46	寻乌县金泰机动车检测有限公司	否	石排工业园区	2000	990	何志军	生产
47	赣州泰鑫磁性材料有限公司	否	石排工业园区	3000	7178.3	温鹏贵	生产
48	寻乌县建龙矿业有限公司	否	石排工业园区	6000	5237.6	刘铭东	生产
49	寻乌县蓝天机动车驾驶员考试有限责任公司	否	石排工业园区	2000	500	曾晓红	生产
50	江西寻乌南方万年青水泥有限公司	否	石排工业园区	6000	8186.4	彭生仁	生产
51	赣州通诚稀土新材料有限公司	否	石排工业园区	15000	32996.7	厉立军	停产
52	寻乌县天源包装有限公司	否	石排工业园区	8000	10623.8	李云平	生产
53	寻乌康盛教学用品有限公司	否	石排工业园区	300	0	康政红	停产
54	寻乌文峰钢铁有限公司	否	石排工业园区	16000	1438	叶志中	停产
55	寻乌竞成钢铁有限公司	否	石排工业园区	6000	1557.3	李永刚	停产
56	寻乌县金鹏矿业有限公司	否	石排工业园区	2500	22031.6	凌金必	停产
57	寻乌县福华所料秧盘厂	否	石排工业园区	300	25	林福明	生产
58	寻乌县振鑫石业有限公司	否	石排工业园区	3000	0	陈振权	停产
59	寻乌县中山沥青道路有限公司	否	石排工业园区	6000	0	简水宝	停产

续表 20

序号	企业名称	是否是首位产业	隶属园区	总投资（万元）	产值（万元）	企业负责人	备注
60	寻乌县巨华科技有限公司	否	石排工业园区	10125	0	胡志祥	停产
61	江西杨氏果业股份有限公司	否	黄坳工业园区	8888	72530.2	杨灿伟	生产
62	寻乌县万祥纸业开发有限公司	否	黄坳工业园区	1200	0	凌金必	停产
63	寻乌县爱馨泰电子商贸有限公司	否	黄坳工业园区	5000	6539.1	陈爱松	生产
64	寻乌县一帆行交通标牌制品厂	否	黄坳工业园区	1000	0	陈国清	生产
65	寻乌县丰源纸业有限公司	否	黄坳工业园区	2000	340	廖军民	停产
66	寻乌县荣华钢结构工程有限公司	否	黄坳工业园区	1000	312	彭劲华	生产
67	寻乌县恒顺生物科技开发有限公司	否	黄坳工业园区	2000	2577	刘加桃	生产
68	江西龙橙果业有限公司	否	黄坳工业园区	52000	4563	陈俊平	生产
69	江西省新得利电子科技有限公司	否	黄坳工业园区	5000	0	彭清泉	在建
70	江西省永标照明科技有限公司	否	黄坳工业园区	2000	0	陈太标	在建
71	江西东方信腾实业发展有限公司	否	黄坳工业园区	6610	0	陈金伟	在建
72	江西金铭电子科技有限公司	否	黄坳工业园区	5000	0	温建平	在建
73	江西东江源生物科技有限公司	否	黄坳工业园区	1800	0	陈俊平	生产
74	江西诺肯环保科技有限公司	否	杨梅园区	41800	0	谢军英	在建
75	江西富阳生物科技有限公司	否	杨梅园区	50000	0	郑永发	取消

（陈古德）

交通　邮政　通信

交通运输

【概　况】2018年，围绕农村公路“三年行动计划”“四好农村路”建设，开展交通设施攻坚，完善公路路网，做好运输管理，为全县经济建设、脱贫攻坚当好先行官。

年内，农村公路建设立项33个，上级补助资金13098.6万元。完成国道G236寻乌县城至虎石段改建，省道S458南桥至吊神排公路改建。县交通运输局经县委、县政府考评，获良好等次县直单位，基础设施攻坚工作先进县直单位第二名，社会治安综合治理及平安建设先进单位，争项争资超额完成任务奖，基础设施攻坚重点项目单位奖第三名。被县人大、县政协评为提案办理工作先进单位。被县委、县政府、县人武部评为党管武装工作先进单位。古浩、彭建磷被评为全县优秀干部职工；陈干权被评为县人大代表建议政协委员提案办理先进个人、社会治安综合治理及平安建设工作先进个人。公路分局获2018年“省级文明单位”称号，寻乌县综合考评、工业攻坚、基础设施攻坚、平安寻乌建设等先进单位，获“争取非普惠制项目资金超额完成任务奖”“争取重大项目和重大政策贡献奖”。代表江西省完成了交通部2017年车购税绩效评价工作，接受了国家土地、林业的专项检查，并受到检查组的认可和好评。

【农村公路建设】根据“七大攻坚”“三年行动计划”的总要求，2018年全县农村公路建设项目33个，其中续建项目10个，计划投资1.65亿元，完成2.69亿元，排全市第8位。完成“三年行动计划”目标。

县道公路5条。续建3条：X545河角—留车、X549大田—吾良畲、X544吉潭—油坊岗公路完成主体工程。乡道公路开工建设21条。团建—冠洲、岗背—图合、溪尾—江下坳、公平—双坑、桂花—湖岽、华齐—上津，吉潭—焦公坳、河背—园坑墩、菖蒲—六社、大同—垇上10条已完成路面硬化；PPP项目。为筹集农村公路建设资金，部分公路建设采取PPP模式建设，2018年农村公路建设PPP项目9个，其中赣粤高速公路建设公司承建6个项目，江西路桥建设公司承建3个项目。寻乌县173个行政村入户道总长度1185.51千米，涉及农户50158户，至2018年年末，已硬化646.874千米，惠及农户36368户，完成投资1.053亿元。

2018年寻乌县农村公路建设情况表

表21

线路编码	线路名称	公路等级	起止点	主要技术标准			公路里程（千米）	途经乡（镇）村
				路面性质	路基宽度（米）	路面宽度（米）		
X544360734	吉潭—油房岗	三级	K0+000–K9+888	混凝土路面	8.5	7	9.888	项山乡王别村、桥头村
X545360734	河角—留车	二级	K0+000–K13+291.9	混凝土路面	12	10.5	13.3	晨光镇龙图村、龙车镇余田、庄干
X549360734	吾良畲—大田	三级	K0+000–K25+856	混凝土路面	8.5	7	25.856	丹溪乡上平、高峰、岑峰、双村
X542360734	竹村—澄江	三级	K9+620–K30+750	混凝土路面	8.5	7	21.1	罗珊乡罗塘村、泊竹村、华齐村
X541360734	叶屋—甲子乌	三级	K0+000–K20+277	混凝土路面	8.5	7	20.277	澄江镇王屋、谢屋、凌富、北亭和水源乡竹园头、龙塘村
Y783360734	泊竹—吴畲	四级	K0+000–K10+753	混凝土路面	6.5	5	10.75	泊村、狗马石、珊贝村
Y786360735	吉潭—蕉公坳	四级	K0+000–K6+680	混凝土路面	6.5	5	6.7	古丰村、兰贝村
Y776360734	岗背—图合	四级	K0+000–K2+018.2	混凝土路面	6.5	5	2.02	文峰乡境内
Y796360734	溪尾—江下坳	四级	K0+000–K2+640	混凝土路面	6.5	5	2.64	晨光镇境内
Y797360734	公平—双坑	四级	K0–K3+031	混凝土路面	6.5	5	3.031	晨光镇境内
Y794360734	菖蒲—六社	四级	K0+000–K7+210	混凝土路面	6.5	5	7.21	晨光镇徐溪村、六社村
Y791360734	大同—坳上	四级	K0+000–K3+757	混凝土路面	6.5	5	3.757	留车境内
Y031360734	胡屋—清平	四级	K0+000–K13+231	混凝土路面	6.5	5	13.23	三标乡堆禾、径口、河背村、水原乡袁屋村
Y010360734	团建—冠洲	四级	K0+000–K67+700	混凝土路面	6.5	5	6.7	高排、围里、罗坡、窑背村
Y025360734	河背—圆坑墩	四级	K0+000–K2+000	混凝土路面	6.5	5	2	吉潭镇河背、黄金潭、莲塘村
Y002360734	万人桥—仰天湖	四级	K0+000+K8+581	混凝土路面	6.5	5	8.58	清溪村、水口村、下平村
Y017360734	桂花—湖桊	四级	K0+000–K1+334	混凝土路面	6.5	5	1.334	出米石、社下村
Y020360734	湖洋—木溪	四级	K0+000–K10+238	混凝土路面	6.5	5	10.238	黄土塘、仙人草、坳下、书园、塘肚里、坪地村
Y028360734	华齐—上津	四级	K0+000–K4+678	混凝土路面	6.5	5	4.678	营盘店、高子丘、盎子寮下
Y780360734	溪尾—坳脑	四级	K0+000–K5+638	混凝土路面	6.5	5	5.638	晨光境内

2018年寻乌县新建、改建桥梁一览表

表22

编码	名称	所处位置	开工时间（交工时间）	桥梁全长（米）	桥梁全宽（米）	桥梁净宽（米）	主桥结构	总跨径（米）	单孔最大跨径（米）	设计荷载	项目总投资其中建安费（万元）
X549360734L0070	上坪桥	丹溪乡	2017.5.31 2018.5.30	20.54	9.5	8.5	现浇矩形板	8	8	公路II级	86
CF06360734L0010	罗陂桥	南桥镇		15	6.5	5	现浇矩形板	13	13	公路II级	38
X549360734L0120	鸡竹排大桥	龙廷乡	2017.5.31 2018.5.30	82.96	8.5	7.5	预应力混凝土小箱梁	3*25	3*25	公路II级	376
X544360734L0010	黄别桥	项山乡	2017.03.31 2018.03.30	52.08	8.5	7.5	预应力混凝土空心板	3*16	3*16	公路II级	286
X544360734L0020	佛岭背桥	项山乡	2017.03.31 2018.03.30	25.52	6.5	6	预应力混凝土简支空心板	16	16	公路II级	127
X549360734L0110	龙潭桥	龙廷乡	2017.05.31 2018.05.30	35	9.5	8.5	预应力混凝土小箱梁	25	25	公路II级	206
X545360734L0050	留车小桥	留车镇	2017.03.3 2018.03.2	85.08	12	9	预应力混凝土小柱 式墩	4*20	4*20	公路I级	684

续表 22

编码	名称	所处位置	开工时间（交工时间）	桥梁全长（米）	桥梁全宽（米）	桥梁净宽（米）	主桥结构	总跨径（米）	单孔最大跨径（米）	设计荷载	项目总投资其中建安费（万元）
X549360734L0060	丹溪二桥	丹溪乡	2017.05.31 2018.05.30	20	9.5	8.5	预应力混凝土简支空心板	16	16	公路 II 级	57
X549360734L0090	寨下桥	丹溪乡	2017.05.31 2018.05.30	10.5	8.5	7.5	预制实心板	8	8	公路 II 级	45
X544360734L0030	枫潭桥	项山乡	2017.03.31 2018.03.30	40.49	8.5	7.5	预应力混凝土简支空心板	3*13	3*13	公路 II 级	152
X549360734L0030	梅子潭桥	丹溪乡	2017.5.31 2018.5.30	28.04	9.5	8.5	预应力混凝土简支空心板	16	16	公路 II 级	185
X544360734L0040	项山桥	项山乡	2017.03.31 2018.03.30	27.02	8.5	7.5	预应力混凝土简支空心板			公路 II 级	134

安防工程。完成通客运线路村道安全生命防护设施项目 32 个，里程达 145 千米。

破损路面修复。完成农村道破损路面修复任务 46 千米。

错车道建设。早期建设的通村通组公路，路面小会车难，为解决会车问题，近几年对此类公路建设错车道。2018 年建设错车道 1192 处，计 36.7 千米。

【国省道公路改造】 G236 寻乌县城至虎石段公路改建工程全面完工，改建路线 38.122 千米，总投资 428816325 元；S458 南桥至吊神排公路改建工程基本完成，全长 18.707 千米，总投资 22910 万元；G358 寻乌蛇子岭至蓑衣坳路面改造工程完工，全长 31.5 千米，总投资约 7412 万元；青龙岩景观大道工程（S458 A1 标拓宽）基本完成，全长 4.22 千米，按双向四车道城市主干道标准建设，道路宽度为 40 米，总投资 23321.25 万元。国道 G206 寻乌县城至牛埃石 24.86 公里二升一级改造工程完成工可评审；S317 寻乌县城至长安 24.12 公里公路改建工程已完成初步设计，进入施工图设计阶段。

【交通扶贫】 做好就业扶贫工作，促进贫困户就业，为贫困户提供农村公路养护工作岗位 15117 个。发放养路补助 785.43 万元。惠及贫困户 8924 户、15117 人。

2018 年寻乌县农村公路养护情况表

表 23

序号	乡镇	户数（户）	人数（人）	金额（万元）
1	吉潭	672	886	42.45
2	留车	1324	2543	129.66
3	龙廷	197	338	19.17
4	罗珊	316	529	29.67
5	南桥	1198	2016	101.85
6	三标	405	650	31.17
7	水源	374	584	31.41
8	文峰	692	1118	49.86
9	项山	214	334	17.1
10	长宁	200	328	13.02
11	桂竹帽	322	522	27.93

续表23

序号	乡镇	户数（户）	人数（人）	金额（万元）
12	丹溪	572	1072	63.12
13	澄江	784	1214	68.16
14	晨光	1209	2221	119.13
15	菖蒲	445	762	41.73
小计		8924	15117	785.43

【“四好农村路”建设】 落实习近平总书记对农村公路提出的“建好、管好、护好、运营好”重要批示精神，根据《关于加快推进“四好农村路”建设的实施意见》（赣市府发〔2018〕10号）和《关于印发寻乌县加快推进“四好农村路”建设实施方案的通知》（寻府办字〔2018〕96号）精神，围绕2020年实现“四好农村路”的总目标，2018年的目标任务是：全县农村公路各项指标达到“四好农村路”建设目标，基本实现农村公路路网结构明显优化，质量明显提升，养护全面加强，做到有路必养；路产路权得到有效保护，路域环境优美整洁，农村客运和物流服务体系健全完善，城乡交通一体化格局基本形成，适应全面建成小康社会和新型城镇化发展的要求。

2018年完成“三年行动计划”县道升级改造111.5千米；完成“三年行动计划”乡道双车道拓宽改造项目10个共67.4千米；完成2条合计26.15千米乡道双车道改造建设项目，路基宽6.5米，路面宽6米的四级公路双车道标准建设；完成“三年行动计划”村道窄路面改造项目14个共65.8千米；完成5条合计24.59千米行政村主干线窄路面拓宽改造建设项目，路基宽6.5米，路面宽5米的四级公路标准建设；完成22座危桥重建，按桥梁所在公路同等级标准建设；完成未列入“三年行动计划”的乡、村道及25户以上通组公路破损路面的修复；完善配套安全设施。按照规范要求，在交叉路口、圩镇、陡坡、急弯、临水沿河、傍山险路、悬崖凌空等安全隐患路段设置限速、警示标志、减速带、波形护栏或防撞墩等防护设施，全面完成39条农村公路隐患路段安全整治。

出台《交通安全专项整治工作方案》。开展交通安全宣传月活动，印发5800份宣传资料。组织汽车站、汽运公司和公交公司职工和司、乘人员120人开展消防演练。年内，组织交通、安监、交警、公路部门到乡镇、客货运、校园开展安全大检查16次。抽查营运汽车560辆次，发出7份安全隐患整改通知。对运输业检查、督查160多次，停运、抽查营运汽车120辆次，整改汽车12辆次，完善经营单位安全生产条件和交通安全基础设施。在学校路口设交通警示标志、标线和减速带。按照要求，县道养护标准7000元/年·千米，人均养护里程2.5—3千米；乡道3500元/年·千米，人均养护里程4—5千米；村道2000元/年·千米，人均养护里程约5千米。2018年，县城新客运站建成，7个乡（镇）有客运站，农村班线实现公交化。

【工程质量管理】 2017年6月30日，按《县级质监站标准化建设成一类站》要求，成立寻乌县交通运输局工程质量监督站。制定《现场质量监督检查制度》《首问责任制度》等10项制度。对全县公路工程质量进行监督、检测、验收。2018年，监督公路建设项目21个（其中PPP项目8个），下发质量检查通知单、通告45份，督促参建单位落实整改。通组路水泥项目竣工检测18个。

【路政管理】 实行“路长制”开展“路域环境整治”，建立“四机制”即执法联合机制、用人激励机制、举报奖励机制和责任分解落实机制。完善交通、公安、工商、城管联合执法工作机制；开展路政宣传月和法制宣传日等活动；加强人车货企源头监管和路面执法，扎实抓好车货非法改装、公路货车违法超限超载行为、车辆运输车治理三个专项整治行动，案件查处率98%以上，结案率100%，查处违章建筑532/41（平方米/处），清理违章堆放物295立方米/101处，占用、挖掘公路155/53（平方米/处），非公路交通标志105/105块/处。对普通过境城市道路和县乡道办理移交接养协议，编制寻乌县普通国省道城市过境规划，省交通厅已组织专家评审通过，为下一步寻乌城区规划和基础设施建设打好基础。

【客货运输】 2018年年底，有客运车辆65辆，座位1813个，全年运量241万人次，全年周转量14062万人千米；有货运企业47家，运输车辆296辆。其中：总质量12吨（含12吨）载货车辆110辆，重型半挂牵引车74辆，重型半挂车62辆，总质量12吨以下（不含12吨）载货车50辆。

2018年寻乌县长途班线一览表

表24

长途班线			
地点	里程（千米）	使用车辆（辆）	日发班次
珠海	600	1	1
广州	505	2	1
深圳	475	1	1
宝安	536	1	1
东莞	485	2018年7月取消	
汕头	306	2	1
梅州	128	9	9
兴宁	128	1	1
龙川	168	1	1
厦门	398	1	1
武平	128	2018年7月取消	
南昌	578	1	1
赣州	246	5	5
瑞金	161	2	2
会昌	114	1	1
定南	108	1	1

根据上级要求，9月，成立江西新世纪汽运集团寻乌客货运输有限公司镇村公交分公司，对农村客运班线公交化改造，年末，投入第一批纯电动汽车16辆。2019年1月1日，镇村公交开始运行，全县实行县城和镇村客运一体化。

2018年寻乌县农村班线一览表

表25

农村班线			
地点	里程（千米）	使用车辆（辆）	日发班次
罗塘村	59	3	6
水源龙塘	45	2	4
水源太湖	46	1	2
澄江大墩	41	1	2
澄江桂岭	40	1	2
澄江汶口	28	4	8
澄江黄屋	30	1	2
剑溪篁竹湖	35	1	2
项山桥头	28	1	2
吉潭兰贝	21	1	2
南桥村	24	1	3
南桥廷岭	27	2	6
留车村	41	2	2
留车大同	44	1	1
留车佑头	52	1	1
留车庄干	44	1	1
留车上寨	57	1	1
菖蒲虎石	59	1	1
菖蒲村	56	2	2
丹溪村	82	1	1
龙廷村	59	1	1
龙廷斗晏	66	1	1
晨光沁园村	48	1	1
晨光高头	52	1	1
桂竹帽白面石	52	1	1
桂竹帽焦子坝	45	1	1
长安图岭	35	1	2

新汽车客运站位于学习大道，按二级车站标准建设，2016年7月开工，占地面积50亩，建筑面积10500平方米，投资6400万元。2018年12月31日建成。配有乡（镇）客运售票联网系统，10个售票窗口，14个核票口，4套自动售票系统。设旅客候车座椅500多位，发车位14个，停车位90个，可日发客班300辆次，日发送旅客5000人次，有重点旅客休息室、母婴休息室；大型电子显示屏4个（其中全彩屏1个，全天滚动播放视频）；人体安检门，检票电子化行包安检系统；智能微型消防站，全自动淋灭火报警、指挥系统；大型新能源电动车充电站，同时为16台车充电，

建多功能客车维修厂车间8间，车辆安全例检室2间；新客运站具备旅客集散运输，方便旅客集散，有超市、酒店服务。在城区实现公交车、出租车、镇村公交车和长途客运的无缝对接。

乡镇客运站。全县7个乡镇建设有客运站，按二层半标准建设站房。

2018年寻乌县乡（镇）客运站一览表

表26

站名	地址	建成时间	占地面积（平方米）	建筑面积（平方米）	客运线路数量（条）	进站车辆数量（辆）
留车汽车客运站	留车镇三岔路口边	2004.1	1130	520	5	6
菖蒲汽车客运站	菖蒲街头边	2006.1	1133	528	2	3
南桥汽车客运站	南桥镇金三角	2007.11	1130	430	3	3
吉潭汽车客运站	吉潭镇206国道边	2009.1	1130	520	1	2
桂竹帽汽车客运站	桂竹帽上坪村公路边	2009.9	1130	590	1	1
晨光汽车客运站	晨光镇三岔路口边	2010.1	1130	550	3	3
丹溪汽车客运站	丹溪乡街头公路边	2016.6	1000	500	1	1

有城市公交车20辆，2016年12月至2018年9月，20辆燃油汽车全部改为纯电动汽车运营。出租车20辆运营。

县公交车站位于长安大道159号，2014年12月19日经招标拍卖获得用地，总面积14.8亩，县城公交停车亭30个。

交通运输部规定，1月1日起，对总质量4.5吨以下的营运车辆，取消道路运输证和从业资格证，共取消37辆。总吨位3525吨，运量305万吨，周转量66745万千米。经过整顿，运力结构更能适合市场经营，转型升级促使货运健康发展。

2017年5月，通过招商引资在县城学习大道开工建设寻乌县广寻现代物流园。2018年3月，完成建筑工程量60%，开始运营。园区设施功能较齐全，大数据平台集运输服务、货物配载、分拨、配送、储存保管、冷凉仓储、信息服务为一体，是智慧物流集合体。物流园设有仓储中心、配送中心、金融结算中心、后勤中心。有汽车维修、车辆检测、停车场、仓库、宾馆，酒店等服务设施。至12月，成为省内领先的县级物流公共信息平台、县级现代化智慧物流园区。年底，进入物流园企业9家，未进入（分散经营）1家。

开辟20条对接一、二线城市物流专线，紧密联结电子商务，大幅提高物流配送效率。完善服务县城、工业园区以及“村村通”物流配送站点建设，全面拓宽工业品下乡、农产品进城渠道。年

2018年寻乌县货运公司一览表

表27

企业名称	法人代表	成立时间	地址	从业人员（人）	车辆数（辆）	吨结数（吨）
寻乌县万业运输有限公司	彭生仁	2018.5	文峰乡石排工业园区	14	2	61.6
寻乌县创业兴运输有限公司	汤永玉	2014.6	文峰乡黄坳村民营创业园区	18	9	301.6
江西省佳鼎运输有限公司	谢伟民	2014.7	文峰乡石排工业园区	35	65	1007.6
江西省平桂物流有限公司	龚桂荣	2014.12	长宁镇君子坝	16	8	284.3
寻乌县辉强物流有限公司	孙红来	2016.3	长安大道38号	6	4	85.8
寻乌县杨波物流有限公司	杨俊波	2017.3	文峰乡大路下村（盈丰果业旁）	3	1	1.6
寻乌县红平物流有限公司	潘运平	2017.5	中正广场9栋26号	6	2	66.4
寻乌县奔瑞物流有限公司	王　斌	2018.4	中正广场27栋1—3号	7	2	74
寻乌县辉强工程机械租赁有限公司	孙红来	2018.7	文峰乡黄坳寨背	15	5	66.5

2018年寻乌县物流企业基本情况表

表28

企业名称	法人代表	通信地址	成立时间	从业人数	经营范围	车辆数量（辆）	注册资金（万元）	仓储面积（平方米）	营业网点（个）	业务量（吨）	
										发出	进入
鸿鑫物流有限公司	赖祝生	学习大道广寻现代物流园	2010.11	30	仓储、配送、信息	1	55	600	6	4800	6100
河东物流有限公司	刘灶森	学习大道广寻现代物流园	2013.4	26	仓储、配送、信息	—	60	246	6	3200	7000
客家同盛物流有限公司	邝慧珍	学习大道广寻现代物流园	2014.9	20	仓储、配送、信息	—	50	621	6	9000	1200
红土地物流有限公司	罗国城	学习大道广寻现代物流园	2016.5	39	仓储、配送、信息	—	500	1000	6	3000	7500
顺达权智物流有限公司	曾锦环	学习大道广寻现代物流园	2018.3	20	仓储、配送、信息	—	500	243	6	4000	4000
梅芳果蔬物流有限公司	范梅芳	学习大道广寻现代物流园	2017.5	40	仓储、配送、信息	—	200	1316	6	3800	4000
森达通物流有限公司	尹林生	学习大道广寻现代物流园	2015.4	19	仓储、配送、信息	—	500	269	6	2000	5000
吉兴物流有限公司	王　斌	学习大道广寻现代物流园	2011.6	18	仓储、配送、信息	—	50	269	6	4000	5000
辉强物流有限公司	孙红来	城东大道41号	2016.3	24	仓储、配送、信息	4	100	150	7	2700	8100

说明：车辆情况，除辉强物流外，其他为外调车辆

内，县总产85%的脐橙、蜜橘、百香果等特色农产品通过物流集运，实现零配件、大型物件、鲜活水产品冷链接配送。年内，物流成本降低18%，营业收入1.2亿元，实现利润2000万元。

【行政审批】 加大“放管服”改革，继续对交通审批事项按标准化办结。缩短时间、精简证明、简化程序，“最多跑一次”和“一次不跑”及“网上办理”。审批程序按省标准化重新编制，减少3项审批，清理取消“证明材料”5项。在审批业务办理中，做到快受理、快审核、快办结。协助群众解决申报时遇到的困难，实现无超时、无差错，办结率100%。

（洪福生　谢少崇　张　华　谢永贵　凌林泉）

国省道公路

【公路建设】 G236寻乌县城—虎石段公路改建工程全面完工，改建路线38.122千米，总投资428816325元；S458南桥—吊神排公路改建工程基本完成，全长18.707千米，总投资22910万元；G358寻乌蛇子岭—蓑衣坳路面改造工程完工，全长31.5千米，总投资约7412万元；青龙岩景观大道工程，（S458 A1标拓宽）基本完成，全长4.22千米，按双向四车道城市主干道标准建设，道路宽度为40米，总投资23321.25万元。国道G206寻乌县城—牛埃石24.86千米二升一级改造工程完成工可评审；S317寻乌县城—长安24.12公路改建工程已完成初步设计，进入施工图设计阶段。

【公路养护】 制定《寻乌公路分局创建养护示范路实施方案》，全面整治路容路貌142.921千米，其中完成清理高路肩16500平方米，割除路肩草96.2千米，整修二坡、边坡68920平方米，清理水沟67952米，清理桥涵洞104道，调整公里桩120个、百米桩1080个。2017年赣州市普通国省道养护大中修工程A3标全面完成。水毁公路抢修。制定《寻乌公路分局突发事件应急预案》，组建了

4个公路抢险队伍，提高应急处置能力，“2·20”事件后，对普通国省道进行了安全隐患大排查，投资约800万元对危险路立行立改。

【**路政管理**】实行“路长制”开展“路域环境整治”，建立“四机制”即执法联合机制、用人激励机制、举报奖励机制和责任分解落实机制。完善交通、公安、工商、城管联合执法工作机制；开展路政宣传月和法制宣传日等活动；加强人车货企源头监管和路面执法，扎实抓好车货非法改装、公路货车违法超限超载行为、车辆运输车治理等三个专项整治行动，案件查处率98%以上，结案率100%，查处违章建筑532/41（平方米/处），清理违章堆放物295立方米/101处，占用、挖掘公路155/53（平方米/处），非公路交通标志105/105块/处。

对普通过境城市道路和县乡道办理移交接养协议，编制寻乌县普通国省道城市过境规划，省交通厅已组织专家评审通过，为下一步寻乌城区规划和基础设施建设打好基础。

（凌林泉）

邮　政

【**概　况**】2018年年末，全县邮政服务网点共143处。其中自办网点8处（县城3处，乡镇5处）、邮政代办点9处、邮政报刊亭4处、综合营业大厅1处，邮政便民服务站122处。自有房屋建筑面积10487平方米，租用房屋847平方米，无偿使用房屋75平方米；邮政营业用房8604平方米，非生产用房240平方米。邮政车辆12部，其中生产用车9部，行政兼生产用车3部。ATM/CRS机17台。服务范围覆盖全县15个乡镇，2311平方千米，建制村全部通邮，7个乡镇开办邮政储蓄业务。15个乡镇按固定班期投递邮件，城区日平均投递2次，农村每周平均投递3次，城区内信箱（筒）每日开箱2次，城区外信箱（筒）每日开箱数1次。

【**邮运投递**】全县邮路12条，总长度（单程）465千米，全部为自办邮路。

城区普邮投递段道7条，分别是市1段、市2段、市3段、市4段、市5段、市6段，城郊投递段1条，为乡邮段；农村投递路线总长度（单程）1215千米，投递路线26条。县城城区开设10条邮政快递包裹投递段，2018年为城区居民投送快递包裹54万件。

【**业务发展**】积极做大脐橙、蜜橘寄递市场；开发电商客户、月均寄递量2.5万件（去年1万件）；改善网运、分拣作业模式加快邮件转运速度，完善售后服务制度，改善了服务质量，包裹快递业务快速发展。全年完成业务收入3378.5万元，同比增长10.2%，列全市第8位，实现收支差615.2万元，完成计划100.25%。其中邮政业务总量4365.7万件，国内函件4874件，国内包裹快递业务量1117355件，机要邮件460件，订销报纸317.73万份、杂志8.7万份。全年实现金融收入2361.8万元，完成年计划目标97.6%、余额规模10.23亿元。全年累计完成包快收入609.6万元。

（潘瑞锋）

2018年邮运邮路一览表

表29

邮路	邮运工具	自办或委办	单程长度（千米）	班期	平均日行程（千米）	交换邮件的邮政所
县城—吉潭	邮车	自办	14	每天	28	吉潭所
县城—澄江	邮车	自办	28	每天	56	澄江所
县城—罗塘	邮车	自办	68	每天	136	罗塘所
县城—项山	邮车	自办	26	每天	52	项山所
县城—南桥	邮车	自办	24	每天	48	南桥所

续表 29

邮路	邮运工具	自办或委办	单程长度（千米）	班期	平均日行程（千米）	交换邮件的邮政所
县城—留车	邮车	自办	42	每天	84	留车所
县城—龙廷	邮车	自办	52	每天	104	龙廷所
县城—菖蒲	邮车	自办	59	每天	118	菖蒲所
县城—中和	邮车	自办	45	每天	90	中和所
县城—丹溪	邮车	自办	77	每天	154	丹溪所
县城—上坪	邮车	自办	20	每天	40	上坪所
县城—三标	邮车	自办	15	每天	30	三标所

中国电信

【概　况】 2018 年，中国电信股份有限公司寻乌分公司，围绕省公司“市场格局攻坚年”工作目标，在全体员工的共同努力下，全年完成主营收入 4019 万元（不含网间结算），排名全市第 17 位，移动市场份额 22.2%，基本完成年初量收工作目标，顺利通过省公司党委巡察。

【网络建设】 2018 年完成 7 个边远行政村信息扶贫宽带建设项目。全县行政村光覆盖达到 100%。城区完成了巴黎春天、太湖新村、中正广场、安置区四期等工程开通验收。完成城区“灭红减黄”“两高”基站的建设，完成教师村、石圳村、寻乌职业学校、项山风电场、磷石背风景区等基站建设；全年共新增基站 48 个，信号覆盖率达到 92%。

【营业网点建设】 新建门店（包括开渠合作门店）24 家，全县全业务有效网点 99 家。形成主厅卖场、核心商圈为核心，合作门店、营维一体为辅助，开渠为补充的渠道格局。通过“渠道能力提升”，门店收入大幅提升，50% 门店收入超 10 万元。在城区营维一体推进完成的基础上，启动农村区域“营维一体推进”，营业部 50% 区域完成营维一体。

【“智慧寻乌”项目】 继“天网”工程后，继续建设“数字城管项目”，项目建设投资 1638 万元，使寻乌城市管理进入“数字化”时代。至年末，“智慧寻乌”完成“天网”“政务 OA”“数字城管”三大项目。同时，公司中标“智慧园区”“智慧林业”“智慧社区”项目，项目已启动，计划 2019 年完成。

【提速降费】 2018 年寻乌电信进一步加大提速降费力度，在不限量套餐基础上推出长期 5—6 折不限量家庭打折套餐。家庭通信消费降幅超过 30%。

（曾四春）

移动通信集团

【概　况】 2018 年中国移动通信集团江西有限公司寻乌分公司，发挥企业自身优势，强抓 4G 网络工程建设，为全县人民提供多样化移动服务，助力开创移动通信新局面。全年完成收入 1.15 亿元，移动用户数 18.5 万户，移动 4G 手机用户到达 13 万余户，宽带用户数达 3.3 万户。公司内设综合财务部、市场部、网络部，市场部下设集客部、自办厅、四大农村营销中心与城区网格。有合同制员工 57 人，劳动派遣员工 5 人。

【网络建设】 根据《寻乌县 2018 七大攻坚重大基础设施工程攻坚方案》，分公司向上级争取资金 800 万元，用于建设寻乌基础通信设施；至 11 月完成新建汇聚机房 7 个，新建 LTE 基站 25 个，完成 242 个基站升级改造。全年投入宽带网络光纤改造费用 150 万元，成功迁移用户 3012 户，投资 325 万元用于宽带工程建设，新增 115 个小区宽带覆盖。配合县重点工程与“四好公路”建设，改迁线路 160 千米。有效提高网络安全质量，改善当地通信基础建设规模。消除网络盲点。组织专项网络盲点普查及农村宽带普及工作，完成扶贫村基站建设5个。

【业务发展】 围绕城北自营厅打造核心手机销售一条街，方便客户购买手机，更好地服务客户。新增社会服务渠道15家；全县有BOSS终端社会渠道108家；实现一行政村一个村级服务站，有效提升营业员服务素质。实施渠道集中化管理体系，培养提升渠道经理业务能力，增强渠道经理责任心，提高业务政策传达效率。

结合4G全覆盖契机，推动智慧平台建设：智慧城市、智慧城管、智慧园区、智慧农业、智慧教育、兴业云OA、移动云。提升单位、企业的信息化能力。发挥中国移动信息化优势，在党政军、民生、教育、金融商贸、交通制造、工业、中小企业及商铺8大行业单位信息化使用起带头作用。努力将信息化业务服务至每一个行政企事业单位，提升各业主单位信息化水平。

为全县中学，县城小学，乡镇82%以上中心小学35000学生接入移动“电子学生证＋人人通”业务，建设平安校园及家校互动平台；为城区及乡镇10余所幼儿园2000幼儿接入移动“幼教云”业务。开展“教育云平台、电子学生证＋人人通、幼教云”培训60次，提升教育信息化上水平。

根据宽带中国的国家战略，针对不同群体，散户、商户、企业、单位提供专有的优惠政策，全县各类客户均可享受优质，实惠，高速的网络接入。

（陈　金）

联合网络通信集团

【概　况】 2018年，中国联合网络通信集团有限公司寻乌县分公司围绕数据传输、互联网宽带、专线接入基础设施，拓展“智慧农业”“智慧医疗”“智慧校园”业务。向农村建设建设第四代移动通信网络（FDD-LTE和TDD-LTE双4G网络），开展5G网络建设。努力为全县客户提供优质服务。

【通信网络】 至2018年年末，公司完成U900工程建设，通信网络覆盖县内15个乡镇，网络信号大大增强，覆盖面积达到90%以上。寻乌县境内3G/4G移动通信基站100多个，4G上网速率最高150M，县城全部覆盖4G网络，乡镇实现宽带接入，宽带接入方式实现“FTTH（光纤到户）”，网速可达100兆。

【智慧农业】 根据省公司统一部署，推动产业互联网和平台类新业务发展，江西联通协助江西省农业厅全面启动智慧农业建设，并确立以“123+N”为江西智慧农业实施路径，目前一云二中心三平台基本建成，N个系统建设有序推进中，全省百县百园物联网示范园区建设有序开展。

（刘金萍）

城建　环保

城乡规划建设

【概　况】 县规划建设局围绕“山水客家韵、灵秀寻乌城”建设目标，以城市“双修”为主线，推进项目建设为重点，各项工作取得可喜成效。

【新型城镇化攻坚】 以“青山入城、绿水长流”“精致精美、宜居宜业”为目标，推进县城生态修复山体、水体、绿地、卫生、环境五大治理；实施城市功能修补“两违”整治、基础设施建设、社区服务、创建特色小镇及示范镇、建筑风貌管控、灯光夜景亮化、背街小巷治理、棚户区改造、杆线管网整治、智慧城市创建十大工程。新型城镇化攻坚项目共19个，总投资39.18亿元。

形成总规为核心，控规为要点，专项规划、村庄规划为基础，项目设计为抓手的城乡规划体系。完成全县棚户区改造任务1533套。

【城乡环境整治】 成立城乡环境整治工作指挥部，县政府主要领导亲自担任总指挥，县委副书记任常务副总指挥。出台城区、圩镇、农村环境综合整治标准和考核方案，做到“五个把握”（把握基本标准、把握时间要求、把握工作原则、把握干部要求、把握基本方法）。

【特色小镇建设】 三个特色小镇（南桥青龙岩、东江源温泉养生、东江源生态移民小镇），列入市级特色小镇创建，为全市第一。完成南桥青龙岩特色小镇专项规划编制，完成一期特色小镇景区建设，正式对外开放；完成东江源温泉养生小镇专项规划编制，温泉酒店对外开放；东江源生态移民小镇建设，形成集移民安置与产业发展互动、生态文化和旅游产业融合等多种功能于一体的移民特色发展平台。引进电子商务、现代物流、通用设备制造等企业落户小镇，成为生态文明的宣传窗口、生态工业的示范基地、生态旅游的集散中心、生态移民的幸福家园。

【农村住房保障】 推进全县农村住房安全保障工作。聘请第三方住房安全鉴定机构，对全县18745户有人居住土坯房及其他材质疑似危房，开展质量鉴定。经鉴定，有A级3户，B级18698户，C级43户，D级1户。鉴定为C、D级危房的，乡（镇）第一时间进行整改处置，属D级危房的进行拆除；属C级危房的进行维修加固，维修加固后进行再鉴定，做到“一房一安全报告”。投入资金6.7亿元，保障农村住房安全对象15633户。其中拆旧建新1747户，维修加固13648户，农村保障房兜底安置对象238户。

【建筑业管理】 以履职尽责为核心，发展建筑业。全县资质内建筑企业7家，其中施工总承包企业5家、专业承包资质2家。推进绿色建筑发展，落实现行建筑节能标准，通过图审的绿色建筑工程7个，建筑面积8万平方米。规范建筑市场秩序。

规范办理施工许可，全年办理施工许可工程36个、总建筑面积83.2万平方米、总合同价14.8亿元。开展建筑市场秩序执法检查。查处市场主体违规行为，查处建筑企业转包、挂靠、违法分包行为。共查处违法违规行为项目8个，相应作出约谈、责令改正、减扣工程款或交纳违约金、信用惩戒等措施。常抓安全生产。推进建筑工程安全生产监管，制定安全生产文件25个。开展安全生产检查15次，下发整改通知书200份，排查事故隐患600条。创建精品工程。鼓励建设、勘察、设计、施工、监理等参建单位加强工程质量管理，多创精品工程，提高建设工程质量整体水平。

（邱俊杰）

城市管理

【概　况】 县城市管理局坚持新发展理念，以脱贫攻坚为引领，围绕“七大攻坚”、环境整治、队伍建设，完成各项工作任务。被省城市建设管理协会授予2018年度全省城管执法工作先进单位，被市城管委、市城管局授予2018年度城市管理工作先进单位。

【城乡环境整治】 围绕“干净整洁、秩序井然、通行顺畅、环境优美、和谐宜居”目标，改善城乡人居环境。突出重点。坚持“清、拆、管、建、补”五字措施，城区抓好“河道保洁、街道保洁、出店占道经营、乱停乱放、乱搭乱建、扬尘油烟噪声、广告店招、乱堆乱放、管线治理”九个方面工作。同时，重点突出卫生保洁、车辆停放、出店经营、乱搭乱建、扬尘油烟噪声整治与管理五个方面。全年累计清理634处卫生死角55.55吨垃圾，清理河道垃圾458吨。规范乱停乱放车辆5498辆次，建成投用7个停车场416个停车位。拆除违章户外广告1694.5平方米、违规屋顶铁皮棚732户78887.69平方米，清理“牛皮癣”广告8741处。整治出店经营行为2309起，取缔占道摆卖摊点2328处。打击运输车辆带泥上路行为26次，查处违规渣土运输车辆62辆次。排查餐饮店167户，经营面积在100平方米以上的127户餐饮店，按要求完成整改，均安装油烟净化器，面积小于100平方米的40户，正在落实整改。“先单位、后个体”“先干部、后群众”，全县各单位及公职人员，带头执行环境整治各项要求，整治结果与干部的提拔重用、评先评优挂钩。执行错时执法工作制度，实行两组三班次，不间断巡查整治违章占道、乱停乱放、违章搭建行为。设置5个流动摊点疏导点，解决早点、水果、季节性瓜果以车售卖问题。

【重点项目建设】 由城管局做业主的建设项目31个，总投资约1.5亿元。其中，完工项目28个并投入使用（包括留车垃圾填埋场、中山西路农贸市场、黄岗山公园二期东侧、污泥处理工程、澄江垃圾填埋场进场道路、数字城管6个项目，中山西路、水角流、中山街、沙子头等5个临时停车场，文昌路、水角流路等断头路，教师村等区域的污水管网建设）。完成城区破损路面及人行道的修复。

【管理创新】 完成数字城管平台建设。整合公安监控资源，城区新安装、升级改造监控332个，基本达到城区全覆盖。主次街道及背街小巷城市部件、城市事件全部纳入平台管理，应用数字化系统平台加强对城市管理长效机制建设和城市管理效能监察。城乡环卫管理一体化。按“事企分开、管干分离、重心下移、市场运作”的新模式。4月1日，正式启动寻乌县城乡环卫一体化管理政府购买服务工作，引进专业企业玉禾田公司，落实洒水、冲洗、人工推扫、机械清扫“四位一体”环卫作业机制，开展“马路牙清洗”“垃圾桶清洁”“洗城行动”“亮角落、扫盲区、清死角”专项行动，达到“路无脏物、深度保洁”，城乡环境卫生逐步改善。

（刘福鑫）

城市投资

【重点工程建设】 完成中医院综合楼及地下停车场工程。项目总投资2069万元，建筑面积地上8918平方米，地下2759平方米。

5月，完成黄岗山公园综合配套设施工程。总投资4200万元，由一层停车场11000平方米，三层信访中心1400平方米，园林绿化组成。

完成城东大道改造拓宽工程。项目总投资2100万元，全长982米，为沥青路面。

完成县公共就业和社会保障综合服务中心与人防应急救援指挥中心合建工程项目。总投资4500万元，地上七层，地下一层，总建筑面积10946平方米，其中人防3882平方米。竣工时间2019年1月5日。

看守所、拘留所和武警营区整体搬迁建设项目。总投资约7500万元，其中新搬迁建看守所总面积9078平方米，新搬迁建拘留所总面积2446平方米，新搬迁建武警营区3477平方米。2018年12月开工。

【项目管理】 年初由县政府确定工程建设项目。投资400万元以上的项目，通过县公共资源交易中心向社会公开招标；投资400万元以下的项目，通过公共资源交易中心向社会公开摇号发包。公司为业主单位，聘请质检、监理部门对施工质量、安全进行管理，资金支付按合同相关条款，在城建、财政、审计等部门的监督下分期拨付。

（谢　华）

房地产管理

【概　况】 县房地产管理局围绕县“七大攻坚”工作，履行管理和服务职能，推进脱贫攻坚工作、棚户区改造工作、保障性安居工程、房地产市场管理各项工作，取得新的成效。获得“2018年度县直单位绩效考评综合先进奖三类单位第一名”“城镇建设攻坚工作先进县直单位”等荣誉。

【房地产市场】 7月，县人民政府出台《关于进一步加强我县房地产市场调控工作的通知》，明确促进非住宅去库存、加大货币化安置力度，有力促进房地产市场的健康平稳发展。

完成房地产新开发面积23.68万平方米，开发投资107072万元，税收11973.4万元，同比增长4.27%，7.43%，48.67%。商品房销售备案2747套（间），同比增长66.08%。其中住宅1994套，面积28.156万平方米，销售额104006.58万元，均价4815元/平方米，同比分别增长45.58%，49.85%，23.81%，7.69%；商铺753间，面积6.184万平方米，销售额6.067亿元，均价9800元/平方米，同比分别增长128.18%，148.85%，134.70%，-5.79%。全年二手房交易存量房买卖成交件数750件、成交面积11.16万平方米、成交金额4.33亿元，同比增长28.42%、10.93%、59.19%。其中住宅630件、面积8.51万平方米，同比分别增长61.22%、72.25%；非住宅120件、面积2.65万平方米，同比增长9.09%、3.92%。

全年受理购房补贴731户、补贴476万元，受理契税补贴1072户、补贴749万元，受理移民贫困户购房补贴20户、补贴33万元，受理车库车位补贴1213户、补贴157万元。

【住房保障】 县城棚户区（城中村）改造项目涉及长宁镇、文峰乡两个乡镇4个项目点，征收土地房屋368户，已完成签约368户，签约率为100%，征收房屋面积达9.3万平方米，总投资4亿元。

公租房租赁补贴。根据《寻乌县公共租赁住房租赁补贴实施办法（试行）》（寻府办发〔2017〕42号）文件精神，全年公租房租赁补贴审核发放241户。做好人才公寓分配。分配入住人才公寓14套。中心城区住房困难户保障房配租配售。安排入住18套，其中解决棚改住房困难户16户。后续管理。加强租金清收和公租房的日常管理工作。采取发律师函、诉讼等法律途径催收租

2018 年寻乌县商品房销售情况表

表 30

项目名称	住宅		商业		合计		住宅均价（元 / 平方米）	商铺均价（元 / 平方米）
	套数	面积（平方米）	套数	面积（平方米）	套数	面积（平方米）		
鼎盛苑	9	911.07	0	0	9	911.07	4640.13	0
东江源·上尚城	100	13733.88	72	7187.52	172	20921.4	5726.84	12657.14
广寻云府	692	98498.83	56	3297.77	748	101796.6	5993.15	15505.86
国际公馆	219	29050.7	63	9039.97	282	38798.24	4893.96	8749.78
国际商业中心	0	0	40	2468.74	40	2468.74	0	8535.29
华南汽车城	49	6242.45	173	9785.24	222	16027.69	3980.91	7503.8
皇冠名苑	143	19914.77	267	17564.52	410	37479.29	5057.92	9474.81
金碧豪庭	0	0	7	491.49	7	491.49	0	14813.17
九洲国际	305	40007.92	29	2055.47	334	42063.39	5172.62	11217.96
祈福华庭	7	820.93	14	527.45	21	1348.38	3402.6	8498.89
龙湾财富广场	0	0	3	209.14	3	209.14	0	8608.58
世纪财富广场	0	0	10	608.73	10	608.73	0	9207.69
水榭花都	7	808.15	10	887.53	17	3391.36	3455.72	5464.59
巴黎春天	111	12194.8	31	2551.38	142	14746.18	5415.82	10077.31
物流中心	227	30176.05	42	2281.57	269	32457.62	4082.21	5857.23
银河湾	141	11292.95	0	0	141	11292.95	5364.86	0
宇翔苑	5	772.25	0	0	5	772.25	3915.15	0
中央华府	0	0	24	2087.68	24	2087.68	0	11327.38
金茂花园	9	2470.56	0	0	9	2470.56	8445.44	0
1—12 月销售合计	2024	266895.31	841	61044.2	2865	330342.76	5347.353401	9696.648

金，组织工作人员定期摸底租户情况，清退不符合条件的租户，并完善相关退出机制。同时，更换保障房的物管企业，聘请赣州市祥和物业管理有限公司，解决保障房管理有关问题。

【信访工作】 处理来信来访 35 件，其中涉及房地产市场监管、物业管理 27 件，涉及住房保障 8 件。牵头调处银河湾二期、三期项目，九洲国际小区大门违规建设等问题。

（王承富）

环境保护

【概　况】 斗晏出境断面水质稳定在二类以上（斗晏出境断面水质由 2015 年的五类水质提高并稳定在现在的二类水质，并且向一类水质迈进），九曲湾水库水质稳定在二类以上，目前为一类，环境空气优良率 96.45% 以上，$PM_{2.5}$ 年均浓度为 22 微克 / 立方米（全市第 4 位，全省第 12 位），国家重点生态功能区环境质量考核为“稳定”，并呈“趋好”态势。

【大气环境管理】 大气环境质量。全县 $PM_{2.5}$ 年均浓度 22 微克 / 立方米，AQI 优良天数比例 96.45%，PM_{10} 年均浓度 41 微克 / 立方米。二氧化硫、氮氧化物减排。实施年度减排计划，上报赣州通诚稀土新材料有限公司、寻乌县天平红砖厂、寻乌县鸿福红砖厂及寻乌县青龙页岩红砖厂等减排项目，完成二氧化硫减排 144.81 吨、氮氧化物减排 67.87 吨。大气污染防治。开展砖瓦窑、水泥粉磨站等专项整治工作，完成燃煤锅炉清洁能源替代、淘汰任务，拆除寻乌县文峰钢铁实业有限公司年生产 50 万吨建筑钢筋混凝土用热轧带钢筋项目，江西永德精密机械铸造有限公司年产

10万吨高性能点击电机连接板和汽车轮毂生产线项目，全县共完成淘汰燃煤锅炉2台，共8蒸吨。完成13个加油站油气回收治理工作。

【水环境管理】 考核断面共5个，其中国考断面1个（兴宁电站断面），省考断面2个（斗晏电站断面、团丰桥断面），市考断面2个（三标中学断面、留车中学断面），5个断面水质均达到考核要求。饮用水水环境质量。两个县级集中式饮用水水源地水质均达到或优于地表水环境质量Ⅲ类标准，水质达标率100%。实施年度减排计划，上报寻乌县城镇污水处理厂、吉潭镇污水处理站、桂竹帽镇污水处理站、三标乡污水处理站、南桥镇污水处理站、赣州通诚稀土新材料有限公司等水减排项目，完成化学需氧量减排147.66吨、氨氮减排30.96吨。完成工业园污水处理厂在线监测设施建设，6月投入试运行，完成11个加油站36个地下油罐更新改造；完成1个县级城市和6个1000吨以上农村集中式饮用水水源地规范建设工作；完成113个100吨以上农村饮用水源保护区划定工作；完成应急备用水源建设工作，新建太湖水库作为应急备用水源，总投资7.6亿元，6月开始蓄水。定期公开饮水安全状况信息，做好集中式饮用水水源“一源一档”建设工作，完成46个村农村环境综合整治。

【污染防治】 按照省、市的统一部署，制定《寻乌县打好污染防治攻坚战十大战役实施方案》，召开动员部署会议，一周一汇报、一月一督查。治理5个废弃稀土矿山点（项山1个、吉潭3个、龙廷1个），面积67亩；拆除、关停、整治畜禽养殖场384家（户），拆除违规猪舍2.3万平方米；清理陈年垃圾32处、散落垃圾40处、河道垃圾15处、建筑垃圾10处；清退网箱养鱼，督促有关乡（镇）清理河道、水库、山塘存量垃圾，落实河长责任，乡级、村级河长每周巡河不少于2次；完成斗晏水库水质自净工程，编制寻乌流域水质整治方案，1—11月，寻乌水出境断面达标率100%；完成南桥卫生院（新院）医疗废水处理设施建设，完成吉潭、晨光、水源、罗珊、项山、桂竹帽、菖蒲、龙廷、丹溪、剑溪、留车、岑峰12所卫生院和县皮肤病防治所、县妇幼保健计划生育服务中心医疗废水处理设施建设方案设计；编制14家采石场和3家风力发电场生态修复方案，完成采石场生态修复总面积（800多亩）的50%。完成风力发电场生态修复总面积（2664亩）的58.6%；城区施工工地采取抑尘措施，均安装喷淋装置，加强渣土运输车辆管理，经营面积在100平方米的餐饮店安装油烟净化器，完成餐饮店整改117户，加大城区夜间烧烤管理力度，城区烧烤乱象得到有效遏制；开展文化娱乐场所和居民小区、学校、医院等环境敏感区域噪声排放排查和专项整治，群众反复投诉、降噪措施落实不到位的综合市场KTV噪声扰民问题，全部整改到位；开展“小散乱污”企业专项整治，立案查处“小散乱污”企业12家，查处老旧柴油车1辆，报废摩托车13辆，督促报废车辆“应拆尽拆”。工业园污水处理厂和截污管网建设全面完工并投入运营。

【环境管理】 完成县级饮用水水源地整治，按照上级督查要求开展整治工作，完成饮用水源地问题整改并销号。推进重点污染源自动监控设施监管，完成污染源自动监测设备安装、联网，数据传输率达到90%以上，出水水质达标排放。加强环境应急工作，编制九曲湾水库、太湖水库环境应急预案，报送突发环境事件信息，11月30日，组织环保、消防大队、自来水公司及三标乡政府等相关单位，在九曲湾水库开展突发环境事件应急预案演练。推进行政执法工作，建立行政执法人员名录库，结合日常环境监察开展随机抽查工作。建立随机抽查对象名录库，全面检查被抽查单位防治污染设施运行，污染物排放以及环评、

“三同时”、排污许可证等环境管理制度落实情况。行政处罚15起，限产停产4起，移送行政拘留6人。受理群众诉求38件，办结38件，办结率为100%。

【环境监测】 全面完成包括地表水、空气、农村环境质量等监测任务。重点排污单位江西省洪城水业有限公司寻乌分公司自行监测，监测结果公布率99.9%，及时公布周边环境质量监测报告，实现与国家联网。乡镇级及以下集中式饮用水源地水质监测设置监测点位59个，监测项目62项，12月10日，将全县乡镇及以下集中式饮用水源地监测数据上传至市监测站。

【环保督察问题整改】 2016年中央环保督察反馈问题、2018年中央环保督察“回头看”反馈问题全部完成整改，上报整改销号台账；生态环境部、长江经济带审计署、国家督察办、中办反馈问题、华东督察局等督察反馈9个问题，完成整改8个，小水电整治尚未完成；2018年省环保督察反馈问题30项，整改完成18项。

【生态保护】 生态项目建设安排四大项目9个子项目，总投资51297万元，开工项目9个，开工率100%，竣工项目6个，竣工率66.67%，完成投资37504万元，投资完成率73.11%。打造山水林田湖草生态治理全国示范样板工程。第三标段除生态湖泊区外，其余完成，投资完成率94.5%；第四标段全面完工，投资完成率达100%；项目提升工程计划投资2.99亿元，完成上甲道路路基建设、矿山边坡治理及土地平整69.5万平方米、河道清淤1千米、复绿面积265公顷。完成投资18223万元，投资完成率61%。治理生态环境。完成废弃稀土矿区治理面积14.3平方千米，完成河道治理32.34千米，保护湿地面积9平方千米，保护耕地458.6公顷。提升河流水质。19个乡镇跨界断面5月、7月、8月、9月4个月全部达标，达标率为100%，斗晏出境断面水质稳定在Ⅲ类以上，并明显呈现超Ⅲ类达Ⅱ类趋势。

【环保规划及项目管理】 编制《寻乌县“十三五”生态文明建设及环境保护规划》，并报市局备案；报送2018年第一、第二、第三批东江流域生态保护和治理项目实施方案，报送土壤污染防治资金项目申报材料。推进项目建设。2016年、2017年土壤污染防治资金项目完工。2017年农村环境综合整治资金项目完工。2017年、2018年东江流域生态补偿资金项目已开工，2017年度项目全部完工。在2018年市局组织的东江流域生态环境保护和治理2017年度实施情况第三方评估中综合得分85.3分。

【环评管理】 “三线一单”编制。成立“三线一单”协调小组，配合市局开展长江经济带战略环评“三线一单”编制，完成资料和信息报送工作；环评审批和“三同时”竣工环保验收。行政审批事项5项，分别为：建设项目环境影响评价报告审批、排污申报核定、排污许可证（大气、水）核发、建筑施工噪声排放核准、50万元以下排污费的减免及缓缴审批。执行国家产业政策，拒绝高污染、高能耗项目落户，网上登记备案表290个，报告表70个，报告书1个，督促和指导10个企业自行验收，并在县政务公开网公示。建设项目环境保护监管。督促履行建设项目环境保护主体责任，履行项目建设监管责任，建立和完善事中事后监管机制。环评审批信息实时联网报送。严把数据质量关，保证报送信息的数据完整性、规范性和准确性。

（温志秋）

财税　金融

财　政

【概　况】 2018年，财政总收入9.1亿元，同比增收1.0992亿元，增长13.7%。全年土地出让收入10亿元，同比增长47%。全年一般公共预算支出32.3亿元，其中用于教育、社会保障与就业等民生方面的支出28.17亿元，占一般公共预算支出的87.2%。

获全市财政总决算报表编制工作一等奖、预算管理改革先进县和财源建设先进县等荣誉称号；赣州市总工会授予五一劳动奖状；获全县2018年度目标管理绩效考评综合先进单位（第二名）、脱贫攻坚工作先进帮扶单位、招商引资工作先进单位（二等奖）、争取重大项目和重大政策贡献奖、社会治安综合治理及平安建设工作先进单位、服务“七大攻坚”工作先进行政审批及服务部门（第一名）、履行教育职责工作先进单位（第二名）、“三城同创”工作二等奖。会计核算中心被中华全国妇女联合会授予“巾帼文明岗”、被赣州市妇联授予“三八红旗集体”荣誉称号。

【财政收入】 2018年，财政总收入9.1亿元，同比增收1.0992亿元，增长13.7%，增幅列全市第3位。按性质分：全县一般公共预算收入5.7139亿元，同比增收8288万元，增长17%，增幅列全市第1位；上划收入3.3861亿元，同比增收2704万元，增长8.7%。按部门分：原国税部门42551万元，同比增收4551万元，增长12%；原地税部门33991万元，同比增收5627万元，增长19.8%；财政部门14458万元，同比增收814万元，增长6%。税收收入占财政总收入比重为84.1%，列全市第6位，同比提高1.2个百分点。

全县政府性基金预算收入11.4177亿元，同比增收3.5932亿元，增长45.9%；其中国有土地使用权出让收入10.7941亿元。

全年共向上争取项目资金35.35亿元，同比增加3.17亿元，增长9.9%。

2018年寻乌县一般公共预算收入执行情况表

表31　　　　单位：万元

收入科目	年初预算数	本年完成数		比上年（±%）
		累计收入	占预算（%）	
一、一般公共预算收入	54000	57139	105.8	17.0
1. 税收收入	40500	42681	105.4	21.2
增值税45%	17775	16690	93.9	3.5
营业税45%		12		33.3
企业所得税32%	4150	4176	100.6	22.2
个人所得税32%	2554	2130	83.4	8.8

续表 31

收入科目	年初预算数	本年完成数		比上年（±%）
		累计收入	占预算（%）	
资源税	6691	6239	93.2	13.0
房产税	300	447	149.0	62.0
印花税	500	580	116.0	5.8
城镇土地使用税	200	527	263.5	194.4
土地增值税	2400	4216	175.7	79.1
城建税	1300	1890	145.4	41.5
车船税	550	576	104.7	19.5
耕地占用税	100	292	292.0	256.1
契税	3830	4861	126.9	66.1
环境保护税 80%	150	45		净增
2. 非税收入	13500	14458	107.1	6.0
专项收入	1600	3245	202.8	107.3
行政事业性收费收入	1400	3888	277.7	106.4
罚没收入	7100	5610	79.0	–12.0
国有资源（资产）有偿使用收入	600	456	76.0	–24.4
政府住房基金收入	200	169	84.5	31.0
其他收入	2600	1090	41.9	–64.7
二、上划中央及省级收入	36000	33861	94.1	8.7
1. 上划中央“四税”收入	19780	18596	94.0	3.6
增值税及改征增值 50%	19750	18544	93.9	3.5
消费税 100%	30	39	130.0	69.6
营业税 50%		13		30.0
2. 入中央库所得税收入	12569	11823	94.1	17.3
企业所得税 60%	7782	7830	100.6	22.2
个人所得税 60%	4787	3993	83.4	8.8
3. 上划省级收入	3651	3442	94.3	9.8
增值税 5%	1975	1854	93.9	3.5
营业税 5%		1		
企业所得税 8%	1038	1044	100.6	22.2
个人所得税 8%	638	532	83.4	8.8
环境保护税 20%		11		净增
财政总收入合计	90000	91000	101.1	13.7
原国税部门组织收入	43500	42551	97.8	12.0
其中：企业所得税	3970	5920	149.1	110.8
原地税部门组织收入	33000	33991	103.0	19.8
其中：企业所得税	9000	7130	79.2	–9.4
财政部门组织收入	13500	14458	107.1	6.0

【财政支出】 一般公共预算支出 32.3 亿元，同比增支 6.2 亿元，增长 23.8%，增幅列全市第 2 位；政府性基金预算支出 10.02 亿元，同比增支 1984 万元，增长 2%。

【重要收支情况】 全县社会保险基金收入 7.7456 亿元，上年结转 9.8584 亿元，收入总计 17.604 亿元；全县社会保险基金支出总计 5.9867 亿元，收支相抵，年终滚存结余 11.6173 亿元。

向上争取资金 35.35 亿元。主要包括：均衡性转移支付及增量资金 28611.4 万元、第一至三批东江流域生态补偿资金 27669.71 万元、城乡居民医疗保险 14842.98 万元、水利专项及发展资金

2018 年寻乌县一般公共预算支出执行情况表

表 32　　单位：万元

支出科目	累计支出数	比上年（±%）
一、一般公共服务支出	23405	32.0
二、国防支出	701	60.4
三、公共安全支出	13344	2.4
公检法司支出	12379	1.9
四、教育支出	61150	15.0
五、科学技术支出	7672	20.6
六、文化体育与传媒支出	2548	-33.8
七、社会保障和就业支出	34048	7.2
行政事业单位离退休	8804	3.1
八、医疗卫生与计划生育支出	38233	11.9
九、节能环保支出	35702	113.8
十、城乡社区支出	30046	101.0
十一、农林水支出	57352	25.1
其中：农业	5113	67.6
林业	4449	129.9
水利	10849	15.3
扶贫	25115	24.4
农业综合开发	2744	8.0
十二、交通运输支出	3956	-76.2
十三、资源勘探信息等支出	1609	121.0
十四、商业服务业等支出	452	-25.3
十五、金融支出	17	-94.7
十六、国土海洋气象等支出	3773	195.2
十七、住房保障支出	6441	327.4
十八、粮油物资储备支出	374	-21.4
十九、其他支出	197	294.0
二十、债务付息支出	1955	36.8
二十一、债务发行费用支出	25	56.3
一般公共预算支出合计	323000	23.8

8789.53 万元、财政专项扶贫资金 8508 万元、国家重点生态功能区转移支付 8487 万元、2018 年城乡居民养老保险及企业职工和机关事业单位养老保险 6949.5 万元、“整洁美丽，和谐宜居”新农村建设资金 6072 万元、林业补助专项资金及改革发展资金 4151.63 万元、2018 年赣南等原中央苏区转移支付资金 3631 万元等。

投入扶贫资金 14.45 亿元。主要资金来源：整合涉农资金 1.6743 亿元；上级到户专项资金 2992 万元；县级投入到户政策资金 4770 万元；地方债券 1.03 亿元；产业扶贫信贷通资金 1.0536 亿元；融资贷款 9.499 亿元；中央部委、省市帮扶单位帮扶资金 3922 万元；其他社会组织捐赠 312 万元。

人员经费支出 4.7858 亿元。年末，全县财政供养在职人数 6060 人，离休人员 16 人，民办教师退养人员 12 人。实施人才强县战略，共发放人才津贴和安家费 174 万元。

改善 48 所城乡义务教育学校办学条件，支出 7.6 亿元，保障义务教育均衡发展督导工作通过市、省和国家级验收。

“三公”经费总预算 2170 万元［其中因公出国（境）费 10 万元、公务用车购置 30 万元、公务用车运行费 960 万元、公务接待费 1170 万元］。上传公务消费监管平台支出 1556.19 万元，其中公务接待费 771.96 万元、公务用车运行费 638.5 万元。比 2017 年减少 74.3 万元，下降 4.55%。

筹集道路交通事故社会救助基金 139 万元，受理救助申请 6 件，救助 6 人，实施救助金额 20.76 万元。

累计拨付工程建设（项目）资金 10.66 亿元。其中重点工程本级项目资金 4.83 亿元，上级项目资金 3.72 亿元，交通补助项目资金 2.11 亿元。

全年共收廉租住房租金 316.6 万元（按单位基金总额的 35% 返还用于保障房的基本维修费、基础设施维修维护费等支出）。归集住房公积金 1.349 亿元（其中财政配套资金 4284.7 万元），全县缴存住房公积金单位 390 个（其中行政事业单位 136 个，国有企业 24 个，民营企业 57 个，个体工商户 173 个），缴存人数 9540 人。为 268 户干部职工家庭发放公积金贷款 1.271 亿元。

【财政改革】 2018 年 5 月，6 家县属国有企业（城市投资经营有限公司、国有资产投资经营有限公司、发展投资开发有限公司、工业投资发展有限公司、扶贫投资发展有限公司和东江源投资发展有限责任公司）整合重组，组建县城市投资经营集团有限公司。完善投融资公司薪酬、人事等管理制度，向“市场化运作、企业化管理”模式转型；建立融资平台公司债务统计监测机制，全面摸底汇总隐性债务情况，制定化解风险实施方案；完善部门预决算编制、预算绩效评价、预决算公开等预算管理体系；深化财政国库管理制度改革，提高国库集中支付效率，实现支付业务“无纸化”。

【财政管理】 执行《中华人民共和国预算法》，将上级政府提前下达的转移支付资金编入本级预算。完善基建工程预决算审核制度，所有项目资金实行“事前控制、事中监督、事后审核”的全程监督；应实行公开招投标的项目一律公开招投标。出台《关于印发〈寻乌县县直部门整体支出绩效评价工作方案〉的通知》（寻财发〔2018〕93号）《关于开展2018年县级预算支出项目绩效运行监控的通知》（寻财发〔2018〕91号）《预算绩效评价参考指标》等文件。对高龄老人生活补贴、寄宿生补助、专项扶贫资金等34个项目（涉及资金1.6139亿元）实施绩效评价，完善绩效评价流程机制，提高科学性、规范性和可操作性。

2018年6月19日，县财政局、县物价局联合下发《关于公布〈寻乌县行政事业性收费目录清单〉〈寻乌县涉企行政事业性收费目录清单〉〈寻乌县政府性基金目录清单〉的通知》（寻财发〔2018〕56号）并在寻乌政务公开网上公示。年内取消、停征、免征和整合行政事业性收费项目及政府性基金3项，减轻企业和个人的负担，减负资金25.7万元。

出台《寻乌县人民政府关于明确政府投资项目招标工作有关事项的通知》（寻府发〔2018〕10号文）《寻乌县人民政府关于转发〈江西省发改委关于认真做好国家发展和改革委员会令第16号和赣府发〔2018〕17号文件贯彻落实工作的通知〉的通知》（寻府发〔2018〕13号文）《寻乌县人民政府关于进一步规范政府投资建设工程变更相关事项的通知》（寻府发〔2018〕23号文）等文件，对政府性投资项目的工程变更、基建程序、工程造价控制、工程预算执行效率和财政资金使用效益作出规定。全年共审核工程项目预算1118个，工程送审预算总造价29.65亿元，审核后工程总造价27.46亿元，核减资金2.19亿元。

制定《寻乌县行政事业单位国有资产使用管理暂行办法》《寻乌县行政事业单位国有资产处置管理暂行办法》，规范我县行政事业单位国有资产使用和处置管理。全年办理国有资产处置事项15宗（其中划拨2宗、拆除4宗、报废9宗），处置金额2.9798亿元。发布经营性资产招租公告31次，累计签订承租合同34份，共计合同金额19.56万元（月租金），招租店铺及房屋面积共计9469.92平方米（不含土地面积），国有资产经营收入584万元，确保国有资产的安全完整和保值增值。

按照“双随机、一公开”（在监管过程中随机抽取检查对象，随机选派执法检查人员，抽查情况及查处结果及时向社会公开）要求，开展4项重点检查，检查单位22个，查出违规资金330.73万元，按规定应缴违规资金9.54万元，已收缴入库违规资金9.54万元。

强化采购人主体地位，简政放权。公开招标数额标准以下项目的采购方式由主管部门审批，财政部门备案；评审专家抽取权限下放至采购人；放开政府采购代理机构市场，新增代理机构3家，共计5家政府采购代理机构。全年执行政府采购预算4.5635亿元，实际采购4.3225亿元，节约资金2410万元，节约率为5.28％。

规范乡镇财政管理工作。对乡镇财政所人员配备、乡镇财政履职、内部管理及专项资金管理4个方面进行专项整治，提升乡镇财政管理水平。全年通过“一卡通”发放的财政惠农补贴项目共18大项，36小项，累计发放2.3034亿元，资金发放率99.41%，项目发放率100%，综合发放率98.85%。全市财政惠农补贴资金“一卡通”发放工作综合排名第四名。

【会计管理】 举办行政事业单位政府会计准则制度培训班，参加培训的人员计250人次，完成会计从业人员继续教育信息备案700人次。通过抓规范核算管理、强化审核监督、提高工作效率和服务水平，保障集中核算单位财政性资金安全有效运行。全年共拒付假发票和不规范票据564单，拒付金额724万元，通过协税护税避免偷、漏税款637万元。

（陈　曙）

税　务

【概　况】 2018年3月，国家合并国、地税。2018年7月20日，按照统一部署，原寻乌县国家税务局、原寻乌县地方税务局正式合并。成立国家税务总局寻乌县税务局。

2018年，寻乌县税务局被评为第十五届江西省文明单位；寻乌县税务局第一税务分局获江西省“五一巾帼标兵岗”荣誉称号；2018年5月，税务部门曹维民、钟永荣、林平荣获2015—2016年度全省无偿献血奉献奖铜奖；2018年5月，税务部门黄红兵荣获2017年度“寻乌好人榜”荣誉称号；国家税务总局赣州市税务局授予凌亦康、王月亮、侯饶平“三等功”《国家税务总局赣州市税务局关于对2018年度考核优秀公务员给予记功嘉奖的决定》（赣市税发〔2019〕52号）；黄金盛、邝辉云、王福根、刘定中、王伟斌、古劲松、张优军、陈圣桃、刘瑞萍、刘春英、罗定清、潘其奎、谢少华、胡雄、李冬梅、李胜春、赵慧珍等荣获2018年度优秀公务员。《国家税务总局赣州市税务局关于对2018年度考核优秀公务员给予记功嘉奖的决定》（赣市税发〔2019〕52号）。

【税源及税收】 主要税源结构为矿产品（稀土、铜等有色金属）、电力（发电、供电）、建筑业、房地产、金融保险业以及其他个体工商户。2018年，采矿业9172万元，同比减少24%；制造业入库6388万元，同比减少25%；电力税收入库2391万元，同比减少17%；建筑业入库20074万元，同比增长26%；批发零售业入库8729万元，同比增长28%；金融保险业入库4518万元，同比增长29%；房地产业入库19780万元，同比增长51%。

2018年，累计完成计划口径收入79161万元，同比增收10776万元，增长16%，完成年初计划的100%；入库财政口径收入76542万元（剔除车辆购置税），同比增收10178万元，增长15%，完成年初计划的100%。其中增值税完成37114万元，同比增长5%；企业所得税完成13050万元，同比增长22%；个人所得税完成6655万元，同比增长9%；资源税完成6239万元，同比增长13%；契税完成4861万元，同比增长66%；土地增值税完成4216万元，同比增长79%；车辆购置税完成2619万元，同比增长30%；城市维护建设税完成1890万元，同比增长42%；其他税种完成2517万元，同比增长58%。

【税务管理】 推广运用电子普通发票，纳税人开具电子发票后，受票方可从网上打印发票。

国地税合并前，各自使用金山核心征管系统，虽同为金山系统，但互不兼容，国地税合并后，对金山系统进行并库，形成“统一系统、同一规范”的核心征管软件，同时把个人所得税和社保费等非税收入也纳入金山核心征管系统。

推行网上办税服务，纳税人可登录江西省电子税务局网站，进行网上纳税申报、税款缴纳，开具普通发票并由邮政公司速递给纳税人。

【税收服务】 2018年原国税、原地税围绕“优化税收营商环境，助力经济高质量发展”主题，联合开展第27个全国税收宣传月活动。联合开展税收营商环境、普法教育系列集中宣传活动，联合开展服务首位产业政策大走访活动，联合开展纳税信用评价活动，联合开展“国税地税征管体制改革”宣传活动，联合举行“党建+税宣”系列宣讲活动，举办税收风险防控及税收政策讲座。

严格执行《全国税务机关纳税服务规范》和《办税服务厅管理办法》，落实导税制、首问责任制度、限时办结制度、预约服务制度、延时服务制度、一次性告知等服务制度。

推行新办纳税人“套餐式”服务，集成10个关联事项为一个流程、集成22张表单为一张报表，让新办纳税人多个事项一次办、一表填。推出186项“一次办”、76项“网上办”、60项“就近办”、22项“马上办”、63项“一站办”和20项“容缺办”服务清单。

出台涵盖50项便民惠民利民措施，编制249个办税事项的办理指南，让新办纳税人多个事项一次办、一表填。实现75%的涉税事项一次办结；简化税务注销流程。拓展注销即办范围，符合即办条件的纳税人平均办理注销时间由5个工作日压缩到5分钟。

稳步推行界面标准统一、业务标准统一、数据标准统一的江西电子税务局；推广上线自然人税收管理系统（ITS系统），实现个人所得税扣缴义务人全覆盖，代扣代缴质量全面提升；推行实名办税，拓展线上实名身份信息采集，打通线上采集和线下采集数据互通，实现一次采集、共享互认。

【服务地方经济】 执行小微企业所得额上限提标、研发费用加计扣除等各项税收优惠政策。全年共落实减免企业所得税293万元、减免增值税940万元、落实加计扣除562万元、落实资源综合利用增值税即征即退税额638万元。共2万余户符合条件的纳税人享受了减税政策；加强汇缴优惠管理。落实西部大开发税收优惠减免税额128万元；落实农林牧渔业享受减免所得额9266万元，减免税额2317万元；落实国家重点扶持的公共基础设施项目投资经营所得定期减免所得额5194万元，减免税额1299万元。

落实个税改革政策，确保改革红利尽快落地。将个税改革精神传达渗透，对登记、软件安装、报表填写、网上申报、税款扣缴、信息维护等一系列环节进行培训。对纳税人出现的问题及时沟通解决。对重点扣缴义务人和纳税人予以持续关注，有序落实非税划转工作。按照改革部署，做到“四个加强”：加强工作调研，开展3年以来社保费征缴情况、非税收入总体征缴情况、已由税务部门征缴的非税收入征缴情况、社保费征缴征管经费等系列调研工作。加强数据比对，对市局下发非税业务数据逐条逐项核实比对，对相关信息及时修正、补记，对社保等部门信息及时推送修改，全县参保户基本信息初步实现有效关联。加强业务培训，在强化内部培训的同时，派员到社保经办机构跟班学习，草拟《国家税务总局寻乌县社会保险费征缴服务突发事件应急预案》、成立了征管子系统上线应急团队。

（凌亦康）

金　融

【概　况】 2018年，围绕防范化解重大金融风险，防止发生区域性、系统性金融风险，优化金融生态环境，提升金融服务实体经济水平。发放小微信贷通贷款15182万元，发放创业信贷通贷款1539.5万元。

【金融资本市场】 金融机构增多。新设立江西银行、九江银行、中国银行已开业，恢复设立中国农业发展银行寻乌支行（已报上级待批）。充实上市挂牌后备企业库。利用IPO绿色通道政策，上市挂牌后备企业库20家。有2家（杨氏果业、恒源科技）为省级上市后备企业，3家（杨氏果业、恒源科技、长利果业）为市级上市挂牌后备企业；积极利用证券公司“一司一县”结对帮扶政策。协调光大证券、国盛证券对寻乌县上市挂牌后备企业“把脉问诊”，协助企业规范公司治理结构和财务管理；推进债券发行及企业主体评级工作。与中泰证券合作，县相关投融资平台公司以县城投公司为发行主体进行资产整合。预计于2019年1月完成主体评级，2019年6月底完成企业发债的报批工作。

【金融服务】出台《2018年寻乌县金融机构支持地方经济发展考核奖励办法》鼓励和引导金融机构增加信贷投放力度。完善企业还贷周转金机制。截至12月，累计为371家企业发放还贷周转金8.2亿元，未出现逾期、坏账等情况，实体经济服务中心运行稳定。还贷周转金运行效率排全市第三，周转率达到了2741%；实施金融扶贫。针对各类贫困对象开展特色信贷扶贫。截至2018年12月31日，"产业扶贫信贷通"贷款余额67834万元；"财政惠农信贷通"贷款余额26989万元；"金穗油茶贷"贷款余额11532万元；"创业信贷通"贷款余额1762万元。"易地搬迁扶贫贷款"到位资金3亿元，主要用于易地扶贫搬迁安置房、基础设施、公共服务设施建设和移民安置户后续扶持发展。"整村推进"项目发放3亿元。2018年6月，中国金融新闻网刊发了《金融精准扶贫中的"寻乌调查"精神》文章，文中对我县金融精准扶贫工作给予了高度肯定。

【金融稳定】落实上级有关防范和打击非法集资的要求，开展了非法集资集中宣传月活动、非法集资风险专项排查活动、P2P网络借贷投资者教育暨防范和处置非法集资宣传工作等活动，并根据寻乌县实际，调整了非法集资领导小组成员单位和职责分工，制定了非法集资严重失信人联合惩戒机制。县金融工作局定期不定期派出人员深入小贷公司、民间融资登记服务公司，核查督促其规范有序开展业务，了解其运行情况，确保两类机构不触碰"三条红线"，并积极配合市年审工作组对寻乌县两类机构依法合规经营情况、公司变更事项、内控制度建设情况等开展年审工作。

（谢 静）

2018年小微信贷通贷款发放一览表

表33

序号	企业名称	法人代表	贷款金额（万元）	贷款银行
1	寻乌县平安农业科技开发有限公司	侯建平	200	工行
2	寻乌县煌家宝贝母婴生活馆	林佛招	80	工行
3	寻乌县恒顺生物科技开发有限公司	刘加桃	80	银座
4	寻乌县阳光汽车销售服务有限责任公司	李云平	50	银座
5	寻乌县永达果业有限公司	廖永丰	150	银座
6	寻乌县养发兽药服务部	陈文坤	60	银座
7	寻乌县东源果业有限公司	凌发东	100	银座
8	寻乌县水源红果品有限公司	王伟才	80	银座
9	寻乌县万里红果品加工厂	廖贱聪	40	银座
10	寻乌县农丰果业农资经营部	邱伟忠	100	银座
11	寻乌县桔源果业专业合作社	林文均	20	银座
12	寻乌县邦氏果业农资连锁有限公司	赖邦英	100	银座
13	寻乌县天王星电器贸易有限公司	巫世亮	60	银座
14	江西平安汽车销售服务有限公司	邝 林	50	银座
15	寻乌县华东果业有限公司	邱华东	100	银座
16	寻乌县桔都果业有限公司	徐玉铣	60	银座
17	寻乌县益农农资有限公司	刘德军	100	银座
18	寻乌县锦富卷闸门厂	谢 斐	30	银座
19	寻乌县东江源珍稀食用菌厂	赵步提	200	银座
20	寻乌县顺通机动车驾驶员培训有限公司	刘文胜	50	银座
21	寻乌县秀丽江购物广场有限公司	刘志雄	80	银座
22	寻乌县水晶宫手机超市	凌春兰	100	银座
23	寻乌县顺达家电超市	曹慧明	200	银座

续表 33

序号	企业名称	法人代表	贷款金额（万元）	贷款银行
24	寻乌县加大销售部	陈源清	30	银座
25	寻乌县日月装饰材料经营部	潘俊开	50	银座
26	寻乌县诗尼曼家居商行	陈雪峰	20	银座
27	寻乌县富源果业专业合作社	黄圣杰	30	银座
28	寻乌县杰仕汽车驿站	凌金秀	60	银座
29	寻乌县广源果品包装厂	徐培良	30	银座
30	寻乌县海波摩托车行	黄海波	100	银座
31	江西省老山农食品饮料厂	蓝家禹	40	银座
32	寻乌县亿多家电超市	刘加文	60	银座
33	寻乌县复兴养鸡场	夏一夫	150	银座
34	寻乌县蓝氏果业专业合作社	蓝家岳	60	银座
35	寻乌县兴业建材经营部	骆利平	200	银座
36	寻乌县贵冠文体商贸有限公司	王桂才	50	银座
37	寻乌县万新果业农资销售部	谢　瑶	40	银座
38	寻乌县旺角购物中心	李　杰	150	工行
39	寻乌县益民大药房	罗艳萍	30	农商
40	寻乌县众大摩托车行	黄金华	40	农商
41	寻乌县赣通商贸有限公司	李行华	95	农商
42	寻乌县金通水管配件经营部	谢争生	80	农商
43	寻乌县金辉网络服务有限公司	刘新辉	30	农商
44	寻乌县松亿不锈钢门厂	黄石松	100	农商
45	寻乌县金泉钢筋店	刘　欢	30	农商
46	寻乌县辉玉家电商行	潘锡辉	25	邮储银行
47	寻乌县富燕果品包装行	付晨燕	50	邮储银行
48	寻乌县辉强工程机械租赁有限公司	孙红来	50	邮储银行
49	寻乌县普莱得卷闸门经营部	赖家杨	90	邮储银行
50	寻乌县敬信家私商场	邱敬信	65	邮储银行
51	寻乌县伊家服装店	黄海燕	30	邮储银行
52	寻乌县万佳装饰材料店	张生根	40	邮储银行
53	寻乌荣凤饲料经营部	李传荣	20	邮储银行
54	寻乌县美丽宣言化妆品店	李春香	50	邮储银行
55	寻乌县源海饮水有限公司	林堃华	40	邮储银行
56	寻乌县长荣不锈钢加工厂	赖海辉	50	邮储银行
57	寻乌县留车镇忠梅大药房	陈纬韬	30	邮储银行
58	寻乌县丽景酒店	朱建春	150	农商
59	寻乌县淳信商业贸易有限公司	徐玉芳	200	农商
60	寻乌县雅丽五金配件店	刘德斌	45	邮储银行
61	寻乌县长宁镇妈咪宝贝母婴店	谢荣锋	50	农商
62	寻乌县煌橙果业经营部	骆启锋	100	农商
63	寻乌县澄江镇绿山果品厂	蓝伟宇	200	农商
64	寻乌县中成汽车销售服务有限公司	李小英	100	农商
65	寻乌县盛鸿珠宝行	黄　珊	200	农商
66	寻乌县阿邱百货批发部	邱达权	200	农商
67	寻乌县田园农资经销部	范华松	200	农商
68	寻乌县君豪商务宾馆	刘素琼	200	农商
69	寻乌县长顺果业专业合作社	陈孝昌	200	农商
70	寻乌县澄江镇兴源粮食加工厂	邹兴勇	200	农商

续表 33

序号	企业名称	法人代表	贷款金额（万元）	贷款银行
71	寻乌县联兴果篓厂（普通合伙）	范东升	150	农商
72	寻乌县亿鑫隆灯饰经销部	邱鸿华	120	农商
73	寻乌县盈丰汽车销售有限公司	罗　萍	70	农商
74	寻乌县生态美果业专业合作社	钟国强	200	农商
75	寻乌县石圳液化气站	古振宇	200	农商
76	寻乌县市政工程有限公司	陈华新	200	农商
77	寻乌县新南方酒店（普通合伙）	刘晓东	200	农商
78	寻乌县群鑫文化产业发展有限公司	刘兰昕	110	农商
79	寻乌县南桥万丰粮食加工厂	赵万丰	150	农商
80	寻乌县长宁镇妈咪宝贝母婴店	谢荣锋	100	农商
81	寻乌县爱迩美门业专卖店	邱荣来	50	农商
82	寻乌县宏辉通讯服务部（普通合伙）	蓝春龙	100	农商
83	寻乌县大油门木材行	黄绍明	200	农商
84	寻乌县友谊开心购物有限公司	谭春花	200	农商
85	寻乌县长胜商贸有限公司	陈泽辉	200	农商
86	江西卓影文化创意发展有限公司	陈福坤	150	农商
87	寻乌县恒丰酒业经营部	刘志强	30	农商
88	寻乌县鑫发纸箱厂（普通合伙）	刘俊新	50	农商
89	寻乌县金福来红木家具店	凌运金	20	邮储银行
90	寻乌县永丰果业专业合作社	蓝庆仁	100	农商
91	寻乌县赣粤黄田粮食加工厂	何福娣	96	农商
92	寻乌县古越平陶瓷店	古越平	50	农商
93	寻乌县欣平建材有限公司	潘志敏	80	农商
94	寻乌县南门家私商场	严辉祥	150	农商
95	寻乌县富强建材批发部	刘跃煌	50	邮储银行
96	寻乌县长宁金店	袁俊义	200	农商
97	寻乌县潘莉萍副食店	潘莉萍	80	农商
98	寻乌县鸿通摩托车配件商行	古红辉	10	农商
99	寻乌县坚美装饰工程部	周腾山	25	农商
100	寻乌县群艺园林绿化中心	赖玉莲	30	农商
101	寻乌县晨光镇启泰饲料店	刘传启	80	农商
102	寻乌县海燕茶庄	曾祥杰	40	农商
103	寻乌县诚信摩托车配件商行	钟竹根	80	农商
104	寻乌县秋华摩托车行	钟秋华	60	农商
105	寻乌县余香馆酒店（普通合伙）	汪俊腾	200	农商
106	寻乌县裕都大酒店	潘美珍	50	农商
107	寻乌县力美体育文化发展有限公司	陈志平	60	农商
108	寻乌县宏宇陶瓷经营部（普通合伙）	刘建华	80	农商
109	寻乌县雅豪石材店	蓝学云	80	农商
110	寻乌县华电电器商场	林利玲	50	农商
111	寻乌县水心所浴热水设备经营部	陈君琳	30	农商
112	寻乌县同顺果业专业合作社	曾应传	190	农商
113	寻乌县六哥果业服务部（普通合伙）	吴锡明	200	农商
114	吕强（寻乌县坚强家庭生态农场）	吕　强	50	农商
115	寻乌县晨光镇兴东果品加工厂（普通合伙）	曹兴东	60	农商
116	寻乌县怡园养猪场（普通合伙）	谢　亮	80	农商
117	寻乌县春风家电超市	吴功春	50	农商

续表 33

序号	企业名称	法人代表	贷款金额（万元）	贷款银行
118	寻乌县鑫丰果品厂（普通合伙）	王海峰	90	农商
119	寻乌县绿原广告装璜部	林苑明	55	农商
120	寻乌县艺业门窗销售部	陈跃东	20	农商
121	寻乌县发文果业专业合作社	凌文发	150	农商
122	寻乌县和顺果业服务部（普通合伙）	刘华东	120	农商
123	寻乌县国美手机超市	谢永道	80	农商
124	寻乌县天天果业有限责任公司	谢牧群	200	邮储银行
125	寻乌县运通汽车配件经营部	陈文标	60	邮储银行
126	寻乌县星月湾家私城	凌永平	50	农商
127	寻乌县永辉果品加工厂	刘永辉	60	农商
128	寻乌县鼎盛水泥制品厂	黎宪浩	70	农商
129	寻乌县真彩广告经营部	蓝丁炎	100	农商
130	寻乌县吉橙果品经销部（普通合伙）	谢藏生	55	农商
131	寻乌县项山泉食品有限公司	潘福亮	45	农商
132	赣州东方大地装饰有限公司	潘朝晖	70	农商
133	赣州市鑫丰商贸有限公司	潘旭东	90	农商
134	谢春松（寻乌县松源养猪场）	谢春松	50	农商
135	寻乌县留车镇留车圩淳信连锁百花超市	陈腾云	50	邮储银行
136	寻乌县范儿服装店	谢秀梅	20	邮储银行
137	寻乌县东山商务宾馆	陈露凤	45	邮储银行
138	寻乌县鑫旺果业专业合作社	汪正初	48	农商
139	寻乌县鑫丰果品厂（普通合伙）	王海峰	90	农商
140	寻乌县中信新能源工程有限公司	彭　敏	120	农商
141	寻乌县耀煌副食批发部（普通合伙）	汪六招	100	农商
142	寻乌县家金服装贸易商行	赖赣平	200	农商
143	寻乌县亿亮五金经销部	刘文娟	48	邮储银行
144	寻乌顺意家私店	谢红标	50	邮储银行
145	寻乌县宝利华石材销售部	刘海丰	50	邮储银行
146	寻乌县东方建材经营部（普通合伙）	凌素平	20	邮储银行
147	寻乌县英鸿商贸有限公司	古英鸿	50	邮储银行
148	寻乌县嘉丽华副食店	潘昌华	45	邮储银行
149	寻乌县鸿兴果业	罗安洪	50	邮储银行
150	寻乌县鹏程果业服务部	袁建平	50	邮储银行
151	三和大药房	彭　铿	60	邮储银行
152	寻乌县黎坎村农资服务部	肖　斌	27	邮储银行
153	三彩女装	刘忠元	100	邮储银行
154	寻乌县南桥镇亿发食品经营部	刘利英	50	邮储银行
155	寻乌县盛威宾馆	潘梅芳	30	邮储银行
156	寻乌县兴联装修材料经营部	廖国兴	25	邮储银行
157	寻乌县同创电脑经营部	张继煌	50	邮储银行
158	寻乌县福康药房	卢莉芬	43	邮储银行
159	寻乌县吉祥建材有限责任公司	尹玉平	100	农商
160	寻乌县留车镇明英果业专业合作社	陈孝先	180	农商
161	寻乌县三鼎建材有限公司	张天俊	100	农商
162	寻乌县龙珠园林绿化有限公司	陈裕辉	80	农商
163	寻乌县自由自在副食店	邝健健	50	邮储银行
164	寻乌县新中源陶瓷经营部	汤青林	25	邮储银行

续表 33

序号	企业名称	法人代表	贷款金额（万元）	贷款银行
165	寻乌县美媛养生馆	黄　萍	15	邮储银行
166	寻乌县辉煌工业气体有限公司	罗云标	50	邮储银行
167	寻乌县汇美服装经营部	黄清英	50	邮储银行
168	寻乌县潮苑酒家	曾红萍	30	邮储银行
169	寻乌县留车世亮电器店	陈庚生	50	邮储银行
170	寻乌县世亮电器店	陈春凤	90	邮储银行
171	寻乌县旺达建材营销中心	付有旺	50	邮储银行
172	寻乌县荣兴轮胎店	龚桂荣	30	邮储银行
173	田田圈澄江店	朱达权	30	邮储银行
174	寻乌县秋风家庭农场	范德文	200	农商
175	寻乌县顺成家俱制造有限公司	李广原	100	农商
176	寻乌县南桥八记摩托车行	谢国柱	45	农商
177	寻乌县吉利小汽车修理厂	冯　鑫	200	农商
178	寻乌县辉强物流有限公司	孙红来	80	工行
179	寻乌县清萍日用品店	黄　萍	30	邮储银行
180	寻乌县伊家服装店	黄海燕	30	邮储银行
181	寻乌县天和厨具商行	陈松涛	80	农商
合计			15182	

2018 年创业信贷通贷款发放明细表

表 34

序号	企业名称	法人代表	贷款金额（万元）	贷款银行
1	寻乌县海兵家具店	邱海兵	50	赣州银行
2	寻乌县西河堂农业科技有限公司	林瑞平	50	赣州银行
3	寻乌县春天汽贸有限公司	尹清泉	50	农商
4	寻乌县银丰农业发展有限公司	赖银燕	50	农商
5	寻乌县众康餐具保洁消毒配送中心（普通合伙）	袁才群	50	农商
6	寻乌县鑫群电子有限公司	刘群香	10	邮储银行
7	寻乌县蓝天之家商贸有限公司	刘岳松	40	邮储银行
8	寻乌县永煌铝合金经营部	胡永锋	30	邮储银行
9	赣州骏友市政工程有限公司	林　勇	50	赣州银行
10	寻乌县澄江镇好运来农业服务中心	王运来	20	赣州银行
11	寻乌县东城建材批发部	王水仙	40	赣州银行
12	寻乌县贝儿健设备租赁有限公司	凌　淦	30	农商
13	江西花果香农业发展有限公司	刘泽海	50	农商
14	寻乌县沁园原生态农业发展有限公司	古华莘	35	赣州银行
15	寻乌县麦香园糕点店	曾格汉	20	赣州银行
16	寻乌县裕佳工程装饰有限公司	凌信梅	40	赣州银行
17	寻乌县勇盛制衣厂	李　勇	20	赣州银行
18	寻乌县一佳装饰有限公司	潘秀莲	40	赣州银行
19	寻乌县荣盛电子厂	吴光富	30	赣州银行
20	寻乌县南桥镇福泉门窗经营店	彭福泉	40	赣州银行
21	江西桂丰园生态农林发展有限公司	严修园	50	赣州银行
22	寻乌县万维网络信息服务有限公司	彭　焕	40	农商
23	寻乌县轩雅茶庄	朱小燕	29.5	农商
24	寻乌县优美花卉种植基地	顾　勇	50	农商
25	寻乌县沁园酒楼	古新弘	30	农商

续表 34

序号	企业名称	法人代表	贷款金额（万元）	贷款银行
26	寻乌县小营生态休闲农庄	吴翠洲	50	农商
27	寻乌县汇鲜商行	陈辉红	30	农商
28	江西忆江南餐饮管理有限公司	骆凇斌	50	农商
29	寻乌县钻玥卫浴灯饰经营部	刘　浩	20	农商
30	寻乌县天地华宇物流有限公司	易迈平	30	赣州银行
31	江西省君好农业开发有限公司	黄剑锋	30	赣州银行
32	寻乌县中兴建材经销部	赖一凡	30	赣州银行
33	寻乌县创世纪制衣厂	林家钦	20	赣州银行
34	寻乌县鸿达果业专业合作社	罗安洪	50	赣州银行
35	寻乌县华兴农业机械服务有限公司	凌田有	20	赣州银行
36	寻乌县风华女子美容养生会所	汪玲春	40	赣州银行
37	寻乌县一鸣文化创意发展有限公司	袁鹏程	50	农商
38	寻乌县圣湖农业发展有限公司	李选文	30	农商
39	寻乌县文洲花卉经销部	何文洲	30	赣州银行
40	寻乌县军途体育发展有限公司	刘　靖	20	赣州银行
41	寻乌县蓝山生态农业发展有限公司	赖鹏程	45	农商
42	寻乌县宜丰酒业	骆贵宾	50	农商
合计			1539.5	

人民银行

【概　况】 2018年年末，全县各项存款余额123亿元，比年初增加5.8亿元，增长4.95%，各项贷款84.85亿元，比年初增加14.18亿元，增长20.07%。

【货币政策】 2018年实施稳健中性的货币政策，支持小微企业发展；实施金融精准扶贫；支持全县经济社会发展。积极支持小微企业发展。积极搭建银企融资平台；推广“江西省小微客户融资服务平台”；推动金融机构“四通”贷款，即落实“财园信贷通”“小微信贷通”“惠农信贷通”“创业信贷通”贷款；支持稀土新材料、陶瓷、物流、果业、风力发电、生态农业等产业发展；落实“产业扶贫信贷通”政策。引导涉农金融机构加大对贫困村、建档立卡贫困户的支持力度；支持民生工程建设。督促各银行业金融机构贯彻落实住房信贷政策，缩短放贷审批周期，优先满足居民家庭贷款购买首套普通自住房和改善型普通自住房的信贷需求；支持易地搬迁贷款；推进小额担保贷款业务。依托各项优惠政策，实施再就业、创业信贷资金援助。

【金融稳定】 贯彻《中国人民银行赣州市中心支行金融管理办法》（赣市银〔2018〕61号），要求各金融机构按照内容及时上报本单位发生的重大事项，及时掌握辖内发生的金融重大事件，及时启动应急预案。全年各金融机构共上报14起重大事项，涵盖开业管理、机构变更、业务经营等方面。利用统计数据加强信贷资金的动态跟踪监测，客观评估和预警存在的信贷业务风险，分析各行业的发展前景和信贷风险状况，及时进行风险提示，引导商业银行分散、规避和防范信贷风险，密切关注信贷结构、房地产信贷、不良贷款变化，切实保障金融安全稳健运行。

【征信管理】 以宣传“6·14信用关爱日”为主题，在全县范围内开展征信宣传月活动。为执行征信查询规定，规范查询流程，方便群众查询信用报告，2018年8月，个人征信自助查询机正式投入运营。全年为1028户企业办理机构信用代码证，为295户企业办理企业信用查询，为个人办理信用报告查询8226人次。开展征信信息安全检查，出台《征信信息安全巡查工作计划（2018—2019年）》，8月对赣州市公积金管理中心寻乌办事处等进行了征信现场检查，及时发现和处置征信信息泄露问题和征信信息安全隐患，确保辖内不发生征信信息安全重大风险事件。推进信用体系建设。建立失信惩戒机制，联合县发改委起草《关于印发2018年寻乌县社会信用体系建设工作要点的通知》并以寻府办字〔2018〕183号文件下发。召开寻乌县2018年社会信用体系建设联席会议，解读社会信用体系建设工作要点及工作考核指标。

【金融服务】 6月举行寻乌县“金惠工程”项目启动仪式暨志愿者培训班，旨在通过农村地区、贫困地区开展金融教育、传播金融知识改善农村地区金融环境；与广东省平远支行签订“金惠工程”跨省联合宣传工作机制协议，组建跨省“金惠工程”志愿者宣传队伍，助推县域经济金融健康协调发展。联合县公安局、金融局开展“非法集资暨金融知识宣传宣传月”活动，提高人民群众合法理财意识，培养正确投融资理念。全年，开展各种形式宣传活动6次，宣传主题包括“信用记录关爱日”“金融夜校”“金融知识普及月金融知识进万家”等，涵盖人民币、反洗钱、国库国债、支付结算、征信、存款保险、金融消费者维权、防范非法集资等知识。组织开展优化企业开户服务专项督导，提高企业开户服务效率。针对发现的开户流程不规范、档案管理不到位、优化企业开户不到位问题，3月对辖内7家商业银行的优化企业开户情况进行了专项督导。支持企业发展。3月，与民营企业局联合开展银企融资对接签约仪式，对接机电项目、光伏项目、陶瓷、棚户区改造项目等，达成意向性贷款6.28亿元。至年末，银行实际发放贷款6.28亿元，履约率100%；引导小微企业贷款利率下行，“江西省小微客户融资服务平台”向农商银行发放支小再贷款0.9亿元，寻乌县农商银行运用支小再贷款资金发放的小微企业贷款平均利率为5.49%，比使用自有资金发放的企业贷款利率低2.07个百分点；2018年，全县金融机构累计发放“四通”贷款7.72亿元。发放再就业贷款7719万元，其中支持个人创业450户、4610万元。落实“产业扶贫信贷通”政策，截至年末，全县产业扶贫信贷通贷款余额6.78亿元，其中直接对建档立卡贫困户发放贷款余额3.78亿元；扶贫再贷款余额2.87亿元，撬动法人金融机构发放扶贫贷款3.61亿元。年内，发放房地产按揭贷款7.37亿元，贷款余额21.62亿元；农发行发放易地搬迁贷款3亿元。优化企业开户督导。严格执行《人民币银行结算账户管理办法》，严把开销户资料审核关。年内合计开销户1238户，其中开户1014户，销户224户。

【金融扶贫】 联合县金融工作局，出台《寻乌县金融助推脱贫攻坚工作实施方案》《寻乌县支农脱贫信贷通工作方案》，向上争取扶贫再贷款1.82亿元。创新“双层信贷”扶贫模式：第一层是信贷支持贫困地区企业发展，在全县企业中建立10个金融精准扶贫示范点，强化企业扶贫承载能力和动力；第二层是为“公司+贫困农户”体系中的农户提供便捷信贷服务，引导金融支持产业发展和扶持贫困户并重。金融精准扶贫工作得到上级行肯定，在井冈山工作调研座谈会上作典型发言，《金融时报》2018年12月9日预刊登。

【金融监管】 开展央行金融机构评级专业评价工作，审慎评估辖内法人金融机构经营管理及风险状况，及时客观反映辖内法人金融机构全年整体风险和企业管理状况，强化宏观审慎管理，引导辖内法人金融机构审慎稳健经营，有效维护区域金融稳定。建立健全辖内金融机构反洗钱档案。辖内10家商业银行、6家保险业公司、1家证券公司共计17家金融机构均建立反洗钱监管档案。对法人金融机构开展反洗钱分类评级，3月组织反洗钱人员对寻乌农商银开展反洗钱分类评级，评级结果予以反馈，对风险予以提示。强化反洗钱监管。9月，根据反洗钱统一部署，由支行分管反洗钱工作领导担任片长的反洗钱监管走访工作组对第一片区（信丰、安远、寻乌、会昌四县）4家金融机构及寻乌县平安人寿保险公司进行反洗钱走访。开展非法集资风险排查活动。联合县金融工作局，银监办及各金融机构，对第三方支付、网络借贷、统筹平台、企业和个人融资活动进行排查，推进金融安全区建设，防范和化解金融风险，促进地方经济健康发展。做好假币收缴。全年收缴假币1494张，面额132485元；上交假币1787张，面额150005元，假币库存896张，面额101800元。

【经理国库】 2018年，支库完成国库业务量14.6万笔，核算资金70.3亿元。其中完成预算收入入库12.9万笔，入库金额21.8亿元；完成预算支出6301笔，支出金额46.9亿元；完成预算收入退库262笔，退库金额0.2亿元；完成更正调库58笔，调库金额0.2亿元；完成其他核算业务5594笔，核算金额0.09亿元。年末，寻乌县支库库存余额2.8亿元；严格执行拨款、退库三级审批制度，严把资金出入关、凭证传递关、分级审核关；开展TCBS系统应急演练，提高支库应急能力。根据国库科统一部署，12月12日，支库与安远县支库进行TCBS系统交叉演练；开展国库业务自查，于9—10月开展为期2个月的国库业务自查；开展财库银联席会议，出台集中支付电子化管理制度，确保辖内集中支付电子化系统顺利上线；探索赣粤边界农村地区国债宣传协作机制，5月，赣粤边界农村地区国债宣传协作会议在寻乌县支行召开，签署《人行寻乌、平远县支行赣粤跨省边界地区国债宣传协作机制》，通过了《人行寻乌、平远县支行赣粤跨省边界地区国债宣传协作机制实施方案》；开展国债巡查走访，强化国债发行监管。

（杨俊洪　李　昂）

寻乌银监办

【概　况】 2018年末，全县银行机构各项存款123.09亿元，比年初减少1.21亿元，各项贷款87.16亿元，比年初增加14.62亿元，不良贷款占比1.29%。

【服务县域经济】 通过多方沟通和督促，设立江西银行和九江银行分支机构，恢复中国银行寻乌支行，加大农发行寻乌支行恢复进程，督促银行机构继续下沉机构，加大金融服务设施在社区、中心镇和乡村布放力度，进一步夯实金融服务基础。新增自助网点3个，自助网点达45个，每个自然村设立新农医保代办点，已布放ATM机124台、POS机1723台，建设助农取款服务点259个，覆盖了全县15个乡镇和173个行政村。优化小微服务。加大对小微企业“三个不低于”“两增两控”考核力度，对寻乌农商银行三季度“两控”指标未完成进行约见谈话，督促其制定措施整改；督促银行机构拓展财园信贷通、小微信贷通、产业扶贫信贷通、惠农信贷通、创业信贷通等业务，“五通”贷款达142698万元；加大和小微企业信贷对接，签约意向性贷款86000万元，发放贷款83420万元，完成97%。有力地推动了小微企业发展，实现了“三个不低于”（指在有效提高贷款增量的基础上努，力实现小微企业贷款增速不低于各项贷款平均增速，小微企业贷款户数不低于上年同期户数，小微企业申贷获得率不低于上年同期水平）和“两增两控”[“两增”即单户授信总额1000万元以下（含）小微企业贷款同比增速不低于各项贷款同比增速，贷款户数不低于上年同期水平，“两控”即合理控制小微企业贷款资产质量水平和贷款综合成本]目标。督促银行机构提高存贷比和涉农贷款比，继续实行涉农贷款考核，加大对涉农重点领域、新型农村经营主体、农业产业化龙头企业、农村电子商务和特色产业的金融支持，特别是加大对猕猴桃等转型产业的信贷扶持力度，全县涉农贷款达72.09亿元，实现了涉农贷款“两个不低于”（小微企业贷款增速不低于各项贷款平均增速，增量不低于上年同期）目标。以金融扶贫“三个全覆盖”（责任银行对乡镇全覆盖、建档立卡贫困户信贷需求调查全覆盖、符合贷款条件的建档立卡贫困户信贷投放全覆盖）为目标。年末，寻乌县农行、农商银行、赣州银行和邮储银行4家机构产业扶贫贷款达67510万元。全县15个乡镇、贫困户信贷需求调查面和信贷投放覆盖面均达到100%。

【防范金融风险】 坚守风险防控底线，以风险管控作为重点夯实责任，科学管控。压实管控责任根据打赢防范风险攻坚战的部署和要求，多次召开监管会议传达精神，统一思想认识，各银行机构以防范风险为重点着力加强对不良贷款风险管理，特别对隐性风险全面摸排，做到心中有数，把风险管控责任层层分解落实到岗到人，避免风险管控真空。关注风险重点。按照上级“1+1+N”的监管要求，突出抓好法人机构农商银行和赣州银行分支机构监管，特别是集中精力加强当地赣州银行监管，及时传导分局有关赣州银行专项监管工作要求，先后2次对其进行监管会谈，提出针对性监管措施，督促其摸清风险底数，制定切实措施加强不良贷款清收，引导该支行纠正多年来经营误区，使其步入良性发展轨道。同时，突出不良贷款风险管控，督促各行加强不良贷款风险监测，按季报送不良贷款，制订针对性措施加大清收力度，防止和避免不良贷款集中暴露。年末，全县银行不良贷款1.13亿元，不良率1.29%，不良贷款风险得到有效控制。

全面开展各类风险排查，根据分局要求先后开展P2P网络借贷、电信诈骗等风险排查活动，并深入银行机构现场督导，作出风险提示；完善违规处罚信息库，加强员工行为跟踪管控。督促银行机构加大员工行为特别是贷款行为排查，防止和避免信贷资金用于民间借贷。发现员工贷款行为问题及时向有关机构提示，对银行从业人员违规处罚情况登记归档，防范银行员工参与民间融资或充当资金“掮客”；加强对政府融资风险情况排查，对全县银行机构政府融资调查摸底，特别对农业发展银行在寻乌的政府融资情况进行现场督查，提出监管要求，督促银行机构进一步规范贷款行为。2018年寻乌县银行机构没有发生重大业务事故，实现零案件报告。严防不良贷款反弹。督促银行机构按季报送不良贷款，特别是对一些不降反升或大额不良贷款出现逾期的机构进行重点跟踪管控，下发风险提示书，并督促银行机构加大对不良贷款实时监测和清收力度，有效控制不良贷款反弹。年末，全县共清收不良贷款1646万元，不良贷款11327万元，占比1.29%，比年初下降了0.13个百分点。

【提升监管质效】 按照强监管严监管的总体要求加大重点问题查处力度查处寻乌农商行违规投资购买低评级债券问题，提出作出40万元经济罚款和对直接经办人纪律处分的意见；查处未及时更换项山支行、丹溪支行和长兴支行经营业务许可证问题，责令该行对相关部门负责人作出经济罚款和纪律处分。整治金融市场乱象。按照上级专项整治要求，先后2次组织开展金融市场乱象整治，深入农业银行、农商银行和江西银行等机构现场督导，对6大方面22个问题全面排查，督促其规范贷款行为和印章管理，及时纠正存在问题，使寻乌县银行机构经营秩序得到了全面治理，并取得了明显成效，寻乌农商银行还在分局市场乱象整治推进工作会议上作典型发言，介绍经验做法。

（黎桂招）

工商银行

【概　况】 中国工商银行股份有限公司寻乌支行围绕“加快转型，提速发展”总要求，推进改革创新，服务寻乌县经济发展。荣获省行旺季“储蓄存款三十强支行”，荣获市分行大零售业务竞赛优胜单位、旺季大零售业务竞赛优胜支行、二季度和三季度大零售业务竞赛优胜支行、市分行大零售年度“优胜支行”“先进基层党组织”“纪检监察先进单位”等荣誉称号。辖内网点1个，自助银行服务区4个，从业人员21人。

【业务发展】 2018年，支行各项存款余额9.54亿元，其中储蓄存款余额4.65亿元，比年初净增7100万元。各项贷款余额6.32亿元，全年累放2.05亿元，较年初净增570万元。其中公司贷款余额1.18亿元，比年初增加1998万元，全年累放7985万元；个人贷款余额5.14亿元，比年初下降1428万元，全年累放1.25亿元。资产质量实现“双降”。不良资产余额185万元，不良率0.29%，不良金额比年初下降105万元，不良率比年初下降0.17个百分点。全年实现净利润3139万元，人均创利157万元，同比增加1235万元，增幅65%，实现中间业务收入358万元，同比增加122万元，增幅51.6%。

【内控管理】 年初确定“以内控达标为主线，全面加强支行合规操作”目标；抓好业务规章制度的执行落实；以网点内控合规达标为主线，提高全员合规操作意识。对网点检查中坚持精查细究、有效监督，全面提高员工合规意识，将内控工作落到实处。2018年未发现违规、违纪案件。

【文明优质服务】 相继制定、完善《客户投诉处理和管理实施细则》《客户评价系统使用管理办法》等制度。在服务工作管理中，强化各网点各部门“一把手”在服务工作中的责任。从晨会、礼仪培训、服务检查、非现场检查、考核等管理，使柜员服务标准化，环境、标识统一化，整体提高服务水平，客户满意率保持在99%以上。每季度进行一次技能考核，做到奖罚分明，促使提高技能水平。年度服务无投诉。

（彭红军）

农业银行

【概　况】 中国农业银行寻乌县支行，围绕经营管理目标，大力开展综合营销活动，支行业务持续、快速、稳健、协调发展。荣获农行赣州分行“2018年信用风险管控、扩户提质优胜单位”“党风廉政建设达标单位”等荣誉称号，全年未发生案件和重大事故。2018年实现营业收入6032万元，同比增收1583万元，营业支出3938万元，拨备前利润3998万元，同比增加1619万元，拨备后利润1573万元，同比减少988万元。

【业务经营】 至2018年末，各项存款余额144671万元，比上年净增22921万元，其中对公存款余额75943万元，比上年净增12264万元，个人存款余额68728万元，比上年净增10656万元，为全市唯一净增长的县级支行，年末各项存款余额和增量市场份额列全县四大国有银行第一位。资产业务稳健提升。至年末，各项贷款余额156802万元，比上年净增64987万元，其中对公贷款余额67652万元，比上年净增54172万元；个人贷款余额89151万元，比上年净增10816万元。与辖内工行、建行比较，农行各项贷款存量余额占比56%，贷款增量占比80%，均位列首位；个人住房贷款存量余额47849万元，超过工行、建行个人住房贷款的总量，占据辖内第一。客户拓展。贷记卡有效客户新增1046户，完成市分行年度计划的84%，完成计划比例居全市第12位；掌上银行活跃客户6133户；个人消息服务客户净增1888户，分期交易额5734万元，完成年度计划104%。信用卡分期业务。全年完成分期交易额5711万元，完成分行计划的103%，全市排名第九位，其中汽车专项分期交易额2301万元。不良资产清收。年末，农行不良贷款余额465万元（其中信用卡不良透支88万元），比年初增加115万元（其中信用卡透支不良增加24万元），不良率为0.13%，比年初下降0.1个百分点，实现不良双降目标。年内清收原委托资产 241 万元。中间业务收入。中间业务收入结构得到调整，根据监管部门格要求，今年中收管理更加规范，取消代客理财和部分结算收费项目，全年实现中间业务收入 914 万元，同比增 406 万元。

【风险管理】 贷前调查做到全面、真实、准确、严密识别风险；贷中审查把好手续完备性、合法性、项目效益性、还贷来源可靠性、担保合法有效性等关口。切实履行放款审核职责，逐一落实信用发放条件。摸清各类贷款风险底数，针对性采取风险控制措施。年末，不良贷款余额 465 万元（其中信用卡不良透支 88 万元），比年初减少 115 万元（其中信用卡透支不良增加 24 万元），不良率 0.13%，比年初下降 0.1 个百分点，实现不良双降目标。

【服务“三农”】 实履行服务“三农”的行业宗旨，开展金融产业扶贫。发放惠农 E 贷 493 户，金额 3615 万元，取得完成全市计划前两名的好成绩。惠农信贷通 36 笔金额 1611 万元，完成信用卡分期交易额 5711 万元，完成分行计划的 103%，全市排名第九名。

（凌建平）

农商银行

【概　况】 江西寻乌农村商业银行股份有限公司，是服务寻乌经济社会发展的地方性银行机构，在寻乌县网点分布广、员工数量最多、支农支小力度大、服务覆盖面广。

被县委、县政府授予服务“七大攻坚”工作先进驻县单位、驻县单位绩效考评先进单位。罗京城被共青团中央授予“全国青年岗位能手”称号，古德勇被共青团江西省农村信用社联合社委员会授予“江西农商银行先进青年工作者”称号，邱明华被中共寻乌县委、寻乌县人民政府授予“服务‘七大攻坚’工作 2018 年度先进个人”称号。

【存贷款业务】 年末，全行资产总额 69.97 亿元，较年初增加 2.93 亿元。存贷款总额 98.81 亿元，其中各项存款余额 58.35 亿元，较年初增加 0.98 亿元，增幅 1.7%；各项贷款余额 40.46 亿元，比年初增加 5.71 亿元，增幅 16.43%。市场份额。年末，各项存款余额 58.35 亿元，占当地存款市场份额的 47.4%；各项贷款余额达 40.46 亿元，占当地贷款市场份额的 46.42%，存贷款规模稳居全县金融机构首位。年末，实现营业收入 37318 万元，同比增加 3084 万元，增幅 9.01%。其中利息收入 26858 万元，金融机构往来收入 7683 万元，投资收益 2198 万元，手续费及佣金收入 550 万元，其他业务收入 29 万元。实现账面拨备前利润 19600 万元，同比增加 2016 万元，增幅为 11.46%，实现人均拨备前利润 94.44 万元。年末，资本充足率 15.5%，比年初增加 1.26 个百分点；核心资本充足率 14.43%，比年初增加 1.26 个百分点；不良贷款率 2.43%，比年初下降 0.01 个百分点；贷款损失准备覆盖率 314.75%，比年初上升 27.21 个百分点；拨备覆盖率 390.75%，比年初上升 4.18 个百分点；资产利润率 1.21%，比年初下降 0.02 个百分点；资本利润率 15.15%，比年初增加 0.95 个百分点；流动性比例 45.21%，比年初上升 2.57 个百分点。电子银行年末，手机银行用户 44306 户，较年初增加 15399 户，增幅 53.27%；网上银行用户 6610 户，较年初增加 301 户，增幅 4.77%；“e 百福”绑卡用户 17158 户，较年初增加 8968 户，增幅 109.5%；聚合支付用户 6450 户，较年初增加 6450 户，完成省联社下达任务 149.69%。金融渠道同步率 51.27%，金融用户活跃率 14.65%，电子银行替代率 85.61%。互联网金融业务考核业绩位于全省前列。

【风险防范】 严格执行“一案双查”“一岗双责”“上追两级”“一票否决”等责任制度。董事长为全行案防工作第一责任人，行长为执行第一责任人，监事长为第一监督人，各部门、网点负责人为本机构直接责任人，各岗位员工为执行个体；层层签订案防工作责任状，建立班子成员廉政工作档案；开展风险排查。专项审计：开展大额贷款专项审计、反洗钱工作专项审计、消费者权益保护专项审计、信息科技风险专项审计、产业扶贫贷款业务专项审计、抵（质）押品权证管理专项审计等审计项目；对13名干部员工进行离任（职）审计，配合审计中心开展常规审计。专项排查：开展关键岗位和重点人员风险排查、资金业务专项排查、违规插手工程专项排查、“三重一大”专项排查、财务管理专项排查、新增和存量不良贷款风险排查等；开展每季防控风险排查。由总行风控部门每季度针对柜台及会计结算、信贷、票据、同业合作、员工行为管理及案防措施落实情况开展风险排查。网点查库：由审计、运管不定期组织开展网点突击查库，在网点形成违规必查、违规必究态势。非现场监督：利用远程监控对全行业务操作和运行施行7×24小时监督。全年累计开展审计项目41项（次），其中落实上级要求审计（检查）项目16项（次），落实常规动作审计（检查）项目26项次，自行组织开展审计（检查）项目9项（次），累计发现问题1404个（笔），涉及金额164132.42万元，已整改问题1403个（笔）、金额164132.42万元，仍在整改问题1个（笔）、金额0元。

【服务地方经济】 持续打造小额农贷、产业扶贫信贷通、惠农信贷通等涉农贷款品牌，与家庭农场、农民专业合作社等新型经营主体对接，提供信贷支持。年末，涉农贷款余额38.86亿元，比年初净增5亿元，增幅14.78%；涉农贷款占所有贷款比例96%。其中惠农信贷通贷款520户、贷款余额1.57亿元。

优化服务手段，单列贷款投放计划，着力解决小微企业融资难、融资贵问题。年末，小微企业（含个体工商户）贷款9765户、余额10.66亿元，比年初净增1.79亿元，增幅20.19%，增量占各项贷款增量的31.36%；1000万元以下小微贷款余额9.02亿元，比年初净增1.27亿元，增幅16.45%，高于各项贷款同比增幅0.02个百分点；小微贷款9765户，较去年同期增加3户，小微贷款实现“两增两控”[“两增”即单户授信总额1000万元以下（含）小微企业贷款同比增速不低于各项贷款同比增速，贷款户数不低于上年同期水平，“两控”即合理控制小微企业贷款资产质量水平和贷款综合成本。]目标。其中小微信贷通贷款92户、余额0.98亿元；财园信贷通贷款78户、余额2.8亿元。

健全完善普惠金融组织架构、制度体系和基础设施，开展整村推进和“网格化”营销。至年末，选定普惠金融工作示范乡镇1个，建立高标准普惠金融服务站1个，完善助农取款服务点4个，“网格化”营销按计划有序推进，金融夜校行政村102个，整村推进行政村42个，普惠金融累计调查走访农户1.5万户。

全年累计发放下岗再就业贷款278户、金额5762万元；发放创业信贷通贷款18户、金额694万元。主动承担代理发放中央及地方政府各项惠农支农资金，全力做好国家发放给农户的粮食直补、低保资金等金融服务工作。

【金融扶贫】 持续加大扶贫贷款投放，实现产业扶贫贷款“三个全覆盖”。截至12月底，全年累计投放产业扶贫贷款8897户、金额47986万元，占全县产业扶贫贷款投放量90%以上，完成当地政府产业扶贫投放任务的175.51%。挂点帮扶丹溪乡清溪村，投资67万元，帮助该村建设文化广场、安装路灯，硬化11条村组公路。帮助该村发展茶叶、三华李、油茶、红薯等产业，为65户贫困户、发放产业扶贫贷款289万元，产业扶贫贷款覆盖率达70.65%。赠送贫困户油米、棉被、雨伞、环保袋等生活必需品，价值共计20余万元。支助贫困该村大学生10余人、中小学生80余人，在该村设立了普惠金融服务点，大力推进了该村脱贫攻坚工作。经挂点帮扶后，该村贫困率由

19.7%已降至0.57%。

（邓雅萍）

邮储银行

【概 况】2018年，中国邮政储蓄银行寻乌县支行，以金融市场创新、提质增效为目标。立足县域。全年累计实现收入3323万元，完成市分行下达计划（3137万元）的105.95%，完成计划排名列全市第8位；全年累计实现利润2324万元，同比增长16.78%，完成市分行下达计划（2100万元）的110.69%，完成计划排名列全市第10位。

获全市风险管理综合考评第一名、“三农”条线评比三等奖。

【存贷款业务】各项贷款余额72580万元，年增24150万元；居民储蓄存款余额128096万元；公司存款余额19158万元。不良贷款管控。年末，不良贷款126万元、不良率0.24%，比年初下降0.57个百分点，低于全市平均不良贷款率。全年累计收回不良贷款341万元，其中已核销不良贷款33.3万元。秉承普惠金融理念，做好“银政、银协、银企、银担、银保”五大合作平台对接，围绕县“七大攻坚”战，主动融入服务地方经济发展大局。年内累计投放信贷资金5.3亿元，成立十年来已累计投放各类信贷资金超过24亿元，其中涉农贷款占比超过70%。年内共发放惠农信贷通7919万元，小微信贷通1789万元，财园信贷通950万元，倾力助推县域普惠金融发展。发放了扶贫棚改资金1.9亿元。

【风险防控】以“全面加强风险管理，继续保持‘三无’良好局面”为目标坚持“一把手”负责制。“一把手”为辖内案防工作第一责任人，坚持业务发展和案防合规“两手抓、两手都要硬”。发挥案防工作领导小组作用，每季度召开案件防控工作领导小组会议，加强邮银沟通协调，形成上下联动条线齐抓共管、任务一抓到底的工作格局。持续开展整治银行业市场乱象工作，对照一些典型案件举一反三，深入查改。

（何 湘）

建设银行

【概 况】中国建设银行寻乌支行，践行“零售优先”“移动优先”发展部署，完成各项目标任务。年末，一般性存款余额63585.23万元，较年初新增21403万元。贷款余额58598万元，较年初新增14884万元。

【产品业务】开办活期存款、定期存款、特种存款、定活两便、个人通知存款，“速盈”产品，“乾元”系列理财产品，推出“薪享通”“贷享优”“聚财宝”等存款账户升级产品，为市民存款提供形式多样选择。践行普惠金融，推出个人快贷、小微企业快贷、“七贷一透”（即税易贷、POS贷、善融贷、创业贷、信用贷、善融E贷、善店贷、结算透）等大数据产品，为小微企业搭建方便快捷融资平台。同时，发展个人住房信贷业务。衍生信用卡产品，有汽车分期、装修分期、车位分期、消费分期、账单分期、现金分期等一系列个人消费信贷产品，满足群众不同形式消费需求。

【网点建设】为方便客户办理存取款业务，在东门路寻乌宾馆旁、长宁街人民银行对面新设立离行式自助银行2个，在文峰、南桥、澄江、留车、罗珊、桂竹帽、吉潭7个中石化加油站，水源移动合作厅、稀土矿副食店设立了“裕农通”惠民存取款服务点。发展金融科技，创新手机银行、网上银行、电话银行，减轻网点及柜面工作压力。

（赖逸词）

赣州银行

【概 况】2018年，赣州银行寻乌支行围绕全年工作目标，按照“风险整治年”活动的总体要求，抓好风险防控，强化内部管理，推进转型升级。全年，实现各项经营收入7990.34万元，实现账面利润4652.73万元。在总行2018年度分支机构综合业绩考评中获得第八名。

【主要业务指标】 年末，支行各项贷款余额170071万元，较年初下降7586万元；其中自营贷款余额110091万元，结构化融资余额59980万元，不良贷款余额620万元。负债业务。年末，支行各项存款余额142185.86万元，较年初增长9775.75万元，增长率7.38%。其中对公存款余额80580.06万元，储蓄存款余额57381.24万元，保证金存款4134.53万元，定期储蓄存款余额42791.01万元。累计签发银行承兑票面金额9647万元。同时大力营销商户通、代发工资、代理保险、贵金属、理财、保函等业务。实现中间业务收入531.37万元，其中融资性保函手续费500万元。实现收入7990.34万元，其中贷款利息收入6688.11万元，往来收入769.81万元，账面利润4652.73万元。不良资产压降。2018年清收不良贷款1036万元，实收利息197万元。结清一户逾期1100天的信用卡透支。

【服务县域经济】 2月9日，向寻乌县公共基础设施建设管理有限公司发放贷款1亿元，用于寻乌县公共基础设施建设；5月16日，为寻乌县城市投资经营有限公司开立借款保函2亿元，担保期限3年，为其向中国邮政储蓄银行赣州市分行借款1.9亿元提供担保，用于寻乌县棚户区改造项目。贷款的发放和保函的开立，深化了支行与当地政府的银政合作关系，为支行各项政府类业务的发展夯实了基础。围绕各级政府推出的“财园信贷通”“惠农信贷通”“扶贫信贷通”“创业信贷通”等业务。累计发放财园信贷通贷款1050万元、发放“惠农信贷通”贷款1600万元、发放创业信贷通贷款933万元。为提升获客能力，促进零售业务发展，办理公务卡177张，授信“白领贷”32笔，新增额度745万元；发放个人住房按揭贷款69笔，金额3621万元。

（钟艳梅）

银座村镇银行

【概　况】 江西赣州银座村镇银行寻乌支行坚持“中小企业的伙伴银行”市场定位，致力于为小微企业、“三农”和个体工商户等群体提供“简单、方便、快捷”的优质金融服务。至2018年年底，累计发放各项贷款2052笔、金额2.31亿元，户均贷款11.25万元，其中90%以上的贷款投放给农户和小微企业，75%以上的贷款为涉农贷款，90%以上的贷款是通过免抵押信用担保方式发放。凭借支农支小领域的特色，该行“小本贷款”荣获“2012年度江西省小微企业金融服务特色产品”荣誉称号；荣膺2012年度、2015年全国村镇银行“服务三农与小微企业优秀单位”和2014年度“江西银行业金融机构小微企业金融服务先进单位”荣誉称号；2015年被评为全国百强村镇银行、全国村镇银行资产总额前50强，荣膺2015年“全国银行业金融机构小微企业金融服务先进单位”荣誉称号；2017年荣获“全国百强村镇银行”和“全国经营管理优秀村镇银行”。

【信贷业务】 推出“商圈易贷”产品服务客户，全年商圈客户授信户数1366户，发放贷款1.97亿元；为脐橙复种农户量身打造“橙长贷”产品，发放贷款0.12亿元，支持脐橙产业复苏；为小微企业量身打造“订单贷”产品，发放贷款0.7亿元；此外，还相继推出“电商贷”“厨当家”等产品，进一步实现了金融产品的本土化，受到当地小微和“三农”客户认可。落实中央进一步改进小微企业等实体经济金融服务、有效降低小微企业融资成本的部署要求，按《关于对存量小微企业和新增客户执行优惠利率的通知》精神，大幅度降低小微贷款利率；为小微企业提供良好的融资环境，对小微客户贷款给予最高 1.125% 的不良容忍度。为适应移动互联网时代发展，借鉴“互联网 + 金融”服务模式，开设移动工作站和微信分行，为每位营销人员配备了移动智能终端，将金融服务从支行固定窗口延伸到社区、村居及田间地头，为村民朋友提供现场开户、业务签约、产品展示等金融服务，把金融服务送到客户家门口和田间地头。通过微信分行的实施，实现了线上线下融合。推出全功能的“移动营业厅”。

【服务乡村】 组建公益志愿者队伍，以技术增值、健康增值、文化增值为主题开展社区公益活动。开设“银座银行赣南苏区乡村振兴服务大讲堂”，邀请农业技术专家为农户提供技术培训。开展防诈骗、识假币、小小银行家等下乡活动，普及金融知识。秉承“服务不收费、服务更到位”承诺，所有结算类项目免手续费，如跨行转账汇款手续费、委托（托收）手续费、汇兑查询手续费、ATM 机跨行取款转账手续费、网上银行 / 手机银行跨行汇款手续费等。截至 2018 年底，惠及 1.1 万个客户，共让利 200 万元。

（刘秋娣）

中国人民财产保险有限公司

【概　况】 中国人民财产保险有限公司寻乌支公司，以效益为目标、以市场为导向、以客户为中心，业务稳健发展。迈上 30 亿元新台阶，实现了保费、利润双丰收。获 2018 年度全省人保财险系统“标杆县区支公司”称号。

【保险业务】 公司经营机动车辆商业险、机动车辆交强险、财产保险基本险、财产保险综合险、变压器保险、家庭财产保险、个人贷款抵押房屋保险、供电责任保险、雇主责任保险、公众责任保险、产品责任保险、旅行责任险、货物运输保险、人身意外保险、意外伤害医疗保险、借款人责任保险、学生、幼儿意外伤害保险、医疗责任险、柑橘保险、林木火灾保险、能繁母猪保险、短期健康保险、保证及信用保险等 100 多个险种。2018 年保费收入 1.09 亿元，同比增长 21.02%，实现承保利润 1407 万元。

（王　薇）

人寿保险股份有限公司

【概　况】 中国人寿保险股份有限公司寻乌县支公司，2018 年完成保费收入 4446.59 万元。赔付各类保险金 920.66 万元。

【主要险种】 主要经营以人的寿命和身体为标的保险，经营范围涵盖寿险、人身意外险、健康险、年金等人身保险领域。有重大疾病险、分红险、少儿保险、定期终身保险、意外伤害保险、养老保险、学平险、投资万能险、商业医疗、旅游险等。同时创新保险产品，拓展金融领域保险业务，突出“保障”特性，对接“资金运用”市场。拓展团体保险业务，有学生平安保险、小额信贷保险、团体意外人身险及建工险等保险业务。

【优化服务】 恪守承诺，履行保险责任，“用专业和真诚赢得感动”，通过“热诚、规范、准确、便捷”的服务，回报广大客户的支持与信赖。发挥呼叫平台：“95519”双重客户服务热线作用，随时为客户提供接报案、救援、咨询、查询、预约、投诉等全方位服务。2018 年支付各类赔款和给付金 920.66 万元。为满足客户的需求，在理赔服务上推出系列特色理赔服务。

（赖竹林）

太平洋财产保险公司

【概　况】 中国太平洋财产保险股份有限公司寻乌支公司，坚持以人为本，“诚信天下，稳健一生”，发挥保险“社会稳定器”作用，为构建寻乌和谐社会提供良好的保险保障。经全体员工齐心协力，努力拼搏，市场份额稳中有升，业务发展良好，完成全年经营目标。寻乌支公司被省公司评为2014年度“综合实力十强支公司”荣誉称号。

【营　销】 按照赣州中心支公司要求，创新营销机制，组建一支素质高，业务能力强的营销团队。主动拓展县城各项保险业务，主动与车行、银行、交管、保险中介服务机构合作，完善理赔案件的快速办理程序，提高公司知名度，成为专注保险主业，价值持续增长，具有竞争力的一流保险金融服务机构。积极推广新险种新技术的应用，如诉讼保全、码上保 PPT 等。寻乌支公司全部营销员通过全国保险代理人资格考试，持证率达 100%。支公司 2018 年保费收入 923.85 万元，同比增长 -0.88%。缴交地方税 55.43 万元，利润 39.72 万元。为县域经济提供社会发展作出积极贡献。

【保险理赔】 2018 年，受理各类赔案 1196 起，共赔付 563 万元。在机动车辆理赔时运用高科技移动视频查勘设备进行现场查勘、定损、核赔，万元以下无人伤案件，资料齐全一小时快速赔付服务。使客户享受一站式透明理赔服务，贴心无忧网上服务，私家车客户专享服务。严格理赔管控，加快理赔结案速度，完善理赔医疗跟踪审核制度，执行询、报价制度，提高定损准确性和合理性。建立未决赔案清理制度，及时支付各类灾害事故赔款，为广大客户抢险救灾，恢复生产，提供了保险保障，为经济发展与社会稳定做贡献。

（林书芹）

商　贸

商　务

【概　况】 2018年，实现社会消费品零售总额21.88亿元，同比增长10.0%，其中，限额以上消费品零售额实现3.75亿元，同比增长10.9%，排全市第9位；年度外贸出口总额3.95亿美元，完成比104.92%、同比增长9.11%，排全市第9位；年度实际利用外资2676万美元，同比增长10.11%，其中现汇进资102万美元，现汇比3.8%；年度实际利用省外资金23.34亿元，同比增长16%，增幅排全市第7位。完成省、市认定项目15个，其中亿元以上项目14个。

【市场建设】 按照统一规划、整合资源、市场运作的要求，围绕县乡农贸市场建设改造、绿色博览会参展等方面开展工作。申报新东新区农贸市场和吉潭农贸市场建设改造项目，获取省级财政资金额69.75万元。组织寻乌县羊角园果蔬有限公司、寻乌县华丰生态农业有限公司、寻乌县思源农业发展有限公司等企业参加第十一届中国绿色食品博览会。

【市场秩序】 加强对成品油经营市场的管理，对县石油公司下属网点进行年检，各加油站点进行安全检查，对成品油经营市场进行全面排查监管，打击无证无照经营行为。规范再生资源行业秩序，严格网点审批，规范各网点经营行为，杜绝占道经营、乱堆乱放现象，维护城区市容市貌。

【安全生产】 组织32家重点商贸流通企业进行消防安全培训，参加“3·15”消费者权益日“安全生产月”“安全生产万里行”等宣传活动，发放宣传资料1000余份，提高全员安全防范意识和安全责任意识；对行业内各大商场（市场）、宾馆、加油站等单位的内部安全及消防设施进行检查，及时排除各种安全隐患；开展民爆行业安全生产大检查及消防演练，督促县民爆公司严格按规定运输、储存和销售民爆物品，建立完善进出库档案，做到每一批民爆器材进出都有登记、知道去向，实现民爆领域“零事故”，确保民爆物品使用的安全和规范。

【开放型经济】 2018年度外贸出口总额3.95亿元，完成计划104.92%，按计划完成比排全市第9位，同比增长9.11%，排全市第9位；年度实际利用外资2676万美元，同比增长10.11%，其中现汇进资102万美元，现汇比3.8%；年度实际利用省外资金23.34亿元，同比增长16%，增幅排全市第7名，完成省、市认定项目数15个，其中亿元以上项目14个。

【招商引资】 拓宽招商引资渠道，创新招商方式。组织专业招商、委托招商、以商招商、点题招商，重点围绕通用机械首位产业招商，实现“小县招大商、小县招好商”。全年签约项目20个，签约金额39.839亿元，其中亿元以上项目13个，合同金额32.2亿元；首位产业项目12个，合同金额 24.3 亿元。

【专项扶持政策】《2018 年招商引资工作意见》（寻字〔2018〕16 号），设立外贸出口促进奖，提高外贸企业的出口积极性和主动性。今年外贸实绩出口企业 12 家，同比增加 2 家，新增外贸出口备案登记企业 16 家，同比增加 2 家；培育洛锡实业、伟德智能等技术含量较高的通用产品和大型成套设备出口。

【电子商务】 出台《寻乌县推进电子商务产业发展工作方案》（寻办字〔2018〕45 号）和《寻乌县电商扶贫 + 中国社会扶贫网工作方案》（寻办字〔2018〕51 号）；多种形式提供免费电商培训，全年免费培训 1032 人次；开展送劳动技能下乡促就业活动、电商扶贫线上线下销售活动、"百站（企）带千户"活动。得到商务部、国家标准委和国务院扶贫办社会扶贫司的关注和肯定。寻乌县电商扶贫做法作为典型案例编入全国《产业扶贫标准化案例选编》。

全年电子商务交易额超 9 亿元，根据农业农村部和阿里研究院根据销售额数据报告，排"2017—2018 年贫困县农产品电商 50 强名单"第五名；长宁镇城北村被评选为 2018 年中国淘宝村（江西全省共 12 个，其中赣州 3 个）。

（古振炎）

招商服务

【概　况】 2018 年，县招商服务中心围绕"七大攻坚""主攻工业、三年翻番"战略，抓招商、讲引资、重服务、求实效，取得成效。中心被县委、县政府评为"招商引资工作先进奖（一类县直单位三等奖）""县直驻县单位主攻工业先进奖（县直一类单位第四名）""服务'七大攻坚战'工作先进行政审批及服务部门第四名"，牵头负责的中气机械设备制造项目获"全市'六大攻坚战'流动现场会突出贡献奖"。

【完善政策】 出台《寻乌县首位产业招商引资优惠政策》《关于做好 2018 年招商引资工作的意见》，文件突出产业招商，壮大首位产业，加快首位产业集聚发展，对招商引资考核办法、奖惩措施、招商队伍组建等进一步修订、完善。

【项目推介】 1 月 23 日，举行通用机械产业招商推介会，签约招商项目 3 个，总投资 2.46 亿元；2 月 5 日，召开纳税大户及部分企业新春座谈会，听取在寻企业对优化纳税服务的意见和建议，形成良好的"安商、富商、亲商"的招商环境；2 月 12 日，举办外出乡贤返乡创业新春座谈会，激发外出乡贤返乡创业投资热情；3 月 30 日，在广州举办通用设备制造企业招商推介会，与企业来寻投资事宜进行交流；6 月 12 日，在广东东莞召开 2018 年江西寻乌（广东东莞）通用设备制造产业招商推介会，与多家通用设备企业达成到寻乌投资意向。

【招商成效】 加强对 4 支专业招商队管理，实现"高强度、高效率"外出，招商成效明显。引进资金全市排名靠前。2018 年省市下达给寻乌县利用省外资金目标任务为：完成内资进资 23.14 亿元，（其中亿元以上项目 10 个，亿元以下项目 2 个），寻乌县完成引资项目 15 个，其中亿元以上项目 14 个，项目实际进资 23.34 亿元，完成年度目标任务的 100.86%，同比增长 16%，增幅排名列全市第 7 位；签约项目实现新突破。2018 年，全县共签约项目 20 个，合同总金额 39.839 亿元，其中亿元以上项目 13 个，合同金额 32.2 亿元。首位产业项目 12 个，合同总额 24.3 亿元。

【安商服务】 对落户企业实行专人一对一服务，对涉及企业审批、规划、土地、环评等项目落户前期工作，由联系单位代办负责，企业只需提供相关资料。如我中心为埃尔节能空气压缩机生产基地及总部经济项目、精密铸造项目、智能装备项目和环保机械设备项目提供全程"保姆式"服务，安排专职人员协助企业做好项目工程建设、办理营业执照、刊刻公章、法人章、财务章，解决企业员工住宿、项目工地通水通电等问题，帮助企业拟定立项申请书、办理土地公开“招、拍、挂”手续、建设工程规划许可等，得到企业好评。

招商引资项目一览表

表 35

序号	项目名称	投资企业	投资金额（亿元）	开工时间
1	空压机及配套产品生产基地项目	四川省爱克威机电设备工程有限公司	四川空压机协会 30 家以上会员企业	2018 年 1 月
2	非标准智能化空压机生产项目	成都耐锐特动力设备有限公司	1.5	2018 年 1 月
3	混凝土搅拌站项目	寻乌县宏泰混凝土有限公司	0.6	2018 年 1 月
4	权智物流园项目	广州市权智物流有限公司	0.36	2018 年 2 月
5	新能源装备产业项目	上海欧式格机械设备有限公司	2	2018 年 3 月
6	机器人智能装备制造项目	广东思晨智能科技有限公司	1.2	2018 年 3 月
7	节能压缩机项目	广东安川压缩机有限公司	1	2018 年 3 月
8	水泵、给排水设备制造项目	广东华南泵业有限公司	1.6	2018 年 4 月
9	机器人及自动化设备生产项目	广东捷瞬机器人有限公司	1.5	2018 年 4 月
10	精密自动数控机床生产及智能终端精密结构件加工项目	兴科电子集团有限公司	10.2	2018 年 4 月
11	寻乌县集中商业地标示范性项目	深圳市富智商业管理顾问有限公司	1.2	2018 年 4 月
12	综合性再生资源产业基地项目	中国再生资源开发有限公司	3	2018 年 5 月
13	以诚农业蔬菜示范基地及配套设施建设项目	山东省寿光市以诚生态农场有限公司	4.5	2018 年 6 月
14	寻乌县日康机械制造项目	东莞市日康实业有限公司	1.8	2018 年 8 月
15	寻乌县石崆寨旅游景区开发建设项目	寻乌县平安农业科技开发有限公司	3.38	2018 年 9 月
16	新型节能螺杆式空气压缩机及配套滤清器制造项目	惠州市德鸿空气压缩机有限公司	1.2	2018 年 10 月
17	综合环保设备、暖通设备及通风设备产业链项目	东莞市未来机械科技有限公司	0.8	2018 年 10 月
18	寻乌县睿信智能数控机械手及新能源结构件制造项目	东莞市睿信机电科技有限公司	1.5	2018 年 10 月
19	寻乌县花开了生态休闲区开发建设项目	江西省寻乌县花开了农业科技开发有限公司	1.2	2018 年 11 月
20	寻乌县金龟谷康体度假村建设项目	江西省蝙蝠山庄生态旅游观光发展有限公司	1.299	2018 年 12 月

（袁　梦）

供销合作社

【概　况】 2018 年，实施供销合作综合改革，处理基层供销社遗留问题，发展壮大基层合作社，努力增强为农业农村服务能力。寻乌县供销合作社获赣州市供销合作社系统综合业绩考核一等奖；县委、县政府绩效考评县直单位优秀等级。

【综合改革】 根据中央、省、市供销合作社《2018 年深化供销合作社综合改革工作要点》《全面深化供销合作社综合改革三年行动方案》《2018 年深化供销合作社综合改革督察工作方案》三个文件精神，出台寻乌县《供销合作社综合改革三年行动方案》并具体组织实施。处理遗留问题。对全县供销合作社系统的土地、房屋、财务挂账、金融债务、社有企业职工社会保障等历史遗留问题，进行摸底调查；主动向上对接，从省财政厅争取资金两百万元，用于解决基层社员工的社保。支持基层社建设。向全国供销合作总社申报

2018 年供销合作社基层组织发展专项资金 250 万元，用于发展壮大基层供销合作社，增强为农服务能力；投资 170 万元，购买江西广寻现代综合物流园区一栋三层房屋，建筑面积 300 平方米，恢复建设文峰供销合作社。

【为农服务】 6 月 21—23 日，由北京商业管理干部学院主办、赣州市供销合作社协办、寻乌县供销合作社承办，赣州市农民专业合作社农产品电商运营策略培训班在寻乌县举办，全市部分农民专业合作社成员参加培训，寻乌县参训人员 80 余人。项目开发。借助国家供销总社扶贫挂点寻乌县的契机，积极向上争取项目资金。从 2017—2020 年，总社每年安排寻乌县一个 500 万元以上的农业开发项目。2018 年，实施寻乌县土地托管新建项目，项目总投资 1500 万元；申报“供销 e 家”股权资金 500 万元，用于寻乌县供销电商公司三级物流体系建设，已建设一个县级运营中心和 136 个乡村网点。确定投资 1000 万元兴建占地 20 亩的红薯加工厂；与中国供销集团旗下的中国再生资源开发有限公司对接，兴建总投资 3 亿元的综合性再生物流产业基地；引进中国农资集团拟投资建设用地约 100 亩的“现代惠农服务中心”项目。服务模式创新。实施农村电商惠农工程，组建县级电商运营中心，连通“供销 e 家”电商平台，扩宽农产品销售渠道；与全国供销总社下属企业新合作集团公司签订农副产品购销协议。该公司于 10 月 28—29 日携旗下 10 家子公司到寻乌县开展订货活动，订购脐橙、百香果、猕猴桃、红薯等农产品。

（谢绍华）

粮食流通服务中心

【储备粮购销轮换】 落实稻谷最低收购价政策，为确保储备粮的入库轮换，县粮流中心及时与县财政局、县农发行沟通协调，积极抓好收购资金落实，组织国有粮食购销企业做到人力、物力、精力、时间四集中抓好粮食收购工作，2018 年收购稻谷 932 吨，轮出县级储备粮 932 吨，完成轮换补库任务，确保了区域粮食安全。

【库存粮食管理】 执行国家新制订的粮食仓储管理办法。制订并健全仓储管理各项规章制度，确保库存粮食安全；组织相关人员对省级储备粮和县级储备粮开展春秋普查工作 2 次，确保我县库存粮食做到账物、账表、账账相符，经省粮食局、市农业和粮食局普查工作组春秋两季普查：寻乌县储备粮管理达到“一符、三专、四落实”（一符：账实相符。三专：专仓储存、专人保管、专账记载。四落实：数量落实、质量落实、品种落实、地点落实）要求，实现“四无”（无害虫、无变质、无鼠雀、无事故）粮库、粮仓、粮食三个 100% 目标。加强对全县储粮监督检查工作，组织人员参加省市技能培训，鼓励和支持运用科学保粮新技术、新工艺，提升了粮食仓储管理水平。

【粮食宣传统计】 2018 年 5 月和 10 月组织开展以“科技创新、强业兴粮”为主题的粮食科技周和世界粮食日宣传，在街头集市开设粮油营养健康科普讲座，请相关专家为群众解答咨询，普及粮油健康知识。活动现场向群众分发《稻米营养与健康知识》等资料 600 余份，给群众答疑解惑 30 余次。

【安全生产】 健全粮食仓储管理制度，加强储备粮食安全管理，提高粮食仓储管理水平。开展创建粮油仓储示范库活动，组织仓储人员学习和推广应用科学储粮方法，运用现代绿色储粮新技术。指导粮食购销企业认真落实安全生产责任制，建立健全仓储检查、事故报告和责任追究等制度，对粮食储备管理人员进行安全生产培训，完善安全生产监管机制，组织安全生产隐患检查和集中整治，开展安全生产大检查并做好防汛物资准备等工作。粮食仓储严格按照“一符四无”（一符：

账实相符，四无：无害虫、无变质、无鼠雀、无事故）要求进行管理，实现储粮安全无事故。

（谢晓燕）

烟草专卖

【概　况】 2018年，实现利润2826万元，上缴税收2090万元。获赣州市烟草专卖局（公司）“2018年度全市专卖行政执法二等奖”“2018年度卷烟打假先进集体”；寻乌县“2018年度驻县单位党建工作第二名”等荣誉。

【经营业绩】 全年实现卷烟总量销售11302箱，同比增长0.13%。其中省产烟销售5271箱，占系统外卷烟销售的46.64%，同比增长5.99%；金圣烟销售4105箱，同比增长12.15%。全年实现人均销量9.4条，卷烟单条均价101.7元/条，同比提高5.3元/条。

【市场监管】 全年查处案件204起，符合省标网络案件1起、省督案件1起，其中5万元以上案件8起,1万—3万元案件13起；以案件类型划分：无证运输10起，无证经营49起，假冒商标卷烟案件56起，非法渠道进货案件70起，非法投递案件19起；查获各类违法卷烟12940.3条，（两头在外的无证运输9999条），烟叶5吨，其中假私烟10451.3条（两头在外的无证运输9999条），市外乱码烟537.1条；全年破获的重案8起，要案13起，共刑事拘留6人，判刑10人，上缴罚没款总额4万余元。

【营销网点建设】 严格规范经营，抓好同一IP地址订货、一卡多结、雷同订单等问题的整改，杜绝代订代购、删单改单、拆单分摊等问题，铲除不规范经营和卷烟外流的根源。根据内管部门通报卷烟外流数据，2018年寻乌卷烟外流1100余条，同比下降95%。对17户外流客户进行了停供1个月的货源处罚，对外流涉及的部门负责人和线路责任人罚款13118元。通过规范经营和打击卷烟非法流通，全年寻乌卷烟销量增长0.13%。按照“党建+网格+客户”模式，发挥党员客户在自律小组中带头守法经营、品牌培育以及稳价扬价上的引领作用。2018年建成自律小组39个，纳入客户787户，城区客户参与率达到100%，客户总参与率达到50%。各自律小组总共开展价格检查111次，对金圣（软）低于70元/条的5户经营户停供相应规格香烟。经价格整治、货源调紧，下半年扬价效果显现，客户满意度不断提升。

【专卖管理】 与公安等部门协调布控，建立网上监管协作机制，推进打假打私工作开展；与县邮政公司协调，严格寄递监管，完善落实举报激励机制，调动快递企业和快递员排查、举报走私假烟的积极性。加强经营户的日常监管。通过交叉检查、错时检查、重点蹲守等措施，加强对经营户的日常监管，确保卷烟市场监管无真空。实现大户经营规范化，2018年，共查获重点大户案件33起，查处违法大户19户，查获卷烟1067.9条；查处非法收购大要案一起。针对清查出的违规大户，分别采取集中约谈、限供停供、停业整顿等措施，累计约谈6人次，限供停供13户，停业整顿5户。卡边界，打击跨区走私。按照“联合执法、集中打击、综合治理”工作方针，重点对省际边界的国道，高速路口等交通要道进行封堵拦截，确保全县辖区卡口设置到位。通过卡口查处5万元以上大要案件7起。

（胡婧晨）

县盐务局

【概　况】 寻乌县盐务局（盐业公司）围绕江盐集团和赣州盐业的总体工作部署，查处食盐违规经营行为，整治食盐市场，维护食盐专营，保障全县人民的食用盐安全。共购进盐产品604吨，销售盐产品573吨，库存盐产品190吨。碘盐覆盖率100%。

【食盐专营】 针对少数商家违规经营，出现“臭脚”盐现象。联合县公安、工商部门开展联合执法。制作活动龙门、大型海报及宣传横幅，各单位各司其职，深入宣传食盐专营政策。结合市场检查开展一对一进店宣传活动，发放《告知书》等宣传材料和面对面宣传。全年出动宣传人员600人次，发放宣传材料500余份；与县公安局、县市场监督管理局等相关部门一起，对全县食盐市场秩序及涉盐违法行为进行集中整治。全年盐政执法人员依法查处涉盐违法违规行为17起，查扣违规经营食盐0.96吨，有效打击各类涉盐违法行为，维护寻乌县食盐市场经营秩序，保障人民群众食用盐安全。

（钟金勇）

中石化寻乌分公司

【概　况】 2018年，汽、柴油销量45885吨，同比下降18%；非油品便利店营业额1068.48万元，同比增长6%。贯彻以人为本的治企理念，确保安全生产无事故。被赣州石油分公司评为2018年度数质量管理先进单位。

【油品购销】 2018年，成品油销售总量45885吨（其中汽油23809吨、柴油22076吨），较2017年同期的38873吨，增加了7012吨，增长18%。

【石油市场】 根据上级“巩固城区、占领国道、开拓高速、精细管理”的发展思路，配合当地政府科学地编制加油站规划布局，进一步完善和推进成品油零售网点建设，强化市场管理，发挥中石化成品油供应主渠道作用，保障全县成品油的供应。

【拓展非油业务】 抓好非油商品报货和陈列管理，提高进店率。各加油站的便利店按照多品种、多批次、少数量原则，结合本店销售要求，及时搞好要货、补货，经营适销对路商品。加强临期商品管理，减少商品损耗。年内，非油品便利店营业额合计1068.48万元。

（刘利芳）

教育　体育

教　育

【概　况】 2018年，全县共有各级各类学校365所，其中，小学28所，小学教学点106个，幼儿园207所，初级中学8所，九年一贯制学校11所，完全中学2所，普通高中1所，职业学校1所，特殊教育学校1所。共有在校学生61119人，其中幼儿园14495人、小学24662人、初中12897人、高中8192人、特殊教育31人、职业技术学校922人。中小学（含职校、幼儿园）公办教师职工数为3454人。

【师资培训】 全年开展中小学教师县级集中培训1581人，其中，中小学校长培训167人，中小学骨干教师培训79人，中学理化生教师培训60人，中小学新教材培训551人，2018年新入职教师培训214人，全县骨干专业技术人员培训510人。组织广播电视大学、赣南师范大学函授专科、本科培训共计468人。赣州师范高等专科学校、县中等职业技术学校、县进修学校招收中专全日制幼师专业班学生309人。组织教师参加2018国培计划——信息技术应用能力提升工程培训人数600人。

【幼儿教育】 全县幼儿园（含公办、民办、幼儿看护点）共207所，643个教学班，在园幼儿14495人。年内新增3所公办幼儿园，分别是县保障房小区幼儿园、丹溪乡岑峰村幼儿园、留车镇余田村幼儿园。有省级示范性幼儿园1所寻乌县幼儿园，市级示范性幼儿园5所，分别是县博豪幼儿学校、长宁镇中心幼儿园、晨光镇中心幼儿园、吉潭镇中心幼儿园和南桥镇中心幼儿园。

【普通教育】 全县共有小学134所（含教学点106个），教学班918个，在校学生24662人，适龄儿童入学率达100%，巩固率达100%。全县有完全中学2所，普通高中1所，初级中学19所（含九年一贯制学校11所），共有教学班407个（其中，高中136个、初中271个），学生21089人（其中，高中8192人，初中12897人），初中年辍学率0%，初中升高中升学率76.7%。

【职业教育】 县中等职业技术学校新校区顺利开学，在校学生922人，开设机械设备装配与自动控制、汽车运用与维修、电气自动化设备安装与维修、计算机应用、计算机广告制作、学前教育等专业。学校规划建设用地面积169.3亩，建筑面积6.3万平方米，校园总占地面积约240亩，已投入资金2.4亿元。

【特殊教育】 特殊教育学校1所，设三二五小学校内，有小学阶段学生31人，专任教师10人。

【成人教育】 全县乡村两级成人文化技术学校73所，其中乡（镇）级14所，成人文化技术学校开展实用技术培训，培训人数达12240人次。

【民办教育】 2018年，全县有民办幼儿园75所，在园幼儿5982人；民办中学2所，学生1755人。

【体艺工作】 参加省、市体艺竞赛，在赣州市第十六届“英东杯”中小学生足球比赛中寻乌二中获第五名，城关小学获得小学组第八名；在全省第八届“艺德杯”大中小学师生艺术作品征集比赛中，幼儿组（绘画类）获一等奖1名，教师组（书法类）获一等奖1名，小学组（绘画类）获三等奖5名，小学组（书法类）获三等奖1名，幼儿教师组（绘画类）获三等奖1名；在全省第七届中小学生幼儿艺术展演活动中，县幼儿园群舞《劳动最光荣》获三等奖，城北新区小学小合唱《说唱脸谱》获三等奖，实验小学朗诵《中国军魂》获三等奖，寻乌二中小合奏《卡农》获三等奖，寻乌二中朗诵《中华少年》获三等奖，县幼儿园绘画《猫》获二等奖；城关小学黄雪梅获全省小学组美术类设计制作一等奖、动漫制作二等奖、全能奖三等奖，寻乌二中何小平获全省中学组设计制作一等奖、色彩静物写生二等奖、全能奖二等奖。在赣州市第十六届“英东杯”小学幼儿文艺、科技竞赛中，荣获一等奖4项、二等奖13项、三等奖20项。县教科体局获“赣州市2018年度美育教育教学展示活动”优秀组织奖。

【语言文字工作】 以加强语言文字综合管理、推广普及普通话和规范社会用字管理为重点，全面优化语言文字环境，进一步提升市民文明素质、城市文明程度和对外开放水平，深入开展语言文字规范化建设工作，2018年顺利通过国家三类城市语言文字规范化建设工作检查验收，并获得优秀等级。

【教育经费】 2018年，财政教育拨款53170万元，较上年46333万元增长14.8%，严格执行生均公用经费（免杂费）标准（小学600元/生/年，中学800元/生/年），其中义务教育学校学生37281人，拨付经费3185.1万元。免费提供教科书，上半年免费提供37136人，到位资金197.92万元；下半年免费提供37590人，到位资金261.58万元。学前教育资助，资助标准为1500元/生/年，全年共资助4810人次，资助资金360.75万元。义务教育阶段寄宿生生活补助，补助标准为小学1500元/生/年，初中1750元/生/年，全年补助人数5927人次，补助资金492.05万元。资助普通高中家庭经济困难学生，资助标准为2500元/生/年，全年共资助3287人次，资金384.95万元。资助中等职业教育（含技工学校）家庭经济困难学生，标准为2000元/生/年，上半年资助人数202人，资助资金20.2万元；下半年资助人数907人，资助资金90.7万元。资助考入大学的家庭经济困难学生，标准为6000元/人（一次性），全年资助人数420人，发放资金计252万元。

【学生营养改善】 全县实施农村义务教育营养改善计划学校147所（初中19所，农村小学127所，特殊学校1所），受益学生24070人。其中，食堂供餐学校74所，食堂供餐学生16891人，占农村学校总数的49%，食堂供餐率达71.17%。另有73所村小因食堂条件还不够完善，采用“牛奶+X”课间餐模式。营养改善计划食品均实行“四统”政府招标采购。严格把好“食品安全关口”，即把好学生营养餐配送、储存、分发、食用四个环节，以及食谱制作、食品采购、验收入库、食品出库、洗切烹饪、用餐陪餐、取样留样、餐具消毒等“八项”关口。协调市场监督管理局等相关部门加强检查，确保学校食堂用餐安全。严格把好资金安全关，按照上级资金使用安全管理实施办法，对农村义务教育学生营养改善计划专项资金实行分账核算，集中支付，专款专用，节余留用，严禁克扣、截留、挤占和挪用资金。推广“兴国经验”，依法依规做好新一轮的大宗食材招标采购工作。从2019年春季学期开始采取“净菜”配送和“营养餐+基础餐”供餐模式，食堂供餐率达到100%。

【学校安全】 进一步健全教育系统安全、综治、维稳工作领导机制，完善学校安全责任网络，层层签订安全责任状。继续落实县、乡领导挂点学校制度，由县领导挂点县城中小学（幼儿园），乡镇领导挂点所在乡镇中心校、中学。挂点领导负责挂点学校的指导、督查工作，对因失职造成学校各项工作滞后或发生重大安全事故的，追究挂点领导责任。组织开展“法治教育进校园”“扫黑除恶知识进校园”“文明交通进校园”“综治宣传月”“防震减灾宣传月”“防溺水安全教育月”等主题教育活动。坚持春秋季开学第一天上好“开学安全教育第一课”。全年定期和不定期开展15次安全隐患排查与整改，共整改隐患240多处；春秋季开学初联合多部门对全县学校及周边治安环境进行两次集中整治。全县150人以上学校配备专（兼）职保安共167人，组建护校队158个，培养综治骨干380余人。各学校路口设置交通标志标线，配置消防器材（含微型消防站），安装视频监控系统等技防措施；建成34个心理咨询室，专（兼）职心理辅导教师174名，开展心理咨询服务。年内，全县学校未发生特别重大或较大事故，未发生校园安全责任事故，未发生一起学生溺水死亡事故。

【校舍建设】 实施薄弱学校改造、普通高中改造、学前教育建设、中央预算内投资等项目建设，共投入资金8329.78万元，其中，中央资金5357万元，省级资金1908.78万元，县级配套资金1064万元，分别安排到43所学校进行校舍建设及设备采购，校舍建设面积68661.24平方米。

中小学校舍维修改造项目资金748.78万元。其中，中央专项资金640万元，安排给县第三中学用于兴建教学楼，面积3078平方米；省级资金598.78万元，安排给实验小学等2所学校用于校舍维修，维修面积1391平方米。

农村义务教育薄弱学校改造项目中央项目资金1605万元，其中，第一批资金1499万元用于河角中小学等10所学校校舍建设，共建校舍7267.24平方米；第二批资金106万元，用于河角中小学等10所学校采购设备。

普通高中改造项目中央资金443万元，用于寻乌中学新建15414平方米校舍和设备购置。

中央学前教育专项资金415万元，安排给桂竹帽镇高头村等4所幼儿园，合计建设1700平方米园舍。

争取到中央预算内资金2254万元、省级配套236万元，加上县级配套1064万元，分别给澄江中心小学校舍和5800平方米运动场建设，以及县中等职业技术学校15000平方米教学楼建设。

省级基础教育专项资金1564万元，安排给文峰中小学等2所义务教育学校用于校舍建设，合计15208平方米，以及丹溪乡清溪村幼儿园等6所幼儿园新建园舍共计3803平方米。

【招生考试】 2018年，中考报名人数3228人，其中，高中类3159人，师范定向69人。寻乌中学高中录取1380人，寻乌二中高中录取900人。普通高校招生考试报名人数3022人，其中单报本科1004人，本科兼高职1499人，单报高职319人。成人高校招生考试报名总人数915人。自学考试34科次，毕业人数4人。

【教学质量分析】 教学质量综合评估排名靠前的学校有：城区初中是寻乌中学和寻乌二中，农村中学是晨光中学和罗珊中学，九年一贯制学校是上坪中小学、丹溪中小学和水源中小学；城区小学是城关小学和实验小学，农村小学是澄江中心校和吉潭中心校。2018年，全县高考再创佳绩，其中，一本录取人数237人，同比增加33人；二本录取人数827人，同比增加174人。寻乌中学彭芃同学以优异的成绩被清华大学录取。

为全面提升全县教育教学质量，充分调动教师教书育人和学生勤奋学习的积极性。2015年，出台《寻乌县中小学教育教学奖励方案》并从2014年起实行。2018年，县财政共下拨587.54万元资金用于各项奖励。其中，高考奖415.7万元，中考奖171.84万元，学校目标管理考评奖12万元。

【教育科研】 全年，全县初高中学生参加市级以上学科竞赛共有328人次，其中70人获国家级奖，153 人获省级奖，105 人获市级奖。教师参加市级以上教学竞赛共 131 人次，其中，7 人获国家级奖项，26 人获省级奖项，98 人获市级奖项。各校共有 19 个课题立项，有 23 个课题结项。教师共发表论文 178 篇。

【电教装备】 2018 年，安排县中等职业学校装备采购资金 800 万元，其中，购置课桌椅 1000 套，学生床 500 张，多媒体教学一体机 20 套；装备计算机教室 2 间，音乐教室 2 间，舞蹈教室 2 间；完善厨房、热水、网络、监控等设备。县财政下拨 351 万元用于寻乌三中、城北新区小学“改扩建”项目设备采购，添置一批多媒体一体机、音体美器材、办公设备等。

【教育督导】 5 月 21—24 日，省政府教育督导组对寻乌义务教育均衡发展情况进行督导评估，认为该县义务教育阶段各学校办学条件基本达标，评估得分为 92.8 分；10 月 30—31 日，国务院教育督导委员会对寻乌义务教育发展基本均衡工作进行督导检查，认为该县义务教育发展基本均衡工作基本达到国家规定的评估认定标准。在 2018 年度全省高质量发展考核评价中“教育发展”考评总分 9 分，寻乌得分 7.44 分，位列全省第 49 名，较 2017 年上升 8 位。

（曾祥海）

体　育

【概　况】 2018 年，全县有篮球协会、网球协会、羽毛球协会、乒乓球协会、老年体协、掷球协会、足球协会、气排球协会、武术协会、轮滑协会、自行车运动协会、象棋协会、钓鱼协会等 14 个单项体育协会。全年为 43 个行政村安装健身器材，向上争取 288 万元资金，用于留车镇足球场和田径运动场项目建设，并于年内完工交付使用。全年完成体育彩票销售 8448.5 万元，超额完成任务，并获 2017 年度全市县（区、市）体育彩票市场份额奖和工作进步奖。

【竞技体育】 在全省第四届青少年“未来之星”阳光体育大会暨省第十五届运动会青少年俱乐部比赛中，寻乌的谢程炜代表赣州市参加赛，获得三人制篮球和拔河冠军；在省第十五届运动会群众比赛项目（社会部）轮滑男子花式刹停比赛中，古滨勇夺得冠军；在闽粤赣九县（区、市）“坎市诚信杯”象棋联赛中，寻乌代表队获得团体冠军；在全省百县运动会中，寻乌派出足球、篮球、田径等队伍参赛，其中，女子篮球队获三等奖，谢铖琳分别获得 200 米第一名和 100 米第二名。在全市青少年足球、篮球、田径等锦标赛中，寻乌代表队分别获得男子篮球第六名、田径项目取得第一名 2 项、第三名 2 项。

【群众体育】 5 月，承办省第十五届运动会群众比赛项目赣州赛区象棋选拔赛，共有运动员和组委会人员 150 人参加。7—8 月，分别举办全县夏季篮球联赛、足球联赛、羽毛球联赛、气排球联赛等赛事。其中夏季男子篮球联赛共有 12 个队参赛。为提高比赛的观赏性，有 11 个队聘请非寻乌籍及外籍球员参赛。

（黄　玲）

文化　传媒　科技

文化艺术

【概　况】2018年，全县基本完成“百县万村”综合文化服务中心示范工程建设任务。县图书馆新馆落成。中共中央宣传部协调出版部门向县图书馆捐赠一大批新书。图书发行重点推出一批红色读物。城乡群众文化活动活跃，举办庆祝改革开放四十周年一系列文化活动。大型赣南采茶剧《寻路》获得全国大奖。新增一批省级文物保护单位。加强文化市场监管，取缔一批噪音扰民歌厅。

【公共文化服务体系建设】继续实施贫困地区“百县万村”综合文化服务中心示范工程建设，至年末全县已建成村级综合文化服务中心130个，已挂牌的84个。“农家书屋＋电商”服务站建成168个，占全县行政村的97.9%。对项山乡卢屋村、吉潭镇黎坑村、菖蒲乡徐溪村、龙庭乡大田村、留车镇留车村、三标乡堆禾村等县级示范点进行重点打造，兴建村级文化广场，完善文化活动室功能。“两馆一中心”（即文化馆、图书馆、东江源文化艺术中心）列入全县重点建设项目。其中，文化馆提升建设资金86.09万元，图书馆兴建3119.65万元，东江源艺术中心改造484.28万元。文化馆已达到国家二级馆最高标准，并配有数字文化馆的设备。图书馆新馆于2017年2月动工，2018年8月完工，11月完成搬迁。在全国第六次县级以上图书馆评估中评为三级图书馆。县图书馆安装有全民阅读网上推广平台暨市民学习中心平台，平台接入国家数字资源库，为读者提供在线当习、资源搜索、生活休闲、文化娱乐等网络学习服务体系。

【群众文化活动】全年举办大小文艺活动30场和书画展览6次，参与人数达4万人次。春节期间，举办“永远跟党走、奋进新时代”2018年寻乌县第四届春节联欢晚会；1—2月，举办全县首届网络少儿春晚暨第七届少儿艺术节5场；2月1—10日，各乡镇开展“我是文艺轻骑兵”送戏下乡活动；大年初一至年初五，举办“百姓大舞台，大家一起来”——“弘扬新风尚、迈进新时代”文化惠民演出3场，开展知识猜谜、游园竞赛和喜送“全家福”摄影等游园惠民活动；2月11—28日，在县文化馆展厅开展书画、非遗图片展览；4月20日，配合县委宣传部、县社联、县文明办、县文联举办新时代传习所书香读书会谷雨诗会；4月23日，配合县委宣传部举办新时代传习所“讲述寻乌精彩故事”；4月27日，配合县总工会组织举办庆“五一”全县职工文艺晚会；6月1日，举办庆“六一”“中国梦”文体演出8场；5月4日至6月2日，配合县委宣传部、县环保局举办“美丽中国 我是行动者”主题演讲比赛、环保作品秀等系列活动。春节期间举办“童心向党·放飞梦想”少儿书画优秀作品展；3月举办“农商银行杯”廉政建设书法大赛展；5月举办“传习书法艺术·助力家乡扶贫”凌水根个人书法作品展；6月开展非遗图片巡回展6场；7月1日，在县文化馆多媒体教室举办“歌颂新时代党在我心中”——寻乌县离退休党员干部职工庆“七一”演唱活动；8月9日，由县文化馆主办的“华南汽车城杯”第八届中国国际少儿模特大赛（寻乌站）启动；9月23日，庆祝首届“中国农民丰收节”摄影展在县文化馆展厅展出；9月29日，“丰收中国大美寻乌”——庆祝改革开放四十周年暨建国69周年文艺晚会在东江源文化艺术中心举行；11月1日，“纪念改革开放四十周年”2018年赣南六县（寻乌、安远、龙南、定南、全南、信丰）书画摄影联展在县文化馆展厅展出。

全年县文化馆举办“三区”计划人才培训、巾帼文艺队舞蹈培训300人次，知识讲座培训880人次，旗袍形体礼仪培训、老年大学合唱班培训共140人、中老年舞蹈班培训86人。每星期四为城北新区小学留守儿童开展演讲和书法培训课程。

【文物调查与保护】 全县新增8处省级文物保护单位。3月9日，省政府公布第六批江西省文物保护单位，寻乌8处文物保护单位列入其中。其中古建筑3处：角背围拢屋、下田塘湾围拢屋、上车潘氏宗祠；近现代重要史迹及代表性建筑5处：古柏故居、圳下革命旧址群（含圳下战斗旧址，圳下红四军司令部、政治部旧址，罗福嶂会议旧址）、上津列宁师范学校旧址、剑溪中国工农红军新编独立第三师师部旧址、汶口少共县委旧址。省级文物保护单位由原来的3处增加到11处，县级文物保护单位有39处。县博物馆积极做好第八批全国重点文物保护单位申报工作。

【非遗传承和保护】 做好物质文化遗产的调查、收集、整理、入档工作。在“文化和自然遗产日”开展非遗图片宣传和非遗知识进校园、进社区等活动。完成《寻乌客家迎故事》非物质文化遗产申报前期工作，申报文本材料基本上已撰写完成，图片资料、佐证材料、传承人授权书等内容已全部完成。农历九月二十七至二十八（11月4—5日）在南桥镇举办“客家迎故事”大型民俗活动，聘请省里专业摄制组进行拍摄，申报视频进入后期剪辑制作中。

【图书阅览】 年内中宣部再次组织出版社向县图书馆捐赠图书，共捐4.3万册。县图书馆馆藏图书18余万册，上架流通图书6万余册，办理借阅卡3348张，总流通人数达11万余人，借阅图书8.9万册。每天开馆接待读者，每周开放时间不少于56小时，馆外流动服务借阅册次近9000册。

【文化市场监督管理】 针对互联网上网服务营业场所接纳未成年人进入的现象，上半年，县文化稽查大队对互联网上网服务营业场所加大日常检查力度，进一步督促互联网上网服务营业场所依法依规经营。同时，组织经营者培训学习，进一步提高依法依规经营意识。

歌舞娱乐场所张贴“未成年人禁止入内”标志，协助县环保部门做好噪声扰民工作。对游艺娱乐场所的机型、机种、电路板等设施设备进行核实，未发现有赌博类型游戏机。加大高考中考期间监管力度，5月31日至6月1日，对歌舞娱乐场所、电子游戏室下发通知，要求歌舞娱乐场所、电子游戏室在每晚22时前停止营业，直至考试结束。6月29日至7月17日，对县城沿河街KTV噪音扰民问题，由城管局牵头，文化广电新闻出版局出具《行政处罚决定书》，取缔沿河街歌厅32家。在执法检查中，收缴“六合彩”赌博资料33本（张）。

【文艺创作】 对大型赣南采茶剧《寻路》进行打磨提升；创排赣南采茶小戏《哑叔的低保》，歌舞《多彩寻乌》《不忘初心》，小品《扶贫先扶志》《懒汉脱贫》等；重新编排寻乌地方特色歌曲《高山岽脑好唱歌》《采茶戏韵律操》等节目。其中大型赣南采茶剧《寻路》、小戏《县太爷钓鱼》参加2018茶香中国全国采茶戏汇演，并受到观众和专家好评。

【参赛获奖】 参加国家级赛事1项（写作类优秀奖1个，发表刊物4篇），参加省级赛事并获得入选入展和奖项计10个，其中音乐类赛事三等奖1个，书法赛事类一等奖1个，二等奖1个，三等奖1个，优秀奖3个，入展3个。

【图书发行】 全年共销售图书278万册，实现销售额3025万元，实现利润5.8万元。在县城有图书发行网点2个，营业面积450平方米。还有读者俱乐部，面积420平方米，藏书10000余册，有会员2000多人。主要征订发行全县中小学及幼儿教材教辅。在做好一般图书发行同时，重点发行《习近平新时代中国特色社会主义思想三十讲》《红色家书》等读物。

（杜清秀）

党史工作

【概　况】 年内，完成《中国共产党寻乌历史1921—1949（第一卷）》《寻乌县改革开放40周年大事记》；启动《寻乌革命老区县发展史》编纂工作；征集2位寻乌籍开国将军资料与照片，以及改革开放有价值党史资料200多份；首次完成寻乌第一任党支部书记潘叶煌烈士资料、照片收集整理工作；举办纪念寻乌县“三二五”农民武装90周年座谈会，宣传红色党史和革命先烈英勇故事。

【党史编研】 完成《中国共产党寻乌历史1921—1949（第一卷）》《寻乌县改革开放40周年大事记》。启动《寻乌革命老区县发展史》编纂工作，成立编纂委员会，组建编写组，落实编写经费。

【专题资料收集】 征集邝任农、曾征两位寻乌籍开国将军资料和照片，向寻乌各单位、行业征集改革开放各类有价值党史资料200多份、历史图片500多张。首次完成寻乌第一任党支部书记潘叶煌烈士资料、照片收集整理工作。通过整理中央苏区报《红色中华》，将有关寻乌的报道整理成《中华苏维埃共和国中央政府机关报〈红色中华〉关于寻乌的报道》一书，并赠送县地方志办公室和县革命烈士纪念馆等单位收藏研究。

【党史宣教】 举办“纪念寻乌县三二五农民武装90周年座谈会”，宣传寻乌红色党史和革命先烈英勇故事。提供详细党史资料，帮助修改《生死坚守》剧本，审阅修改电视连续剧剧本《古柏》。配合有关部门及人员到广东省兴宁市查阅相关罗屏汉烈士党史资料。

（刘栋梃）

志鉴工作

【概　况】 年内，完成《寻乌年鉴（2018卷）》编纂及2017卷发行、《赣州市2017年大事记》《赣州年鉴》《江西年鉴》寻乌部分资料征集、撰稿工作以及扶贫攻坚任务。《寻乌年鉴（2017卷）》被评为江西省第三届年鉴质量评比县级综合年鉴三等奖。

【志鉴编纂】 4月，下发征集《寻乌年鉴（2018卷）》编纂资料通知，制定编纂方案，召开动员会及业务培训，部署编纂工作任务；10月，完成资料征集和年鉴稿分纂、总纂；11月，申报“民族地区与贫困地区年鉴资助工程”，申请全额资助出版300册《寻乌年鉴（2018卷）》，经省地方志办审报，中国地方志指导小组年鉴资助工程领导小组审核批准，列入资助计划，送交方志出版社公开印刷出版。为满足第三轮县志——《寻乌县志（2001—2020）》和《寻乌县脱贫攻坚志》《苏区振兴发展寻乌专志》编修工作需要，充实调整县地方志编纂委员会组成人员，县长为编委会主任，县委书记为名誉主任。印发《关于编修〈寻乌县志（2001—2020）〉和〈寻乌县脱贫攻坚志〉〈苏区振兴发展寻乌专志〉的实施方案》，启动县志编修；先行编纂乡镇志与部门（专业）

志，作为县志编修主要资料来源；组建《寻乌县志》编辑部，县长为主编，分管副县长为副主编，选聘4名退任科级领导干部为总编和编辑。召开《寻乌县志（2001—2020）》编修启动工作动员大会；动员大会结束后，应邀专家就县志编修业务知识为与会人员进行培训。

【旧志整理】 对乾隆十四年、光绪二十七年、康熙十二年（抄本）、光绪三十三年（1907重印本）、光绪二年、光绪十五年6部不同版本的《长宁县志》进行整理、出版。年初，启动《长宁县志》辑注工作；11月完成辑注稿本并付印。

（刘　斌）

档案工作

【概　况】 年内，加强数字化档案建设，完成16个单位馆藏档案数字化处理，有34个单位3万多件档案接收进馆，开展3个乡镇精准扶贫档案归档工作，打造2个扶贫档案示范点，接待档案利用者700余人次，利用档案资料800余卷（件）。被市档案局评为2018年度全市档案工作先进单位。

【数字化档案建设】 做好馆藏档案数字化工作，4月通过公开招标，深圳市东方信腾数码技术有限公司以313.051万元的价格中标，成为成交供应商。按照省档案局系统程序软件标准要求，完成对等16个单位馆藏档案2000余卷5万余件，共50万余页全文数字化处理。库房增添壁挂式空调9台。

【档案收藏与保管】 年内，收到各种档案2万余卷，资料6000余册，其中有民国档案、革命历史档案、土地房产证、山林执照、史志谱类档案和部分音响档案等。按照“八防”（防盗、防火、防水、防潮、防尘、防虫、防高温、防强光）要求，做好安全配套管理，确保档案安全。制订档案借阅查阅制度，档案存放有序，查阅便利。

【档案查阅与利用】 接待利用者700余人次，利用档案资料800余卷（件），出具各类证明6000余件，为山林权属纠纷、土地房屋、矛盾调解、工龄核实等方面提供翔实的第一手资料，解决部分历史问题。

【库房建设和丰富馆藏】 档案馆库房面积1100平方米。库房按国家档案馆标准设计，功能完善，新购置标准档案密集架622立方米，配有空调机、除湿机、消毒柜、平板车、活动阶梯等，安装火灾自动报警和防盗摄像监控系统，确保档案馆安全。有34个单位、1494卷、39424件档案接收进馆，丰富档案馆藏。

【档案行政执法检查】 对全县一级机构档案开展执法检查，发现违法行为及时下发《档案执法监督检查通知书》，督促其限期整改，并整改到位。

【机关档案管理及业务指导】 制定完善档案工作人员岗位职责及档案保管、查阅、移交、销毁等制度，做好档案收集整理，确保归档档案材料完整、准确。开展对三标、文峰、南桥三个乡镇精准扶贫档案实地考察，制订工作方案，确保归档规范、达标。打造南桥镇扶贫办、南桥镇南龙村扶贫档案示范点。开展“寻乌县206国道改造项目（大路下至五里亭新建工程A1标段）”“寻乌—安远（甲子乌至县界段）公路改造工程A、B标建设项目”“太湖水库移民安置工程”“风电”等项目建设档案全程跟踪服务、指导和监督。

（何启程）

广播电视

【概　况】 2018年，围绕县委、县政府中心工作开展脱贫攻坚、棚户区改造等方面宣传，唱响主旋律。中央电视台、江西电视台等主流媒体播发寻乌新闻再创新高。广电网络积极向上争取资金用于基础设施建设，并不断开拓宽带等业务。加强对机房和网络线路巡查，确保广播电视安全播出。

【新闻宣传】 围绕县委、县政府中心工作，多层次、多角度地宣传报道脱贫攻坚、棚户区改造、招商引资、基础设施建设和纪律作风建设等方面内容。新开辟《脱贫攻坚》《项目建设进行时》《一封红色家书》等栏目。制作义务教育迎国检、“新时代传习所”建设和“七大攻坚”工作等方面的专题，唱响主旋律，全面反映寻乌的发展变化。全年县广播电视台播发新闻1366条。在中央电视台播出新闻12条，其中《新闻联播》6条，《新闻直播间》2条，《朝闻天下》2条，《生财有道》2条；省电视台播出28条；赣州市电视台播出116条。中央人民广播电台播出2条，省广播电台20条，市广播电台180条。

【事业建设】 年内，县广播电视无线发射台新增一千套“户户通”设备，并已安装调试完毕。现有河岭无线发射台以及南桥发射站、澄江发射站，南桥和澄江发射站的投入运行，进一步消除边远山区信号盲点，形成传输快、覆盖广的传播体系。

【安全播出】 树牢安全播出意识。坚持24小时值班制度。严格操作程序，加强对机房设备维护和网络线路巡查，确保春节、全国两会和中共十九大召开等重大会议和节日活动的安全播出。

（吴志琼）

【广电网络】 2018年完成总收入947.9万元，占总任务的75.8%（其中，指令性收入580.37万元，占总任务的76.47%；指导性收入368.6万元，占总任务的74.86%）；总用户34698户，历年停断17188户，BOSS系统续费率50.4%。新增用户156户，占总任务15.05%；宽带收入33万元，占总任务32%，新发展宽带用户740户，占总任务25.64%；互动收入31万元，占总任务36.87%。积极拓展宽带等业务，新增广电宽带用户411户，新安装融合套餐用418户。提高服务质量。为配合城市建设，向上级公司争取资金50多万元，用杆线搬迁和基础设施建设。双向网改造项目于10月通过上级验收。

（陈钢涛）

旅　游

【概　况】 全年旅游总人数106.486万人次，同比增长45.9%，旅游总收入4.425亿元，同比增长49%。

【旅游规划】 根据《寻乌县发展全域旅游行动方案（2017—2019年）》，启动《寻乌县全域旅游总体规划》的编制，其中文峰乡云盖崇，三标乡桠髻钵山、项山乡项山甄三个重点编制项目已完成初稿。《金龟康体度假村总体规划》《“花开了”生态休闲度假村总体规划》通过评审。

【旅游投入】 有7个旅游开发项目列入全市调度，分别是：毛泽东寻乌调查旧址、青龙岩旅游度假区、南桥镇蔬菜主题文化园、花开了旅游度假村、东江源温泉养生小镇、留车雁洋石硿寨景区、龙庭斗晏湖度假区，新建东江源温泉酒店、青龙岩丽泉酒店、维也纳酒店、广寻酒店4家星级酒店。改造提升福中山庄、金龟谷生态民宿等4家特色民宿。挖掘饮食文化，打造出具有寻乌特色菜肴：“寻乌味”“豆腐宴”“全羊宴”“寻乌调查宴”。在县电商园开设“赣州礼物”旗舰店，使游购娱成龙配套。全年完成旅游投资6.62亿元。

【旅游推介】 组织人员参加2018年赣州红色旅游区（厦门）招商推介会。云盖崇景区（文峰乡）、富寨乡村旅游（三标乡）、仙人桥景区（澄江镇）和坝尾乡村旅游等项目入选市旅游招商手册。厦门推介会上共发放旅游项目画册120份、招商资料1800份。还派员到广州、青岛、烟台等地开展旅游招商活动。通过招商石硿寨景区、花开了度假区分别与投资商签订开发协议。

【旅游管理】 制定《寻乌县旅游安全四大专项行动工作实施方案》《寻乌县旅游行业安全生产大

检查活动实施方案》。县旅游局会同交通、交管、消防和市场监督等部门多次开展联合执法，对各景区、景点和旅游企业进行安全隐患排查，督促景区增设警示牌、警示标语；通过微信群、公众号等提醒天气变化情况。全年未发生旅游投诉和安全事故。

【景区景点选介】 青龙岩旅游景区位于寻乌县南桥镇，是寻乌县历史上八景之一。距县城 20 千米，206 国道和济广高速从景区旁边经过。整个景区总面积 13.6 平方千米，因地处东江源头，被称为东江源头第一岩。青龙岩景区丹山碧水，天然的悬崖石窟，奇岩对出，峭壁矗立。环绕景区流淌的青龙河，水流湍急，风光旖旎。风景区内主要景物景观：龙岩古寺、仙人池、仙人脚迹、鳄鱼探海、福如东海、大象吸水、十殿、蚌岩、明月坡、日钟潭、乌龟上岸、出油出米窟、仙人放梁、石洞清幽、温泉等。景区内地热资源丰富，现已探明的地热点有 4 处（横迳温泉、磷石背温泉、热汤嶂温泉、狮子峰矿泉），水温达 52℃—54℃，最大涌水量达 3880 立方米 / 天，并富含偏硅酸、钾、锶、猛、硫、硒、钙、钠、铁、镁、硫、氮等 20 多种矿物质。

东江源头——桠髻钵山。桠髻钵山位于寻乌县三标乡北部，是东江水的源头，桠髻钵山南坡森林茂密，人迹罕至，空气清新宜人，是天然氧吧。其南坡进入峡谷，泉源无数，涓涓细流汇入山间小溪，从石崖直泻形成瀑布，溪水清澈见底，游鱼可数。景区面积 29.8 平方千米，分水岭高程 1101.2 米，境内河道长约 120 千米，自北向南贯穿全县，流经三标、水源、澄江、吉潭、长宁、文峰、南桥、留车、龙廷 9 个乡镇，于龙廷乡斗晏村渡田出口，汇入东江。常年平均气温 16℃，降水充沛，年平均降水量为 1634 毫米，光资源丰富，源区年日照时数为 1736 小时。动植物繁多，有林木 100 余科，1200 余种，主要有杉树、马尾松、桉树、油茶、油桐等。动物有 1000 余种，主要有穿山甲、麂子、野牛、竹鸡、鹧鸪，节肢动物有昆虫纲、多足纲、蛛形纲，甲壳纲数量也很丰富。

云盖岽风景区位于寻乌县城北部 5 千米，面积 4.8 平方千米，海拔 1077.6 米。森林茂密，山势高昂，常为云雾覆盖，故名云盖岽，为旧时寻乌八景之一。据县志记载，山上有蜈蚣吐珠、灵龟听经、莲花托果、玉屏锦障、咸鱼重生、悟道仙岩、猛虎点头、茶树红花等八个景点。

项山甑为赣南第二高峰，位于项山乡，赣、粤、闽三省结合部，有一眼观三省的美称。项山甑有大、小两甑，远观似农村煮饭用的饭甑，故名项山甑。属花岗岩山体，海拔 1529.8 米，在海拔 800—1300 米山陡处长灌木，缓坡处是草坪，形成天然的高山牧场，项山甑、岽背山岭青翠，重峦叠嶂，飞瀑流泉，鸟语花香。

仙人桥景区位于澄江镇汶口村，是一座丹霞地貌的大石崮。由于地质运动和风化的作用，100 米左右的天然石道，从山脚和远处看犹如一座通往仙境的仙人桥而得名。沿崖壁往上有一建于明代的小型寺庙“一心堂”。悬崖高耸，怪石嶙峋，山头如和尚头。登羊肠小道曲折绕转，回味无穷。巅峰环顾，心旷神怡。

石硿寨景区位于留车镇雁洋村，号称“东江源头第一漂”。景区负氧离子含量每立方厘米 15 个单位，天然氧吧。景区内层峦叠嶂，怪石嶙峋，飞瀑流泉；水流湍急，浪花飞溅；石硿寨漂流全长 5 千米，需时约 90 分钟，落差 190 余米，共有急弯 80 余处，险滩 50 余个，水潭 20 余个，途径“爱情谷”“大象戏水”“石硿寨古战场遗址”“神龟下水”“神仙岛”等 50 个天然景点。

（王洁兰）

科　技

【概　况】 2018 年，完成市级科技计划项目和县级科技项目。全年专利申请量和授权量创新高。

出台扶持政策，扶持和培育4家高新技术企业。科技对生产贡献率不断提高。

【科研项目实施】 年内，共实施赣州市科技计划项目6个，分别为豪猪规模养殖与防疫关键技术的研发、龙脑樟中提取纯药用成分的技术研究、钕铁硼废料资源化高效利用关键技术开发及应用研究、黄肉猕猴桃引种及其关键栽培技术研究、肉兔规模化养殖零排放环保机械干清粪系统、绿色生态有机高产及深加工技术研发；实施寻乌县科技计划项目12个，分别为年产3000套电气自动化控制系统及配套制造项目、海马万应膏质量标准提高、超高效变频调速型永磁同步电动机、可调整角度的鼻托技术研发、原生态零添加辣椒酱关键制作技术的研究、龙脑樟中提取高纯药用成分的技术研究、蜜蜂（中蜂）活框养殖技术的研究、茶叶综合技术改造与推广、肉兔规模化养殖环保窄幅式输送带干清粪系统、布福娜栽培管理技术研究、樱花园林景观应用与生态工程研究、灵芝林下规范化种植技术研究与示范基地建设。

【专利申请】 全年全县专利申请量696件。其中发明专利申请量49件，授权量687件，其中发明专利授权量2件，同比增长分别为40.3%和340.4%，专利申请量和授权量创历史新高。

【科技创新企业】 全年共培育4家高新技术企业，分别是赣州通洲塑胶机械有限公司、江西龙橙果业有限公司、寻乌县甘霖阳天茶业有限公司、江西省洛锡实业有限公司；18家科技型中小企业，分别是赣州市恒源科技股份有限公司、赣州通洲塑胶机械有限公司、江西地康药业有限公司、江西领创机电科技有限公司、寻乌县世纪陶瓷有限公司、寻乌县爱馨泰电子商贸有限公司、寻乌县东江源珍稀食用菌厂、寻乌县甘霖阳天茶业有限公司、寻乌县华王工程机械租赁有限公司、寻乌县天光新能源开发有限公司、寻乌县天源包装有限公司、寻乌县图鑫农业发展有限公司、寻乌县香野豪猪生态养殖专业合作社、寻乌县香源粮油贸易有限公司、寻乌县香源农业发展有限公司、寻乌县友华农业科技发展有限公司、寻乌县中辉新能源开发有限责任公司、寻乌县中天农业有限公司。此外，赣州市恒源科技股份有限公司、赣州通洲塑胶机械有限公司、江西地康药业有限公司均已获批准组建市级工程技术研究中心，科技创新平台建设取得新的突破。

防震减灾

【概　况】 加强地震监测设备日常维护。坚持落实值班值守制度和震情会商报告制度。发挥职能优势，把防震减灾与农村危旧房改造结合起来抓。开展防灾减灾宣传和应急疏散演练。对发生的震情及时上报。

【监测预报】 全县有长溪测震台、南桥和三标两个强震动观测台，古坑跨断层测量，马蹄岗GPS形变观测以及县、乡、村三级宏观观测点194个。基本形成“横向到边，纵向到底”的观测网络。监测预报坚持领导带班、一岗双责、一日一报的值班制度，落实“一年一培训，一月一报表，一周一电话，一日一观测；异常要分析，月底一会商”等制度，每月将震情会商情况向上级报告。加强监测设备日常维护，2月7日，省地震局技术人员对全县的监测设备进行一次巡检排查，确保设备安全运行。

【依法行政】 将防震减灾工作纳入《寻乌县乡镇权责清单》，夯实乡镇防震减灾工作责任。9月，对全县已建和在建建筑工程进行抗震设防执法检查。把抗震设防与农村危旧房改造结合起来抓，提高农村民居抗震能力。11月22日，县防震减灾局与城乡建设规划局分别在文峰乡、留车镇联合举办建筑工匠技能培训班。培训包括多层建筑工程质量通病防治、农村建房质量与建筑结构抗震设防、建筑识图基础等内容。

【防震减灾宣传】在“5·12”防灾减灾日、“7·28”唐山地震纪念日、“开学第一课”、“12·4”国家法制日等时段，通过发放《防震避震手册》、文艺表演、知识竞赛和应急疏散演练等形式，加强对机关、学校、企业、社区等人员密集区的防震减灾宣传，全县中小学坚持开展秋季新学期安全第一课——应急避震疏散演练。提高全民防震减灾意识和自救互救能力。

【应急处置】2018 年，全县小震频发，先后发生“1·1”3.0 级地震、“1·4”2.4 级地震、“2·24”2.9 级地震、“4·18”2.0 级、“6·15”2.6 级地震。地震发生后，该局立即启动应急响应，第一时间向县委、县政府、省市局上报地震“三要素”（发震时刻、震中、震级），并迅速与省、市地震台网进行震情确认和会商，未收到人员伤亡和房屋倒塌等灾情报告。

（吴功涛　潘艳文）

气　象

【概　况】做好气候观测和气象情报交换任务。开展春耕、高考和秋收秋种等气象服务。通过上街咨询和进村入户等多种形式，宣传防雷、防灾知识。针对晴多雨少天气，实施人工增雨作业。对县防雷机构进行政企分开改革。加强对易燃易爆物品和场所防雷检查。

【主要气象数据】2018 年，全县年平均气温 19.8℃，比历年平均值（19.1℃）高 0.7℃，比 2017 年低 0.2℃；年降水量 1360.40 毫米，比历年平均值（1605.7 毫米）偏少 245.3 毫米，比 2017 年少 201.1 毫米，全年降水主要集中在 1、6、8 三个月，占全年降水量的 57.56%，出现 6 次暴雨日，无大暴雨日；年日照总时数 1654.0 小时，比 2017 年少 124.9 小时，比历年平均值少 32.2 小时，年日照百分率 37%，比 2017 年（40%）下降 3%。极端气候值：本年度最高气温 36.1℃（7 月 21 日），最低气温 -3.0℃（2 月 7 日）。最大风速 7.7 米 / 秒（8 月 8 日），风向北北东，极大风速 16.2 米 / 秒（8 月 7 日），风向东。任意 24 小时最大降水量 108.9 毫米（6 月 5 日），任意 1 小时最大降水量 45.4 毫米（9 月 7 日）。无霜期 307 天。

【气象服务】开展春运、春节、春播、汛期、高考、中考、秋收、秋种等气象服务。深入农村开展调研服务活动，发放气象服务资料 1000 余份，发出问卷调查 60 份，收回 40 份。在春耕时期，每周发布一周农业气象预报，共发 5 期，发送专题春播气象服务材料 4 期，决策服务材料 3 期，发布气象灾害预警信号 4 次。做到重大天气及时服务、灾害天气跟踪服务，及时进行短时和临近预报的订正预报服务，并通过手机短信、微信、电视、广播、网络等媒体向社会发布。全年共发布各种气候灾害预警信号 248 次，其中，大雾黄色预警 14 次、雷电黄色预警 176 次、暴雨蓝色预警 14 次、暴雨黄色预警 10 次、高温预警 14 次、霜冻预警 10 次。各部门、各乡镇、防指成员、气象信息员接收天气预报、预警、雨情公告等短信上万人次，报送气象信息服务决策材料 33 份，受到各级领导肯定。应用智慧农业气象服务手机客户端，面向新型农业经营主体开展“直通式”气象服务，覆盖全县 80% 的新型农业经营主体。在“3·23”气象日、防灾减灾日等活动中通过上街咨询、进村入户等形式，发放防雷、防灾等宣传材料 3000 余份。

【异常气候与灾害】1 月，全县出现低温雨雪复杂天气；2—5 月降水严重偏少，气温偏高，连续无降水日数达历史同期最大值。针对晴多雨少的天气，分别于 4 月 6 日 17 时 13 分、5 月 27 日 15 时，抓住有利时机，在晨光镇两次进行人工增雨作业，共发射火箭弹 4 枚，作业效果明显，有效地降低森林火险等级，助力春耕生产。进入汛期后，全县出现一次暴雨天气过程，6 月 5 日出现部分暴雨，6 日全县出现暴雨，其中有 2 个乡镇为特大暴雨，最大降水量在三标乡，降水量为120.1毫米。

【防雷体制改革】 根据国务院、省政府关于防雷体制改革的文件精神，县政府下发《关于贯彻落实国务院、省政府关于优化建设防雷许可决定的通知》、赣州市气象局下发《关于进一步规范我市防雷业务工作的通知》，县气象局根据两个文件的精神，对县防雷体制进行政企分开的改革，并于2017年8月25日成立赣州市蓝天防雷技术服务有限公司寻乌分公司，将防雷工作人员分流至该公司。改革后，建设工程防雷许可行政审批，严格按照法定权限、程序和审批时限等规定执行，并纳入“双随机、一公开”平台。积极开展防雷安全检查，与县安监局联合对防雷安全隐患进行排查，重点对石油、化工、烟花爆竹等易燃易爆物品生产或储存场所，以及学校、医院、住宅小区和车站等人员密集场所的防雷设施进行检查，对存在安全隐患的，下发整改通知书限期整改。

（卢学兵）

卫　生

卫生与计划生育

【概　况】 2018年，全县共有各级各类医疗卫生机构333所，其中，县级医疗卫生计生机构8所［县人民医院、中医院、妇幼保健计划生育服务中心、皮肤病医院（皮肤病防治所）、疾病预防控制中心、卫生计生综合监督执法局］；乡镇卫生院16所；民营医院2所；社区卫生服务中心（站）6所；门诊部1所；个体诊所36所；村卫生室262所，医务室4所。全县医疗机构共开设病床总数1199张。其中，县级公立医院608张，乡镇卫生院417张，民营医院99张，社区卫生服务中心75张；平均每千人口拥有病床数3.67张。卫生计生单位共有人员1254人。其中，卫技人员1130人（含临时聘用和民营医院人员），执业（助理）医师392人，执业护士475人；平均每千人口拥有卫技人员、执业（助理）医师、执业护士分别为3.46人、1.20人、1.45人。被省政府评为2018年“全省计划生育工作先进县”、全市医改综合排名获得第三名、县人民医院被市综治委评为第二届“赣州市平安医院”、被市计生委授予“无烟医院”。

【基础设施建设】 2018年，开始实施提升卫生计生服务能力三年行动计划。其中，续建县人民医院住院大楼，总投资1.19亿元，建筑面积26000平方米，预计2019年交付使用；启动县妇女保健计划生育服务中心整体搬迁项目，总投资1.19亿元，建筑面积2797平方米，该项目分两期建设。第一期于年初开始兴建，总投资5380万元；南桥镇卫生院整体搬迁已动工，总投资1500万元，建筑面积10000平方米；丹溪乡卫生院周转房扩建工程已实施，投资220万元，建筑面积600平方米；项山乡卫生院周转房扩建工程已动工，投资120万元，建筑面积540平方米；有6个乡（镇）卫生院完成中医馆标准化建设；兴建村卫生计生服务室150所，已竣工99所，在建51所，交付使用78所。

县政务服务中心大楼落成

【健康扶贫】 全年贫困户医疗总费用8741.55万元，结算38512人次，自付率9.97%，报账比例90.03%。对重大疾病实行免费救治，并做好15种大病的救治。其中大病专项救治413人，总费用276万元，个人自付费用22.59万元，自付比率8.2%。各级定点医疗机构共设置扶贫病床87张。全县贫困户共有11506次享受看病免收押金，免收金额720.13万元，减免金额25万元。为贫困户开展免费体检。组建家庭医生签约服务团队168个，为全县居民实行签约服务，共签约129078人，其中重点人群签约88447人。组织三家公立医院的126名医生，分期分批对7591名患病的贫困人员进行走访，及时了解掌握他们的病情。同时，为5606名贫困户办理门诊特殊慢性疾病医保。为防止因病致贫返贫，对非贫困户患者落实享受“暖心基金”补助，有719人次得到补助，补助金额413.65万元。

【健康档案】 建立健康档案276903份，建档率93.96%。其中，管理65岁以上老年人19598人，管理率为67.58%；0—6岁儿童22775人，管理率94.48%；孕产妇健康管理2901；高血压患者管理17493人，规范管理1110人，管理率63.46%；糖尿病患者管理4685人，进行规范管理3055人，管理率65.21%，高血压和糖尿病患者管理已完成上级下达的任务数。此外，对1192名严重精神障碍患者和174名肺结核患者实行规范管理。

【妇幼健康】 对城区托幼机构的8100名儿童进行体检。做好艾滋病、梅毒、乙肝母婴阻断工作，全年共检测2901人；开展新生儿疾病筛查和听力筛查，共筛查2930人和3033人；继续实施农村妇女“两癌”（宫颈癌、乳腺癌）免费检查项目，共检查3000人；加强地中海贫血症的防控，为2421人进行检测和筛查；继续开展增补叶酸预防神经管缺陷工作，1—11月，为1819人免费提供叶酸服用；发放儿童营养包4715份，共计25481盒（30袋/盒）；为1413对育龄妇开展免费孕前优生健康检查，并对722名高风险人群进行一对一优生指导；购置26台药具自取机，发放药具7473盒，上线率98%，月平均发放量32盒/台；至11月30日，全县婚姻登记人数1883对，其中婚检人数1552对，免费婚检率82.42%，达到上级规定的80%要求。

【人口出生】 2017年10月1日至2018年9月30日，全县共出生4596人，出生率为12.73%，人口自然增长率8.7%；符合政策出生4173人，出生政策符合率90.8%。其中，男婴2418人，女婴2178人，出生人口性别比为111.02（女为100）；办理申请生育登记（审批）2733例，其中再生育37例，办结率100%。设立婚育“一站式”服务中心，为育龄夫妇提供婚检、婚姻登记、生育服务网上登记、优生检测、地中海贫血病筛查和避孕药具发放等免费的配套服务。

（张宏彬）

疾病预防控制

【概　况】 2018年，全县疾病防控主要做好居民生活用水日常监测和常规免疫工作。加强对流行病的流调。对结核病、艾滋病和地方病进行筛选、防控和上报。完成疾病防控相关配套设施建设。运用微信、微视频等新媒体，加大卫生健康知识宣传。

【设施建设】 年内，由中央预算资金和省级配套资金406万元投资改造的业务用房和实验室项目已完工并交付使用。省卫计委下拨设备采购资金16万元，用于采购安装2个12立方米容量的冷库，使疫苗存放更加科学和安全。县财政下拨96万元设备采购资金，用于更换和淘汰一批预防性体验和水质检测设备，对从业人员健康体检和水质安全检测提供更科学更新型的设备。

【卫生监测】 做好全县生活饮用水监测，共检测集中式供水（含自来水厂）水源水、出厂水、管网水275份，各乡镇农村分散式饮用水水质5070份，学校饮用水33份，检测结果按照国家GB5749—2006，GB3838—2002标准进行评价，并将检验结果及时送到县卫生监督所、受检单位和送检居民。对农村义务教育学生营养改善计划营养健康状况进行监测，共监测中小学校16所，监测学生3543人。对从业人员健康进行体检，共体检4700人，并将检测结果第一时间告知体检者。做好公共卫生监测，对4个游泳池的水样进行检测；对消毒餐具进行监测，共监测餐具88件。食源性疾病监测病例121例并已上报。做好县直医疗单位医疗消毒的监测，监测样品92件，监测数据按照国家GB15982—2012、GB50333—2013标准进行评价，并将结果及时报送给受检单位。做好重点职业病监测和农药中毒病例监测的上报、审核工作，其中监测农药中毒病人25例。

【免疫规划】 常规免疫工作继续保持无脊灰状态，消除麻疹，控制乙肝，进一步降低疫苗可预防疾病的发病率。开展儿童预防接种信息化建设，全县建卡率达到100%，以乡为单位国家免疫规划疫苗接种率保持在90%以上，其中含麻疹成份的疫苗接种率达到95%以上，并及时在监测系统上报数据，报告完整性达100%。国家免疫规划疫苗接种情况报告率以乡镇和接种门诊为单位达到100%。

全年各乡镇计划免疫新建卡4150人，其中本地儿童3899人，暂住儿童89人，流动儿童164人，建卡率为100%，建证率100%；乙肝应种13349针次，实种13290针次，接种率99.56%，首针及时率95.92%；卡介苗应种4082人，实种4064人，接种率99.56%；脊灰疫苗基免应种13796剂次，实种13709剂次，接种率99.37%；脊灰疫苗加强应种5105剂次，实种5056剂次，接种率99.04%；百白破基免应种13554针次，实种13457针次，接种率99.28%；百白破加强应种4713针次，实种4657针次，接种率98.81%；白破应种4544剂次，实种4330剂次，接种率95.29%；含麻类疫苗基础免疫应种4756针次，实种4716针次，接种率99.16%；麻腮风应种4924针次，实种4879针次，接种率99.09%；A群流脑应种8931针次，实种8856针次，接种率99.16%；A+C流脑应种8152针次，实种6198针次，接种率76.03%；乙脑基免应种4742针次，实种4681针次，接种率98.71%；加强应种4689针次，实种4631针次，接种率98.76%；甲肝应种4873针次，实种4464针次，接种率91.61%。同时，对一类疫苗的验收、储存、分发环节，严格执行《预防接种工作规范》和《疫苗储存和运输管理规范》要求，认真开展冷链设备温度监测工作，确保疫苗全程冷链运转，并按照相关规定录入国家免疫规划信息系统。做好疫苗针对疾病的防控。采取主动与被动监测两种方式，在各乡（镇）卫生院、县人民医院、中医院、妇保院设立监测点，开展AFP、麻疹、新生儿破伤风、乙脑、流脑、甲肝、15岁以下儿童乙肝监测。县城主动监测36次，防止出现脊灰状态、无白喉、麻疹、百日咳等病例。加强麻疹、AFP、AEFI的监测：全县共有疑似麻疹病例7例，其中梅州市上报1例，县内上报6例；AEFI计75例，其中一般反应60例，异常反应12例，偶合症2例，心因性反应1例；AFP无病例上报。接种系统管理平台监测指标统计结果显示：10天内乡级接种单位上传率达100%，10天内乡级接种单位数据备份率达100%。3—4月，开展免疫规划疫苗查漏补种月活动，活动共完成摸底调查24951人，其中乙肝应补种66针次，实补种50针次，补种率75.76%；脊灰疫苗应补种569针次，实补种444针次，补种率78.03%；百白破疫苗应补种243针次，实补种169针次，补种率为69.55%；麻疹成份疫苗应补种232针次，实补种184针次，补种率为79.31%；乙脑疫苗应补种415针次，实补种262针次，补种率63.13%；A群流脑疫苗应补种123针次，实补种89针次，补种率为72.36%；A+C流脑疫苗应补种1143针次，实补种149针次，补种率为13.04%；甲肝疫苗应补种252针次，实补种161针次，补种率为63.89%；白破疫苗应补种413针次，实补种289

针次，补种率 39.98%。

【传染病防治】 做好各类传染病的防治工作，成立 2 个机动队在重点季节负责值班，工作队员 24 小时保持通讯畅通，储备 12 万元的应急药品和应急器材，全年未发生大的疫情和突发公共卫生事件。

流行病控制。加强手足口病等重大传染病的防控及监测。全县未发生甲类传染病，各级各类医疗机构共报告法定传染病 1346 例，年发病率为 450.48/10 万，与 2017 年相比，发病率降低 19.89%。4—10 月，对寻乌河水及县城海产品开展霍乱疫源检索检测，共采集检测样品 238 份，检测河水 98 份，各种水产品 140 份，未发现霍乱弧菌。手足口病防控对发现的手足口病例及时上门指导消杀服务，免费发放消杀药品和宣传资料，共采样 45 例手足口病患者检测样品送市疾控中心检测，为临床救治和采取防控措施提供参考。

结核病防治。对肺结核病人开展追踪随访 262 人次，对乡镇卫生院督导 64 次，查痰 640 人次，痰涂片 1339 张。其中涂阳 114 张，涂阴 1225 张，耐多药可疑者初筛 42 人次。年内共发现结核病人 222 例，其中新涂阳病人 71 例，新涂阴病人 98 例，重症涂阴病人 16 例，结核性胸膜炎 2 例；复治涂阳病人 12 例，复治涂阴病人 23 例。总体治愈率达 90%。11 月 1 日，全县结核病防治和诊治职能划转给县人民医院，县疾控中心只负责结核病的指导管理工作。

艾滋病防治。摸清全县娱乐场所的分布、人数、业主等情况，发放安全套 20170 个。对 454 人做自愿咨询检测。每月定期对县看守所在押人员进行抽血检测，共检测 205 人，未检出 HIV 阳性。新发现 4 例艾滋病病人，其中死亡 1 例。对 14 例艾滋病病人和 11 例感染者进行 CD4 细胞和病毒载量检测，定期进行随访。做好贫困家庭艾滋病机会性感染患者的救治工作。其中，抗病毒治疗前体检 3 人，开支金额 1711.9 元；抗病毒治疗后体检 11 人，开支金额 4977.78 元；机会性感染救治 3 人，开支金额 13265.62 元，合计 3750 元，随访 24 人。

【地方病防治】 对全县人体重点寄生虫病现状进行调查，在对长宁镇城北村、文峰乡长溪村、吉潭镇上车村、晨光镇司城村、丹溪乡岑峰村五个村 757 人的调查中，筛查出肠道寄生虫 17 人。未发现丝虫病。对吉谭镇、澄江镇、南桥镇、桂竹帽镇、文峰乡 5 个乡镇 8—10 周岁的学生各抽取 40 人、孕妇各 20 进行盐碘、尿碘检测，对学生加做甲状腺 B 超检查，并将有关数据及时上报上级单位决策参考。在对全县肿瘤病登记和死因的监测中，死亡报告人数 1648 人，年报告死亡率为 5.2‰；肿瘤登记报告人数 480 人，年报告发病率为 150/10 万；肿瘤登记死亡人数 350 人，年报告死亡率为 106/10 万。疟疾防治主要抓好人员培训，以及对 170 名三热人员的血检，未发现疟原虫血检阳性情况。

【卫生宣传】 充分运用 QQ 群、微信、微博、微视频、微电影等新媒体平台宣传健康教育知识，使健康教育知识传导到社会各方面。2017 年 10 月至 2018 年 9 月，县疾控中心共发出健康教育知识微信 29 条，县《手机报》播报 6 条，县电视台播出 3 次。在“3·24”结核病防治日、“4·25”计免日、“全国疟疾日”、“防治碘缺乏病日”、“5·7”世界卫生日、“5·15”地方病日全民营养周、“世界肝炎日”、“高血压日”、“12·1”艾滋病日等时段，联合县文化教育局、县盐业公司、县人民医院等部门，采取印发宣传资料、上街开展咨询、深入学校举办讲座等多种形式开展健康教育与促进工作。共组织专题宣传活动 12 次，举办专题讲座 16 次，刊出专题宣传栏 12 期，悬挂宣传条幅 20 条，发放宣传品和宣传资料 30000 多份。

（李　强）

县人民医院

【概　况】2018年，县人民医院内设急诊科、内一科（心血管、肾脏、风湿免疫）、内二科（呼吸、消化）、内三科（神经、内分泌、血液）、老年病科、重症医学科（ICU）、儿科（新生儿科）、妇产科、外一科（普外、泌外、胸外、烧伤）、外二科（骨科）、外三科（神经外科、骨科）、眼耳鼻喉科、手术麻醉科、感染性疾病科、康复医学科、皮肤科、口腔科、门诊部18个临床科室，药剂科、磁共振/CT室、放射科、检验科、输血科、病理科、超声科、消毒供应中心8个医技科室，20个职能科室。曹燕、王敏、刘俊华获得“赣州市首届调剂药师审方大赛团队一等奖”；钟春花获得“2018年全市精神卫生大比武精神科护士（个人）一等奖”；张全秀获得“全市血液净化规范操作技能竞赛二等奖”；曹红莲获得“全市《手术室护理实践指南》演讲授课比赛二等奖”；黄海焘获得“赣南一附院医联体学术报告二等奖”；严思莹获得“全市临床检验技能大比武三等奖”。

【医疗业务】全年实现医疗业务总收入18083.9万元，同比增长5.4%；全年门诊量322751人次，同比增长2.52%；住院人次数达21432人次，同比增长5.29%；手术人次数达5397人次，同比增长24.8%。7月，快速救治伤病公安民警“绿色通道”开通。全国社区医疗服务志愿团（中日友好医院、解放军总医院第一附属医院、首都医科大学部分附属医院等）北京多家知名三甲医院的医疗专家前来指导学科建设。10月，县级远程医学中心建成投入使用。同月，开展首例心脏永久起搏器置入术。

【医疗设备】加强硬件建设，引进数字减影血管造影X射线系统（DSA）、数字化X线摄影系统（DR）、彩色多普勒超声诊断系统、宫腔电切镜等国产设备41件、进口设备11件。介入治疗室和输血科项目建成。新住院大楼主体已完工，并通过省、市验收。

（张宏彬）

县中医院

【概　况】2015年11月，县中医院整体搬迁至县人民医院原址，是一所突出中医特色，以中西医结合为发展方向综合性现代中医院，占地28.7亩，建筑面积2.5万平方米，病床150张。投资1575万元的住院综合楼建成，面积8890平方米，预计2019年交付使用。设有内、外、康复、口腔、五官、肛肠、中医、骨伤、麻醉等科室，其中，肛肠科、康复科为省级基层中医特色专科。以及检验、超声、心电图、放射、药剂等医技科。

【医疗业务】2018年，业务总收入3053万元，同比增加914万元，增长50.2%；门诊量70461人次，入院病人数2500人次，出院病人数2749人次，同比增长分别为51.6%、54.3%和53.9%。

（张宏彬）

计生协会

【概　况】建立计生特殊家庭帮扶档案，开展“5·29”计生协会纪念日系列活动和“乐帮”学雷锋志愿服务活动，为38户特殊家庭父母集中免费体检，发放29户特殊家庭“生育关怀、爱心救助”及慰问金88200元、124户失独、伤残、计生贫困户家庭慰问帮扶金67900；开辟特殊家庭看病就医“绿色通道”，发放就诊服务卡；举办青春健康教育培训2期，发放宣传品800份。

【生育关怀】开展“5·29”计生协会纪念日活动，组织38名计生特殊家庭父母按人均300元标准到县人民医院集中免费体检；发放29户计生特殊家庭1000元/户“生育关怀、爱心救助”29000元和124户失独、伤残、计生贫困户家庭慰问帮扶金 67900 元。为 29 户计生困难家庭发放 700 元/户春节走访慰问金 20300 元；审核上报 83 名农村计划生育家庭子女中考加分。

【特殊家庭关怀】 建立计生特殊家庭帮扶档案，详细收集相关信息。开展“乐帮”学雷锋志愿服务活动，采取一对一形式，每位干部安排一户计生特殊家庭为结对帮扶对象，每月走访一次，为他们提供生活照料、心理安慰、身体保健等志愿服务。年内，为 38 名失独家庭按 70 元/人标准缴纳住院护理保险 2660 元，开辟特殊家庭看病就医“绿色通道”，发放就诊服务卡。

【青春健康教育】 筹备建立寻乌二中青春健康教育俱乐部。制定青春健康家长沟通之道培训项目招标文本。组织寻乌二中相关教师到信丰县参观学习青春健康教育工作先进经验。年内，开展青春健康教育培训 2 期 2135 人次，咨询 626 人次，发放宣传品 800 份。

（张宏彬）

社会保障

民　政

【概　况】 2018年，县民政局做好提高城乡居民最低生活保障标准、残疾人补助标准和优抚对象抚恤补助标准以及启动城镇贫困群众脱贫解困工作。推进农村低保与扶贫开发两项工作有机衔接。做好流浪人员救助，建立“一站”婚姻登记制度。完成村（居）委会换届选举工作。开展行业协会整顿治理和拥军优属慰问工作。动工兴建县疗养结合工程。建成县救灾物资储备仓库。被省民政厅评为2018年全省“绿色社区，美丽家园”创建活动示范区。

【社会救助】 自2018年起，将人均月收入低于340元的农村贫困人口和月人均收入低于580元的城市贫困人口全部纳入低保范围，城乡低保实现应保尽保。自1月起，城市最低生活保障标准由每人每月530元提高到580元，月人均补差由350元提高到380元；农村最低生活保障由每人每月305元提高到340元，月人均补差由225元提高到255元；城市精减退职人员救济标准每人每月385元提高到405元，农村精减退职人员救济标准每人每月345元提高到365元。农村五保集中供养标准由每人每月425元提高到455元，分散供养标准由每人每月320元提高到350元。截至12月，全县共有农村低保对象7036户15743人，发放农村最低生活保障金5172.45万元；城市低保对象1359户1855人，发放城市最低生活保障金913.94万元；城市精减退职人员48人，发放救济金23.016万元；五保供养对象846人，其中集中供养273人，分散供养573人，共发放农村五保供养金479.55万元；城镇特困人员救助供养标准提高到755元/月，共发放城镇特困人员救助供养金8.3万元。

按照《寻乌县特困人员救助供养实施细则》，对特困人员开展排查认定和自理状况进行评估，将符合特困人员供养条件的贫困群众全部纳入五保供养。根据失能半失能集中供养特困人员失能程度发放护理补贴，全年共发放护理补贴17.72万元；发放特困人员丧葬费用84人37.4万元，其中城镇1人0.91万元，农村83人36.49万元。做好城乡医疗救助“一站式”结算。继续推进困难群众先诊后付费工作。全年发放城乡医疗救助资金441.56万元，救助符合条件的大病救助对象10611人次。完善乡镇临时救助备用金制度，加强临时救助时效性，提高贫困群众抵御突发风险的能力。全年下拨乡（镇）救急难临时救助资金175.7万元，发放临时救助98人次23.8万元。推进农村低保与扶贫开发两项制度有效衔接，通过开展脱贫攻坚“春季攻势”“夏季整改”“秋冬会战”行动、农村低保专项整治和扶贫领域作风建设专项治理，提高农村低保对象与扶贫开发建档立卡贫困人口的有效衔接。年末共有农村低保7036户15743人，已纳入建档立卡的农村低保5421户13307人，重叠率达84.52%；户均保障人口达到2.23人/户；常补对象占17.49%。开展春节前走访慰问困难群众活动，为全县3208名城乡低保常补对象增发1个月的低保金，增发资金101.12万元。全年发放各类保障扶贫资金7216.766万元。同时，启动城镇贫困群众脱贫解困工作。出台《关于加大城镇贫困群众脱贫解困力度的实施方案》，成立全县城镇贫困群众脱贫解困工作领导小组，全面启动城镇贫困群众识别认定工作。

【救灾救济】 加强防灾减灾基础设施建设，投入260万元，新建县救灾物资储备库，建筑面积800平方米。按要求储备棉被、帐篷、衣服等物资，并跟县大众粮油公司签订物资储备合同，储备大米5000公斤、油500桶、方便面500箱、矿泉水1000件、饼干1000件。加强灾害信息员队伍建设，全县15个乡镇的184个村（居）都设有灾害信息员，共有信息员186人，灾害信息报送平台更加完善。

【社会福利】 全县登记在册的孤儿19人，共发放孤儿生活补助资金41.9万元。全县享受残疾人补贴4044人，其中享受生活补贴1252人，享受残疾人两项补贴1469人，享受重度残疾护理补贴1323人。全年发放补贴31.33万元。为城镇残疾人提标补发392人，补发资金6.98万元；为建档立卡贫困残疾人补发补贴384人，补发金额38.84万元。为全县80周岁以上老年人落实长寿补贴金，70周岁以上老人办理公交车意外伤害保险，65周岁以上老人落实免费乘坐公交车政策。到年末，全县年满80周岁以上老年人有6903人，共发放长寿补贴688.86万元。全年完成福利彩票销售1880万元。县疗养结合项目东江源颐养中心正式动工，项目总投资为11415.48万元，该项目已列入省市民政部门现代服务业攻坚重点项目和全市40件民生工程之一。社会力量创办的居家和社区养老服务试点项目—红晨康宁居家养老服务中心投入使用，已入住老人22人。

【优抚安置】 提高部分优抚对象抚恤补助标准，全年累计发放各类抚恤补助资金1191.89万元。当年新增抚恤补助对象88人。落实义务兵家庭优待金标准，全年共发放家庭义务兵优待金197人216.03万元。

在元旦、春节、建军节等节日，开展拥军优属慰问活动。“八一”期间走访慰问驻寻部队和重点优抚对象1323人次，发放慰问金51.5万余元，实物折款12.3万元，慰问军烈属年画1.2万余幅次。各双拥成员单位结对帮扶优抚对象275户，帮扶财物计25万元，占享受补助的优抚对象总数的50%。全年对符合退役士兵安置条件的转业士官实行“阳光安置”，全部安置在县直全额拨款事业单位。加大退役士兵职业教育和技能培训工作力度，共有31人报名参加2018至2019年江西省退役士兵职业教育和技能培训。

【地名管理】 做好地名普查质量检查，数据库建设，地名普查成果汇总归档，逐级上报验收等工作。推进地名普查成果转化利用，发挥地名普查成果为国民经济和社会发展中的服务作用，做好地名图、录、典、志的编撰和地名网站、数据库建设，地名普查成果转化工作已完成公开招投标，各项工作进展顺利。加强行政区域界线的管理。严格执行民政部《行政区域界线界桩管理办法》的规定，定期对界桩、界线进行维护，保持行政区域界线走向清晰，界桩完好醒目。开展平安边界建设工作，妥善调解和处理边界纠纷，做好界线实地认定和日常管理。年内完成会（昌）寻（乌）线、留（车）文（峰）线、留（车）菖（蒲）、留（车）龙（廷）、留（车）丹（溪）等行政区域界线的联合检查。

【农村社区治理】 做好第十届村（居）委会换届选举。本次选举采取“海选”方式的村有169个，采取“自荐直选”方式的村有4个，采取直接选举方式的社区有9个，采取户代表选举方式的社区有2个。登记参加选举的村（居）民有248162人，参加投票选举的村（居）民共236063人，选举参选率为95.1%，共选举产生村（居）委会主任184人，副主任3人，委员583人，其中女性219人，书记主任一肩挑44人，交叉任职242人，35岁以下人员149人，大专以上学历155人。建立起村（居）委会统一信用代码赋码管理系统，为173个村民委员会、11个居民委员会赋予统一社会信用代码，并颁发信用代码证书。切实提高基层法治化、智能化、专业化和规范化建设水平，提高村（居）民委员会的服务能力。认真做好离任“两老”生活补助金发放，全年共发放离任“两老”生活补助金339人66.8万元。深入推进农村社区建设试点工作，重点将文峰乡双坪社区、岗背社区，澄江镇周田社区打造成服务完善、管理有序、生活便利、美丽宜居、幸福和谐的绿色社区，并向上级民政部门申报评选。

【社会事务】 县婚姻登记处于4月25日搬迁至县婚育“一站式”服务中心，更加方便群众，全年共办理结婚登记2055对，离婚登记604对，补发婚姻登记证757对，补发离婚证34对。严格依法办理收养登记。年内办理三代以内旁系血亲子女收养登记1例。配合公安部门解决10名被公民私自收养且不能办理“收养登记证”或“收养公证书”的未满18周岁的无户口人员的户口落户问题。对生活无着流浪乞讨人员提供临时食宿、急病救治、协助返回、滞留人员寻亲等救助服务，加强与其他社会救助制度的转介衔接。全年街面救助77人，发放棉被20床，衣服30套以及食品、药品等。街头救助流浪乞讨人员96人，站内救助外来流浪乞讨人员750人，其中委托医疗机构医治精神病人23人，成功护送返乡9人。对滞留在寻乌的智障儿童、流浪精神病患者等无法查明身份信息人员逐一拍照，利用人脸识别技术手段进行比对，同时，将信息上传全国救助寻亲网。深化殡葬改革，全县遗体火化率继续保持在100%。全年免费火化遗体1696具，累计发放免费火化资金158.67万元。大力推进节地生态安葬，加快推进公墓建设，公益性公墓建设在15个乡（镇）全面铺开，县级公益性公墓建设已完工，并可安放710个墓位（已安放400穴），县级骨灰堂也已完成50%的工程量。

【社会组织】 对全县173个社会组织进行年度检查，年检率99.9%；开展全县行业协会商会涉企收费专项治理，有22个行业协会商会参与治理，为企业等会员单位减负6万元。提高社会组织信息化数据质量，及时补充完善新增加的录入项，录入192个社会组织、注销34个社会组织、变更11个社会组织，标识6个志愿服务组织。下发《关于构建“1+N+X”社区社会组织体系建设的实施方案》，抓好社区社会组织组建工作，全县村级（社区）社会组织有557个。加强社会组织党建工作，为5个社会组织联合支部配备5名书记并选派5名党建指导员。积极培养社会工作专业人才，从9月起，每周六开设一期社工知识培训讲座。进一步规范志愿服务记录管理，在全国志愿服务信息系统中记录的寻乌志愿者志愿服务时间达到28.8919万小时，有力提升志愿服务的实效。

（潘彩英）

社会保险

【概　况】 2018年年底，全县城镇职工在职参保人数2826人，其中，企业在职参保人数5783人。机关事业单位在职参保人数6851人，个体工商户及参照个体工商户在职参保人数15627人，完成全年在职职工参保任务的100.93%。离退休参保人数9953人，其中，企业6640人，机关事业2688人，大小集体625人。城镇职工养老保险参保率为98.18%。当年征缴基本养老保险基金35972万元，其中，企业征收4936万元，机关事业10399万元，个体工商户及自由职业者11055万元，清收旧欠及清偿挂账5895万元，一次性预缴3687万元。同比增长1839万元，增长率为5.38%。向上争取各项资金7569.4万元，其中，企业职工养老保险中央补助资金4096万元，省级补助资金136.2万元，省级调剂金2152万元，省级基金征缴专项激励经费17.2万元，村（居）干部养老保险市级补助资金82万元，社会保障省级补助资金170.4万元，机关事业单位养老保险中央补助资金916万元，企业养老保险基金结余7.74亿元，机关事业单位养老保险基金结余0.63亿元。当年为离退休人员按时足额发放基本养老金26662万元，其中，企业离退休人员12974万元，机关事业退休人员11886万元以及补发津贴补贴118万元，大小集体及知青改办退休人员1684万元。社会化发放率达100%。城镇企业职工养老金平均水平为1795.58元/月/人。

【社会保险扩面征缴】 针对下岗职工中部分人员中断缴费的问题，通过落实助保贷款政策，为52名符合条件的人员落实财政贴息的助保贷款134.45万元。抓好参保单位征缴费的稽核工作。在核查中，查出县友华农业科技发展有限公司、县中汽机械设备有限公司分别欠缴8人计18189.36元和31人计23494.59元养老保险费，经书面催收后已全部缴交。与此同时，做好养老保险费旧欠的清理工作。到年末，在社保费划转给税务部门征收前，共清欠政府补助及挂账资金8126.65万元，其中，2017年被征地农民县级负担挂账资金7910.07万元，2017年村（居）干部市、县级补贴及缺口资金216.58万元。全县180个参保单位养老保险的清算工作全部完成。

【养老金调整提高】 按照省人社厅、省财政厅《关于江西省2018年调整退休人员基本养老金的通知》要求，在7月底前将退休人员增加的养老金全部足额补发到位。其中，企业退休人员人均增加养老金115.09元/月，机关事业单位退休人员人均调资额为150元/月。

【深化“放管服”改革】 3月，推出“人脸识别”认证模式，其中完成采集企业退休人员脸模人数达92%，对高龄、病重、孤寡等行动不便的企业离退休人员进行上门服务，对未完成“人脸识别”采模认证的人员，通过运用全民参保、异地就医、联网监测等数据资源帮助其完成。8月，全县共享信息数据平台开通后，在办理企业养老保险时，取消提供营业执照副本复印件及社会团体法人证书复印件，先后办理企业养老保险业务23笔，共计536人；办理个体养老保险新参保业务时，取消提供身份证、户口本复印件，共为419人办理新参保业务；办理省内、跨省养老保险转移事项时，取消收取身份证和户口本复印件，共为130人办理养老保险转移事项；办理退休人员待遇核定时，取消收取身份证复印件，共为43人办理退休待遇的核定；办理参保人员在职死亡一次性支付业务、退休人员一次性支付业务时，取消收取火化证、死亡证明原件及身份证复印件，先后办理35件。

【拓宽缴费渠道】 在县行政服务中心设立银行代收养老保险窗口，全年共办理银行缴费业务4851笔，收缴保费2970.66万元。6月，还开通赣州银行手机APP微信等智能终端缴费业务，实现线上线下一体化办理，共有13人通过微信缴纳保费。对办理养老保险关系跨省转移接续的业务时，在“三个15天”内必须完成，全年共办理转移业务373笔，其中，转入318人，基金转入7752761.03元；转出55人，基金转出1433460.36元，办理率达100%。

（古叶琳）

医疗保险

【概　况】 2018年，全县基本医疗保险参保缴费人数达326680人，其中城镇职工参保缴费人数

17250人，城乡居民参保人数309430人，参保率98%。基本医疗保险基金收入总额27241.35万元，其中城镇职工基本医疗保险基金收入6196.35万元，城乡居民基本医疗保险基金收入21045万元。工伤保险参保人数11230人，征缴工伤保险基金459.86万元；生育保险参保人数10972人，征缴生育保险基金418.2万元。城乡贫困人口57296人全部纳入参加基本医疗保险及疾病医疗补充保险，实现100%参保。到年底，贫困人口医疗总费用11014.78万元计45754人次，“四道医疗保障线”补偿9905.28万元；其中住院17580人次，共计9543.91万元，“四道医疗保障线”共补偿8630.08万元，补偿比例不足90%的，需补差人数为363人次，共补偿42.82万元；住院平均补偿比例为90.88%。全年健康扶贫“四道医疗保障线”资金管理规范，总体运行平稳，补充保险保费结余161万元。

【暖心基金】 为防止非贫困户尤其是贫困边缘户因病致贫，2017年10月，寻乌县出台非贫困人口疾病“暖心基金”补偿办法（试行），2018年11月，赣州市医保局转发该办法，要求各县（市、区）借鉴寻乌做法。2018年共筹集“暖心基金”550万元，实现专户存储、专账核算、专款专用。设立“暖心基金”以来，至2018年年底全县共836人次得到补偿，补偿金额571.83万元，非贫困户个人自付平均比例由48.32%减少到35.3%，减轻患者的医疗负担。

【异地结算】 2017年9月，县人民医院和县中医院成功接入全国结算平台，实现在线备案人员跨省异地就医费用直接结算。截至2018年，全县共有4217人次实现跨省异地就医直接结算，结算总额达7835.18万元，报销4780.2万元，报销比例为61%；有3例外省病人在县人民医院直接结算。异地就医直接结算减轻患者负担，方便就医。

【基金管理】 全年共有46512人次参保人员报销住院费用，其中42276人次为城乡居民，累计报销金额14538.33万元［其中统筹基金11752.18万元，大病基金（含二次补偿）1281.8万元，疾病补充保险金额1239.51万元，医疗救助249.35万元，医院减免15.48万元］，报销比例为67.7%，当年基金使用率为93.34%；另有4236人次城镇职工报销住院医疗费用，累计报销金额2707.67万元［其中统筹基金2499万元，大病基金（含二次补偿）189.72万元，疾病补充保险金额14.09万元，民政救助4.85万元］，报销比例为68.81%，当年基金使用率为95.2%。

【打击医保欺诈】 2018年开展打击欺诈骗取医疗保障基金专项行动。专项行动期间，共实地检查定点医药机构64家，其中定点医疗机构23家、定点零售药店41家，发现违规违法的定点医疗机构19家。对查实的举报线索，根据相关法律法规和协议管理的有关要求进行处理，对违法违规行为的定点医疗机构进行立案查处，其中，移交司法机关2人，追回资金12.4万元。

【医保“两定”监管】 2017年9月起，对县内医保定点医疗机构每月进行一次健康扶贫“四道医疗保障线”专项稽核，并依据《关于进一步深化寻乌县基本医疗保险支付方式改革的实施方案》要求，对医疗机构进行严查严管，防范医保基金及补充保险的超支风险，2018年共扣除违规资金530万元。同时，依据《寻乌县基本医疗保险定岗医师管理试行办法》，对14名违规医生扣除积分，对10名医生给予暂停医疗保险服务1个月，对3名医生给予暂停医疗保险服务2个月的处罚。通过巡查整改，补充保险支出由1月154.9万元，下降到10月的133.17万元。

（潘齐姗）

养老保险

【概　况】 2018年，全县城乡居民养老保险16—59周岁续保缴费人数为105481人，扩面参保新增 1020 人，收缴保费 1746.32 万元；对 60 周岁以上符合领取条件的 35919 人共发放养老金 4003.57 万元，其中发放基础养老金 3850.23 万元。完成全年民生指标 142400 人，占任务的 100.01%。社会保障卡全部发放到居民手中，共发放 160735 张。60 周岁以上人员养老金的发放全部由社会保障卡代发。新老农保制度衔接稳定推进，由专人核准老农保数据信息，按照“并、退、留”三种衔接办法，按时将有关数据并入城乡居民养老保险信息系统。

【财政代缴与补助】 在建档立卡贫困户由县财政局代缴城乡居民养老保险的基础上，年内又出台为城镇困难群众由县财政代缴养老保险的政策，其中，为长效避孕的二女户家庭代缴 300 元的参保费，为重度残疾人、建档立卡贫困户和城镇困难群体分别代缴 100 元的参保费。全年共为 30479 人代缴当年的城乡居民基本养老保险资金 304.79 万元。为完善被征地农民参加城乡居民基本养老保险政策，年内又补充出台《关于被征地农民参加城乡居民养老保险相关事项的通知》，该通知明确，对被征地农民中的缴费人员给予当年缴费同等金额的财政补助。全年为符合条件的被征地农民 1272 人下拨基本养老保险财政补助资金 430.31 万元。

【养老金提档提标】 根据《江西省人力资源和社会保障厅 江西省财政厅关于 2018 年提高全省城乡居民基本养老保险基础养老金的通知》等文件精神，4 月起全县城乡居民基本养老保险缴费档次最低调整为 300 元、最高 3000 元。基础养老金由每人每月 80 元提高到 105 元，并于 1 月开始执行，差额补发部分也于 11 月前全部发放到位。

（古叶琳）

【农村养老保险】 截至 2018 年 11 月，全县 16—59 周岁城乡居民养老保险续保缴费人数为 105481 人，当年扩面参保新增 1020 人，收缴保费 1746.32 万元；累计对 60 周岁以上符合领取条件的 35919 人发放养老金 4003.57 万元，其中发放基础养老金 3850.23 万元。完成全年民生指标任务 142400 人的 100.01%。全县 60 周岁以上人员的养老金发放全部有社会保障卡发放，共发放社保卡 160735 张。出台城镇困难群众城乡居民保费代缴实施方案。全年共为符合参保条件的建档立卡贫困户和城镇困难群众代缴基本养老保险费 304.79 万元，其中贫困户 30479 人。为 1272 名符合参保条件的被征地农民给予缴费补助，共计补助 430.31 万元。4 月，全面提高城乡居民养老保险缴费档次，最低为 300 元，最高 3000 元。10 月，基础养老金从每人每月 80 元提高到 105 元，并于 11 月发放差额补发部分。

（廖梦恬）

住房公积金管理

【概　况】 2018 年，归集住房公积金 13492.78 万元，同比增长 2.34%；发放住房公积金贷款 336 户，金额 12710.6 万元；资金运营安全、良好，贷款逾期率为零；提供城市廉租房建设补充资金 169.27 万元。

【归集缴存】 规范住房公积金缴存。归集住房公积金同比增加 309 万元，新增非公单位 29 个，新增缴存职工 169 人。全县行政事业单位财政配套资金按职工工资总额的 12% 开始纳入预算，财政配套 4285 万元，同比 1285 万元。

完成缴存单位、职工基本情况的登记及 CA 认证证书的申请，同时清理、整改两个正常缴存账户 1 人，封存 17 个异地贷款账户，联系办理因调动未办转移的封存账户 4 个，督促解决 12 名职工调动后因原单位未及时缴交公积金而无法合并账户等同一身份证号码有多个正常缴存账户情况，排查、核准 104 名职工因职工身份证更新换代造成基础信息不准确情况。

【信贷发放】 发挥住房公积金制度在解决职工刚

需和改善性住房中的作用，促进当地房地产市场持续稳定发展。全县干部职工购房热情依然不减，放贷压力仍然存在。为此，优化业务办理流程，加班加点整理报送资料，缩短贷款办理时限；向上争取资金，满足职工购房贷款需求；在资金紧缺实行轮候制的情况下，根据购房情况的不同合理协调安排放贷，解决贷款需求持续增大和资金紧缺日渐突出的矛盾，受到干部职工好评。

针对贷款逾期问题，主要领导亲自抓，分管领导常跟踪，业务人员轮流催，有效控制逾期率的抬头。对个别因突发变故造成家庭经济收入拮据出现逾期的职工，业务人员及时掌握情况，有针对性帮助制定还款计划，把贷款逾期户控制在萌芽状态，保持全县个贷逾期率一直控制为“零”。

【风险管理】 严格执行“贷前严审、贷中规范、贷后跟进”贷款风险管理机制，强化日常监控，时时跟踪各开发企业经营情况，加强与房管、不动产、税务、银行、民政等部门的联系、协查。严格执行住房公积金管理和使用的法规政策规定，建立健全财务管理、会计核算、资金申报、提取、贷款、考核、责任追究等管理制度和廉能防控机制；对归集、提取、贷款实行审办分离，并设置了AB岗；对涉及重大资金调度及重大开支均申报请示市中心批准。

对全县所有房地产企业、所有楼盘进行分类登记备案，全面掌握房地产开发企业、各个楼盘办理住房公积金贷款预准入的情况，跟踪了解预准入楼盘建设进展情况。全县在售楼盘共计12个，全部办理公积金期房按揭贷款准入；在建楼盘3个，签订公积金按揭贷款承诺书；公布房地产企业拒绝或变相拒绝购房人首选住房公积金贷款的举报监督电话，如发现房地产企业不贯彻执行要求的，将会同相关部门采取措施，确保整治到位；加大宣传力度，积极答复住房公积金各项政策业务的咨询，形成舆论宣传正能量。

【“放管服”改革】 按照国务院“放管服”改革要求和《住房公积金服务指引》的规定，健全服务制度，优化服务流程，改善服务设施，拓展服务方式，提升服务能力。制定服务承诺、首问负责、一次告知、限时办结等服务制度，查找服务工作中存在的堵点和痛点，不断减少业务办理环节、简化资料要件、缩短办理时限，努力为缴存职工提供便捷、高效服务。取消办理住房公积金转移、提取和贷款的23项证明材料及环节。开展“最多一次办结”流程自查，梳理“最多一次办结”办事清单12项。服务大厅配备等候椅、饮水机、写字台等服务设施，办事窗口公示业务流程和业务清单，前来办事的职工只要证件齐全，办事处工作人员协助复印相关证件。开设微信公众号、手机APP的上线，方便职工查询公积金信息；建立与相关部门的信息核查机制，充分利用政府服务平台，实现信息共享；推行综合柜员制，方便职工办理各项业务；住房公积金贷款不动产抵押登记费用、抵押评估费用由办事处缴纳。召开专题培训会议，研究形成规范，答复精准统一，解答全县职工提出的问题；根据政策调整，及时更新便民小册。

（钟　涛）

创业就业

【概　况】 全年完成城镇新增就业2466人，城镇失业人员再就业1489人，城镇登记失业率控制在3.5%；新增转移农村劳动力4506人，省内转移3682人；省内工业园区定向培训1860人；培训创业人员1230人，其中电商培训600人；困难人员就业人数255人，零就业家庭就业安置38人；帮助困难群体（购买公益性岗位）1026人；从事家庭服务业537人；培训家政服务人员404人；安排大学生见习219人，全面完成上级下达的各项就业创业指标。通过落实贫困劳动力转移就业、公益性扶贫岗位安置就业等，全年实现12642个贫困人口就业，其中，外出务工9799人，扶贫车间引导就业356人，县内就业965人，公益性扶贫岗位就业1026人，自主创业及能人带动就业496人。降低创业担保贷款门槛、简化申贷手续等措施，全年累计发放创业担保贷款7719万元，扶持个人创业664人，其中扶持妇女创业216人，发放贷款2845万元。扶持能人创业带动就业25人（家），带动贫困劳动力就业80人，发放创业担保贷款2040万元，发放一次性创业补贴3.5万元。

【就业培训】 开展企业岗前培训、创业培训、电商培训和家政服务培训等各类培训60多期，培训学员4844人，其中贫困人员4017人，发放培训补贴105.6万元。扶持寻天下电子商务有限公司、黄蜡石一条街、三二五村返乡农民创业园等3个孵化基地，并对入驻基地的创业实体在场地租金、水电费、物业费等方面给予50%的补贴，基地入驻小微企业及个体工商户362家，带动749人就业。举办春秋两季用工招聘大会。2月20—21日，在县城城北广场举办春季外出务工人员返乡招聘大会，提供就业岗位8600多个，发放企业用工信息13000多份；9月30日举办寻乌县首位产业——机电机械就业招聘会，县内60多家重点企业提供就业岗位3000多个，现场签约招聘人数256人，达成就业意向840多人。推进失业保险的扩面征缴发放。全年失业保险参保人数为1.07万人，征缴失业保险费200万元，发放失业保险金260人（次），合计127.8万元。

（沈潇萍）

乡 镇

长宁镇

【概　况】长宁镇位于县境中部，面积11.56平方千米，其中耕地面积31.65公顷，林地面积745公顷。辖城北、三二五、石圳3个村民委员会以及中山、广场、城南、城西、河东、岳家庄、新东、君水8个居民委员会，242个村（居）民小组。户数16250户，人口55487人。有劳动力资源4321人，流动人口23213人，人口密度为每平方千米7167人，城镇化率为85.4%。产业以交通运输、仓储物流、批发零售、住宿餐饮、金融、房地产和租赁服务业等为主。长宁镇先后被赣州市人民政府评为“全市计划生育工作综合一等奖”“全市征兵工作先进单位”。

【脱贫攻坚】结合实际，引导贫困户发展“五小创业”（即小加工、小电商、小摊点、小作坊、小家政），为131户贫困户申请740.67万产业扶贫贷款、593名贫困劳动力申请交通补贴23.25万元、162名贫困家庭子女落实教育帮扶资金60.935万元、228户贫困户享受光伏电站分红7.74万元、100户贫困户实施棚改政策，对58户贫困户和非贫困户唯一住房实施维修加固。协调就业、商务、农业等部门，组织贫困对象开展以种养、电子商务等为主要内容的创业就业技能培训6期222人次。享受“医疗四道保障线”政策贫困户281人次149.6万元，报销金额135.4万元，报销比例均在90%以上。经初步评估，年内3个行政村50户贫困户达到预脱贫条件，减少贫困人口213人，综合贫困发生率下降至0.76%。石圳村接受省第三方脱贫攻坚评估检查。

【服务城区建设】开展城北三路、中山西路、水角流、老县委停车场、富阳生物科技三期等12个重点项目征拆工作，征收土地1379亩、房屋351户3.5万余平方米，为重点项目施工建设提供用地保障。

【城镇建设与管理】保障城镇建设项目用地需求，中山西路、向阳大道、科技大道全面贯通。抓好棚改区、重点项目和国省道沿线重点区域整治，拆除“两违”建筑41处13286.43平方米；完成棚户区（城中村）改造签约196户，拆除房屋13846.56平方米。

【现代农业】抓好多元化规模农业和现代农业，发展花卉苗木、蔬菜、芭乐等特色种植业350余亩。落实农作物综合补贴22万元。

【生态建设】建立完善村级垃圾清运长效管理机制，采取市场化运作，做到农村生活垃圾日产日清。开展河道和农村环境卫生整治，清理废弃物堆放点（含垃圾堆）77处，户外厕所改建78户，整治违章搭建22处2926.75平方米，清理污水沟350米、河道26千米、河道各类垃圾136吨，村内主要道路沿线、河塘、公共场所等区域“八乱”现象基本得到有效遏制，辖区内马蹄河主河

长宁镇各村（居）基本情况表

表 36

村居	党组织负责人	村委会负责人	户数（户）	人口（人）	耕地面积（亩）	村级集体收入（万元）
三二五村	范德文	何明辉	1138	3885	1500	30.608
城北村	骆应传	罗安洪	753	3011	117.4	49.086
石圳村	范国荣	范锦锋	303	1156	105.6	14.63
河东社区	潘莉萍	华艳梅	2893	9989	—	—
城南社区	邝银兰	古群招	1962	7786	—	—
城西社区	刘　英	刘　英	1708	6457	—	—
广场社区	何山红	李燕玉	1960	2756	—	—
中山社区	曾丽萍	刘秋香	2513	10018	—	—
岳家庄社区	陈小华	王　玲	2008	8030	—	—
君水社区	邝彩琴	赵琼香	181	237	—	—
新东社区	李　红	黄雪春	831	2162	—	—

道及 14 条支流水环境得到明显改善，实现出境断面水质达标。实施县城山体复绿 585 亩。

【社会事业】 开展农村最低生活保障、养老保险、新型农村合作医疗和新农保工作，提高农村低保保障和居民医保、新农合补助标准，扩大高龄老人长寿补贴发放范围，落实困难群众大病救助及“救急难”制度，实现城乡居民最低生活保障和医疗保障全覆盖。发放各类救济款 39.31 万元、高龄补贴 71.77 万元；新增城乡低保户 18 户 40 人，发放低保金 611.03 万元。做好实验小学、城北小学、三二五小学扩征工作，保障学校建设项目用地需求。做好人口与计划生育工作，落实奖励优惠扶助政策和优质服务，完成免费“两检”（婚检、优生检测）603 例，出生政策符合率 93.27%，出生率 15.4‰。

【社会治理】 完成 11 个村（居）委会换届选举工作。开展扫黑除恶专项斗争，完善普法宣传、综治宣传、网格化管理、社区议事、巡防工作常态化工作机制；创建居家精神疾病患者关爱帮扶小组和“治安志愿者服务队”，畅通社情民意渠道，引导群众理性表达诉求，化解不稳定因素。调处矛盾纠纷 386 起，处理信访件 40 起。

【党的建设】 树立“党建+”理念，保障村（社区）干部人员经费和办公经费，提高村（居）干部工作积极性，3 个村村级集体经济收入均超过 10 万元，并有三个以上增收项目。打造河东、城南“党建+社区服务”、城北“党建+村级集体经济”服务型党组织示范点。城北村党支部作为全县党建流动现场会现场参观点接受县委检阅。加强党风廉政建设，开展扶贫领域专项治理。运用“第一形态”10 人次，其中通报批评 3 次，函询 2 次，提醒谈话 1 次，警示谈话 3 次，责令书面检查 1 次；运用“第二形态”组织调整 1 人次；运用“第四形态”开除党籍 1 人次。加强党管武装工作，完成优质兵源输送。

（温艳君　刘万辉）

晨光镇

【概　况】 晨光镇位于县境西南部，面积 180.36 平方千米，其中耕地面积 1387.79 公顷，林业用地面积 498 公顷，森林覆盖率为 77.2%。辖金龙、岭背、竹背、公平、黄坑、沁园春、新群、香山、大仙背、司城、高布、江下、溪尾、六社、桂花、湖岽、民裕、金星、河角、龙图、岭阳 21 个村民委员会，户数 6364 户，人口 27171 人。有猕猴桃、百香果、杉木、蔬菜、药材、锥栗、稻虾、油茶、蜜蜂等产业。

【脱贫攻坚】 实施住房维修加固 231 户、拆旧建新 118 户、保障房 51 套，所有农户住房均达到安全保障标准。发展猕猴桃、百香果、大棚蔬菜、小龙虾、杉木、药材、锥栗、鹰嘴桃等产业，产业基地21个，面积400公顷。有264户贫困户安装屋顶光伏发电设备。扶贫车间5个，吸纳劳动力213人，其中贫困户96人。落实保洁员、生态护林员、图书管理员等公益性岗位210名。落实交通补助1176户、2182人、117.33万元。申报“雨露计划”学历教育87人次、24.75万元，1454名建档立卡贫困户享受教育扶贫补助141.275万元。发放产业扶贫信贷通贷款165户717.6万元。为在册贫困户缴交城乡医保和疾病医疗商业补充保险，家庭医生签约率达到100%，享受“四道医疗保障线”待遇1488人次672.05万元，平均报销比例90.6%。移民搬迁22户84人，贫困户移民搬迁自筹资金均在1万元以内，帮助搬迁户就近就学就业。安排扶贫项目319个7009.44万元。其中，住房安全保障类项目209个4740.66万元，农村安全饮水类项目31个590.48万元。退出贫困村1个，减少贫困人口269户996人。贫困发生率由2014年的23.7%下降到0.81%。

【镇村建设与管理】 审批建房72宗。整治公平、金星、桂花、高布、沁园春、岭背6个村7起“两违”建筑及2起超高超大建筑，拆除“两违”面积1096.2平方米。加强圩镇管理，组建晨光镇城管中队，拆除圩镇范围内临时违章建筑46处1016平方米，清运陈年垃圾21.2吨。抓好G236国道沿线晨光段环境整治。拆除“空心房”695栋51273.24平方米。

【项目建设】 重点项目7个。推进东江源特色养生小镇项目建设，完成公墓区建设、酒店主体工程和外部装修、征收颐养中心建设用地100余亩。完成47套代建房主体工程建设、5条乡村道路扩宽改造征地拆迁（征收土地149.8亩、房屋3栋）、67条3.5千米破损道路修复、12亩人工湿地项目土地征收、X545县道（河角—留车）公路升级改造项目土地征收（征收土地398.5亩、房屋22栋3443.2平方米）、大仙背和龙图河河堤工程及其他续建项目收尾工作。

【现代农业】 发展提升猕猴桃、百香果、杉木、大棚蔬菜、药材、锥栗、蜜蜂等19个百亩转型产业基地，新增发展稻虾养殖基地2个26.67公顷，EPC蔬菜大棚项目3个25.33公顷。建设高标准农田312.67公顷，申报实施香山、新群、江下、溪尾、六社、湖岽、桂花和河角8个村高标准农田项目。开展失管果园清理和金星、桂花柑橘恢复种植示范点建设，以及溪尾、岭背、六社、竹背、江下、高布等示范点申报工作。在333.33公顷灾毁园地上，落实耕作主体106.67公顷种植油茶7万余株，复种面积86.67公顷。

【生态建设】 完成金星、龙图村低质低效林改造，其中金星村抚育面积10公顷，龙图村补植补造20公顷。聘请专业队伍清除21个村病树4000余株。申请天然林保护工程3733.33公顷。

【社会事业】 义务教育均衡发展通过省级、国家级督导评估。21个村均有村卫生室和村文化广场。开展乡风文明行动、“六星创评”“身边好人榜”评选活动，破除红白喜事大操大办、铺张浪费等陈规陋习和歪风邪气。晨光镇被评为全省老年体协示范乡镇、全县“赣南新妇女”运动示范点。

【社会治理】 排查各类矛盾纠纷32起，成功调处32起，化解重大疑难纠纷6起及农校委培生罗某某信访积案。

【党的建设】 整顿湖岽软弱涣散党组织。完善提升黄坑、晨光果业协会、高布村“党建+”示范点建设；“七一”前夕，全县党建流动现场会在黄坑村召开。抓好巡察反馈意见和形式主义、官僚主义问题整改，立行立改问题48个。聚焦监督、执纪、问责“三大主业”，运用“四种形态”抓好问题线索处置，处置问题线索34个，给予第一种形态处置23人，其中谈话函询了结5人、面对面初核了结1人、提醒谈话4人、警示谈话3人、限期整改1人、责令作出书面检查2人、诫勉谈

晨光镇各村（居）基本情况表

表37

村居	党组织负责人	村委会负责人	户数（户）	人口（人）	耕地面积（亩）	村级集体收入（万元）
司城村	刘永启	刘华荣	602	2761	1561.21	8.2
大仙背村	汪光成	汪光周	270	1367	505.16	7.32
高布村	汪光运	刘　强	465	1725	996.4	32.3
公平村	严　军	严日高	270	979	659.22	6.994
桂花村	刘锦添	刘经宇	294	1320	920.22	8
河角村	刘义周	刘秉添	162	694	823.06	10
湖案村	曹纪成	刘新建	243	1105	732.54	6.3
黄坑村	汪显清	汪新平	241	993	623.76	8.4
江下村	黄忠霖	钟启胜	289	1288	757.67	6.5
金龙村	严国华	严新其	249	1115	748.03	6.8576
岭背村	古士庆	古加城	258	1088	618.67	21.55
金星村	刘万庆	曾章华	252	1129	1345.37	11.48
岭阳村	谢民山	刘成荣	82	407	551.02	7.6
六社村	曹兴东	钟春洪	339	1430	1150.48	7
龙图村	刘秉珍	刘清山	296	1309	1939.6	15.3
民裕村	曾春生	刘剑平	229	904	689	8.6
沁园春村	古安航	汪　洋	322	1361	869.1	5.141
溪尾村	罗文源	罗长春	468	2049	2068.68	6
香山村	严考源	赖学田	551	2131	1565.43	6.8
新群村	古强军	古强军	229	937	736.77	5.48
竹背村	古利运	古召明	253	1079	955.54	5.3

话12人。立案审查5件次，给予党纪政纪处分4人。问责镇干部7人，村干部9人。

（林明松　刘承钊）

留车镇

【概　况】 留车镇位于县境西南部，面积213.29平方千米，其中耕地面积2129.45公顷。辖留车、余田、水背、飞龙、庄干、鹅湖、石马、陂下、坰上、大同、黄姜、石牛湖、贵石、雁洋、佑头、芳田、族坑、石贝、新村、坵坊、上寨21个村民委员会，户数8132户，人口33108人，有农村劳动力18955人。建立产业基地43个，有百香果、罗汉果、石榴、红薯、花生、肉鸡等产业。

【脱贫攻坚】 按照"长短结合、以短养长"的思路，帮助贫困户因地制宜发展脱贫产业，建成族坑、飞龙、大同、陂下4个村现代果蔬产业基地，搭建高标准果蔬种植大棚60公顷。完成族坑、芳田、陂下3个村高标准农田建设126.67公顷。建立肉鸡、罗汉果、百香果、石榴等100亩以上产业基地17个，村级产业基地辐射带动1300户贫困户发展产业。贫困户享受产业奖补政策1386户441.68万元。实施房屋维修加固1302户，拆旧建新339户，申报移民搬迁对象43户。有3974人享受"四道医疗保障线"补助873.5万元，为3476人办理慢病优惠卡，认定并救助慢性患者1193人。享受教育资助2014人116.2万元。

【镇村建设与管理】 完成34294.25平方米农村公路破损路面修复，完成S458省道（留车东江源大桥—菖蒲黄砂段）及X545县道（大同—坰上）公路改造。完成饮水项目工程20个699.17万元，受益农户6164户26024人。新建3个村级文化广场、12个村级卫生室等公共服务项目。整治新增超高超大建筑，构建农村建房长效管理机制。打击违法占地、违法建筑，提高群众"先批后建、按批兴建"意识。申报验收飞龙、余田、石马、陂下4个村第一期土地增减挂项目22.89亩。整治拆除“空心房”46836.21平方米。

【生态建设】 完成陂下村废弃矿山修复。定期或不定期开展养猪场污染专项治理督查，拆除芳田、坵坊、雁洋3个村养猪场。垃圾处理做到组收集、村集中、镇转运。

【现代服务业】 完善雁洋旅游扶贫示范基地建设，抓好石崆寨漂流、长城、游步道、卡通田园等农庄发展规划。利用赶街、供销e家、农村e邮等平台资源，发展电商物流，拓宽农产品销售渠道。

【社会治理】 构建镇、片、村、组四级矛盾纠纷“大调解”组织网络，化解各项矛盾纠纷160余起。

【党的建设】 完成村“两委”换届选举，选举产生新一届村级党组织班子成员84人、村委班子成员93人。打造飞龙村“党建+扶贫”、雁洋村“党建+旅游”、陂下村“党建+乡风文明”3个党建示范点。全县乡风文明流动现场会在陂下村举行。通过农村集体山林、小水电站、土地增减挂、“村集体+合作社”等模式，全镇实现村集体经济收入244.98万元，21个行政村经济收入分别增长30%以上。

（范伯韬　刘文才）

留车镇各村（居）基本情况表

表38

村居	党组织负责人	村委会负责人	户数（户）	人口（人）	耕地面积（亩）	村级集体收入（万元）
坰上村	赖声俊	赖声长	241	1144	1008.37	7.597
陂下村	林国生	—	223	979	1148.36	12.44
大同村	邝振锋	罗国堂	227	1056	1138.96	6.7
庄干村	林红斌	陈皆芳	806	3102	1720.77	8.84
鹅湖村	侯乐伟	侯桂林	234	850	662.63	7.05
石马村	陈生民	赖平山	246	1064	997.72	8.6886
留车村	邝文锋	陈忠添	546	2497	1135.62	9.98
飞龙村	刘庆财	刘亮华	276	1061	1902.62	85
余田村	赵书根	刘秉常	494	2077	2660.62	8.1
水背村	邝　辉	谢期洲	525	2065	1927.99	8.9
黄姜村	邝华山	邝振达	443	1717	1028.52	8.97
雁洋村	邝声波	邝　辉	456	1688	1632.09	6.9212
芳田村	曾红峰	曾素香	454	1821	1842.98	7.3022
石牛湖村	王　彬	曾佛长	292	1273	1596.28	7.6414
佑头村	易道全	侯乐欣	286	1326	1245.66	8.071
贵石村	易槐明	易槐锋	201	816	1483.92	6.73
族坑村	王瑞金	陈树明	417	1620	1222.95	6.41
坵坊村	刘其明	刘世海	318	1268	1112.61	5.29
上寨村	陈　斌	曾令标	512	1819	2564.08	6.85
石贝村	刘步燃	刘金城	433	1826	1898.46	10.4601
新村村	廖祥兰	黄志明	502	2039	1824.33	7.04

南桥镇

【概　况】 南桥镇位于县境南部。G35济广高速、G206国道穿境而过。面积138.15平方千米，其中山地9697.4公顷，耕地1311.9公顷。辖南桥、罗陂、廷岭、高排、冠洲、黄塘、上游、下廖、满坑、古坑、珠村、长江、南龙、车头、团建、团江、黄坝、金桥18个行政村，户数8411户，人口33228人。有蔬菜、油茶、甜玉米、百香果、龙脑樟等种植基地。生产总值78676万元，地方一般财政公共预算收入1322.46万元，农民人均可支配收入8560元。

【脱贫攻坚】 年内脱贫336户1298人，贫困发生率下降至0.71%，通过国家省际交叉检查和省第三方评估验收。实施173个5448.26万元住房安全巩固提升项目、25个495.9万元饮水安全项目；完成易地搬迁33户131人。发放产业奖补资金1873万元、“产业扶贫信贷通”贷款3090.7万元、交通补贴134.31万元；1445人次享受健康扶贫“四道医疗保障线”615.65万元，资助贫困家庭学生1503人次157.9万元。实施扶贫项目221个6340.8万元。退出5个“十三五”贫困村。

【基础设施】 投资1.6亿元完成青龙岩景区大道硬化、田园综合体观光路、团建至黄坝破损路面修复及南桥卫生院等项目；青龙岩风景区一期项目进展顺利。

【现代农业】 有新型农业经营主体27家，建设蔬菜大棚基地8个120公顷，建立产业基地26个，培育产业致富带头人54名。青龙岩风景区、磷石背温泉、寻乌古城、大夫第等项目落户南桥，完成现代服务业项目征地81.97公顷；青龙岩景区、磷石背温泉对外试营业。

【环境整治】 开展违法违章建筑整治行动22次，巡查制止违法占地、违章建筑行为99起。拆除“空心房”40万平方米，完成土地“增减挂”54.3亩。聘请玉和田公司，实行常态化保洁，清理各类垃圾2.5万立方米，团建村代表寻乌县通过国家第三方评估验收。

【生态建设】 实施天然林保护1193.33公顷，封育生态公益林1386.67公顷，退耕还林23.6公顷，完成低质低效林改造326.67公顷。

【社会事业】 为876户1900人发放低保金635万元、五保金45.8万元；发放临时“救急难”救济118人次10.68万元；新敬老院大楼交付使用；办理残疾人残疾证783本，为471名残疾人落实“两项补贴”38.13万元。新建综合文化服务中心10个、村级新时代文明实践站18个。完成6个村级卫生室建设；为符合条件的1288名群众办理慢病登记；成立18个家庭医生签约服务团队，签约10461人。

【党的建设】 年内，设有党委1个，党支部23个（含南桥派出所、甜玉米协会、离退办、果业合作社党支部）。党员总数747人，其中农村党员610人，女党员132人；35岁以下176人，60岁以上311人；高中以上学历382人，初中以下366人。新发展党员18名。查处扶贫领域不正之风19起，立案查处4起，给予党内严重警告处分2人、警告处分2人，诫勉谈话9人，警示谈话28人，提醒谈话1人，收缴违纪款19.52万元。

（曾进辉　廖诗妍）

南桥镇各村（居）基本情况表

表39

村居	党组织负责人	村委会负责人	户数（户）	人口（人）	耕地面积（亩）	村级集体收入（万元）
南桥	谢应伟	谢小洪	837	3826	1531.87	13.14
金桥	凌皇浩	凌皇浩	358	1754	—	5
罗陂	谢文铭	谢昌瑞	441	1738	1967.03	5.02
高排	陈盛桃	谢苑森	483	1844	1275.02	5.135
廷岭	陈宣水	陈宣水	474	1666	1478.52	9.74
冠洲	陈春林	陈石梅	359	1387	852.2	5.13
黄塘	谢宁松	谢宁松	515	2035	1420.14	20.571
上游	陈冬军	曾令熊	463	1768	1971.71	5.2
下廖	彭荣锋	彭　芹	409	1668	1824.85	6.42
满坑	彭栋梁	凌石毅	447	1716	2274.71	5.336

续表 39

村居	党组织负责人	村委会负责人	户数（户）	人口（人）	耕地面积（亩）	村级集体收入（万元）
古坑	彭辉标	黎海明	402	1558	1117.44	14.768
珠村	钟爱民	钟奕红	719	2766	2483.09	5.9
长江	钟勇明	钟　平	327	1252	1221.06	5.025
南龙	温传林	温勇辉	552	2143	2427.13	5.5
车头	赵泽民	邝国栋	623	2344	2300.34	5.343
团建	赵尚森	赵坤垣	410	1495	1365.99	5.2797
黄坝	陈皆金	彭文财	358	1337	1351.14	5.3
团红	邝树星	陈辉云	234	931	898.34	5

吉潭镇

【概　况】 吉潭镇位于县境东部。G35 济广高速、G206 国道穿境而过。面积 238.49 平方千米，其中耕地面积 1453.07 公顷。辖上车、滋溪、榜溪、黎坑、兰贝、吉潭、古丰、小田、圳下、团船、大坜、林田坝、剑溪、篁竹湖、汉地、赖地 16 个村民委员会，户数 7425 户，人口 26504 人。有脐橙、柑橘、甜柚、西瓜、蜜李、油桃、香菇、木耳、冬笋、灵芝、养蜂等产业。财政收入 1186.92 万元，其中公共财政预算收入 928.92 万元。争取省市财政各类项目资金 350 万元。

【脱贫攻坚】 年内，减少贫困人口 246 户 876 人，贫困发生率由 2014 年的 16.13% 下降至 0.69%；做实贫困人口动态调整，自然增加贫困人口 45 人，自然减少贫困人口 70 人。发放“产业扶贫信贷通”贷款 222 户 1353.3 万元、产业奖补 1008 户 249.887 万元；开发公益性岗位 160 个，开展技能培训 561 人次；实施易地搬迁 128 户，拆旧建新 94 户，维修加固 2571 户，建设保障房和周转房 1268 平方米。投入 1278.72 万元，实施义务教育学校标准化建设及薄弱学校改造工程。落实 108.825 万元资助贫困对象 1113 人次（学生 594 名）。新建村级公立卫生室 7 个；3514 人次享受“四道保障线”救助 594.763 万元；为 1955 人办理了医保慢性病，其中贫困人口 647 人。实施财政及贷款资金项目 173 个 6098 万元。

【项目建设】 实施住房安全保障类项目 123 个，安全饮水类项目 19 个，道路交通类项目 3 个，人居环境改善类项目 25 个，其他类项目 3 个；建成一批惠及各村的村组道路、饮水管道、文化广场、村级卫生室、民房维修加固等受益面广的项目工程。实施滋溪大桥改建、吉潭至项山县道升级改造、吉潭至蕉公堋乡道升级改造、上车至圆墩坑村道升级改造、水源至吉潭马蹄河河道综合治理、废弃矿区复绿、垃圾填埋场清运复绿等工程项目。争取项目资金 300 万元，新建吉潭社区活动中心。

【环境整治】 拆除违章建筑 15 处 2950.8 平方米、乱搭乱建 0.16 万平方米、“空心房” 5.68 万平方米；规范农村建房秩序，审批 125 户。拆除 G206 国道沿线广告牌 16 处、乱搭乱建 456 平方米；加强农村垃圾清运，做到日产日清；新建兰贝、林田坝、剑溪 3 个村级文化广场和团船、兰贝、大坜等 7 个共有产权村级卫生室。

【产业发展】 通过投入资金、流转土地，供应苗木等方式，建立村级产业扶贫基地 16 个，其中覆盖所有行政村的柑橘假植苗木基地 8 个。村级产业基地辐射带动贫困户 464 户自主发展、608 户贫困户合作帮扶，户均增收 1200 余元。

【社会事业】 完成义务教育均衡发展迎国检工作；为 146 人发放临时救助资金 12.8 万元；落实非贫困人口暖心基金 49 人 27.96776 万元。医保

吉潭镇各村（居）基本情况表

表 40

村居	党组织负责人	村委会负责人	户数（户）	人口（人）	耕地面积（亩）	村级集体收入（万元）
榜溪村	曹水彬	谢日平	565	2311	2084	6.5
大坜村	彭瑞云	潘立华	592	2236	1451	6
古丰村	陈维兵	陈文生	495	1916	1447	9.38
篁竹湖	吴功永	吴永标	382	1378	1765	5
吉潭村	高秀华	徐良平	572	1711	1095	5
圳下村	刘周园	刘永浩	496	1515	1575	7
剑溪村	刘德章	刘永标	624	2218	1860	9.32
籁地村	谢泽扬	何梅春	176	616	1530	5
兰贝村	潘志敏	方贻权	477	1897	1658	5
黎坑村	刘长江	肖廷明	470	1630	1624	11
林田坝村	钟洪涛	钟贤均	154	534	739	7
上车村	潘其煌	潘海兵	505	2135	2550	6.98
团船村	潘新亮	潘锡平	491	1675	984	11
小田村	谢藏忠	谢藏忠	338	962	886	6.8
滋溪村	钟国华	谢永明	641	2502	2790	10
汉地村	刘加平	刘加平	447	1268	1656	7.9

参合率稳定在 98% 以上，居民养老保险参保率达 93%；实行网上生育证登记 218 例，完成年度优生检测任务 124 例。

（陈盛财）

澄江镇

【概　况】 澄江镇位于县境北部，面积 191 平方千米，其中耕地面积 14170 公顷。辖北亭、凌富、团丰、谢屋、王屋、汶口、周田、族亭、长畲、江贝、桂丰、桂岭、黄岗、大墩、香樟园 15 个村（居）民委员会，户数 8095 户，人口 34267 人。其中，北亭、汶口为畲族少数民族村，人口 4867 人，是寻乌唯一有少数民族的乡镇。有中学 1 所、小学 14 所，教师 270 人，学生 3662 人；幼儿园 19 所（含私立），学生 1380 人；中心校被选为“马云乡村寄宿制学校”试点单位，获项目支助金（三年）288 万元。卫生院 1 所，医生 14 人，护士 12 人；村卫生室 24 个，乡村医生 29 人。有脐橙、柑橘、红薯、百香果、苹果桃、猕猴桃、蔬菜等产业。农民人均纯收入 11300 元，增长 12.5%。澄江镇代表江西省以优异成绩通过贫困退出专项评估国家省际交叉检查验收。周田村被住房和城乡建设部、国家文物局授予“中国历史文化名村”、被住房和城乡建设部授予“中国传统村落”、被中国生态文化协会授予“全国生态文明村”称号。

【脱贫攻坚】 安排基础设施、村庄环境整治等项目资金 7725.43 万元，村集体收入均达 7 万元以上。维修加固房屋 1547 户，拆旧建新 67 户，移民搬迁 77 户 382 人，实施饮水工程 18 个。1129 人次享受医疗“四道保障线”补助 766.1148 万元，办理慢性病登记 1223 人次；资助贫困家庭学生 1674 人次 165.425 万元，落实“雨露计划”补助 328 人 47.45 元；发放产业奖补 125.8 万元、“产业扶贫信贷通”4702 万元，726 户贫困户外出务工享受交通补贴。全镇 1384 户 6093 人建档立卡贫困人口中，脱贫 1313 户 5866 人，贫困率下降到 0.73%。

【现代农业】 有果业合作社 67 家，建设市级标准化生态示范园 1 个。发展红薯、百香果、苹果桃、猕猴桃、蔬菜等特色产业，打造桂岭村庄仙堂沟域经济示范点、汶口村猕猴桃示范基地、大墩村千亩茶场示范基地、周田村苹果桃示范基地。清除柑橘黄龙病树60余万株，恢复种植柑橘面积1066.67公顷，果业面积达6000公顷，新增红薯、百香果、苹果桃、猕猴桃等产业66.67公顷。建设汶口、桂丰、长畲、北亭、大墩5个假植苗培育基地，培育柑橘苗木17万余株。

【环境整治】 完成江背溪商贸市场规划前期工作。拆除“两违”建筑5600平方米、铁皮棚6200平方米，清理违章占道经营200余处、乱堆乱放杂物100多吨。

【基础设施】 澄江至罗珊、溪尾至坳脑公路建成通车。年内完成征地拆迁1358亩、拆除房屋17户。修复周田、族亭、黄岗、大墩、团丰等村道路面1.62千米。投入432万元，实施周田、凌富、北亭、大墩、桂丰、黄岗等10个村1万人受益的饮水安全工程。对汶口、大墩村简易垃圾填埋场进行转移清运和就地封存等无害化处理。启动实施会昌至寻乌（澄江段）段主网线建设天然气项目。

【生态建设】 落实“河长制”，压实14个“副河长”和“河段长”以及117个“河道管理员”责任。关停禁养区畜禽养殖场（户）17家，查处“小散乱污”企业1家，拆除中央和省环保督查反馈问题的王屋村五坑养殖场、大墩牛蛙养殖场。加强封山育林、植树造林、低质低效林改造，63.33公顷低质低效林通过县级验收，120公顷天然林纳入县级保护工程，砍除松线虫病树1100余株，选聘生态护林员25名，防火员18名，湿地管理员5名。饮用水源水质长期稳定在Ⅱ类，出境断面水质稳定达标。

【社会事业】 澄江中学投入近1000万元，澄江中心校投入近2000万元，建设高标准综合大楼、学生宿舍、运动场所和校园文化，通过义务教育均衡发展省级、国家级督导评估。新建族亭、凌富村卫生室。广播电视、通信网络全覆盖，王屋、谢屋、桂丰、族亭4个村文化广场投入使用。举办电商、机电机械、柑橘种植等各类培训班，培训人数500余人，新增就业263人。

澄江镇各村（居）基本情况表

表41

村居	党组织负责人	村委会负责人	户数（户）	人口（人）	耕地面积（亩）	村级集体收入（万元）
汶口村	蓝奎绪	蓝家强	1080	4518	1530	10
周田村	王远浪	王家兵	338	1543	870	8.5
谢屋村	谢继盛	谢建球	450	2435	1250	9
桂岭村	廖安龙	廖继传	517	2470	2530	10.4
大墩村	凌海涵	凌传松	690	2949	2222	8.03
桂丰村	赖宏华	赖格贤	313	1387	1041	8
王屋村	王丽斌	王月旋	345	1408	662.8	2.3
族亭村	廖万浩	廖巨东	362	1608	1200	8.0744
长畲村	徐锦海	徐天阳	210	960	760	6
团丰村	凌育绵	凌兆祥	248	1145	680	8.15
凌富村	凌发彬	凌永刚	943	4102	2293	7.13
北亭村	黄士胜	蓝德忠	935	4315	2555.52	7
江贝村	凌　辉	黄发林	392	1712	1200	7
黄岗村	凌育清	王兴辉	613	2694	2463	13.2
香樟园社区	邱　盛	邱　盛	659	1021	0	5

（杨　莹）

桂竹帽镇

【概 况】 桂竹帽镇位于县境西南部，面积237.5平方千米，其中耕地面积20.17公顷。辖上坪、华星、龙归、蕉子坝、高头、白面石6个行政村和中排、桂峰2个居委会，户数3434户，人口13155人，其中畲族人口210人。有百香果、猕猴桃、柑橘脱毒苗木繁育、南瓜、养蜂等产业；有毛竹林基地面积4333.33公顷。

【脱贫攻坚】 年内，脱贫66户282人，贫困发生率由2017年的2.2%降至0.79%，白面石村通过省脱贫攻坚第三方评估，实现贫困村退出。发展以柑橘、养蜂、百香果及猕猴桃等为主导的脱贫致富产业，完成村级柑橘假植苗木基地建设，为每户贫困户免费培育柑橘苗木150株；扩容村级扶贫电站145千瓦，每个村（居）光伏年收益5万元以上。实施扶贫项目87个2768万元、住房安全保障项目64个2307万元；发放产业扶贫奖补资金133.53万元。举办种植、养殖、电商等各类培训班9期，培训适龄贫困劳动力266人，开展专场招聘会2次，带动贫困户就业67人。开发护林员、保洁员、农家书屋管理员、河道巡查员、公路养护工等扶贫公益性岗位72个。搬迁进城入住三期、四期安置点15户。为247户贫困户发放产业扶贫信贷通贷款1492万元。享受教育扶贫政策贫困家庭167人，发放教育扶贫补助18.4万元。完成村卫生计生室规范化建设2个；为建档立卡贫困人口代缴城乡居民医疗保险费40.216万元，享受“四道保障线”补偿1636人次275.75万元；为每户贫困家庭落实家庭医生签约服务。农村低保对象732人，其中建档立卡贫困人口675人，低保最高标准提高到4080元/年。

【基础设施】 完成G358路面改造工程、上坪至大寨公路改造项目征收土地128亩、房屋10栋、路基铺设工作，以及乡、村（含25户以上自然村）破损路面修复。

【生态建设】 实施天然林保护，签订天然林保护8.6万亩。完成低质低效林改造面积66.67公顷。打击取缔水源头畜禽养殖，关停利用废弃厂房非法电镀加工企业1家。

【产业发展】 开展失管果园清理，清理失管果园57处12308株；申报果园防控奖补110户。发展百香果、南瓜等短平快产业，年内，新增百香果面积37.33公顷，南瓜面积39.73公顷。

【环境整治】 年内，拆除“空心房”、附属房43952平方米，并做好拆后平整和建筑垃圾清运。

【党的建设】 受理上级转办和群众来访等各类信访举报件27件（次），开展扶贫领域问题自查自纠工作2次，处置问题线索11件，立案2件，党内处分2人，运用“第一种形态”18人次，追缴违纪资金13.43万元。

桂竹帽镇各村（居）基本情况表

表42

村居	党组织负责人	村委会负责人	户数（户）	人口（人）	耕地面积（亩）	村级集体收入（万元）
上坪村	汤桂明	汤洪道	523	1779	2417.44	13.72
华星村	黄卫红	温日仁	563	2065	2499.94	15.06
蕉子坝村	冯红华	冯红华	343	1242	1053.75	15.73
龙归村	严跃洪	严维中	457	1702	1391.63	13.168
高头村	严春光	严富春	746	2838	2099.7	13.64866
白面石村	孙芳锦	刘庆祥	497	1940	1387.86	13.44
中排社区	程于胜	郭卫洁	241	506	—	—
桂峰社区	黄吉华	邝光标	268	542	—	—

（赵婷婷　易增平）

文峰乡

【概　况】 文峰乡位于县境中部，面积274.98平方千米，其中耕地面积1262公顷，林地面积24733.33公顷。辖长溪、长举、东团、新罗、长岭、大路、杨梅、黄坳、小布、河岭、石排、上甲、双坪、图合、岗背、田背、长布17个行政村，户数7431户，人口28240人。有猕猴桃、葡萄、百香果、甜柿、蔬菜等产业。财政收入2843.63万元，同比增长48%。

【服务城区建设】 年内，征地拆迁项目22个（含去年部分遗留项目）301.87公顷，征收261.07公顷；房屋179栋，签约征收178栋。

【脱贫攻坚】 年内，有202户761人脱贫，贫困发生率下降至0.74%。种植猕猴桃面积166.67公顷，葡萄40公顷，百香果200公顷，蔬菜120公顷。发放“产业扶贫信贷通”贷款2757万元，每村一个光伏电站收入5万元以上。为贫困户安排公益性岗位151人，贫困户劳力进厂进企就业1005人。争取项目资金643.56万元，解决7个村1011户4152人的饮水安全问题。为1465户住房困难户解决住房安全保障。完成土坯房维修加固1258户，奖补拆旧建新92户，建设周转房45套，保障房14户，易地搬迁56户256人。

【环境整治】 依法开展棚改工作，有棚改户324户，签约324户。拆除“空心房”203467.27平方米。9月，率先通过县级“空心房”整治验收。

【生态建设】 加强河道管理，关停河水污染养殖企业12户，发放限期关停通知书19份。打击非法电鱼2起，钓鱼80余起，网鱼5起。年内，珠江防护林荒山造林面积166.67公顷；完成低质低效林改造补植面积6.67公顷，抚育改造面积13.33公顷，封育改造面积20公顷。发放《致农民朋友的一封信》《禁火令》等宣传资料2500多份，设立防火警示牌120块，聘请58名贫困人员担任生态护林员。

【“两违”整治】 联合县国土、城建、城管等部门，开展辖区内“两违”整治。年内，打击制止“两违”行为138起，拆违75宗12070平方米，拆除铁皮棚130个10427平方米。

文峰乡各村（居）基本情况表

表43

村居	党组织负责人	村委会负责人	户数（户）	人口（人）	耕地面积（亩）	村级集体收入（万元）
长举村	黄金龙	黄上球	786	3172	1331.94	14.9456
长溪村	刘维斌	刘炎生	256	1056	837.85	9.468
东团村	刘礽春	刘　锋	525	2250	2167	8.6508
新罗村	骆龙星	骆启迪	512	2252	446.5	15
长岭村	李盛才	李永芳	420	1824	1948.7	8.18
大路村	曹阳开	曹春荣	518	2152	2191	7.2
杨梅村	温永兵	范金辉	255	972	1129	7.2054
小布村	谢文锋	黄德贵	291	1069	991.9	6.74
黄坳村	谢玉康	谢德祥	268	1347	392.5	7.9
河岭村	刘兰洲	刘文胜	382	1538	1686	18.6
石排村	钟丁瑞	谢应彩	291	1206	771.7	22.19
上甲村	钟兴传	钟贱林	402	1908	2364.7	36.698
双坪村	王达奎	刘帮海	408	1706	1992	21.368
图合村	曾庆鑫	曾庆鑫	295	1095	1293.8	7.27
岗背村	韩东泉	黄春辉	612	2452	1942.6	5.75
田背村	曹贱波	曹建华	493	2048	2021	9.5
长布村	刘永杰	林日初	451	1898	2039.5	8.2

【社会治理】成立征拆调解工作小组，调处化解长举、新罗、杨梅村等县重点项目征拆矛盾纠纷。依托“廖建强工作室”，发挥廖建强老牌调解员和其“八步法”经验调解工作法，成功调处化解山林、土地、邻里纠纷等各类矛盾纠纷40余起。5月，文峰司法所廖建强被司法部授予“全国人民调解工作先进个人”。年内，受理上级来信来访转交办件108件，信访回复率100%。接待来访群众108批172人次，解释疏导108批172人次，疏导100%。投入6万元，加强村级综治中心建设。重新调整17个村的综治网格，从上年度的55个调整为42个，并出资7万余元对42个网格管理员手机终端进行换代更新。悬挂扫黑除恶标语100余条，竖立永久性标牌51个，发放宣传资料6000余份，设立举报箱18个。年内，向县扫黑办移送疑似黑恶线索7条。

【党的建设】抓好石排村“党建+就业扶贫”、长布村“党建+产业扶贫”党建示范点建设。年内，乡纪委受理信访举报5件、办结4件；县纪委转办信访件28件，办结24件；采用信访调查方式上报了结5件、信访问题线索初核方式上报19件，运用第一种形态处置33人次。

【村级建设】重新安装17个村远程教育设备，购置液晶电视。重建4个村被征收拆除场所，其中新罗村完成主体和外装修，小布村完成一层主体，长举村、河岭村完成用地选址和前期报批手续。

（古城晨　陈添娣）

三标乡

【概　况】三标乡位于县境西北部，面积224平方千米，耕地面积816.2公顷，林地面积18253.33公顷。辖富寨、三标、胡屋、堆禾、黄陂、基田、甲子乌、长安、东江源、图岭、上下坝、大小湖杂12个村民委员会。户数4156户，人口15368人，其中非农442人。有脐橙、柑橘、鹰嘴桃、猕猴桃、石参、黄精、水稻、香菇、冬笋、红薯等产业。

【脱贫攻坚】年内，有549户2296人脱贫，贫困发生率下降至0.72%，通过省级贫困县退出脱贫摘帽评估验收。完成房屋维修加固1335户、建档立卡贫困户移民搬迁84户386人；兜底保障890人；发放大病医疗补充保险596户411.17万元、产业奖补406户87.36万元，就业帮扶651人。安排扶贫项目172个4382.21万元完善住房、道路、饮水等基础设施；开展“五净一规范”评比727户；每村发展光伏等集体经济增收5万元。

【现代农业】发展鹰嘴桃、猕猴桃、石参及黄精、养蜂等种养业，全乡种植鹰嘴桃面积133.33公顷、猕猴桃面积42.67公顷、石参和黄精等中药材面积32.67公顷、甜柿面积16.33公顷、红薯面积33.33公顷、养蜂6600箱，实现贫困户产业全覆盖。有农民合作社16家，其中旅游农民合作社1家。发展电商服务站6个。

【基础设施】实施饮水安全提升项目12个291.4万元，改厕项目9个56.1万元，桥梁项目2个47万元，通组路项目1个63万元，河堤项目1个32万元，环境整治项目3个39万元，排水沟项目3个63万元。完成甲子乌至叶屋、胡屋至清平公路等项目征地面积16.1公顷；实施广播电视“户户通”项目。

【生态建设】关停禁养区养殖场20户。构建由党委书记任总河长，乡长任副总河长，村主任任河段长及河道管理员组织体系。在圩镇及周边村庄铺设“雨污分流”管网25千米；配套建设日处理500吨污水处理站。在东江源、图岭、甲子乌、长安、基田、黄陂等村分区域铺设污水管网3600米，兴建污水处理站13处。实施九曲湾河道整治与生态修复、蓝藻生物治理工程。实行“林长制”及封山育林管护。查处破坏森林资源案件8起。签订防火责任状12份，建立防火劝导站24个，劝导360人次，张贴森林防火宣传画260份，

三标乡各村（居）基本情况表

表 44

村居	党组织负责人	村委会负责人	户数（户）	人口（人）	耕地面积（亩）	村级集体收入（万元）
三标	黄安圣	黄圣杰	543	2725	2430.55	31.26
富寨	林曙彬	欧阳明光	418	1947	1583.95	20.71
甲子乌	谢文钦	谢　辉	400	2047	2500.04	19.47
堆禾	胡贵海	胡浪明	343	1648	1533.37	19.2
基田	周少春	周昭毅	406	1986	1561.13	10.22
长安	刘世海	刘　斌	222	1156	369.42	13.55
胡屋	胡炎成	胡振权	341	1578	1411.5	9.45
黄陂	钟金斗	华　锋	303	1468	1178.87	16.25
东江源	张开有	谢森中	188	963	—	16.91
图岭	陈仁祥	陈泽余	216	1029	92.99	13.03
上下坝	钟文君	钟名松	124	634	267.39	14.38
大小湖峚	华芬根	陈　斌	203	984	866.67	51.69

出动宣传车 48 台次。拆除空心房 2.9 万平方米，并对拆除空心房后的建筑垃圾进行集中清运，对符合条件的地块实施“增减挂”再利用，“增减挂”面积 16.06 亩。

【社会事业】 实施扶贫项目 173 个 4388.71 万元，建设村级文化活动场所 9 个、村级卫生计生服务室 10 个。电网、广播电视、互联网等“三网”以及村组道路实现组组通，农村生活垃圾、污水处理和安全饮水供水实现全覆盖。投入 10 万元完善中小学基础设施建设，完成义务教育迎国检工作；开展教育扶贫，落实贫困学生资助政策，发放资助金 536 人次 23.6 万元。对 839 人生活困难对象落实城乡低保政策。完成敬老院 15 亩和公益性墓地 56 亩征地工作。开展乡、村两级社区网格信息化平台建设。开展扫黑除恶，入户宣传并发放宣传资料 2000 余份，在主要道路和各行政村悬挂横幅标语 18 条，设立举报箱并公开举报电话。

（张露芳）

菖蒲乡

【概　况】 菖蒲乡位于县境西南部，面积 81.59 平方千米，其中耕地面积 555.27 公顷，山林面积 6527.2 公顷。辖菖蒲、虎石、铜锣、黄田、黄砂、徐溪、坪光、五丰 8 个村民委员会，户数 4050 户，人口 14806 人。有水稻、油茶、蔬菜、蓝莓、石榴、香芋、南瓜、百香果、肉鸡、番鸭等产业。

【脱贫攻坚】 年内，有 135 户 520 人脱贫，累计减贫 551 户 2394 人，贫困发生率下降至 0.77%，黄砂、铜锣村接受省第三方考核评估和成效考核验收。发放产业扶贫信贷通 288 户 1358.5 万元，落实产业奖补资金 307.06 万元。建立产业扶贫基地 14 个，引导贫困户复种柑橘面积 16.53 公顷、南瓜面积 76.27 公顷、百香果面积 65.13 公顷。先后两次在全县产业扶贫流动现场会上作经验介绍。申报移民搬迁对象 4 户。认定并救助慢性病对象 1193 人。先后资助贫困学生 1845 人次 187.25 万元，发放教育补助 167.25 万元。

【环境整治】 拆除农村危旧土坯房 3.48 万平方米，实施维修加固 556 户，进行拆旧建新 120 户。完成 G236 国道路域环境整治，拆除铁皮棚 30 余处。聘请玉禾田公司，实行常态化保洁。开展圩镇整治 10 余次，完善主干路绿化美化。年内审批建房 100 户。

【镇村建设】 完成圩镇总规修编。集舞台表演、体育健身、村庄特色展示、菖蒲文化元素为一体的乡文化广场建成投入使用。在国道沿线建立虎石小游园、菖蒲形象雕塑、红色黄砂浮雕。新建

菖蒲乡各村（居）基本情况表

表 45

村居	党组织负责人	村委会负责人	户数（户）	人口（人）	耕地面积（亩）	村级集体收入（万元）
菖蒲村	叶明亮	林承春	617	2425	1168.98	7.24
虎石村	刘观柱	刘海云	287	1158	1019.5	7
铜锣村	李　林	李英鑫	424	1576	1213.04	7.1
黄田村	罗安荣	李必东	383	1463	1418.6	7.356
黄砂村	李荣超	李枝燕	625	2372	2054.77	7.4
徐溪村	林秀桃	林章松	552	1971	1306.26	6.6
坪光村	林　义	李基波	409	1520	1269.72	6.738
五丰村	古国华	古兴旺	583	2321	1911.07	6.5

黄砂、坪岗 2 个村文化广场及 4 所村级卫生室。

【基础设施】 完成菖蒲—六社公路（A 标）建设和黄田、五丰村损毁路面改造。25 户以上破损村道改造进展顺利。

【现代农业】 完成大棚蔬菜基地土地流转。全县现代农业攻坚流动现场会在坪岗百香果基地召开。建立虎石蓝莓及石榴基地、五丰香芋基地、菖蒲南瓜基地和坪岗、铜锣、黄砂、黄田百香果基地；抓好传统产业，发展肉鸡、番鸭、油茶、水稻、蔬菜等种养殖产业。建设高标准农田面积 13.33 公顷。

【现代服务业】 发展电商产业，开通申通、圆通、中通、韵达、天天、顺丰、百世、邮政等快递物流网，实现村级网店全覆盖，为脐橙、百香果、鹰嘴桃、笋干、蜂蜜、茶油等农副产品提供便利销售渠道。

【生态建设】 完成篁乡河连接线河堤治理工程。拆除禁养区养猪场 2 个，下发责令整改通知书 15 份。联合生态执法局打击徐溪村一非法洗砂行为。抓好铜锣采砂厂整改工作。

（古宏州　袁锦圣）

龙廷乡

【概　况】 龙廷乡位于县境西南部，面积 73.5 平方千米，耕地面积 295.2 公顷。辖大田、西湖、龙廷、斗晏 4 个村民委员会，户数 1520 户，人口 6565 人。有柑橘、油茶、茶叶、猕猴桃、养蜂等产业。

【脱贫攻坚】 年内，发放“产业扶贫信贷通”贷款 131 户 552 万元；申请产业奖补资金 59.5 万元；贫困人口通过雨露计划完成学历培训 8 人、技能培训 24 人。发放寄宿生补助 35.36 万元、“四道医疗保障线”145.7 万元；完成进城安置 23 户 102 人，其中同步搬迁 10 户 38 人，进城三期集中安置 7 户 36 人，进城四期集中安置 6 户 28 人；落实 116 户低保户、39 名五保供养户政府兜底扶贫帮困政策；实施危房改造 294 户 1280.45 余万元；投入资金 1596.7 万元，实施扶贫项目 61 个。

【生态建设】 发放畜禽养殖整治通知书 312 份，整改畜禽养殖场所 36 处，拆除禁养区畜禽养殖场所 4 处。与玉和田公司衔接，转运临时存放点垃圾，完成告子坑废弃稀土矿区治理工程和斗晏库区基础设施配套土建工程及环境自动监测站建设。开工实施四个证外矿山山体复绿和大田、西湖两个村的城乡环卫一体化工程。国控断面水质稳控在Ⅲ类以上。

【产业发展】 清理失管果园 61 个，开展柑橘复种。抓好“两茶”产业发展，有油茶面积 1666.67 公顷、茶叶面积 133.33 公顷。做好新兴产业宣传承接工作，发展种植猕猴桃面积 4 公顷、百香果面积 8 公顷、养蜂 1600 箱。

【基础设施】 S458 省道、X549 县道竣工。每个村有 6 条对外机动车道，4 个村硬化入户小道

龙廷乡各村（居）基本情况表

表 46

村居	党组织负责人	村委会负责人	户数（户）	人口（人）	耕地面积（亩）	村级集体收入（万元）
龙廷村	梅自昌	邱伟朋	570	2315	1411	8.9
斗晏村	梅月泉	梅月泉	307	1549	1245	13.5
西湖村	曾照明	梅声旺	166	616	462	9.616
大田村	梅韵良	梅韵权	496	2116	1872	11.9

23.43 千米。筹资 20 余万元安装太阳能路灯 50 余盏。投入 84.62 万元改厕 174 户。

（严　锋　梅娟萍）

丹溪乡

【概　况】 丹溪乡位于县境南部，面积 165 平方千米，其中耕地面积 642.9 公顷，山林面积 12753.3 公顷。辖彭溪、清溪、丹溪、双溪、双村、金村、上平、下平、高峰、岑峰 10 个村民委员会，户数 3207 户，人口 15051 万人。有红薯、茶叶、山花李、蔬菜、中药材、酿酒等产业。

【脱贫攻坚】 开展精准识别动态调整，在原有建档立卡贫困户 819 户 3455 人的基础上，新识别贫困户 14 户，清退不符合条件贫困户 29 户，户内新增 35 人、户内清退减少 47 人。发放产业扶贫信贷通资金 114.2 万元、交通补贴 556 户 1055 人 62.3 万元。设立 5 个制衣扶贫车间，为 44 名贫困群众提供就业岗位。开发公益性岗位，聘用贫困户 184 名（其中护林员 60 人、保洁员 121 人、农家书屋管理员 3 人），让贫困劳动力实现家门口就业。移民搬迁户 10 户，除 1 户还在装修外，均已搬迁入住。危房改造 64 户（其中拆旧建新 35 户，维修加固 29 户）。实施各类项目 105 个 3359.18 万元。

【环境整治】 拆除“空心房”392 栋 1.9 万平方米，通过县级验收。拆除“两违”建筑 18 处 1608.9 平方米，整治超高超大 2 栋 120 平方米。启动整治 X549 县道吾良畲至大田两旁猪牛栏、厕所、土坯房、铁棚、脏乱差、乱搭乱建现象。农村生活垃圾和河道垃圾清理工作移交第三方管理，垃圾处理实现“组收集、村集中、乡转运”机制，建成垃圾中转站 1 个，启动原有垃圾简易填埋场垃圾转运。

【产业发展】 发展茶叶、油茶、红薯、毛竹、糯米、山花李等特色产业。流转土地面积 6.67 公顷，打造蔬菜发展示范基地。有新型农业经营主体 41 个。完成 53.33 公顷高标准农田建设。

【基础设施】 完成 X549 县道吾良畲至大田土地房屋征收及路基工程；开工建设万人桥—仰天湖、丹溪—双溪、丹溪—下村道路改造、枫树下—金村 5 千米破损公路修复工程，实施 25 户以上通组破损路面修复、丹溪河河道整治工程。新建一批乡村路网、文化广场、村级卫生所等公共服务项目。

【生态建设】 定期不定期组织河道管理员、保洁员集中开展“清河行动”，治理河道“脏、乱、差”现象。开展新上任村级河长业务培训，明确工作职责，建立“河长”“河段长”一周一检查，保洁员一日一保洁巡查保洁机制。拆除禁养区养猪场 12 个，下发责令整改通知书 110 份。联合生态执法局打击非法洗砂行为 2 起，联合县林业局打击乱伐盗伐、非法毁林占用林地案件 5 起。

【社会事业】 义务教育均衡发展通过省级、国家级督导评估。开展乡风文明行动，破除红白喜事大操大办、铺张浪费等陈规陋习和歪风邪气。做好“六星创评”“身边好人榜”评选，统筹推进扶德、扶志、扶能等精神扶贫，激发贫困户内生动力。加强乡、村（社区）网格信息化平台建设，基本实现社区管理网格化。排查调处各类矛盾纠纷 47 起。

丹溪乡各村（居）基本情况表

表 47

村居	党组织负责人	村委会负责人	户数（户）	人口（人）	耕地面积（亩）	村级集体收入（万元）
丹溪村	赖杰明	何敏胜	374	1913	5978	11.8
双溪村	钟恩达	钟昌伦	444	1891	905	10.99
彭溪村	赖桂远	赖寿生	330	1325	1569.2	7.08
清溪村	何群凤	何瑞英	485	2491	1873	9.68
上平村	赖家远	赖家良	338	1556	790	8.46
下平村	钟经美	钟经禄	268	1268	1066	7.02
高峰村	凌晓兵	凌晓兵	190	906	918	9.15
岑峰村	龚云辉	赖海锋	433	1992	1192	6.6
双村村	梅高攀	梅自斌	254	1266	500	6.63
金村村	王天辉	王贵环	91	443	269	5.55

（钟善斌　凌志伟）

【党的建设】 年内，查办案件 2 起 2 人，其中扶贫领域 1 起，给予党内严重警告处分 1 人。加强党管武装工作，选送优秀青年入伍。

项山乡

【概　况】 项山乡位于县境东部，面积 82 平方千米，其中耕地面积 559.6 公顷，山地面积 7690.33 公顷。辖项山、桥头、卢屋、中坑、聪坑、书坪、福中 7 个村民委员会，77 个村民小组，户数 2173 户，人口 7668 人。有脐橙、柑橘、糯米、兰花、食用菌、山羊、养蜂等产业。

【脱贫攻坚】 年内，退出贫困村 1 个，减少贫困人口 56 户 205 人。开展精准识别“回头看”，新增贫困户 2 户 9 人，清退错评农户 17 户 70 人。发放“产业扶贫信贷通”贷款 198 户 895.6 万元、产业奖补与分红资金 44.48 万元；开发公益性岗位 63 个，引进扶贫车间 3 个，开展技能培训 500 余人次；实施移民搬迁、拆旧建新、保障房建设和维修加固等措施，解决 204 户贫困户住房问题。资助建档立卡贫困学生 219 名；落实“四道保障线”大病救助 758 名 123.2 万元；7 个村 1315 千瓦容量村级光伏电站并网发电并实现收益分红。对照贫困村退出新八大体系指标，整合县财政、国开行和农发行贷款等资金 1910.3 万元，安排村级项目 78 个。

【现代农业】 引进总投资 2706 万元的寻乌县恒顺生物开发有限公司，创办食用菌产业示范基地 8 公顷，采取“公司 + 基地 + 农户或贫困户”的运作模式，年产食用菌 60 万包、食用菌子实体 170 吨。发展短平快产业，对撂荒土地种植花生、玉米、西瓜等农作物。建立卢屋和中坑养蜂基地。清理失管、半失管果园 346 个 5.6 万余株。接收柑橘无毒苗木 52 万株。建立卢屋、桥头两个县级黄龙病防控示范基地，落实防控、苗木和假植网棚补助 12.04 万元。建设高标准农田 13.33 公顷。

【社会事业】 吉项公路通车试运行。完成湖洋至木溪升级改造路面硬化 5 千米。争取资金 133.55 万元，实施农饮巩固提升工程 7 个、覆盖 312 户 1040 人；完成所有农户饮用水送检。通过义务教育均衡发展“迎国检”工作；完成中心幼儿园选址并启动征地工作。新建桥头、卢屋、中坑、聪坑四个村级卫生室和中坑、卢屋两个村级活动场所，以及中坑、聪坑两个文化广场。落实二孩政策，免费婚检和优生检测。开展慢性病普查登记。发放城乡低保、农村五保、残疾人、高龄补贴、大病救助等各类救助资金 41.2 万元。

【环境整治】 完成圩镇专项规划和 7 个村规划编

项山乡各村（居）基本情况表

表 48

村居	党组织负责人	村委会负责人	户数（户）	人口（人）	耕地面积（亩）	村级集体收入（万元）
项山村	刘承娇	潘其彪	289	1044	1408.47	8
桥头村	潘裕梅	潘金锋	411	1546	1782.99	9.575
卢屋村	卢美光	卢桂林	233	825	996.02	23
中坑村	潘庆开	潘锡亮	297	1071	1493.279	14.5
聪坑村	潘其波	潘伟光	370	1298	2550.3	8.3
书坪村	赖瑞学	赖瑞学	299	919	1515.8	8.8
福中村	潘剑威	潘锡栋	274	965	1683.925	18.5

制。开展“两违”整治，发放停建通知 9 份，拆除“两违”建筑 11 处 895.7 平方米、“空心房”847 栋 6.82 万平方米，修缮房屋 292 栋 12.31 万平方米。完成改水 236 户、改厕 236 户、改沟 1.26 千米。开展农村生活垃圾专项治理，通过政府购买服务的方式，实现垃圾处理市场化运营，清理垃圾 1500 余吨。

【生态建设】 完成森林抚育面积 13.33 公顷、低质低效林改造面积 26.67 公顷。加强巡山管理，查处私自砍伐林木行为 2 起。打击河道非法乱采行为 4 起、水源涵养区生猪养殖 33 起，发放整改通知 49 份，整改 40 处。

【平安创建】 开展闽粤赣边三乡十村“六联六建”活动。年内，有效处理信访案件 12 起，调处矛盾纠纷 44 起。开展安全生产专项整治行动 3 次，发放整改通知 6 份，实现安全生产“零事故”目标。

（曹　鹏　丁婷婷）

水源乡

【概　况】 水源乡位于县境北部，面积 112 平方千米，其中耕地面积 620.87 公顷，林地面积 9333.33 公顷，果业面积 800 公顷。辖周畲、太湖、载下、龙塘、坳背、河背、袁屋、径口、竹园头 9 个村民委员会，户数 3157 户，人口 13855 人。有脐橙、柑橘、蔬菜、甜柿、红薯、猕猴桃、百香果、养蜂等产业。

【脱贫攻坚】 开展脱贫攻坚基础知识及劳动技能培训 12 场次。新识别贫困户 6 户，户内新增 28 人，户内减少 26 人。发展柑橘、蔬菜、红薯、养蜂、甜柿、猕猴桃及百香果等产业，建立柑橘苗木假植扶贫基地 4 个，为 430 户贫困户每户免费提供 150 株柑橘大苗，建立村级农业产业扶贫基地 8 个，村级光伏电站实现村村覆盖，总装机容量达 1500 千瓦。发放产业扶贫信贷通贷款 533 万元。贫困户易地搬迁进城 31 户。建立扶贫车间、开发公益性岗位，解决贫困劳动力就业。投入 1457.5 万元实施贫困户住房保障项目 59 个。发放临时救助、低保兜底保障资金 114.3 万元；落实医疗、教育各项扶贫政策。

【基础设施】 投资 2091 万元，实施各类扶贫项目 73 个。投入 173.59 万元，解决群众饮水安全问题。开工实施叶屋—甲子乌县道升级改造和清平—胡屋乡道建设项目，完成 1800 余万元的征地拆迁任务。基本完成樟树湾—太湖水库乡道改造工程；实施道路损毁修复工程。安装圩镇沿河护栏；修建连接新市场河岸新圩大桥。

【环境整治】 拆除危旧“空心房”、闲置附属房 5.3 万平方米，并通过县级验收；从严执行“两违”整治，拆除太湖村 31 户水田违规搭建住房 3000 余平方米；拆除竹园头村—太湖村 8 千米道路沿线铁皮棚 1700 平方米。

【生态建设】 完成高速公路沿线低质低效林更替改造面积 106.67 公顷，补植抚育改造面积 20 公顷，封山育林面积 233.33 公顷。关停禁养区养猪

水源乡各村（居）基本情况表

表49

村居	党组织负责人	村委会负责人	户数（户）	人口（人）	耕地面积（亩）	村级集体收入（万元）
龙塘村	张南山	王经义	532	2510	2400	13.68
径口村	凌锦生	凌海荣	269	1280	1772	10.4
坳背村	王运年	王流长	484	2233	1392.4	8
袁屋村	袁文标	袁彩堂	406	1711	1150 亩	5 万元
载下村	朱谋东	何永清	336	1435	1580	20.6
河背村	周岸锋	周震新	246	978	748	2.7
周畲村	林满红	林满红	425	1816	1917	11.3
竹园头村	朱达铭	袁智文	223	1043	991	7
太湖村	朱梅芳	何清全	236	1153	—	—

场65个，实现全县第一个无生猪污染排放乡镇，河流出境水质长期稳定在Ⅱ类标准以上。购买玉禾田环卫服务，推进农村垃圾治理。

【自身建设】 加强政务信息公开，公开政务信息276条，办理信访问题85个。抓好县委巡察整改工作；开展扶贫领域资金使用监督检查；压缩“三公经费”和一般性支出，规范各项资金管理使用；加强村组干部管理，制定《水源乡村级干部管理考核实施细则》，严格执行村干部绩效考核。

（王　森）

罗珊乡

【概　况】 罗珊乡位于县境东北部，面积126平方千米，其中耕地面积693.26公顷，林地面积12933.33公顷。辖罗塘、上津、华齐、泊竹、珊贝、筠竹、吴畲7个村民委员会，户数2499户，人口10871人。有省级文物保护单位——“罗塘谈判”旧址一处。有脐橙、柑橘、甜柿、石参、蔬菜、山羊等种养殖产业。财政收入682万元，同比增收166万元，同比增长32%。

【脱贫攻坚】 泊竹、上津村接受省第三方考核评估验收。建档立卡贫困人口489户2004人，其中脱贫452户1925人，未脱贫人口下降至37户79人，贫困发生率由建档立卡初的13.52%下降到0.83%。全年发放就业培训补贴409人25160元、交通补助316户519人29.67万元、教育补贴563人58.06万元（其中高中助学金补助105人13.1万元，寄宿生补助274人22.89万元）；251户贫困户享受信贷贴息贷款40.95万元，示范性农民专业合作社享受信贷贴息贷款12.33万元；1470人次享受健康补贴减免253.05万元。安排扶贫项目97个2403.86万元。

【基础设施】 投资1.2亿元实施澄江—罗塘县道、泊竹—吴畲乡道、华齐—上津村道及罗塘、上津防洪堤工程、珊贝村贡江流域生态治理等工程建设。

【教育卫生】 做好义务教育均衡发展工作，罗塘中学、罗珊中心校接受“省检”。落实人口计生服务政策。做好婚前检查和优生检测。

【现代农业】 持续推进柑橘产业发展。全年清除柑橘黄龙病树7万余株，柑橘产业面积933.33公顷；建设柑橘苗木假植示范基地4个；为489户贫困户发放产业奖补255.2711万元（其中柑橘产业补助136.0711万元）。建设甜柿种植示范基地3个、石参种植示范基地2个，其中，上津甜柿基地面积列全县之首。发展蜜蜂、山羊养殖及高山蔬菜等产业。

【环境整治】 年内，拆除“空心房”1.8万余平方米，其中拆除上津村破旧祠堂7栋。拆除“两违”建筑15处，整治超高超大房屋3栋。启动实施西街片民房改造工程，拆除危旧土坯房38户37栋，在原址高标准规划建房40套。

【生态建设】 关停禁养区生猪养殖场72家，取缔牛蛙养殖场14家。落实“河长制”，构建乡村“河长”组织体系，清理山塘水库水面垃圾，打击非法开采稀土行为。

【党的建设】 党委中心组学习12次，党员干部集中学习12次，各党支部集中学习3次，全年上党课32次，开展各类专题学习讨论15次。2018年，发展党员7名、入党积极分子17名、培养后备干部22名。各村村集体经济收入均在6.5万元以上，较去年增长30%以上。以“党支部+合作社+基地+农户”的模式，打造5个柑橘苗木假植基地、2个甜柿种植基地和1个中药材种植基地。

（曾山秀）

罗珊乡各村（居）基本情况表

表50

村居	党组织负责人	村委会负责人	户数（户）	人口（人）	耕地面积（亩）	村级集体收入（万元）
罗塘村	张功华	曾华森	532	2348	1810.2	13.94
上津村	曾汉华	曾清生	762	3470	2700	9.72
华齐村	邱水祥	赖炳炎	335	1956	1900	6.64
泊竹村	曾志清	曾天素	412	1294	1340	14.13
珊贝村	温任福	温荣昌	285	1056	1533	18.88
吴畲村	林建华	张继禄	101	509	765	7.36
�竹村	张昌华	赖世锋	72	238	350.68	11.28

人　物

2018年任职县级领导简历

张　海　男，汉族，北京市人，在职大学学历，1973年1月出生，1992年8月参加工作，1999年8月加入中国共产党，中宣部机关服务中心技术保障处处长，寻乌县委副书记、副县长。

1988.09—1992.06　北京市计划统计学校统计专业学生

1992.08—2000.06　中宣部办公厅电脑技术处干部、科员、副主任科员

2000.07—2001.07　中宣部机关服务中心电脑技术处副科级干部

2001.08—2011.03　中宣部机关服务中心网络技术中心网络应用处正科级干部

2011.03—2012.06　中宣部机关服务中心网络技术中心网络应用处副处级干部

2012.06—2013.05　中宣部机关服务中心行政处副处长

2013.05—2015.09　中宣部机关服务中心网络技术中心网络应用处副处长

2015.09—2017.05　中宣部机关服务中心网络技术中心综合处处长

2017.05—　中宣部机关服务中心技术保障处处长

（其间，2018.05—　挂职任寻乌县委副书记、副县长〈正处级〉）

汪传敬　男，汉族，安徽颍上人，研究生学历，经济学硕士，1976年12月出生，1998年7月参加工作，2007年12月加入中国共产党，国家统计局农村社会经济调查司平衡分析处处长，寻乌县委副书记、副县长。

1994.09—1998.07　安徽农业大学农学系农学专业本科学习

1998.07—2002.09　安徽省颍上县农牧渔业局干部

2002.09—2005.03　浙江大学经济学院金融学专业研究生学习

2005.06—2006.06　国家统计局农村社会经济调查司干部

2006.06—2012.01　国家统计局农村社会经济调查司主任科员

（2009.09—2009.12　英国诺丁汉大学当代中国学学院学习）

2012.01—2013.03　国家统计局农村社会经济调查司分析研究处副处长（试用）

（2012.04—2012.07 中央党校中央国家机关分校第61期国家统计局支部班进修）

2013.03—2014.12　国家统计局农村社会经济调查司分析研究处副处长

2014.12—2016.11　国家统计局农村社会经济调查司平衡分析处副处长

2016.11—2017.11　国家统计局农村社会经济

济调查司平衡分析处处长（试用）

2017.11— 国家统计局农村社会经济调查司平衡分析处处长

（其间，2018.05— 挂职任寻乌县委副书记、副县长〈正处级〉）

韩相云 男，汉族，江苏丰县人，研究生学历，法律硕士，1979 年 5 月出生，2005 年 8 月参加工作，2000 年 12 月加入中国共产党，寻乌县委副书记。

1998.09—2002.08 安徽工业大学金属压力加工专业学习

2002.08—2003.09 安徽省马鞍山市人才交流服务中心挂户

2003.09—2005.07 对外经济贸易大学法律硕士专业研究生

2005.08—2006.03 赣州市章贡区水南镇政府党政办干部

2006.03—2008.08 赣州市章贡区水南镇政府副镇长

2008.08—2008.10 赣州市章贡区第 2 期领导干部离岗考察培训班学员

2008.10—2009.02 共青团赣州市章贡区区委书记

2009.02—2009.04 赣州市第 13 期领导干部离岗考察培训班学员

2009.04—2011.06 全南县政府副县长

2011.06—2014.07 上犹县委常委、宣传部部长（其间，2011.08—2011.12 江西省委党校第 39 期中青班学习）

2014.07—2016.08 上犹县委常委、宣传部部长，瑞金市委副书记（挂职）

2016.08—2016.09 全南县委常委、常务副县长候选人

2016.09—2018.09 全南县委常委、常务副县长

2018.09— 寻乌县委副书记

米雅娜 女，汉族，山西河津人，研究生学历，文学硕士，1983 年 10 月出生，2009 年 8 月参加工作，2012 年 7 月加入中国共产党，中华合作时报社新闻中心副主任，寻乌县委常委、副县长。

2001.09—2005.07 雁北师范学院（现山西大同大学）中文系新闻学专业学习

2005.07—2006.09 待业

2006.09—2009.07 中央民族大学新闻学专业学习

2009.08—2012.01 中华合作时报社记者、编辑

2012.01—2015.01 中华合作时报首席记者

2015.01— 中华合作时报社新闻中心副主任（副处级）

（2018.02— 挂职任寻乌县委常委、副县长）

严考泉 男，汉族，江西寻乌人，大学学历，1978 年 3 月出生，2000 年 9 月参加工作，2003 年 6 月加入中国共产党，政协寻乌县委员会党组成员、副主席，县人力资源和社会保障局局长。

1997.09—2000.06 江西农业大学学生（其间参加全省选调应届大学毕业生到基层工作的公务员考试并被录用）

2000.09—2003.09 南桥镇政府干部

2003.09—2004.11 县委办干部

2004.11—2007.04 县委办秘书

2007.04—2010.05 县委台办副主任

2010.05—2012.09 县委办副主任、台办主任（2012.02—2012.09 主持县委办工作）

2012.09—2016.10 县委办主任

2016.10—2018.01 县人社局局长

2018.02— 县政协副主席、县人社局局长

人物简介

陈华琳 女，1996年2月出生，寻乌县吉潭镇古丰村人，2008年就读于寻乌中学、赣州四中；2015年就读于赣南师范学院体育学院。2010年，在第十三届江西省运动会上获女子100米冠军、女子100米栏冠军、女子4×100米冠军、女子200米亚军；2011年选入北京八一田径队专业训练；2012年在全国少年田径锦标赛（山东烟台站）上获女子100米第六名、女子4×100米第三名；2013年，全国少年田径锦标赛暨世少赛选拔赛（山东潍坊站）获女子100米第六名、女子4×100米第二名，江西省青少年田径锦标赛（高中组）获女子100米第一名、女子200米第二名，2015年在全国青年田径锦标赛（福建福州站）获女子100米第八名，2016年在全国田径大奖赛系列赛（山西太原站）获女子100米第六名、女子4×100米第七名，同年5月，在全国田径大奖赛系列赛（河南郑州站）获女子4×100米第六名、以11.91秒的成绩勇夺女子100米冠军，成为新科百米女飞人，实现了赣州市女子选手在全国田径大奖赛上冠军零的突破，为江西、赣州和家乡寻乌赢得荣誉。

袁　鹏 男，1993年5月出生，寻乌县水源乡袁屋村人，2013年寻乌中学毕业，考取北京体育大学，2017年6月保送上北京体育大学研究生。2012年在全国散打锦标赛中获52公斤级季军；2014年在全国男子散打锦标赛中获52公斤级第五名；2015年在全国大学生散打比赛和在法国举行的赛法斗（Savate）中双获56公斤级亚军；2016年在全国男子散打锦标赛、全国大学生散打比赛和代表北京体育大学参加全国散打冠军赛中，获3次52公斤级冠军；2017年，在全国大学生散打锦标赛52公斤级、第29届世界大学生运动会散打比赛52公斤级、全国散打冠军赛52公斤级决赛中，分别夺得3枚金牌；同年12月16日，在浙江省杭州市萧山瓜沥文体中心体育馆举行的2017赛法斗（Savate）世界锦标赛决赛中，袁鹏代表中国队参赛并勇夺冠军，这是中国男子选手首次夺得世界赛法斗锦标赛冠军，为国家赢得荣誉。

吴功雄 男，1974年12月出生，南桥镇黄坝村人，1992年至1994年分别在寻乌留车中学及广东平远梅青中学高中读书，1998年毕业于广州医科大学临床医学专业，1998—2013年在广州中山医院，2013—2015年在北京科学院。2015年出国。美国哈佛医学院教授、研究员，获哈佛大学生物医学博士学位、北京协和医科大学生物医学硕士学位。兼任广州医科大学、太原理工大学、郑州大学第一附属医院特聘教授；现为麻省医疗国际集团创始人、董事长，哈佛大道1号研究院院长，哈佛美中交流协会主席，波士顿华人发展基金会创始人。先后在哈佛医学院附属布列根、妇女医院和哈佛医学院附属糖尿病中心从事神经损伤与修复、肿瘤、心血管系统疾病（包括动脉粥样硬化和血管动脉瘤）等多方面的分子机制和相关信号通路及药物靶向性研究，是该项研究领域国际顶级专家，曾在全球多个顶尖杂志上发表多篇研究性论文。其主要成果有：2015年1月，在美国波士顿哈佛大学医学院成功创立美国麻省医疗国际集团，同年9月，在中国朝阳区CBD核心区成功创立美域国际健康管理（北京）有限公司，2016年3月，美国麻省医疗国际集团与美国哈佛大学医学院“中美医疗合作共建”暨“中美医疗顶尖人才培训计划”在哈佛大学上海中心正式启动。2018年1月，吴功雄博士在纽约参加美国总统特朗普早餐会，受到特朗普的亲切接见及美国前总统克林顿的会见邀请。

2018 年获高级职称人员名录

高级职称人员名录

2018 年，寻乌县取得高级职称人员 30 人。其中：正高级职称 1 人，副高级职称 29 人。

卫生正高级职称人员（1 人）

黄志华　寻乌县人民医院，主任医师（县区类）

卫生副高级职称人员（5 人）

陈文添　寻乌县人民医院　副主任医师（县区类、肾内科）

杨　艳　寻乌县人民医院　副主任医师（县区类、麻醉学）

钟长英　寻乌县人民医院　副主任护师（县区类、外科护理）

何俊锋　寻乌县中医院　副主任医师（县区类、消化内科）

卢　微　寻乌县中医院　副主任护师（县区类、护理学）

建设副高级职称人员（1 人）

陈国鹏　寻乌县防震防灾局，副高级工程师

中小学教师副高级职称人员（23 人）

陈红斌　寻乌中学　中小学高级教师

谢琼先　寻乌中学　中小学高级教师

李奇斌　寻乌中学　中小学高级教师

彭明炬　寻乌二中　中小学高级教师

易道通　寻乌二中　中小学高级教师

彭红琼　寻乌二中　中小学高级教师

梅惠英　寻乌二中　中小学高级教师

古剑平　寻乌二中　中小学高级教师

何腾辉　寻乌三中　中小学高级教师

范青松　寻乌县博豪中学　中小学高级教师

邱春梅　寻乌县城南小学　中小学高级教师

邝莲娣　寻乌县幼儿园　中小学高级教师

赖才安　寻乌县晨光中心校　中小学高级教师

严修林　寻乌县晨光中心校　中小学高级教师

汪海清　寻乌县晨光中心校　中小学高级教师

林培军　寻乌县菖蒲中小学　中小学高级教师

何仁杰　寻乌县丹溪中小学　中小学高级教师

谢洪文　寻乌县南桥中学　中小学高级教师

潘春涛　寻乌县吉潭中学　中小学高级教师

廖通亮　寻乌县澄江中心校　中小学高级教师

刘梅兰　寻乌县澄江中学　中小学高级教师

宁周辉　寻乌县水源中小学　中小学高级教师

胡岸峰　寻乌县三标中心校　中小学高级教师

好人群像

中国好人

严志飞　男，1992 年 1 月出生，江西寻乌人，江西中医药大学科技学院临床医学系 2011 级大四针灸推拿班学生。2014 年冬，正在上自习的他，听到附近有人呼救，不顾冬天寒冷的湖水，毅然跳进冰冷的池塘挽救落水男童。艰难上岸后不顾自身湿冷，利用自己所学的急救知识对失去生命特征的男童进行紧急性抢救，男童因此重获新生。两次救人的严志飞用自己的才学与行动，彰显了医者的仁爱之心、救人之术。寒冬腊月，他用自己的双手点亮一盏生命之灯，用满满的正能量温暖了人们的心，身体力行践行社会主义核心价值观，展现了当代大学生奉献社会、精于实践的优良风貌。2015 年 1 月荣登“中国好人榜”。（补遗）

赣州好人

温群珠　女，1980 年 5 月出生，寻乌县城关小学教师。自参加工作以来，十几年如一日，关心关爱留守儿童，用赤诚的爱心和真诚情感为留守儿童撑起一方晴朗的天空，除了对本校留守儿童特别关爱外，在每个乡镇都留有她的足迹，并发起和组织寻乌县爱心服务协会会员们一起做关爱留守儿童工作，为留守儿童开展一系列关爱活动，使留守儿童倍感温暖幸福。2018 年 7 月入选

“赣州好人”。

刘佛招 女，1962 年 8 月出生，桂竹帽镇蕉子坝村离任村干部。2017 年 10 月，独自在家的刘秋兰老太太家中不慎引发火灾，闻讯后，她迅速跑到刘秋兰老太太家并发现其还在屋内，于是她不顾自身安危，迅速冲进火场将老太太救出，而她自己却被屋内掉下来的琉璃瓦割断了三根手指，但她仍无怨无悔。2018 年 11 月入选“赣州好人”。

潘云玲 女，1969 年 7 月出生，寻乌县机关保育院院长，1988 年幼师毕业后来到保育院，她就立下了当“孩子王”的心愿，在幼教事业上辛勤耕耘了 30 个春秋，1997 年，她成为保育院院长。从此她担负着院长、老师、妈妈、姐姐的四重角色，扶贫济困，对有特殊困难的孩子关爱有加，认真履职无私奉献的精神，得到了有关部门的充分肯定，被省、市、县评为“十佳巾帼建功先进个人”“三八红旗手”“优秀教师”等荣誉称号，当选为县十七届和十八届人大代表、县十二届政协委员。2018 年 11 月入选赣州好人。

刘海涛 男，1975 年 10 月出生，吉潭上车村人，寻乌县阳光购物有限公司董事长、县政协委员。每逢中秋、春节，组织员工带上水果、牛奶、月饼和一些日常生活用品到长宁镇敬老院慰问老人。从 2013 年起，慰问对象扩展到上车村 70 岁以上老人、吉潭镇敬老院老人、澄江镇敬老院老人和上车村 87 户贫困户；十多年来，他坚持诚信经营，乐于奉献爱心，帮助关心员工和走访慰问老人及贫困户 2000 多人次，连续多年荣获市、县诚信示范户。2018 年 12 月入选“赣州好人”。

2018 年度获市（厅）级以上表彰先进单位一览表

表 51

获奖单位	荣誉称号	授予单位
寻乌县新时代文明实践中心	全国基层理论宣讲先进集体	中央宣传部
县法院	全国优秀法院	最高人民法院
县检察院	文明接待室	最高人民检察院
县国土资源管理局	行政复议应诉先进单位	国土资源部
寻乌县	全国“三无”县	国家信访局
澄江镇周田村	中国历史文化名村	住房和城乡建设部、国家文物局
澄江镇周田村	中国传统村落	住房和城乡建设部
县防震减灾局	全国县级防震减灾工作综合考核先进单位	中国地震局
寻乌县杨氏果业	农业产业化国家重点龙头企业	农业农村部
澄江镇周田村	全国生态文明村	中国生态文化协会
寻乌县	科学发展综合考核评价先进县	省委、省政府
寻乌县	高质量发展先进县	省委、省政府
县检察院	第十五届江西省文明单位	省委、省政府
县纪委县监委	第十五届江西省文明单位	省委、省政府
赣州市公路管理局寻乌分局	第十五届江西省文明单位	省委、省政府
国网寻乌县供电分公司	第十五届江西省文明单位	省委、省政府
县发改委	第十五届江西省文明单位	省委、省政府
县行政服务中心管委会	第十五届江西省文明单位	省委、省政府
县税务局	第十五届江西省文明单位	省委、省政府
县委农工部	2018 年全省新农村建设先进单位	省委、省政府
县卫计委	全省计划生育工作先进县	省政府
县水利局	2015—2017 年度全省“鄱阳湖杯”水利建设先进单位（第一名）	省政府
县水利局	江西省河长制工作先进集体	省政府

续表 51

获奖单位	荣誉称号	授予单位
寻乌县	公共机构节能先进县	省政府办公厅
县水利局	2017 年度水利改革发展考核先进县	省水利厅
县司法局	廖建强工作室评为全省人民调解工作先进集体	省司法厅
统计局	全省统计工作先进集体	省统计局
寻乌县	全省“三无”县	省信访联席会议
县总工会	江西省工会新闻宣传工作先进单位	省总工会
寻乌世纪陶瓷有限公司工会委员会分检车间工会小组	江西省模范职工小家	省总工会
寻乌县石硿寨科普教育示范基地	全省首个科普教育示范基地	江西省科协、省教育厅、省科技厅
县地方志办公室《寻乌年鉴（2017 卷）》	江西省第三届年鉴质量评比县级综合年鉴三等奖	省地方志办
县消防大队	2018 年度安全工作先进单位	省消防总队
林业局	2016—2018 年全省森林防火先进单位	省森林防火
县防震减灾局	全省县级防震减灾工作先进单位	省地震局
县红十字会	先进县级红十字会	省红十字会
晨光镇人民政府	全省老年体协示范乡（镇）	省老年人体育协会、省老年体育科学学会
县城市管理局	2018 年度全省城管执法工作先进单位	省城市建设管理协会
寻乌县	信访工作综合先进县	赣州市委、市政府
县检察院	第九届文明单位	赣州市委、市政府
县纪委	第九届文明单位	赣州市委、市政府
县工业园区管理委员会	服务非公有制经济发展先进单位	赣州市委、市政府
长宁镇人民政府	全市征兵工作先进单位	赣州市政府
长宁镇人民政府	全市计划生育工作考核综合先进乡（镇）一等奖	赣州市政府
丹溪乡人民政府	全市计划生育工作考核综合先进乡（镇）二等奖	赣州市政府
罗珊乡人民政府	全市计划生育工作考核综合先进乡（镇）三等奖	赣州市政府
县财政局	赣州市“五一劳动奖状”	赣州市总工会

2018 年度获市（厅）级以上表彰先进个人一览表

表 52

姓名	工作单位	荣誉称号	授予单位
何春林	县公安局	“猎狐行动”成绩突出个人	公安部经侦局
廖建强	县司法局	全国人民调解工作先进个人	司法部
罗京城	寻乌农商银行	全国青年岗位能手	共青团中央
张桂兰	县幼儿园	宋庆龄幼儿教育奖	中国福利会
赖义红	县教育局	全省推进义务教育基本均衡发展先进个人	省政府
范中东	澄江镇党委	江西省优秀河长	省政府
林　芳	县司法局	全省人民调解工作先进个人	省司法厅
谢　君	县司法局	全省人民调解工作先进个人	省司法厅
谢汪芬	县司法局	全省人民调解工作先进个人	省司法厅
廖建强	县司法局	全省最受欢迎调解员	省司法厅
古剑平	寻乌二中	江西省优秀工会积极分子	省总工会
林瑞平	县百香果协会	江西省五四青年奖章	团省委、省青年联合会
谢琼先	寻乌中学	优秀教师	赣州市政府
易行盛	寻乌二中	优秀教师	赣州市政府
钟运森	寻乌三中	优秀教师	赣州市政府
刘慧春	寻乌中学	优秀班主任	赣州市政府

续表 52

姓名	工作单位	荣誉称号	授予单位
余小东	县人民武装部	全市征兵工作先进个人	赣州市政府
廖国栋	县人民医院	全市征兵工作先进个人	赣州市政府
胡德祝	寻乌世纪陶瓷有限公司	赣州市“五一劳动奖章”	赣州市总工会
谢海标	县总工会	赣州市“五一劳动奖章”	赣州市总工会

获市（厅）级以上表彰先进单位一览表（补遗）

表 53

获奖单位	荣誉称号	授予单位	授予时间
银座村镇银行寻乌支行	全国百强村镇银行	中国村镇银行委员会	2017 年
	全国经营管理优秀村镇银行		

获市（厅）级以上表彰先进个人一览表（补遗）

表 54

姓名	工作单位	荣誉称号	授予单位	授予时间
邱尚阳	寻乌中学	2014—2015 年度全国无偿献血奉献奖银奖	国家卫计委 中国红十字总会 中央军委后勤保障部卫生局	2016 年 12 月

附　录

寻乌县组织机构与负责人名录

中共寻乌县委员会

书记：柯岩松

副书记：杨永飞

吴祖平（挂职，5月免）

张　海（挂职，5月任）

汪传敔（挂职，5月任）

李德伟（9月免）　韩相云（9月任）

常委：罗承彩　皮红杰（5月免）

钟小刚　侯守国（挂职，5月免）

谢清泉　张翠梅（女）　严志林

李建华　赵　岩（12月免）　李茂进

米雅娜（女，12月任）

古春洪（5月任）

纪委监察局

纪委书记：李建华

副书记：凌红武　潘其文　易青松

常委：潘学文　钟伟民　曾　蔚（11月免）

胡丹芳　侯春燕（女）

监察主任：李建华

副主任：凌红武　潘其文　易青松

委员：钟　平　潘学文　钟伟民

侯春燕（女）　易行玲

中共寻乌县人大常委会党组成员

书记：黄志高

成员：钟名亮　赖剑锋　钟运梅（女）

王　平　陈　敏　黄卫东

县人大常委会

主任：黄志高

副主任：钟名亮　何小萍（女）　赖剑锋

钟运梅（女）　王　平　陈　敏

中共寻乌县人民政府党组成员

书记：杨永飞

副书记：严志林

成员：吴祖平（挂职，5月免）

张　海（挂职，5月任）

汪传敔（挂职，5月任）

侯守国（挂职，5月免）

赵　岩（挂职，5月免）

米雅娜（女，挂职，5月任）

雷　鸣　梅旭军　王双喜（女）

王晓东　辜青青（女，挂职，5月免）

杨维彪　凌红武（5月免）

寻乌县人民政府

县长：杨永飞

常务副县长：严志林

副县长：吴祖平（挂职，6月免）

张　海（挂职，6月任）

汪传敔（挂职，6月任）

侯守国（挂职，6月免）

赵　岩（挂职，4月免）

米雅娜（挂职，4 月任）
汪上红　雷　鸣　梅旭军
王双喜（女）　王晓东
辜青青（女，挂职，7 月免）

中共政协寻乌县委员会党组成员

书记：刘琼招（女）
成员：黎海锋　陈文华　严考泉　凌云南

县政协

主席：刘琼招（女）
副主席：黎海锋　邝　羽　陈文华　许　伟
钟　杰　严考泉（2 月任）
秘书长：凌云南
副处级干部：刘元春

长宁镇

党委书记：古德勤
党委副书记、镇长：刘　斌
党委副书记：朱迎春
人大主席：曾超乾
党委委员（宣传）：刘朝辉
党委委员、纪委书记：邓　坤
党委委员：陈慧玲（12 月免）
党委委员、人武部长：曹举红
党委委员（组织）：刘万辉
人大副主席：刘万辉（兼）
党委委员、副镇长：叶　炜（挂职，9 月任）
党委委员：吴　警（12 月任）
党委委员、副镇长：凌小斌（12 月任）
副镇长：邝燕玲　古珺彪（12 月任）
吴　警（12 月免）
副镇长：古政平　谢汪芬（12 月任）

晨光镇

党委书记：刘永斌
党委副书记、镇长：吴九生
党委副书记：陈慧玲（12 月任）
赖圣添（12 月免）
人大主席：凌利盛
党委委员、副镇长：陈宣林
党委委员：叶诚榕
党委委员（宣传）：黄伟文
党委委员、纪委书记：范　娜
党委委员、人武部长：古珺彪（12 月任）
党委委员（组织）、人大副主席：
凌志伟（12 月免）
副镇长：吉志雄（挂职）　凌建辉　洪文彬
梅海鸥（3 月任）

留车镇

党委书记：陈艺海
党委副书记、镇长：谢小明
党委副书记：廖佛森
人大主席：钟耀辉
党委委员、纪委书记：刘　昕（10 月免）
赖兰凤（女，12 月任）
党委委员、武装部长：谢浪涛
党委委员（组织）：陈丽娟（女）
党委委员：张　勇（7 月免）
副镇长：朱　盾（12 月免）　钟　芳　张英杰
人大副主席：陈丽娟（女，兼）

南桥镇

党委负责人：陈文华（兼县政协副主席）
党委书记：刘艳萍（厦门市挂职锻炼一年）
党委副书记、镇长：谢大铭
党委副书记：廖松林
人大主席：钟保华
党委委员、纪委书记：潘文强
党委委员（组织）：曾进辉
党委委员（宣传）：刘玮姝
党委委员、副镇长：钟金通
党委委员：谢银城
副镇长：黎海雄　赖春霖（2 月任）
谢孙华（4 月任）
刘　斌（4 月免）
综治办专职副主任：陈慧明（4 月任）

吉潭镇

党委书记：黄明山
党委副书记、镇长：邹文平
人大主席：黄圣流
党委副书记：潘其樟
党委委员（宣传）：黄宝明
纪委书记：古德钦
党委委员（组织）、人大副主席：何　冲
党委委员：房乐春（12 月免）
党委委员、副镇长：何炳南（12 月免）
党委委员、人武部长：刘映辉（12 月任）
党委委员：罗珊珊（12 月任）
副镇长：方贻龙　凌春娣（女，3 月任）

澄江镇

党委书记：范中东
党委副书记、镇长：凌红宇
人大主席：钟裕勇（3 月任）
党委副书记：曾为民
党委委员、人武部长：凌征源
党委委员（宣传）：何　般
党委委员（组织）、人大副主席：曾检明
党委委员：李莉香（女，12 月任）
党委委员、副镇长：林　芳（女，12 月任）
党委委员、纪委书记：陈州富（12 月任）
副镇长：巫观发　吴　杰　孙小卫
　　郭芳群（女，12 月任）
综治办副主任：黄　昊（3 月任）

桂竹帽镇

党委书记：廖雪玲（女）
党委副书记、镇长：曹纪平
党委副书记：陈　旋
人大主席：沙渝文
党委委员、人武部部长：严志勇
党委委员、纪委书记：易增平
党委委员（组宣）、人大副主席：陈仁丰
副镇长：黄　珊（女）　王日金
　　陈瑞腾（7 月免）

文峰乡

党委书记：谢东林
党委副书记、乡长：谢金城
党委副书记：刘　震（12 月免）
　　周惠万（12 月任）
人大主席：曾　伟（10 月免）
　　刘　震（12 月任）
党委委员、纪委书记：杜炜煌
党委委员、副乡长：刘维兵
党委委员、组织委员：刘仲腾
党委委员、宣传委员：陈添娣
党委委员：邝伟勇
党委委员、人武部长：钟开鸿
副乡长：谢　琳　李根春（12 月免）
　　潘春煌　杨雪春
　　姚楚军（12 月任）

三标乡

党委书记、人大主席：彭智军
党委副书记、乡长：刘卓林（4 月免）
　　曾坤明（5 月任）
党委副书记：曾小英（女）
党委委员、常务副乡长：刘芳瑞
党委委员、人武部长：彭聪炜
党委委员、组宣委员：陈春发
党委委员、纪委书记：罗录红（11 月免）
　　黄　珊（12 月任）
副乡长：潘志标　卢华鑫　陈粤芳（12 月免）
人大副主席：徐　楠（12 月免）

菖蒲乡

党委书记、人大主席：曾国辉
党委副书记、乡长：甘荣坡
党委副书记：朱　达
纪检书记：刘建华
党委委员、副乡长：阙持晖
党委委员（组宣）：何　明

武装部长：徐　楠（12 月任）

副乡长：刘丽芳　梅兴永　袁锦圣（12 月任）

人大副主席：潘　建

龙廷乡

党委书记、人大主席：邝　仲

党委副书记、乡长：谢玉堂

党委副书记：谢志芬

党委委员、副乡长：梅鼎荣

党委委员、纪委书记：朱斌华

党委委员（组宣）：严　锋

党委委员、人武部长：邝　斌

副乡长：高　翔　谢文峰

人大副主席：王　莉

综治办专职副主任：谢海波

丹溪乡

党委书记、人大主席：刘新焰

党委副书记、乡长：彭春萌

党委副书记：凌志伟

党委委员、纪委书记：黄　宁

党委委员（组宣）：潘伟杰

党委委员、副乡长：朱　涛

党委委员、人武部长：林绍余

副乡长：邱福春　黄　震

人大副主席：曹　军

项山乡

党委书记、人大主席：凌兰妹

党委副书记、乡长：陈锦文

党委副书记：赖赟学

党委委员、人武部长：胡志群

党委委员（组宣）：曹　鹏

党委委员、纪委书记：刘淑贞

副乡长：陈古峰　刘　莉

人大副主席：凌彩娣（3 月任）

综治办专职副主任：蓝　涛（3 月任）

水源乡

党委书记、人大主席：蓝春英

党委副书记、乡长：古　赟

党委副书记：曾　辉

党委委员、人武部长：刘佛寿

党委委员、纪委书记：曾伟林

党委委员（组宣）：张文东

副乡长：张思伟　曾德鑫

人大副主席：谢树红

综治办专职副主任：刘佛全

罗珊乡

党委书记、人大主席：温秀良

党委副书记、乡长：刘春辉

党委委员、副书记：彭小燕

党委委员、纪委书记：林　山

党委委员（组宣）：刘　斌（4 月任）

党委委员、副乡长：李根春（12 月任）

党委委员、武装部长：朱　盾（12 月任）

副乡长：刘书荣　谢文德

人大副主席：周惠万

综治办专职副主任：赖丽芬（3 月任）

县委委员、县委候补委员名录

县委委员 50 人，常委按排名，其他委员以姓氏笔画排序：

柯岩松　杨永飞　张　海　汪传敬　韩相云
罗承彩　钟小刚　谢清泉　张翠梅　严志林
李建华　李茂进　米雅娜　古春洪　王双喜
王晓东　孔小毛　古叶松　古德勤　邝　仲
刘文丙　刘永斌　刘旭群　刘艳萍　刘琼招
刘新焰　严考泉　杨维彪　邱运林　陈艺海
陈远程　范中东　林佛招　赵春霞　凌　斌
凌兰妹　凌红武　吕纲翔　黄志高　黄明山
梅旭军　彭智军　曾国辉　温秀良　谢　丰
谢东林　蓝春英　赖学洪　雷　鸣　廖雪玲

县委候补委员 9 人，按得票数排序：

王军刚　刘世全　罗国庆　罗国芳　袁建斌
黄永明　谢小菁　骆鸿杰　赖平川

县纪委委员名录

县第十五届纪委委员共25名，按姓氏笔画排序：

邓　坤　古　松　古德钦　刘志丰　刘和来
杜炜煌　李建华　李海平　杨维彪
陈　虹（女）陈治成　易行玲　易青松
罗才权　罗国庆　胡丹芳（女）钟伟民
凌红武　彭　键　曾　蔚　曾祥洲　谢升梁
廖光全　潘其文　潘学文

县第十八届人大常委会组成人员名录

主任、副主任按排位，其他委员按姓氏笔画排序：

黄志高　钟名亮　何小萍（女）赖剑锋
钟运梅（女）王　平　陈　敏　王正中
华卫东　刘忠斌　杨　青（女）
张梅兰（女）范淑筠（女）钟耀辉
侯清萍（女）骆鸿杰　袁才军　凌利盛
黄卫东　黄利华　彭成钦　谢　丰　谢小明
谢应清　蓝启玉（女）潘其文

县政协常务委员会委员名录

主席、副主席、秘书长按排位，其他委员按姓氏笔画排序：

刘琼招（女）黎海锋　邝　羽　陈文华
许　伟　钟　杰　凌云南　王宇红　王志平
王松林（9月免）邓祖辉　邝永红
李秀红（女）李远清　李锦灵（3月免）
何红梅（女）陈华香（女）张智华
林长明　陈爱松　钟　清　黄永明　曾　军
曾昂生

市第五届驻寻乌人大代表名录

何福洲　赣州市政府副市长
黄声兰　中共赣州市委统战部副部长（正处级）
钟　健　赣州市人大常委会委员、内务司法委员会主任委员提名人选
李石金　赣州市人大常委会财政经济委员会主任委员
柯岩松　中共寻乌县委员会书记
杨永飞　中共寻乌县委员会副书记、县政府县长
黄志高　中共寻乌县人大常委会党组书记、县人大常委会主任
温秀良　中共寻乌县罗珊乡党委书记、乡人大主席
凌红宇　中共寻乌县澄江镇党委副书记、镇政府镇长
凌利盛　寻乌县晨光镇人大主席
古春林　寻乌县环境保护局局长
蓝启玉　寻乌县人大常委会内司和备案审查工委主任
刘　鑫　寻乌县永泰机械制造有限公司工人
胡丽英　寻乌县供电公司职工
刘庆财　中共寻乌县留车镇飞龙村支部书记
骆应传　寻乌县长宁镇城北村委会主任
范华英　寻乌县人民医院质控科医生
李佳玲　寻乌中学教师
陈爱松　寻乌县爱馨泰电子商贸有限公司董事长
温林浩　寻乌县城市管理局办公室干部
潘梅英　寻乌县人民来访接待中心干部

市政协五届驻寻乌委员名录

刘琼招　寻乌县政协主席
张翠梅　中共寻乌县委员会常委、县委统战部部长
许　伟　寻乌县政协副主席
赖义红　寻乌县教育局局长
古清华　寻乌县农粮局局长
曾　军　寻乌县中医院院长
李秀红　寻乌县侨联主席
李远清　赣州岑峰酒业有限公司执行董事总经理
叶　亮　赣州市恒源科技股份有限公司董事长

2019 年重要文件存目

中共寻乌县委及办公室文件

表 55

序号	发文时间	文号	文件标题
1	1 月 22 日	寻发〔2018〕1 号	关于深入贯彻落实习近平总书记重要批示精神全力打造脱贫攻坚示范县的决定
2	1 月 22 日	寻发〔2018〕2 号	关于深入学习贯彻党的十九大精神打造新时代中国特色社会主义红色样板的决定
3	1 月 22 日	寻发〔2018〕3 号	中共寻乌县关于贯彻落实中宣部《寻乌扶贫调研报告》明确事项和指出问题的整改意见
4	1 月 22 日	寻发〔2018〕4 号	关于印发《关于强化重点领域人才保障的实施意见（试行）》的通知
5	2 月 14 日	寻发〔2018〕5 号	关于印发《寻乌县扫黑除恶专项斗争实施方案》的通知
6	3 月 23	寻发〔2018〕6 号	关于加强新形势下党外代表人士队伍建设的实施意见
7	4 月 2 日	寻发〔2018〕7 号	关于印发《中共寻乌县委常委会 2018 年工作要点》的通知
8	4 月 8 日	寻发〔2018〕8 号	关于印发《寻乌县贯彻落实关于推进安全生产领域改革发展的实施办法》的通知
9	6 月 29 日	寻发〔2018〕9 号	关于纵深推进寻乌振兴发展实现与全国同步全面小康的工作方案
10	7 月 9 日	寻发〔2018〕10 号	关于推进寻乌县安全生产领域改革发展的通知
11	8 月 5 日	寻发〔2018〕11 号	印发《关于加强和改进保密工作的实施办法》的通知
12	8 月 10 日	寻发〔2018〕12 号	关于全面落实乡村振兴战略的实施意见
13	9 月 6 日	寻发〔2018〕13 号	中共寻乌县第十五届委员会全体会议工作规则（修订稿）
14	9 月 12 日	寻发〔2018〕14 号	关于印发《寻乌县基层党组织建设工作督查和问责办法（试行）》的通知
15	9 月 26 日	寻发〔2018〕15 号	印发《关于深化改革开放进一步优化发展环境的实施意见》的通知
16	11 月 2 日	寻发〔2018〕16 号	中共寻乌县委关于坚决全面彻底肃清苏荣案余毒建设风清气正政治生态的实施意见
17	11 月 28 日	寻发〔2018〕17 号	关于持续深化落实中央巡察工作的实施方案
18	11 月 29 日	寻发〔2018〕18 号	印发《关于加强县纪委监委派驻机构建设的实施方案》的通知
19	12 月 23 日	寻发〔2018〕19 号	关于坚决全面彻底肃清陈德明案余毒全面加强农村基层党建的实施意见
20	12 月 31 日	寻发〔2018〕20 号	关于开展脱贫攻坚成果巩固提升三年行动的实施意见
1	1 月 2 日	寻办发〔2018〕1 号	关于印发《寻乌县太湖水库集中式饮用水水源保护区生态环境保护暂行办法》的通知
2	1 月 3 日	寻办发〔2018〕2 号	印发《关于组建寻乌县生态综合执法局的意见（试行）》的通知
3	1 月 22 日	寻办发〔2018〕3 号	关于印发《寻乌县吸引高校毕业生就业创业实施意见》的通知
4	1 月 23 日	寻办发〔2018〕4 号	关于印发《关于统筹推进县域内城乡义务教育一体化改革发展的实施方案》的通知
5	1 月 30 日	寻办发〔2018〕5 号	关于印发《寻乌县行政机关、事业单位奖励性工资发放暂行办法》的通知
6	2 月 14 日	寻办发〔2018〕6 号	关于转发《中共赣州市委关于全市乡镇一年召开两次人民代表大会的意见》的通知
7	5 月 19 日	寻办发〔2018〕7 号	寻乌县鼓励通用设备制造产业科技创新政策 17 条（试行）
8	5 月 22 日	寻办发〔2018〕8 号	关于印发《寻乌县公立医院实行人员总量控制和编制备案制管理办法（试行）》的通知
9	6 月 7 日	寻办发〔2018〕9 号	关于印发《寻乌县发展全域旅游行动方案（2018—2019 年）》的通知
10	6 月 11 日	寻办发〔2018〕10 号	关于印发《寻乌县行政中心机关大院车辆出入管理办法》的通知
11	6 月 18 日	寻办发〔2018〕11 号	关于印发《寻乌县关于实行政府购买社会服务调处化解疑难信访案件的实施办法》的通知
12	6 月 29 日	寻办发〔2018〕12 号	关于印发《关于寻乌县访前法律服务工作的实施意见》的通知
13	6 月 29 日	寻办发〔2018〕13 号	关于印发《寻乌县生态文明建设督察办法（试行）》《寻乌县生态文明建设考核办法（试行）》的通知
14	7 月 16 日	寻办发〔2018〕14 号	关于印发《关于加快甜柿产业发展的实施意见》的通知
15	7 月 18 日	寻办发〔2018〕15 号	寻乌籍在外行政机关、事业单位工作人员调回寻乌工作“绿色通道”实施办法
16	8 月 9 日	寻办发〔2018〕16 号	关于印发《关于加强“老人住老房”、不孝顺不赡养老人人员信用监督、警示和惩戒机制建设的意见（试行）》的通知
17	8 月 10 日	寻办发〔2018〕17 号	关于印发《全县农村基层党建保障三年行动计划（2018—2020）年工作方案》的通知
18	8 月 13 日	寻办发〔2018〕18 号	关于印发《寻乌县全面深化供销合作社综合改革三年行动方案（2018—2020 年）》的通知
19	9 月 3 日	寻办发〔2018〕20 号	关于印发《寻乌县加大城镇贫困群众脱贫解困力度的实施方案》的通知
20	9 月 6 日	寻办发〔2018〕21 号	关于印发《寻乌县行政机关、事业单位干部层级管理暂行办法》的通知
21	9 月 6 日	寻办发〔2018〕22 号	关于印发《寻乌县“两违”整治工作问责办法》的通知
22	9 月 10 日	寻办发〔2018〕23 号	关于印发《推进柑橘产业恢复助推脱贫攻坚的实施意见（试行）》的通知

续表 55

序号	发文时间	文号	文件标题
23	9 月 3 日	寻办发〔2018〕24 号	关于印发《寻乌县政法机关推进自治法治德治相结合乡村治理体系建设全力服务乡村振兴战略实施意见》的通知
24	10 月 1 日	寻办发〔2018〕25 号	关于印发《寻乌县禁毒工作责任追究办法》的通知
25	10 月 17 日	寻办发〔2018〕26 号	印发《关于加强禁毒工作的意见》的通知
26	10 月 17 日	寻办发〔2018〕27 号	关于印发《寻乌县深化行政服务中心改革实施方案》的通知
27	11 月 21 日	寻办发〔2018〕28 号	印发《关于深入贯彻中央八项规定及其实施细则精神进一步改进作风的实施办法》的通知
28	12 月 24 日	寻办发〔2018〕29 号	关于印发《寻乌县园林绿地养护管理政府购买服务实施方案》的通知
29	12 月 30 日	寻办发〔2018〕30 号	关于进一步激发广大干部群众新时代新担当新作为的 18 条措施
30	12 月 16 日	寻办发〔2018〕31 号	关于印发建立健全公路管理养护运营机制的意见的通知

县人大常委会文件

表 56

序号	发文时间	文号	文件标题
1	1 月 2 日	寻常发〔2018〕1 号	关于批准《2017 年一般公共预算和政府性基金预算调整方案（草案）的报告》的决议
2	4 月 15 日	寻常发〔2018〕8 号	《关于参与设立赣南苏区（寻乌）产业升级发展投资中心（有限合伙）有关事项的报告》的审议意见
3	7 月 6 日	寻常发〔2018〕11 号	寻乌县人大常委会关于贯彻落实乡镇每年召开两次人民代表大会的指导意见
4	9 月 4 日	寻常发〔2018〕18 号	关于同意寻乌县人民政府《关于提请审议寻乌县道路升级改造 PPP 项目政府付费金额纳入县级财政支出预算管理的议案》的决议
5	10 月 8 日	寻常发〔2018〕20 号	关于批准寻乌县 2018 年财政预算调整方案的决议

县人民政府及办公室文件

表 57

序号	发文时间	文件标题	文号
1	2017 年 12 月 30 日	关于进一步清理规范县本级行政审批中介服务事项的决定	寻府发〔2018〕1 号
2	2018 年 1 月 31 日	关于在马蹄河水域实施全年禁渔管理的通告	寻府发〔2018〕2 号
3	2018 年 2 月 9 日	关于春节期间依法严厉打击“两违”行为的通告	寻府发〔2018〕3 号
4	2018 年 2 月 11 日	关于在中心城区及圩镇范围内禁放烟花爆竹的通告	寻府发〔2018〕4 号
5	2018 年 2 月 12 日	关于取消 31 项行政许可事项证明材料的决定	寻府发〔2018〕5 号
6	2018 年 3 月 6 日	关于在全县江河水域加强禁渔管理的通告	寻府发〔2018〕6 号
7	2018 年 3 月 12 日	关于实行城市化管理区域的通告	寻府发〔2018〕7 号
8	2018 年 4 月 3 日	关于清明期间严禁在森林防火区用火和燃放烟花爆竹的通告	寻府发〔2018〕8 号
9	2018 年 4 月 3 日	关于在市场体系建设中建立公平竞争审查制度的实施意见	寻府发〔2018〕9 号
10	2018 年 5 月 7 日	关于进一步明确政府投资项目招投标工作有关事项的通知	寻府发〔2018〕10 号
11	2018 年 5 月 26 日	关于进一步做好就业创业工作的实施意见	寻府发〔2018〕11 号
12	2018 年 6 月 20 日	关于取消和调整一批行政权力事项的通知	寻府发〔2018〕12 号
13	2018 年 6 月 8 日	关于转发《江西省发展改革委关于认真做好国家发展和改革委员会令第 16 号和赣府发〔2018〕17 号文件贯彻落实工作的通知》的通知	寻府发〔2018〕13 号
14	2018 年 8 月 3 日	关于印发寻乌县社会信用体系建设实施方案（2018—2020 年）的通知	寻府发〔2018〕14 号
15	2018 年 8 月 20 日	关于印发寻乌县第三次全国土地调查实施方案的通知	寻府发〔2018〕15 号
16	2018 年 8 月 16 日	关于表彰奖励 2018 年高考优秀学生的决定	寻府发〔2018〕16 号
17	2018 年 9 月 7 日	关于表彰 2017—2018 学年度教育工作先进个人和尊师重教先进单位的决定	寻府发〔2018〕17 号
18	2018 年 9 月 19 日	禁火令	寻府发〔2018〕18 号
19	2018 年 9 月 26 日	关于表彰 2017—2018 年度全县森林防火工作先进乡（镇）、先进单位、先进个人和优秀护林员的决定	寻府发〔2018〕19 号
20	2018 年 10 月 18 日	关于在全县政府系统大力开展忠诚型创新型担当型服务型过硬型政府建设加快推动寻乌高质量跨越式发展的工作方案的通知	寻府发〔2018〕20 号
21	2018 年 11 月 27 日	关于取消和调整一批行政许可等事项的通知	寻府发〔2018〕21 号

续表 57

序号	发文时间	文件标题	文号
22	2018 年 12 月 12 日	关于加强森林资源保护禁止毁林种果等违法行为的通告	寻府发〔2018〕22 号
23	2018 年 12 月 20 日	关于进一步规范政府投资建设工程变更相关事项的通知	寻府发〔2018〕23 号
24	2018 年 1 月 16 日	关于印发寻乌县饮用水水源突发环境事件应急预案的通知	寻府办字〔2018〕1 号
25	2018 年 1 月 20 日	关于印发寻乌县矿产资源总体规划（2016—2020 年）的通知	寻府办字〔2018〕2 号
26	2018 年 1 月 25 日	关于转发省政务服务办、省审改办、省政府法制办关于印发江西省政务服务事项清单编制规范（试行）的通知	寻府办字〔2018〕3 号
27	2018 年 2 月 10 日	关于推进县森林消防队正规化建设的意见	寻府办字〔2018〕4 号
28	2018 年 2 月 13 日	关于印发寻乌县油茶产业精准扶贫高产生态示范基地建设项目国家开发银行专项贷款资金管理办法（试行）的通知	寻府办字〔2018〕5 号
29	2018 年 2 月 13 日	关于印发寻乌县油茶产业精准扶贫高产生态示范基地建设项目国家开发银行专项贷款资金管理实施细则（试行）的通知	寻府办字〔2018〕6 号
30	2018 年 3 月 30 日	关于转发《江西省人力资源和社会保障厅江西省财政厅关于调整全省城乡居民基本养老保险缴费档次和补贴标准的通知》的通知	寻府办字〔2018〕7 号
31	2018 年 3 月 30 日	关于印发寻乌县 2018 年地质灾害防治方案的通知	寻府办字〔2018〕8 号
34	2018 年 4 月 3 日	关于印发寻乌县城市道路附属管线杆线建设管理办法（试行）的通知	寻府办字〔2018〕9 号
35	2018 年 4 月 3 日	关于印发寻乌县畜禽养殖废弃物处理和资源化利用实施意见的通知	寻府办字〔2018〕10 号
36	2018 年 4 月 3 日	关于印发寻乌县人民政府重大决策出台前向县人大及其常委会报告制度的通知	寻府办字〔2018〕11 号
37	2018 年 4 月 8 日	关于印发寻乌县柑橘黄龙病综合防控专项资金及果业产业发展资金使用管理办法的通知	寻府办字〔2018〕12 号
38	2018 年 4 月 9 日	关于印发寻乌县农村保障房管理办法（试行）的通知	寻府办字〔2018〕13 号
39	2018 年 4 月 18 日	关于印发寻乌县 2018—2020 年农业机械购置补贴实施方案的通知	寻府办字〔2018〕14 号
40	2018 年 4 月 28 日	关于印发寻乌县农村饮水安全检测相关工作实施意见的通知	寻府办字〔2018〕15 号
41	2018 年 4 月 21 日	关于印发寻乌县河长制专项资金筹集使用管理办法的通知	寻府办字〔2018〕16 号
42	2018 年 5 月 28 日	关于印发寻乌县百香果产业扶贫实施意见（试行）的通知	寻府办字〔2018〕17 号
43	2018 年 6 月 7 日	关于开通寻乌县“四上”企业入规绿色通道的实施意见	寻府办字〔2018〕18 号
44	2018 年 5 月 28 日	关于印发寻乌县易地搬迁集中安置点安置对象选定办法的通知	寻府办字〔2018〕19 号
45	2018 年 5 月 31 日	关于印发寻乌县提升卫生计生服务能力三年行动方案（2018—2020 年）的通知	寻府办字〔2018〕20 号
46	2018 年 5 月 28 日	关于印发寻乌县红薯产业扶贫实施意见（试行）的通知	寻府办字〔2018〕21 号
47	2018 年 6 月 19 日	关于印发寻乌县城区拦河坝运行管理办法（试行）的通知	寻府办字〔2018〕22 号
48	2018 年 6 月 27 日	关于 2018 年寻乌县金融机构支持地方经济发展考核奖励办法的通知	寻府办字〔2018〕23 号
49	2018 年 7 月 2 日	关于印发寻乌县人民政府任命的国家工作人员宪法宣誓实施办法的通知	寻府办字〔2018〕24 号
50	2018 年 7 月 5 日	关于印发寻乌县安全生产监督管理职责暂行规定的通知	寻府办字〔2018〕25 号
51	2018 年 7 月 12 日	关于印发关于推进林权流转管理服务体系建设的实施意见的通知	寻府办字〔2018〕26 号
52	2018 年 7 月 23 日	关于下发《寻乌县第四次全国经济普查指导员和普查员选调、招聘、管理办法》的通知	寻府办字〔2018〕27 号
53	2018 年 7 月 26 日	关于取消调整县本级 60 项证明事项的通知	寻府办字〔2018〕28 号
54	2018 年 7 月 27 日	关于印发寻乌县公安机关警务辅助人员管理办法的通知	寻府办字〔2018〕29 号
55	2018 年 7 月 31 日	关于印发寻乌县预防中小学生溺水管理暂行办法的通知	寻府办字〔2018〕30 号
56	2018 年 8 月 3 日	关于做好证明事项清理工作的通知	寻府办字〔2018〕31 号
57	2018 年 8 月 21 日	关于印发寻乌县农村饮水安全工程运行管理办法（试行）的通知	寻府办字〔2018〕32 号
58	2018 年 9 月 15 日	关于印发寻乌县殡葬综合改革试点工作实施方案的通知	寻府办字〔2018〕33 号
59	2018 年 9 月 25 日	关于印发寻乌县加强中小学幼儿园安全风险防控体系建设实施意见的通知	寻府办字〔2018〕34 号
60	2018 年 9 月 28 日	关于印发寻乌县进一步加强 2018 年食品药品安全监管工作的实施意见的通知	寻府办字〔2018〕35 号
61	2018 年 9 月 29 日	关于印发寻乌县打赢蓝天保卫战三年行动计划（2018—2020 年）的通知	寻府办字〔2018〕36 号
62	2018 年 9 月 21 日	关于服务实体经济防控金融风险深化金融改革的实施意见	寻府办字〔2018〕37 号

续表 57

序号	发文时间	文件标题	文号
63	2018 年 10 月 16 日	寻乌县村级光伏扶贫电站收益分配使用管理办法（试行一年）	寻府办字〔2018〕38 号
64	2018 年 10 月 16 日	寻乌县光伏扶贫电站后续长效管理暂行办法	寻府办字〔2018〕39 号
65	2018 年 10 月 19 日	关于公布证明事项清理结果的通知	寻府办字〔2018〕40 号
66	2018 年 10 月 29 日	关于印发寻乌县河长制湖长制县级会议制度等六项制度的通知	寻府办字〔2018〕41 号
67	2018 年 11 月 19 日	关于进一步完善全县蔬菜生产经营与技术服务体系的意见	寻府办字〔2018〕42 号
68	2018 年 11 月 26 日	关于印发寻乌县九曲湾水库水源地突发环境事件应急预案的通知	寻府办字〔2018〕43 号
69	2018 年 11 月 26 日	关于印发寻乌县太湖水库水源地突发环境事件应急预案的通知	寻府办字〔2018〕44 号
70	2018 年 11 月 28 日	关于印发寻乌县供销合作社惠农服务中心建设规划的通知	寻府办字〔2018〕45 号
71	2018 年 12 月 28 日	关于印发 2018 年财税部门工作经费补助办法的通知	寻府办字〔2018〕46 号

政协寻乌县委员会文件

表 58

序号	发文时间	文号	文件标题
1	2 月 6 日	寻协发〔2018〕3 号	关于对县交通运输局民主监督工作情况的报告
2	2 月 27 日	寻协发〔2018〕1 号	关于调整县政协班子工作分工的通知
3	5 月 2 日	寻协发〔2018〕2 号	关于《政协寻乌县第十三届委员会常务 2018 年工作要点》的通知
4	12 月 10 日	寻协发〔2018〕4 号	关于进一步提高提案工作质量的实施意见
1	6 月 14 日	寻协党组〔2018〕4 号	开展习近平总书记关于加强和改进人民政协工作的重要思想学习研讨活动的实施方案
2	9 月 17 日	寻协党组〔2018〕5 号	关于召开“坚决全面彻底肃清苏荣案余毒持续建设风清气正政治生态”专题民主生活会工作方案
1	2 月 13 日	寻协字〔2018〕4 号	关于对县工业园区建设发展情况的调研报告
2	5 月 2 日	寻协字〔2018〕5 号	关于我县公厕建设情况的调研报告

2017—2018 年统计提要

土地总面积和人口

表 59

乡（镇）	土地总面积（平方公里）	年末总人口（人）		
			城镇人口	乡村人口
合计	2351.55	331934	70734	261200
长宁镇	18.68	52950	51763	1187
晨光镇	183.21	27356	651	26705
留车镇	230.88	32956	881	32075
南桥镇	143.52	33496	1944	31552
吉潭镇	249.72	26596	435	26161
澄江镇	180.71	33285	2514	30771
桂竹帽镇	232.97	12624	551	12073
文峰乡	262.5	29189	1676	27513
三标乡	212.38	15476	2697	12779
菖蒲乡	80.11	14784	0	14784
龙廷乡	77.04	6509	2981	3528
丹溪乡	163.79	14593	0	14593
项山乡	74.66	7774	1115	6659
水源乡	112.76	14341	3526	10815
罗珊乡	128.63	10005	0	10005

注：人口数为公安统计年报数

主要经济和社会发展指标（一）

表 60

指标	单位	2018 年	2017 年	同比 ±%
土地总面积	平方公里	2351.55	2351.55	平
#城区建成面积	平方公里	11.12	10.77	3.2
年末实有耕地面积	亩	232197	232197	平
年末总户数	户	94623	95392	-0.81
年末总人口	人	331934	330601	0.40
#女	人	157462	156931	0.34
1. 农业人口	人	261200	263906	-1.03
年末总人口中：城镇人口	人	131930	126433	4.35
少数民族人口	人	4581	3898	17.5
年末常住人口	人	297810	296234	0.53
城镇化率	%	44.29	42.68	3.77
年平均人口	人	331268	330558	0.21
年内出生人口	人	4390	6853	-35.94
人口出生率	‰	13.3	20.73	-35.84
年内死亡人口	人	882	5372	-83.58
人口死亡率	‰	2.7	16.25	-83.38
年内迁入	人	1246	1518	-17.92
年内迁出	人	3421	3043	12.42
人口自然增长率	‰	10.6	4.48	136.61
地区生产总值	万元	789081	708160	9.3
1. 第一产业	万元	211841	212126	4.0
2. 第二产业	万元	242363	212917	8.7
#工业	万元	218238	192472	8.8

主要经济和社会发展指标（二）

表 61

指标	单位	2018 年	2017 年	同比 ±%
3. 第三产业	万元	334877	283117	13.1
农林牧渔业总产值	万元	335251	396167	4.1
森林覆盖率	%	—	—	—
当年造林面积（成活率 85% 以上）	公顷	1086	1000	8.60
规模以上工业增加值	万元	—	—	9.1
用电量（供电公司提供）	万千瓦时	44206	45136	-2.06
500 万元以上固定资产投资	万元	—	489557	11.3
社会消费品零售总额	万元	218763	217271	10.0
出口总额	万美元	39495	5339	9.1
实际使用外资	万美元	2676	2430	10.1
财政总收入	万元	91000	80008	13.7
#公共财政预算收入	万元	57139	48851	17.0
财政总支出	万元	323000	261000	23.8
金融机构人民币年末存款余额	万元	1230040	1168366	5.28
#个人存款余额	万元	711488	648413	9.73
金融机构人民币年末贷款余额	万元	848482	706703	20.06
城镇居民人均可支配收入	元	26237	24068	9.0
农村居民人均可支配收入	元	10599	9424	12.5

主要经济指标年人均水平

表 62　　单位：元 / 人

指标	2018 年	2017 年
人均地区生产总值	26566	23966
人均农业总产值	11287	13407
人均社会消费品零售总额	7366	7353
人均财政总收入	3064	2708
# 人均公共财政预算收入	1924	1653
在岗职工年平均工资		61941
城镇居民人均可支配收入	26237	24068
农村居民人均可支配收入	10599	9424
人均居民储蓄存款余额	21435	21944

农林牧渔业服务业总产值及增加值

表 63　　单位：万元

	按当年价格计算			按可比价格计算		
	2018 年	2017 年	+、-%	2018 年	2017 年	+、-%
一、农林牧渔服务业总产值	335251	327727	2.30	341132	327727	4.09
（一）农业产值	229328	220874	3.83	232117	220874	5.09
其中：粮食	42839	41167	4.06	42356	41167	2.89
蔬菜	30648	24423	25.49	30160	24423	23.49
（二）林业产值	19643	18457	6.43	19324	18457	4.70
（三）牧业产值	54161	56251	-3.72	57984	56251	3.08
其中：猪	34464	34370	0.27	37310	34370	8.55
家禽	10760	16257	-33.81	9411	16257	-42.11
（四）渔业产值	17839	16789	6.25	17427	16789	3.80
（五）农林牧渔服务业产值	14280	13186	8.30	14280	13186	8.30
二、农林牧渔业增加值	219372	215755	1.68	206996	198528	4.27
（一）农业增加值	157169	154062	2.02	141295	135082	4.60
（二）林业增加值	14535	14371	1.14	9125	8578	6.38
（三）牧业增加值	29115	29023	0.32	39785	38853	2.40
（四）渔业增加值	11022	10892	1.19	12844	12386	3.70
（五）农林牧渔服务业增加值	7531	7407	1.67	3947	3629	8.76

农林牧渔服务业总产值和商品产值（一）

表 64　　单位：万元

	总产值				商品产值
	按当年价格计算		按可比价格计算		
	2018 年	2017 年	2018 年	+、-%	2018 年
农林牧渔业产值	335251	327727	341132	4.09	280121
一、农业产值	229328	220874	232117	5.09	177736
（一）谷物及其他作物	42839	41167	42356	2.89	11672
1. 谷物	36840	31668	36732	15.99	6873
2. 薯类	1023	700	1011	44.38	819
3. 油料	3055	2036	2833	39.11	2444
4. 豆类	1921	1403	1780	26.88	1536
5. 未加工烟叶		203			
6. 农作物副产品及其他农产品		4334			

续表 64

	总产值				商品产值
	按当年价格计算		按可比价格计算		
	2018 年	2017 年	2018 年	+、-%	2018 年
（二）蔬菜及食用菌	30648	24423	30160	23.49	16856
1. 蔬菜	30648	22757	30160	32.53	16856
2. 食用菌		652			
3. 花卉		536			
4. 盆景及其他园艺产品		479			
（三）水果、坚果、饮料和香料	155841	155285	159601	2.78	149208
1. 水果（园林水果）	154382	154445	158580	2.68	147982
2. 食用坚果	59	48	59	23.63	50
3. 茶叶	1400	792	962	21.53	1176
二、林业产值	19643	18457	19324	4.70	18851
（一）林木的培育和种植	18369	10784	18220	68.95	18099
1. 育种育苗	15090	285	15090	5194.50	15020
2. 造林	3279	9705	3130	-67.75	3079
3. 幼林、成林抚育管理		795			

农林牧渔服务业总产值和商品产值（二）

表 65　　单位：万元

	总产值				商品产值
	按当年价格计算		按可比价格计算		
	2018 年	2017 年	2018 年	+、-%	2018 年
（二）竹木采运	50	3774	50	-98.68	48
（三）林产品	1224	3899	1054	-73.00	704
三、牧业产值	54161	56251	57984	3.08	52239
（一）牲畜的饲养	7328	4490	7679	71.01	7171
1. 牛	6364		6682		6237
2. 羊	964		997		934
（二）猪的饲养	34464	34370	37310	8.56	33575
（三）家禽饲养	10760	16257	11233	-30.90	9892
1. 肉禽					8610
2. 禽蛋					1282
（四）捕猎和捕捉的野生动物		126		-100.00	
（五）饲养的其他活动物	1609	1541	1762	14.32	1601
家兔	1609	517	1762	240.82	1601
四、渔业产值	17839	16789	17427	3.80	17255
其中：养殖	14292	16049	14203	-11.50	14068
1. 鱼类	14292	12843	14203	10.59	14068
2. 虾蟹类	1297	3226	1044	-67.64	1018
3. 贝类	450	157	380	141.53	407
4. 其他	1800	563	1800	219.70	1762
五、农、林、牧、渔服务业	14280	13186	14280	8.30	14040

农村基本情况

表 66

	单位	2018 年	2017 年	+、-%
一、农村基层组织情况				
1. 乡镇政府	个	15	15	

续表 66

	单位	2018 年	2017 年	+、−%
其中：镇政府	个	7	7	
2. 村民委员会	个	173	173	
3. 村民小组	个	2092	2092	
二、农村基础设施				
1. 自来水受益村	个	173	159	8.81
2. 通汽车的村	个	173	173	
3. 通电话的村	个	173	173	
三、乡村人口与从业人员				
1. 乡村总户数	户	75223	75793	−0.75
2. 乡村总人口	人	293898	288858	1.74
（1）男	人	155550	151512	2.67
（2）女	人	138348	137347	0.73
3. 乡村劳动资源数	人	169525	163012	4.00
（1）男	人	90265	84823	6.42
（2）女	人	79260	78189	1.37
4. 乡村从业人员数	人	151246	149793	0.97
（1）男	人	81422	70865	14.90
其中：从事农业人员	人	51045	50454	1.17
（2）女	人	69824	71697	−2.61
其中：从事农业人员	人	44355	48369	−8.30
按国民经济行业分组				
（1）农业	人	96600	98823	−2.25
（2）工业	人	21263	18896	12.53
（3）建设业	人	8019	10001	−19.82
（4）交通运输、仓储及邮政业	人	3541	4756	−25.55
（5）信息传输、计算机服务和软件业	人	1344	1123	19.68
（6）批发和零售业	人	11450	6515	75.75
（7）住宿和餐饮业	人	4501	5898	−23.69
（8）其他行业	人	5728	3780	51.53
5. 外出（离乡）的从业人员	人	38769	38651	0.31
其中：出省从业的	人	28551	29778	−4.12

耕地面积情况

表 67　　单位：亩

	年初耕地总资源	年末耕地总资源	1. 常用耕地面积			2. 临时性耕地
				其中：水田	水浇地	
寻乌县	231447	232197	195120	176749		37077
长宁镇	570	450	385	230		65
晨光镇	20759	20613	13797	12601		6816
留车镇	26886	27008	23987	20910		3021
南桥镇	23989	24024	21473	19037		2551
吉潭镇	24339	24462	21593	19502		2869
澄江镇	19025	19190	17936	17172		1254
桂竹帽镇	10752	10830	9632	9052		1198
文峰乡	17304	17362	16179	13533		1183
三标乡	16812	16880	11281	10783		5599
菖蒲乡	14677	14757	12069	11369		2688

续表 67

	年初耕地总资源	年末耕地总资源	1. 常用耕地面积			2. 临时性耕地
				其中：水田	水浇地	
龙廷乡	7519	7559	6189	5489		1370
丹溪乡	14645	14730	13573	12415		1157
项山乡	13060	13112	9394	8224		3718
水源乡	10814	10861	9083	8758		1778
罗珊乡	10296	10359	8549	7674		1810

农作物面积和产量

表 68

	播种面积（亩）			产量（吨）		
	2018 年	2017 年	+、-%	2018 年	2017 年	+、-%
总计	486434	422677	15.08	233292	182425	27.88
一、粮食作物	385472	353600	9.01	114676	105065	9.15
（一）谷　物	361852	341100	6.08	110246	102665	7.38
1. 稻　谷	353536	334000	5.85	108349	101600	6.64
（1）早　稻	150409	141600	6.22	46022	43300	6.29
（2）中稻及一晚	63881	62600	2.05	19609	17800	10.16
（3）二季晚稻	139246	129800	7.28	42718	40500	5.48
2. 玉　米	8316	7100	17.13	1897	1065	78.12
（二）豆类（大豆）	11493	5700	101.63	1737	700	148.14
（三）薯类	12127	6800	78.34	2693	1700	58.41
二、油料（花生）	13947	12418	12.31	2777	2426	14.47
三、烟叶（烤烟）		210	-100.00	46		-100.00
四、蔬菜（含菜用瓜）	68857	47486	45.00	83620	62606	33.57
五、瓜果类	18158	8963	102.59	32219	12282	162.33
附记：花卉种植面积（亩）	260	165	57.58			
食用菌产量（吨）				201	150	34.00
1. 干品				114	134	-14.93
其中：香　菇				76	115	-33.91
黑木耳				38	19	100.00
2. 鲜品				87	16	443.75
其中：蘑　菇				76	5	1420.00
蔬菜大棚（个）	4150	439				
蔬菜大棚面积（亩）	20947	2700				

茶叶、水果生产情况

表 69

	单位	2018 年	2017 年	+、-%
一、茶叶总产量	吨	163	115	42.00
二、园林水果	吨	363529	328543	10.65
1. 柑橘类	吨	344847	323696	6.53
其中：柑	吨			
橘	吨	92644	84607	9.50
橙	吨	252115	238585	5.67
# 脐橙	吨	239084	238585	0.21
柚	吨	88	504	-82.54
2. 梨	吨	108	101	6.93

续表 69

	单位	2018 年	2017 年	+、-%
3. 其他园林水果	吨	18574	4746	291.36
其中：桃	吨	2531	1120	125.98
猕猴桃	吨	6113	1780	243.43
葡萄	吨	2367	680	248.09
柿子	吨	56	156	-64.10
四、年末实有茶园面积	亩	2504	2379	5.25
其中：当年采摘面积	亩	2504	1354	84.93
当年新增面积	亩	101	939	-89.24
五、年末果园面积	亩	331603	296886	11.69
1. 柑橘园	亩	278163	268362	3.65
其中：柑	亩			
橘	亩	96120	100528	-4.38
橙	亩	181945	167611	8.55
# 脐橙	亩	175430	167611	4.66
柚	亩	98	223	-56.05
2. 梨　园	亩	68	66	3.03
3. 桃　园	亩	9003	2252	299.78
4. 猕猴桃园	亩	14681	14520	1.11
5. 葡萄园	亩	3103	1019	204.51
6. 其他果园	亩	26585	10667	149.23

林业生产情况

表 70

	单位	2018 年	2017 年	+、-%
一、林业生产情况				
（一）人工造林面积	公顷	1086	1000	8.60
（二）当年新封山育林面积	公顷	900	667	34.93
（三）末实有封山（沙）育林面积	公顷	8933.33	9599	-6.93
（四）退化修复面积	公顷	733.33	687	6.74
（五）森林抚育面积	公顷	766.67	7667	-90.00
（六）四旁（零星）植树	株	61000	360000	-83.06
（七）当年苗木产量	万株	165003	80200	105.74
二、主要木材、竹材产品产量				
（一）原木采伐	立方	364	1428	-74.51
（二）薪材采伐	立方		74.91	
（三）毛竹采伐	万根	2		
三、木竹加工产品产量				
锯材	立方米			
四、林产品产量				
（一）油茶籽	吨	768	1463	-47.51
（二）油桐籽	吨	25	24	4.17
（三）棕片	吨	47	46	2.17
（四）竹笋干	吨	48	47	2.13
（五）五倍子	吨		21	
五、油茶与花卉产业发展情况				
（一）年末实有油茶林面积	公顷	4013	6420	-34.07

续表 70

	单位	2018 年	2017 年	+、-%
（二）花卉产业发展情况				
1. 年末实有花卉种植面积	公顷	3	3	0.00
2. 盆栽植物产量	盆	51000	500000	2.00
3. 观赏苗木产量	株	92100	92000	0.11
4. 花卉企业	个	2	2	0.00
5. 花农	户	10	10	0.00

畜牧业生产情况

表 71

	单位	2018 年	2017 年	+、-%
一、生猪出栏	头	180000	230769	-22.0%
二、牛出栏	头	9500	16904	-43.8%
三、羊出栏	头	11000	18212	-39.6%
四、兔出笼	只	335100	282785	18.5%
五、家禽出笼	百羽	24320	42892	-43.3%
1. 鸡	百羽	23460	31746	-26.1%
2. 鸭	百羽	5650	5433	4.0%
3. 鹅	百羽	6068	5719	6.1%
六、禽蛋产量	吨	14000	13566	3.2%
七、蜂蜜产量	吨	225	180	25.0%
八、肉类总产	吨	24558	28858	-14.9%
1. 猪肉	吨	17707	19631	-9.8%
2. 牛肉	吨	1140	2266	-49.7%
3. 羊肉	吨	147	364	-59.6%
4. 兔肉	吨	527	515	2.3%
5. 禽肉	吨	4777	6070	-21.3%
九、兔存笼	只	53105	56495	-6.0%
十、养蜂箱数	籍	18000	15126	19.0%
十一、牛存栏	头	37600	44131	-14.8%
十二、家禽存笼	百羽	21200	26434	-19.8%
1. 鸡	百羽	11730	20507	-42.8%
2. 鸭	百羽	3120	3123	-0.1%
3. 鹅	百羽	2900	2770	4.7%
十三、生猪存栏	头	112000	139651	-19.8%
十四、羊存栏	头	18200	16441	10.7%

渔业生产情况

表 72

	单位	2018 年	2017 年	+、-%
一、水产品总产量		8528	9375	-9.03
（一）养殖产量	吨	8344	9150	-8.81
1. 鱼类	吨	7560	8306	-8.98
2. 甲克类	吨	448	474	-5.49
3. 贝类	吨	145	160	-9.38
4. 其他类	吨	181	210	-13.81
（二）捕捞产量	吨	184	225	-18.22
1. 鱼类	吨	151	184	-17.93

续表 72

	单位	2018 年	2017 年	+、-%
2. 甲克类	吨	27	33	-18.18
3. 贝类	吨	6	8	-25.00
二、养殖产量按水域分	吨	8344	9150	-8.81
1. 池塘	吨	6100	5786	5.43
2. 水库	吨	2024	3117	-35.07
3. 河沟	吨	72	84	-14.29
4. 其他	吨	131	155	-15.48
5. 稻田养鱼	吨	17	8	112.50
三、养殖面积按水域分	亩	19884	21515	-7.58
1. 池塘	亩	10328	900	1047.56
2. 水库	亩	9370	10209	-8.22
3. 河沟	亩	186	11105	-98.33
4. 其他	亩	0	201	-100.00
5. 稻田养鱼	亩	841	154	446.10

水利设施基本情况

表 73

	单位	2018 年	2017 年	+、-%
一、蓄水工程	—	—	—	—
1. 水库数量	座	52	51	1.96
2. 水库库容	万立方米	17760.7	15376.7	15.50
3. 塘坝数量	座	596	596	
二、泵站数量	处	10	10	
三、水闸数量	座	7	7	
四、机电井数量	眼	4298	4298	
五、供水工程处数	处	284	355	-20.00
（一）城乡集中式供水工程处数	处	144	170	-15.29
（二）农村分散式供水工程处数	处	140	185	-24.32
六、供水工程供水量	万立方米	16200	15200	6.58
七、供水工程覆盖人口	万人	33.06	26.9	22.90
（一）城乡集中式供水工程	万人	30.93	26.8	15.41
（二）农村分散式供水人口	万人	2.13	0.1	2030.00
八、城乡居民生活供水量	万立方米	2406	2420	-0.58
（一）城乡集中式供水工程	万立方米	2271	2347	-3.24
（二）农村分散式供水人口	万立方米	135	73	84.93
九、灌溉工程	—			
（一）规模以上灌区数量	处	21	21	
（二）渠道长度	公里	61.27	61.27	
十、堤防工程	公里	74.64	74.64	
十一、河道治理	—			
1. 有防洪任务河段长度	公里	332.26	332.26	
2. 已治理河段长度	公里	105.21	85.46	23.11
3. 当年实施治理的河段长度	公里			
十二、除涝面积	千公顷	0.91	0.81	12.35
十三、水土流失综合治理面积	千公顷	121.74	118.24	2.96
十四、污水处理工程	—			
1. 入河湖排污口数量	个	2	2	
2. 入河湖废污水排放量	万吨	369	369	
3. 许可排放的废污水量	万吨	365	365	

农村水电基本情况

表 74

	单位	2018 年	2017 年	+、-%
一、水电设施				
（一）水电站处数	处	158	163	-3.07
其中：1 万（含）~ 5 万千瓦（含）电站	处	1	1	
0.1 万（含）~ 1 万千瓦电站	处	14	14	
0.1 万千瓦以下电站	处	143	148	-3.38
（二）水电站装机量容量	万千瓦时	113998	115888	-1.63
其中：1 万（含）~ 5 万千瓦（含）电站	万千瓦时	37500	37500	
0.1 万（含）~ 1 万千瓦电站	万千瓦时	26750	26750	
0.1 万千瓦以下电站	万千瓦时	49748	51638	-3.66
（三）水电站总库量	万立方米	14864.69	14960.29	-0.64
其中：1 万（含）~ 5 万千瓦（含）电站	万立方米	9820	9820.00	
0.1 万（含）~ 1 万千瓦电站	万立方米	3306.5	3306.5	
0.1 万千瓦以下电站	万立方米	1738.19	1833.79	-5.21
（四）水电站固定资产	万元	47209.75	47651.75	-0.93
其中：本年完成投资	万元	0	788.75	-100.00
二、水电发电量	万千瓦时	13806.41	23417.82	-41.04
其中：1 万（含）~ 5 万千瓦（含）电站	万千瓦时	5520	9200	-40.00
0.1 万（含）~ 1 万千瓦电站	万千瓦时	3116.56	5194.27	-40.00
0.1 万千瓦以下电站	万千瓦时	5169.85	9023.55	-42.71
三、上国家电网电量、电价				
（一）上国家电网电量	万千瓦时	13576.23	23184.12	-41.44
（二）上国家电网平均电价	元 / 千瓦时	0.32	0.32	0.00
四、发电设备年平均利用小时	小时	1211.11	2020.73	-40.07
五、售电总收入	万元	4401.33	6955.46	-36.72
六、水电站上缴税金	万元	132.6	355.12	-62.66
七、农村水电企业从业人员	人	876	892	-1.79

农机化管理基本情况

表 75

	年末机构数（个）			年末人数（人）		
	2018 年	2017 年	+、-%	2018 年	2017 年	+、-%
一、农机化系统机构及人员						
（一）农机化管理机构		16			21	
（二）农机化技术推广机构	1	1	0.00	2	5	-60.00
（三）农机安全监理机构	1	1	0.00	7	7	0.00
二、农机化服务组织及人员						
（一）农机化作业服务组织及农机户						
1. 农机化作业服务组织	3	3	0.00	24	24	0.00
2. 农机户	3000	3000	0.00	6000	6000	0.00
（二）农机维修厂及维修点		218			240	
（三）拖拉机驾驶培训机构		1			4	
（四）乡村农机从业人员				3055	3055	0.00
三、农业机械拥有量数量	数量（台 / 套）			功率（千瓦）		
（一）农业机械总动力				159514	152645	4.50
1. 柴油发动机动力				136914	132928	3.00
2. 汽油发动机动力				3600	2655	35.59

续表 75

	年末机构数（个）			年末人数（人）		
	2018 年	2017 年	+、-%	2018 年	2017 年	+、-%
3. 电动机动力				19000	17062	11.36
（二）拖拉机	289	282	2.48	3427.9	3266	4.96
（三）种植业机械						
1. 耕整机	4443	3847	6.06	17772	17986	-1.19
2. 旋耕机	195	187	1.56			
3. 水稻插秧机	7	7	0.00	20	20	0.00
4. 排灌动力机械		1550			6880	
5. 农用水泵						
6. 机动喷雾（粉）机		13000			54000	
7. 茶叶修剪机	10	10	0.00	40	40	0.00
8. 联合收获机	79	76	1.28	1213	1198	1.25
9. 机动脱粒机	7608	7608	0.00	26634	26634	0.00
（四）农产品初加工机械	3638	3637	0.00	29987	29987	0.00
（五）畜牧养殖机械	65	65	0.00	975	975	0.00
（六）林果业机械		15			59	
（七）手扶变型运输机	85	343	-75.22		1550	
（八）农田基本建设机械		16			1280	

规模以上工业企业基本情况

表 76

指标	单位	2018 年	2017 年	同比 ±%
工业总产值	万元	543917	432980	25.62
工业销售产值	万元	543048	432877	25.45
工业增加值	万元	—	—	9.1
主营业务收入	万元	538894	451713	19.3
利税总额	万元	57070	48612	17.4
# 利润	万元	56191	47660	17.9
用电量	万千瓦小时	13515.53	13297.65	1.64
发电量	万千瓦小时	51958.96	42067.15	23.51
水泥	吨	339741.17	315727	7.61
能源消费总量	吨标准煤	38341.64	33659.25	13.91

注：增长速度是 2016 年与 2015 年同等企业数数据之比

用电量

表 77　　单位：万千瓦小时

指标	2018 年	2017 年	同比 ±%
用电总计	44206.0375	45136.3812	-2.06
一、行业用电	29828.5492	31918.8517	-6.55
第一产业	566.8419	617.8803	-8.26
第二产业	21849.7346	24931.0309	-12.36
（一）工业	20399.3865	23960.6861	-14.86
第三产业	7411.9727	6369.9405	16.36
二、生活用电	14377.4883	13217.5295	8.78
城镇居民	5979.647	5303.4864	12.75
乡村居民	8397.8413	7914.0431	6.11

注：县供电公司提供

交通运输邮电情况

表 78

指标	单位	2018 年	2017 年	同比 ±%
通汽车公路里程	公里	2884.604	2548	13.21
# 柏油路面	公里	152.134	200.922	–24.28
# 高速公路	公里	82.859	82.859	平
水泥路面	公里	2732.47	1288.022	112.14
1. 国道	公里	132.795	193.736	–31.46
2. 省道	公里	67.506	67.506	平
公路客运量	万人	241	243	–0.8
公路客运周转量	万人公里	14062	15495	–9.2
公路货运量	万吨	305	345	–11.6
公路货运周转量	万吨公里	66745	62602	6.6
年末汽车拥有数	辆	28249	20523	37.6
年末摩托车拥有数	辆	58373	63997	–8.8
电信业务总量	万元	15332	4224	263.0
年末固定电话装机数	部	40142	30102	33.4
年末手机装机数	部	110213	47820	130.5
邮政业务总量	万元	3378.5	3071	10.2
国内平常信件	万件	0.49	18.38	–97.33
订销报纸累计数	万份	317.73	18.23	94.26
订销杂志	万份	8.7	5.11	70.25

分所有制固定资产投资

表 79　　单位：万元

指标	同比 ±%
固定资产投资额	11.3
1. 国资企业	10.5
2. 集体企业	
3. 股份合作企业	
4. 联营企业	
集体联营企业	
其他联营企业	
5. 有限责任公司	11.4
国有独资公司	
其他有限责任公司	11.4
6. 股份有限公司	–0.9
7. 私营企业	28.9
8. 其他企业	
9. 港澳台商投资企业	
10. 外商投资企业	
11. 个体经营	

分行业固定资产投资

表 80　　单位：万元

指标	同比 ±%
固定资产投资额	11.3
第一产业	1.0
第二产业	21.5

续表 80

指标	同比 ±%
工业	21.5
采矿业	
制造业	21.5
电力、燃气及水的生产和供应业	
建筑业	
第三产业	20.8
交通运输、仓储和邮政业	1.3
信息传输、计算机服务和软件业	
批发和零售业	
住宿和餐饮业	12.7
金融业	净增
房地产业	13.9
租赁和商务服务业	
科学研究、技术服务和地质勘查业	
水利、环境和公共设施管理业	13.1
居民服务和其他服务业	净增
教育	127.0
卫生、社会工作	净增
文化、体育和娱乐业	-19.7
公共管理和社会组织	35.1

房地产开发投资情况

表 81

	单位	2018 年	2017 年	比上年同期增长（%）
房地产开发投资	万元	56929	58030	-1.9
1. 内资	万元	56929	58030	-1.9
# 有限责任公司	万元	56929	58030	-1.9
私营投资	万元			
2. 港澳台	万元			
房屋施工面积	平方米	131620	193452	-31.96
# 新开工面积	平方米	103230	131200	-21.32
房屋竣工面积	平方米			
商品房销售面积	平方米	441185	583778	-24.43
# 现房销售面积	平方米	441185	583778	-24.43
商品房销售额	万元	230458	245784	-6.24
期房平均销售价格	元	5223	4957	5.4
# 住宅	元	5223	4957	5.4

社会消费品零售总额

表 82　　单位：万元

指标	2018 年	2017 年	同比 ±%
社会消费品零售总额	218762.9	198850.3	10
一、按销售单位所在地分			
1. 城镇	155257.7	141098.1	10
# 城区			
2. 乡村	63505.2	57752.2	9.9
二、按行业分			

续表 82

指标	2018 年	2017 年	同比 ±%
1. 批发业	72129.1	69745.5	3.4
限额以上	0	0	
限额以下	72129.1	69745.5	3.4
2. 零售业	126803.2	111221.7	14
限额以上	34719.1	31534.5	10
限额以下	92084.1	79687.2	15
3. 住宿业	2711.1	2445.8	10
限额以上			
限额以下	2711.1	2445.8	10
4. 餐饮业	17119.5	15437.3	10
限额以上	2743.2	2354.2	16
限额以下	14376.3	13083.1	9.8

注：剔除烟草、石油公司数据后对比

对外贸易、招商引资及个体、私营企业情况

表 83

指标	单位	2018 年	2017 年
对外贸易			
进出口总额	万元	40113	5339
# 进口	万元	618	
出口	万元	39495	5339
外商直接投资			
签约项目	个	1	1
签约金额	万美元	3532	2390
实际使用外资	万美元	2676	2430
对外经济合作			
5 千万元以上实际引进省外项目	个	15	10
# 亿元以上项目	个	14	6
5 千万元以上实际引进省外资金	万元	233400	201200
# 亿元以上资金	万元	202900	193800
个体、私营企业情况			
户数	户	18035	17597
# 个体	户	14527	14524
私营	户	3508	3073
从业人数	人	76050	71613
# 个体	人	34970	34811
私营	人	41080	36802
注册资本（金额）	万元	1197241	1043536
# 个体	万元	175164	156288
私营	万元	1022077	887248

财政收支情况

表 84 单位：万元

指标	2018 年	2017 年	同比 ±%
一、财政总收入	91000	80008	13.7
# 税收收入	76542	66364	15.34
（一）公共财政预算收入	57139	48851	17.0

续表 84

指标	2018 年	2017 年	同比 ±%
1. 税收收入	42681	35207	21.2
增值税	16690	16121	3.5
营业税	12	9	33.3
企业所得税	4176	3417	22.2
2. 非税收入	14458	13644	6.0
其他、罚没、收费收入	10588	11347	-6.69
专项收入	3245	1565	107.3
（二）上划中央收入	30419	28022	8.55
二、财政总支出	323000	261000	23.8
# 一般公共服务支出	23405	17729	32.0
教育支出	61150	53170	15.0
科学技术支出	7672	6363	20.6
文化体育与传媒支出	2548	3849	-33.8
社会保障和就业支出	34048	31756	7.2
医疗卫生支出	38233	34158	11.9
环境保护支出	35702	16697	113.8
城乡社区事务支出	30046	14946	101.0
农林水事务支出	57352	45853	25.1
交通运输支出	3956	16598	-76.2
资源勘探电力信息等事务支出	1609	728	121.0
住房保障支出	6441	1507	327.4

保险业务情况

表 85

	承保数量（笔、人）	保额（万元）	保费收入（万元）	赔案件数（件）	保险赔款支出（万元）
合　计	100700	6356816	15372	3405	6032
一、财产保险小计	99811	5500297	10925	3219	5111
二、人寿保险小计	889	856519	4447	186	921

金融机构人民币信贷收支情况

表 86　　单位：万元

指标	年末	比年初（+、-）
一、各项存款	1230040	58011
（一）境内存款	1229996	58021
1. 住户存款	711488	59365
（1）活期存款	416473	11584
（2）定期及其他存款	295015	47781
2. 非金融企业存款	135378	20979
（1）活期存款	107085	24764
（2）定期及其他存款	28293	-3785
3. 广义政府存款	383124	-22324
（1）财政性存款	27909	6245
（2）机关团体存款	355214	-28569
4. 非银行业金融机构存款	6	1
（二）境外存款	44	-9
一、各项贷款	848482	141779

续表 86

指标	年末	比年初（+、-）
（一）境内贷款	848482	141779
1. 住户贷款	616992	82986
（1）短期贷款	310227	41337
（2）中长期贷款	306765	41650
2. 非金融企业及机关团体贷款	231490	58792
（1）短期贷款	75932	-941
（2）中长期贷款	139797	52616
（3）票据融资	15761	7241

城镇居民可支配收入和支出情况

表 87

指标名称	单位	2018 年	2017 年	比上年 ±	增幅（%）
可支配收入	元	26236.52	24068.03	2168.49	9.01
一、工资性收入	元	17918.22	16432.52	1485.7	9.04
二、经营净收入	元	1942.58	1551.46	391.12	25.21
（一）第一产业经营净收入	元	1376.36	1163.49	212.87	18.3
1. 农业	元	1320.1	1115.42	204.68	18.35
2. 林业	元	21.31	17.56	3.75	21.33
3. 牧业	元	32.65	28.5	4.14	14.53
4. 渔业	元	2.31	2	0.31	15.23
（二）第二产业经营净收入	元	304.71	277.07	27.64	9.98
（三）第三产业经营净收入	元	261.5	110.9	150.61	135.81
三、财产净收入	元	2414.25	2243.75	170.49	7.6
四、转移净收入	元	3961.48	3840.3	121.18	3.16
总支出	元	16794.5	16013.17	781.33	4.88
一、消费支出	元	14213.18	13097.23	1115.95	8.52
（一）食品烟酒	元	4651.06	5107.78	-456.71	-8.94
（二）衣着	元	896.71	826.33	70.38	8.52
（三）居住	元	5607.63	4557.11	1050.51	23.05
（四）生活用品及服务	元	882.95	806.43	76.52	9.49
（五）交通通信	元	1235.74	1112.59	123.15	11.07
（六）教育文化娱乐	元	577.03	466.27	110.77	23.76
（七）医疗保健	元	269.99	158.13	111.85	70.73
（八）其他用品和服务	元	92.07	62.59	29.48	47.09
二、生产经营费用支出	元	686.47	782.64	-96.17	-12.29
三、财产性支出	元	545.5	361.09	184.41	51.07
三、转移性支出	元	836.62	766.29	70.32	9.18
四、部分商业保险支出	元	0.18	0	0.18	0
五、购置资产及非经常性转移支出	元	485.55	619.68	-134.13	-21.64

农村居民可支配收入和支出情况

表 88

指标名称	单位	2018 年	2017 年	比上年 ±	增幅（%）
可支配收入	元	10598.62	9424.35	1174.27	12.46
一、工资性收入	元	2955.56	2665.52	290.05	10.88
二、经营净收入	元	6753.34	5917.45	835.89	14.13
（一）第一产业经营净收入	元	6022.35	5198.58	823.77	15.85

续表 88

指标名称	单位	2018 年	2017 年	比上年 ±	增幅（%）
1. 农业	元	5383.48	4255.53	1127.95	26.51
2. 林业	元	3.29	2.86	0.43	14.91
3. 牧业	元	561.8	880.11	-318.3	-36.17
4. 渔业	元	73.78	60.09	13.69	22.79
（二）第二产业经营净收入	元	314.68	356.6	-41.92	-11.76
（三）第三产业经营净收入	元	416.32	362.28	54.04	14.92
三、财产净收入	元	73.1	66.04	7.06	10.69
四、转移净收入	元	816.62	775.34	41.28	5.32
总支出	元	10933.04	10888.48	44.56	0.41
一、消费支出	元	8530.75	7676.37	854.38	11.13
（一）食品烟酒	元	2819.99	2983.5	-163.51	-5.48
（二）衣着	元	312.9	431.16	-118.26	-27.43
（三）居住	元	3276.34	2244.06	1032.28	46
（四）生活用品及服务	元	447.27	387.19	60.08	15.52
（五）交通通信	元	735.06	646.19	88.87	13.75
（六）教育文化娱乐	元	586.89	747.04	-160.16	-21.44
（七）医疗保健	元	265.75	167.46	98.29	58.7
（八）其他用品和服务	元	86.55	69.78	16.77	24.03
二、生产经营费用支出	元	1867.33	2388.66	-521.33	-21.83
三、财产性支出	元	15.59	10.81	4.78	44.18
三、转移性支出	元	87.98	143.07	-55.08	-38.5
四、部分商业保险支出	元	0	1.58	-1.58	-100
五、购置资产及非经常性转移支出	元	425.96	628.23	-202.27	-32.2

教育情况（一）

表 89

指标	学校数（所）		在校学生数（人）		专任教师（人）	
	2018 年	2017 年	2018 年	2017 年	2018 年	2017 年
一、中小学合计	165	162	45751	45663	3171	3080
1. 普通中学	22	22	21089	20591	1311	1267
高中	3	3	8192	8126	510	500
初中	19	19	12897	12465	801	767
2. 小学	143	138	24662	24816	1860	1813
二、中等职业学校	1	1	922	233	39	17
三、特殊教育（盲聋哑、弱智学校）	1	1	31	23	10	10
四、幼儿园	201	139	14673	11462	838	732

教育、卫生、广播电视情况（二）

表 90

指标	单位	2018 年	2017 年
初中生入学率	%	100	100
初中辍学率	%	0	0.37
小学生入学率	%	100	100
学三年毛入学率	%	88	88
卫生机构数	个	333	334

续表 90

指标	单位	2018 年	2017 年
住院病床数	张	1199	1134
卫生技术人员	人	1130	1108
#执业医师	人	358	317
社会福利院、敬老院数	个	18	16
广播覆盖率	%	99.8	99.78
电视覆盖率	%	99.8	99.78
乡镇电视普及率	%	100	100
有线电视用户数	户	23700	24000

全国、全省、全市及毗邻县主要经济指标（一）

表 91

地区	生产总值（GDP）		规模以上工业增加值	社会消费品零售总额	
	绝对值（亿元）	增长（%）	增长（%）	对值（亿元）	增长（%）
全　国	900309	6.6	6.2	380987	9.0
江西省	21984.78	8.7	8.9	7866.40	11.0
赣州市	2807.24	9.3	9.5	901.70	11.1
定南县	87.38	9.2	9.8	16.75	9.3
安远县	74.02	8.0	7.3	20.49	11.5
会昌县	114.83	8.5	9.4	32.69	11.4
寻乌县	78.91	9.3	9.1	21.88	10.0
武平县	202.35	7.4	9.4	86.53	14.2
平远县	82.10	0.9	-9.5	29.75	9.6
龙川县	155.6	6.3	8.6	124.1	10.3

注：全国未公布规模以上工业企业增加值绝对数数据，只公布增速

全国、全省、全市及毗邻县主要经济指标（二）

表 92

地区	500 万元以上固定资产投资	财政总收入		#一般公共预算收入	
	增长（%）	绝对值（亿元）	增长（%）	绝对值（亿元）	增长（%）
全　国	5.9	183352	6.2	97905	7.0
江西省	11.1	3794.99	10.1	2372.33	5.6
赣州市	11.3	459.51	12.5	265.21	8.1
定南县	12.9	11.86	3.7	8.30	-5.3
安远县	10.1	92.70	14.6	5.76	9.8
会昌县	10.3	14.25	8.3	9.82	5.7
寻乌县	11.3	9.1	13.7	5.71	17.0
武平县	9.7	13.54	15.4	8.98	12.5
平远县	-11.0	10.80	18.1	7.60	-6.7
龙川县	4.0	—	—	7.26	8.1

注：安远、会昌、寻乌属国家扶贫开发重点县

全国、全省、全市及毗邻县主要经济指标（三）

表 93

地区	实际利用外资		出口总额		城镇居民人均可支配收入		农村居民人均可支配收入	
	绝对值（亿美元）	增长（%）	绝对值（亿元）	增长（%）	绝对值（元）	增长（%）	绝对值（元）	增长（%）
全　国	1349.70	3.0	164177	7.1	39251	7.8	14617	8.8
江西省	125.72	9.7	2224.14	0.7	33819	8.4	14460	9.2
赣州市	18.44	10.6	287.44	6.9	32163	8.8	10782	11.0
定南县	0.89	10.9	4.47	9.7	28727	7.8	9703	10.2
安远县	0.34	10.7	4.52	69.8	25105	8.6	10348	12.2
会昌县	0.68	7.7	7.07	24.7	27122	7.5	10751	11.9
寻乌县	0.27	10.1	3.94	9.1	26237	9.0	10599	12.5
武平县	1.08	—	13.56	31.7	16337	10.0	33664	8.5
平远县	—	—	3.40	13.6	24248	8.1	16487	8.3
龙川县	0.13	-18.9	—	—	22574	4.9	14777	11.4

注：安远、会昌、寻乌属国家扶贫开发重点县

寻乌县主要经济指标数据及在全市排位

表 94

	单位	绝对值	全市排位	增速（%）	全市排位
地区生产总值	亿元	78.91	14	9.3	10
规模以上工业增加值	万元	—	—	9.1	14
500 万元以上固定资产投资	万元	—	—	11.3	9
社会消费品零售总额	万元	218763	12	10.0	14
财政总收入	万元	91000	18	13.7	3
# 公共财政预算收入	万元	57139	17	17.0	1
实际利用外资	万美元	2676	17	10.1	15
出口总额	万元	39495	14	9.1	9
城镇居民人均可支配收入	元	26237	15	9.0	6
农村居民人均可支配收入	元	10599	10	12.5	2

注：地区生产总值、城镇（农村）居民人均可支配收入在全市排位不含开发区，数据由市统计局提供

分县（市、区）地区生产总值

表 95　　单位：亿元

县（市、区）	绝对数	增速（%）	县（市、区）	绝对数	增速（%）
全　市	2807.24	9.3	全南县	77.08	9.1
章贡区	441.21	9.8	宁都县	183.56	9.6
赣县区	187.59	9.6	于都县	237.36	9.4
信丰县	209.69	8.5	兴国县	174.52	9.3
大余县	124.55	9.5	会昌县	114.83	8.5
上犹县	73.37	9.1	寻乌县	78.91	9.3
崇义县	91.93	9.7	石城县	60.60	10.3
安远县	74.02	8.0	瑞金市	160.08	7.9
龙南县	174.62	9.9	南康区	243.73	10.0
定南县	87.38	9.2			

注：分县（市、区）指标数据由市统计局提供

分县（市、区）规模以上工业增加值增速

表 96

县（市、区）	增速（%）	县（市、区）	增速（%）
全 市	9.5	全南县	9.6
章贡区	10.0	宁都县	8.9
赣县区	9.0	于都县	9.2
信丰县	10.1	兴国县	8.9
大余县	9.7	会昌县	9.4
上犹县	9.5	寻乌县	9.1
崇义县	9.3	石城县	9.5
安远县	7.3	瑞金市	7.0
龙南县	10.3	南康区	10.2
定南县	9.8	开发区	9.9

分县（市、区）500 万元以上固定资产投资

表 97

县（市、区）	增速（%）	县（市、区）	增速（%）
全 市	11.3	全南县	11.1
章贡区	12.0	宁都县	10.2
赣县区	11.0	于都县	12.6
信丰县	10.9	兴国县	11.2
大余县	10.0	会昌县	10.3
上犹县	11.8	寻乌县	11.3
崇义县	10.3	石城县	13.0
安远县	10.1	瑞金市	11.5
龙南县	12.4	南康区	12.4
定南县	12.9	开发区	10.7

分县（市、区）社会消费品零售总额

表 98

单位：万元

县（市、区）	绝对数	增速（%）	县（市、区）	绝对数	增速（%）
全 市	9017125.9	11.1	全南县	185209.2	10.9
章贡区	2867800.3	11.8	宁都县	473717.8	11.2
赣县区	370118.3	9.7	于都县	557216.0	10.2
信丰县	500519.5	11.4	兴国县	438620.1	10.6
大余县	311581.6	10.7	会昌县	326884.1	11.4
上犹县	178886.1	9.6	寻乌县	218763.0	10.0
崇义县	170513.7	10.0	石城县	138303.1	10.5
安远县	204893.8	11.5	瑞金市	425420.9	9.5
龙南县	354471.1	11.6	南康区	486924.5	12.5
定南县	167533.4	9.3	开发区	639749.5	10.6

分县（市、区）财政总收入

表 99　　单位：万元

县（市、区）	绝对数	增速（%）	县（市、区）	绝对数	增速（%）
全　市	4595115	12.5	全南县	105300	10.3
市本级	904769	18.6	宁都县	131691	9.4
章贡区	447543	10.5	于都县	211688	9.7
赣县区	247910	12.5	兴国县	187534	10.3
信丰县	205500	12.1	会昌县	142510	8.3
大余县	135280	9.0	寻乌县	91000	13.7
上犹县	104618	9.9	石城县	93531	18.2
崇义县	131637	9.9	瑞金市	225935	9.9
安远县	92699	14.6	南康区	325413	10.9
龙南县	214575	11.8	开发区	463701	13.1
定南县	118600	3.7	蓉江新区	13681	91.2

分县（市、区）公共财政预算收入

表 100　　单位：万元

县（市、区）	绝对数	增速（%）	县（市、区）	绝对数	增速（%）
全　市	2652134	8.1	全南县	65513	1.6
市本级	448233	11.6	宁都县	82887	7.9
章贡区	231709	6.9	于都县	140011	7.7
赣县区	157752	2.9	兴国县	85173	8.8
信丰县	124917	5.8	会昌县	98271	5.7
大余县	87714	11.4	寻乌县	57139	17.0
上犹县	65707	8.0	石城县	55379	12.5
崇义县	88466	10.2	瑞金市	132011	6.5
安远县	57640	9.8	南康区	217708	13.2
龙南县	140201	5.0	开发区	225266	7.3
定南县	83033	-5.3	蓉江新区	7404	113.7

分县（市、区）实际利用外资

表 101　　单位：万美元

县（市、区）	绝对数	增速（%）	县（市、区）	绝对数	增速（%）
全　市	184420	10.6	全南县	7961	10.0
章贡区	14446	11.3	宁都县	7767	10.0
赣县区	12000	10.4	于都县	11474	10.8
信丰县	12051	11.2	兴国县	10431	10.2
大余县	12136	10.3	会昌县	6824	7.7
上犹县	8270	10.2	寻乌县	2676	10.1
崇义县	2042	10.5	石城县	2795	7.4
安远县	3437	10.7	瑞金市	8213	10.6
龙南县	12604	11.1	南康区	18869	11.1
定南县	8880	10.9	开发区	21544	11.3

分县（市、区）出口总额

表102 单位：万美元

县（市、区）	绝对数	增速（%）	县（市、区）	绝对数	增速（%）
全　市	3515154.37	9.6	全南县	101391.69	2.8
章贡区	656822.98	8.0	宁都县	33152.02	24.7
赣县区	293533.17	16.7	于都县	125123.07	19.8
信丰县	251107.61	31.7	兴国县	30145.21	17.3
大余县	35364.36	7.3	会昌县	75014.51	25.1
上犹县	101639.91	-7.1	寻乌县	40112.88	10.9
崇义县	83460.65	14.4	石城县	26398.46	8.7
安远县	45599.03	68.8	瑞金市	228502.31	6.4
龙南县	535463.48	2.0	南康区	282616.87	47.8
定南县	49040.13	16.5	开发区	520666.04	-8.3

分县（市、区）城镇居民人均可支配收入

表103 位：元

县（市、区）	绝对数	增速（%）	县（市、区）	绝对数	增速（%）
全　市	32163	8.8	全南县	26678	8.3
章贡区	38142	9.4	宁都县	24679	8.8
赣县区	29137	9.0	于都县	28875	8.9
信丰县	30210	7.7	兴国县	28172	8.2
大余县	28199	8.0	会昌县	27122	7.5
上犹县	26461	8.5	寻乌县	26237	9.0
崇义县	27257	9.1	石城县	25056	9.2
安远县	25105	8.6	瑞金市	30042	8.9
龙南县	29991	9.1	南康区	30633	9.3
定南县	28727	7.8	开发区		

分县（市、区）农村居民人均可支配收入

表104 位：元

县（市、区）	绝对数	增速（%）	县（市、区）	绝对数	增速（%）
全　市	10782	11.0	全南县	8593	10.1
章贡区	15565	10.6	宁都县	10515	10.0
赣县区	10546	10.5	于都县	10775	10.0
信丰县	13076	9.8	兴国县	10712	10.1
大余县	11712	9.9	会昌县	10751	11.9
上犹县	10406	10.6	寻乌县	10599	12.5
崇义县	10412	10.9	石城县	9573	13.5
安远县	10348	12.2	瑞金市	11355	10.2
龙南县	11591	10.6	南康区	11308	11.3
定南县	9703	10.2	开发区		